Birgit E. Will

Die Modernisierung des europäischen Kartellrechts: Von der
Genehmigung zur Legalausnahme

D1669778

Hochschulschriften

Band 122

Birgit E. Will

Die Modernisierung des europäischen Kartellrechts: Von der Genehmigung zur Legalausnahme

Ein ökonomischer Institutionenvergleich

Metropolis-Verlag
Marburg 2008

Bibliografische Information Der Deutschen Bibliothek

Die Deutsche Bibliothek verzeichnet diese Publikation in der Deutschen Nationalbibliografie; detaillierte bibliografische Daten sind im Internet über <http://dnb.ddb.de> abrufbar.

Metropolis-Verlag für Ökonomie, Gesellschaft und Politik GmbH
Bahnhofstr. 16a, D-35037 Marburg
http://www.metropolis-verlag.de
Copyright: Metropolis-Verlag, Marburg 2008
Alle Rechte vorbehalten
ISBN 978-3-89518-689-9

Geleitwort

Im Jahre 2004 wurde das europäische Kartellrecht einer grundlegenden und heftig diskutierten Reform unterzogen. Bis zu dieser Reform mußten gemäß der alten Durchführungsverordnung VO 17/62 zu Artikel 81 des EG-Vertrages wettbewerbsbeschränkende Vereinbarungen angemeldet werden. Sofern die Freistellungsvoraussetzungen des Artikels 81(3) vorlagen, konnte die EU-Kommission sodann die Vereinbarung genehmigen. Nicht angemeldete Vereinbarungen galten grundsätzlich als illegal und wurden mit einer Geldbuße belegt. Mit dem Inkrafttreten der Durchführungsverordnung VO 1/2003 zu Artikel 81 des EG-Vertrages wurde dieses Genehmigungssystem durch ein System der sogenannten Legalausnahme ersetzt. Nunmehr müssen Unternehmen, die eine wettbewerbsbeschränkende Vereinbarung schließen, selbst entscheiden, ob die Freistellungsvoraussetzungen des Artikels 81(3) vorliegen. Eine Anmeldung der Vereinbarung bei der EU-Kommission ist nicht mehr erforderlich. Allerdings müssen die Unternehmen damit rechnen, daß die EU-Kommission die Vereinbarung ex post kontrolliert. Im Rahmen dieser Mißbrauchsaufsicht prüft die EU-Kommission, ob die Freistellungsvoraussetzungen vorliegen. Liegen diese Voraussetzungen nicht vor, wird von der EU-Kommission eine Geldbuße verhängt.

Das Ziel der Reform des europäischen Kartellrechts war es, die Wirksamkeit der Rechtsdurchsetzung zu verbessern und den damit verbundenen Verwaltungsaufwand durch die Abschaffung des Genehmigungsverfahrens und die Einbindung nationaler Kartellbehörden und Gerichte zu reduzieren. Insbesondere die Zielsetzung, die Rechtsdurchsetzung zu verbessern, wurde in der einschlägigen Literatur diskutiert und, nicht zuletzt von rechtswissenschaftlicher Seite, zum Teil heftig kritisiert. Im Zentrum der Kritik stand und steht die Behauptung, daß die Ersetzung des alten Genehmigungssystem durch das neue Legalausnahmesystem die Wirksamkeit der Rechtsdurchsetzung schwäche und einen Übergang von einem System des Kartellverbots unter Ausnahmen zu einem System der Kartellerlaubnis mit Verbotsvorbehalt darstelle. Diese Behauptung wurde nicht nur bar jeglicher theoretischen Fundierung, ohne modellmäßige Unterstützung vorgebracht, viele Autoren listeten auch lediglich denkbare Mängel der Legalausnahme auf, ohne zu berücksichtigen, daß auch das Genehmigungssystem nicht perfekt funktioniert – ein aus Sicht der Neuen Institutionenökonomik verfehltes Vorgehen.

In ihrer interessanten und theoretisch fundierten Arbeit setzt sich Birgit Will umfassend mit der genannten Kritik am Legalausnahmesystem auseinander. Sie zeigt in überzeugender Weise, daß die im Hinblick auf die Rechtsdurchsetzung in der Literatur vielfach vorzufindende Behauptung einer Überlegenheit des alten Genehmigungssystems einer eingehenden theoretischen Analyse nicht standhält.

Ihr zentrales Ergebnis leitet Birgit Will auf der Basis einer sorgfältig durchgeführten, wohlmotivierten und in ihrer Gesamtheit wie auch im Detail überzeugenden spieltheoretischen Analyse ab.

Die spieltheoretische Analyse wird durch einen Institutionenvergleich (VO 17/62 vs. VO 1/2003) auf der Grundlage einer komplexen und rechenintensiven Computersimulation ergänzt, die das zentrale Ergebnis der Arbeit bestätigt, daß von einer grundsätzlichen Schwächung der Kartellrechtsdurchsetzung durch Einführung des Legalausnahmesystems keine Rede sein kann.

Mit ihrer Arbeit gelingt es Birgit Will, einen grundlegenden, innovativen Beitrag zur Diskussion über die Reform des europäischen Kartellrechts zu leisten.

Saarbrücken, im Mai 2008
Prof. Dr. Dieter Schmidtchen

Vorwort

Diese Arbeit ist die überarbeitete Fassung meiner Dissertation, die im Wintersemester 2007/2008 an der Rechts- und Wirtschaftswissenschaftlichen Fakultät der Universität des Saarlandes vorgelegt wurde. Sie ist während meiner Zeit als wissenschaftliche Mitarbeiterin am Lehrstuhl für Wirtschaftspolitik und Managerial Economics und im Center for the Study of Law and Economics an der Universität des Saarlandes entstanden. Betreut wurde ich bei der Erstellung der Arbeit von meinem akademischen Lehrer Professor Dr. Dieter Schmidtchen, der mir stets ein interessierter, aufgeschlossener und verständnisvoller Doktorvater war. Ihm danke ich herzlich für die Förderung und Begleitung der Arbeit. Ich habe von seinen vielfältigen Anregungen, seiner anspornenden und konstruktiven Kritik und seiner ständigen Diskussionsbereitschaft außerordentlich profitiert.

Herrn Professor Dr. Christian Pierdzioch danke ich nicht nur für die zügige Zweitkorrektur meiner Arbeit, sondern besonders für die hilfreichen Anmerkungen bereits während der Entstehung der Arbeit und auch für zahlreiche weiterführende Kommentare. Weiterhin gilt mein Dank allen, die die überaus angenehme und produktive Arbeitsatmosphäre am Lehrstuhl geschaffen haben, und insbesondere meinen (z.T. ehemaligen) Kollegen Dr. Thomas Kallenbrunnen, Professor Dr. Roland Kirstein, Dr. André Knoerchen, Dipl.-Volkswirtin Vanessa Mertins, Dr. Jenny Monheim und Dipl.-Kaufmann Christian Paul. In zahlreichen Diskussionen haben sie mir wertvolle Denkanstöße gegeben und mich zu wichtigen Anpassungen und Ergänzungen meines Modells veranlaßt. Zu Dank verpflichtet bin ich auch den Teilnehmern des Volkswirtschaftlichen Forschungskolloquiums der Abteilung Wirtschaftswissenschaft sowie den Teilnehmern der Konferenz 2nd French German Talks in Law and Economics, die mir die Gelegenheit boten, Teile meiner Arbeit vor fachlich versiertem Publikum vorzustellen, und durch deren konstruktive Kommentare diese Arbeit stark bereichert wurde.

Ganz konkreten Dank richte ich an Dr. Martin Becker für die technische Unterstützung beim Plotten einzelner Graphen, an Dipl.-Kaufmann Georg Haas, Dipl.-Kauffrau Friederike Hartmann und Dr. Stefan Klößner für mühevolles Nachrechnen des mathematischen Anhangs, an Dipl.-Computer-Linguistin Judith Baur für das zeitaufwendige Programmieren und das gemeinsame Testen der Java-Simulation, an Dipl.-Politologin Sibylle Berger und meine Mutter Elisabeth Will für das penible Korrekturlesen, an Felicitas Müller-Jansen, sowie an Eric Ebermann und Kristin Sieger, die mir so manchen Weg in die Bibliothek abgenommen haben.

Meinen persönlichen Dank richte ich schließlich an meine Freunde und Familie, besonders an meinen Lebensgefährten Marcus Bitterlich, meine Eltern Elisabeth und Günter Will, sowie meine Tante Margret Lindhuber, die mir in manch stressiger Arbeitsphase die physische oder geistige Abwesenheit verziehen und mir in vielen Momenten den nötigen Rückhalt gegeben haben.

Saarbrücken, im Mai 2008
Dr. Birgit E. Will

Inhalt

Abbildungsverzeichnis

Tabellenverzeichnis

Variablenverzeichnis

Spieler:

F	Firmengruppe
K	Kommission

Wahrscheinlichkeitsautomat:

N	(Zug der) Natur

diskrete Handlungsvariablen:

$a \in \{an, ill, out\}$	Anmeldeentscheidung der Firmengruppe im Genehmigungsspiel
$a = an$	Vereinbarung anmelden
$a = ill$	Vereinbarung nicht anmelden
$a = out$	Vereinbarung nicht schließen
$e \in \{in, out\}$	Vereinbarungsentscheidung der Firmengruppe im Legalausnahmespiel
$e = in$	Vereinbarung schließen
$e = out$	Vereinbarung nicht schließen
$v \in \{f, \neg f\}$	Ausgestaltungsentscheidung der Firmengruppe
$v = f$	freistellungsfähige Vereinbarung
$v = \neg f$	nicht-freistellungsfähige Vereinbarung
$k \in \{f, \neg f\}$	Kommissionentscheidung
$k = f$	Freistellung
$k = \neg f$	keine Freistellung

Aufgrund von Signalen gebildete Meinungen im Diagnoseprozeß:

$m \in \{f, \neg f\}$ Meinung, die sich die Kommission im Diagnoseprozeß bildet

$m = f$ positive Meinung („freistellungsfähig")

$m = \neg f$ negative Meinung („nicht-freistellungsfähig")

Korrespondierende Assessment-Skill-Parameter (exogen):

$\rho = pr\{m = f | v = f\} \in (0; 1)$ Wahrscheinlichkeit, daß die Kommission zu einer positiven Meinung gelangt, wenn die Vereinbarung tatsächlich freistellungsfähig ist

$\varphi = pr\{m = f | v = \neg f\}$ $\in (0; 1)$ Wahrscheinlichkeit, daß die Kommission zu einer negativen Meinung gelangt, wenn die Vereinbarung tatsächlich nicht-freistellungsfähig ist

Posterior Beliefs der Kommission:

$\mu = pr\{v = f | m = f\} \in [0; 1]$ Wahrscheinlichkeit, daß sich die Kommission im Knoten K_1 befindet, daß also die Vereinbarung tatsächlich freistellungsfähig ist und die Meinung positiv war

$\nu = pr\{v = \neg f | m = f\} \in [0; 1]$ Wahrscheinlichkeit, daß sich die Kommission im Knoten K_3 befindet, daß also die Vereinbarung tatsächlich freistellungsfähig ist und die Meinung negativ war

Verhaltensstrategien zu den diskreten Handlungsvariablen:

$\alpha = pr\{k = f | m = f\} \in [0; 1]$ Wahrscheinlichkeit, daß die Kommission nach Bildung einer positiven Meinung die Vereinbarung freistellt

$\beta = pr\{k = f | m = \neg f\}$ Wahrscheinlichkeit, daß die Kommissi-
$\in [0;1]$ on nach Bildung einer negativen Meinung
die Vereinbarung freistellt

$\gamma = pr\{v = f\} \in [0;1]$ Wahrscheinlichkeit, daß die Firmengruppe die Vereinbarung freistellungsfähig
ausgestaltet (Anmelde- und Kontroll-
Teilspiel)

$\delta = pr\{v = f\} \in [0;1]$ Wahrscheinlichkeit, daß die Firmengruppe die Vereinbarung freistellungsfähig
ausgestaltet (Illegal-Teilspiel)

Exogene Wahrscheinlichkeiten:

$\chi \in (0;1)$ Klagewahrscheinlichkeit gegen Kommissionsentscheidungen

$\tau \in (0;1)$ Entdeckungswahrscheinlichkeit (Illegal-
Teilspiel)

$\xi \in (0;1)$ Kontrollwahrscheinlichkeit (Kontroll-
Teilspiel)

Exogene Auszahlungsparameter:

$G \in (0;\infty)$ Basisgewinn einer freistellungsfähigen
Vereinbarung

$A \in (0;\infty)$ Kartellaufschlag; zusätzlicher Gewinn
einer nicht-freistellungsfähigen Verein-
barung

$B \in (0;\infty)$ Geldbuße

Auszahlungsfunktionen:

$EP^K \in (-1;0]$ erwartete Auszahlung der Kommission

folgende Indizes bestimmen näher, auf welchen Informationsbezirk
sich die erwartete Auszahlung bezieht:

I_1 Informationsbezirk 1

I_2 Informationsbezirk 2

$EP^F \in (-\infty; \infty)$ erwartete Auszahlung der Firmengruppe

folgende Indizes bestimmen näher, auf welches Teilspiel und/oder Gleichgewicht sich die erwartete Auszahlung bezieht:

a	Anmelde-Teilspiel
ai mit $i = 1,..5$	Gleichgewicht i im Anmelde-Teilspiel
k	Kontroll-Teilspiel
$kj.l$ mit $j = 1,..5$ und $\quad l = 1,..7$	Gleichgewicht l in Parameterkonstellation j im Kontroll-Teilspiel
ill	Illegal-Teilspiel
out	Status-Quo-Auszahlung nach Wahl der Aktion out

Reaktionsfunktionen:

$\alpha^*(\gamma)$	optimale Freistellungsentscheidung der Kommission nach positiver Meinung in Abhängigkeit vom Firmenverhalten γ
$\beta^*(\gamma)$	optimale Freistellungsentscheidung der Kommission nach negativer Meinung in Abhängigkeit vom Firmenverhalten γ
$\gamma^*(\alpha, \beta)$	optimale Ausgestaltungsentscheidung der Firmengruppe in Abhängigkeit von den antizipierten Kommissionsentscheidungen α, β (Anmelde- und Kontroll-Teilspiel)
δ^*	optimale Ausgestaltungsentscheidung der Firmengruppe (Illegal-Teilspiel)

Teilspiele:

Illegal-Teilspiel	beginnt im Knoten F_1 des Genehmigungsspiels
Anmelde-Teilspiel	beginnt im Knoten F_2 des Genehmigungsspiels
Kontroll-Teilspiel	beginnt im Knoten F_1 des Legalausnahmespiels

Gleichgewichte:

$(\alpha^*,\beta^*;\mu^*,\nu^*;\gamma^*)$ Perfekt Bayesianisches Gleichgewicht
                                              (Anmelde- oder Kontroll-Teilspiel)

$(a^*,\delta^*,\gamma^*;\alpha^*,\beta^*;\mu^*,\nu^*)$ Gleichgewicht im Genehmigungsspiel

$(e^*,\gamma^*;\alpha^*,\beta^*;\mu^*,\nu^*)$ Gleichgewicht im Legalausnahmespiel

Fehlerwahrscheinlichkeiten:

p_I Wahrscheinlichkeit, einen Fehler erster
          Ordnung zu begehen

p_{II} Wahrscheinlichkeit, einen Fehler zweiter
             Ordnung zu begehen

Superskripte:

G gibt an, daß eine Variable/ein Parameter
        dem Genehmigungsspiel zuzurechnen ist

L gibt an, daß eine Variable/ein Parameter
        dem Legalausnahmespiel zuzurechnen ist

$*$ bezeichnet eine gleichgewichtige Variable

$\hat{}$ bezeichnet eine gleichgewichtige Variable
        auf dem Gleichgewichtspfad

Abkürzungsverzeichnis

ABl. EG	Amtsblatt der Europäischen Gemeinschaften
a. F.	alte Fassung
BMWA	Bundesministerium für Wirtschaft und Arbeit
bzgl.	bezüglich
EGV	EG-Vertrag
EU-Kommission	Europäische Kommission
EuGeI	Gericht erster Instanz des Europäischen Gerichtshofes
EuGH	Europäischer Gerichtshof
EWN	Europäisches Wettbewerbsnetz
F&E	Forschung und Entwicklung
GWB	Gesetz gegen Wettbewerbsbeschränkungen
L&E	Law and Economics (Ökonomische Analyse des Rechts)
lit.	litera (Buchstabe)
n. F.	neue Fassung
Rz.	Randziffer
Slg.	Sammlung der Rechtsprechung
Tz.	Textziffer
Univ.	Universität
v.	versus (englisch)
VO	Verordnung
zugl.	zugleich

Kapitel 1

Einleitung

Am 1. Mai 2004 trat eine neue europäische Kartellrechtsverordung, die VO 1/2003, in Kraft. Sie löste die „erste Durchführungsverordnung zu den Artikeln 85 und 86 des Vertrages"[1] (VO 17/62) aus dem Jahre 1962 ab und veränderte damit die europäische Kartellrechtsdurchsetzung grundlegend. Die Durchsetzung des in Artikel 81 EG-Vertrag konstituierten Kartell-verbotes erfolgte unter altem Recht mittels eines Genehmigungssystems.[2] Wer eine wettbewerbsbeschränkende Vereinbarung schließen wollte, muß-te diese bei der EU-Kommission anmelden und ex ante genehmigen lassen, um eine Freistellung nach Artikel 81(3) EG-Vertrag erwirken zu können. Bei der Kommission allein lag die Befugnis, eine angemeldete Vereinba-rung vom allgemeinen Kartellverbot auszunehmen. Das neue Recht sieht nun statt der Genehmigung die Legalausnahme vor. Wer heute eine wett-bewerbsbeschränkende Vereinbarung schließen möchte, hat selbst zu ent-scheiden, ob die geplante Vereinbarung die Freistellungsvoraussetzungen des Artikel 81(3) EG-Vertrag erfüllt oder nicht. Ein Genehmigungsantrag muß nicht mehr gestellt werden, statt dessen haben die kartellierenden Un-ternehmen jedoch damit zu rechnen, daß ihre Vereinbarung ex post kon-trolliert, auf ihre Freistellungsfähigkeit hin überprüft und gegebenenfalls untersagt wird. Dies kommt einer Mißbrauchsaufsicht gleich, die – auch dies eine Neuerung der VO 1/2003 – nicht nur durch die EU-Kommission, sondern auch durch nationale Kartellbehörden und Gerichte durchgeführt werden kann.

---

[1] Nach heutiger Numerierung sind dies die Artikel 81 und 82 EG-Vertrag.

[2] Die Durchführungsverordnungen VO 1/2003 und VO 17/62 regeln auch die An-wendung des Artikel 82, der den Mißbrauch marktbeherrschender Stellung unter Ver-bot stellt. Die vorliegende Arbeit behandelt jedoch nur die Vorschriften, die sich auf Artikel 81 EG-Vetrag beziehen, also das europäische Kartellrecht im engeren Sinne.

Das Inkrafttreten der neuen Kartellrechtsdurchführungsverordnung war
der Höhepunkt eines Reformprozesses, der Ende der 1990er Jahre von
der EU-Kommission angestoßen wurde und der als weiterer Baustein zum
Erreichen eines angestrebten *more economic approach* im europäischen
Wettbewerbsrecht anzusehen ist. Im Jahr 1999 publizierte die Kommission
ihr Weißbuch über die Modernisierung der Vorschriften zur Anwendung
der Artikel 85 und 86 EG-Vertrag und machte damit ihre auf drei Pfeilern
ruhenden Reformvorschläge zum ersten Mal einer breiten Öffentlichkeit
zugänglich. Diese drei Pfeiler sind (1) die Aufgabe des Genehmigungssystems zugunsten eines Systems der Legalausnahme, (2) die Dezentralisierung der Anwendung der europäischen Wettbewerbsregeln durch die
Ermächtigung mitgliedstaatlicher Kartellbehörden und Gerichte, künftig
Artikel 81 EG-Vertrag in seiner Gänze anwenden zu dürfen, sowie (3)
die Verstärkung der nachherigen Kontrolle, die die Abschreckungswirkung
der Mißbrauchsaufsicht verstärken soll. Erklärtes Ziel der EU-Kommission war es dabei, ihre eigene, vor allem durch die EU-Erweiterung her-
beigeführte administrative Arbeitsbelastung durch die Abschaffung des
Anmelde- und Genehmigungswesens zu verringern, um so Ressourcen
freizulegen, die besser in die Verfolgung ihrer eigentlichen Aufgabe, der
Verfolgung schwerer Kartellrechtsverstöße, investiert würden.

Die Modernisierungsvorschläge der EU-Kommission stießen indes
nicht auf uneingeschränkte Zustimmung. Nach der Veröffentlichung des
Weißbuches und auch nach Bekanntmachung des konkreten Vorschlages
für eine neue Durchführungsverordnung entbrannte eine heftige Diskussion um die Sinnhaftigkeit und die Folgen der angestrebten Reform.
Während zahlreiche Stellungnahmen diverser Mitgliedstaaten, nationaler
Kartellbehörden und auch der Industrie einen Großteil der Reformpunkte
begrüßten, mehrten sich insbesondere unter deutschen Rechtswissen-
schaftlern und Praktikern die Vorbehalte gegenüber der Reform.[3] Zum
einen wurden formaljuristische Bedenken bezüglich der Abschaffung des
Genehmigungssystems vorgebracht, zu deren Berechtigung der Nicht-
Jurist wenig beizutragen vermag. Zum anderen wurde aber auch Kritik
geübt, die sich einer ökonomischen Beurteilung nicht verschließt. So
wurde der EU-Kommission beispielsweise vorgeworfen, die angestreb-
te Modernisierung sei „kein Weg ins 21. Jahrhundert, sondern zurück

---

[3] Eine Zusammenfassung der in der Kommentarperiode nach Veröffentlichung des
Weißbuchs eingegangenen Stellungnahmen bietet EU-Kommission (2000a).

zu den wirtschaftsrechtlichen Defiziten des 19. Jahrhunderts", weil die Wettbewerbsfreiheit mit der Kartellfreiheit gleichgesetzt werde.[4] Andere Autoren bemerkten, die Einführung der Legalausnahme komme einem „[b]edenkliche[n] Paradigmenwechsel ohne Entsprechung in der wissenschaftlichen und praktischen Anschauung" gleich, nach dem „klassische Kartelle neuerdings als tendenziell ungefährlich eingestuft" würden.[5] Schließlich wurde als Folge des Systemwechsels eine allgemeine Schwächung des Kartellverbots statt einer wirksameren Durchsetzung desselben prophezeit[6], verbunden mit dem Hinweis, man ermögliche den Unternehmen, ihre Hardcore-Vereinbarungen zu verstecken, weil mit dem Wegfall der Anmeldung keine Einzelprüfung mehr stattfinde.[7]

All diese Vorwürfe eint nicht nur die Befürchtung, daß die Einführung des Legalausnahmesystems die Wirksamkeit der Kartellrechtsdurchsetzung beeinträchtigen könnte, sondern auch ein methodisches Defizit: Die Behauptungen entbehren einerseits jeglicher wirtschaftstheoretischen Fundierung mittels eines wohldefinierten Modells, andererseits leiden sie vor allem an einem Phänomen, das als *nirvana fallacy* bekannt ist.[8] In den kritischen Schriften werden die Vor- und insbesondere die Nachteile des Legalausnahmesystems lediglich aufgelistet; ein direkter Vergleich mit seiner Alternative, dem Genehmigungssystem, findet daher nicht statt. Statt dessen wird das Legalausnahmesystem an einem besten Weltzustand gemessen, der real nicht existiert. Ein solches Vorgehen ist jedoch aus Sicht der Neuen Institutionenökonomik verfehlt. Es sollte vielmehr einem institutionenvergleichenden Ansatz gefolgt werden. Ein solcher Ansatz ist vorteilhaft, weil er es erlaubt, konkrete Aussagen bezüglich der Vorzugswürdigkeit realer Alternativen im Sinne eines *second-best*-Denkens zu machen. Wer statt dessen nur eine der Alternativen mit einer idealisierten und fiktiven, weil nicht zu realisierenden, besten Alternative vergleicht, läuft Gefahr, letztlich nichts über das Reale-Welt-Problem auszusagen.

Die vorliegende Arbeit hat es sich zur Aufgabe gesetzt, diesen methodischen Mangel zu beheben und ein ökonomisches Modell zur Verfügung zu stellen, das es erlaubt, differenzierte und theoretisch fundierte Aussagen

---

[4] Monopolkommission (1999, Tz. 82).

[5] Paulweber/Kögel (1999, S. 512).

[6] Vgl. z.B. Immenga (1999, S. 609).

[7] Regierung der Bundesrepublik Deutschland (o.J., S. 7f.).

[8] Vgl. Demsetz (1969).

darüber zu formulieren, ob die EU-Kommission mit dem Übergang von der Genehmigung zur Legalausnahme ihr Ziel erreicht hat, die Durchsetzung der europäischen Kartellpolitik wirksamer zu gestalten. Dazu wird ein spieltheoretisches Modell aufgestellt, das beide Rechtsdurchsetzungsinstitutionen mit Hilfe zweier Spielvarianten abbilden kann, und dessen Ergebnisse (in Form von gleichgewichtigem Verhalten der Akteure) mittels des Kriteriums Wirksamkeit der Rechtsdurchsetzung bewertet und miteinander verglichen werden können.[9] Der allgemeinen Gleichgewichtsanalyse wird außerdem eine Simulation zur Seite gestellt, mit deren Hilfe die Aussagen noch verfeinert werden können und dank derer auf die mühsame Analyse unzähliger Fallunterscheidungen verzichtet werden kann. Das computergestützte Programm ist in der Lage, den Übergang vom Genehmigungs- zum Legalausnahmesystem zu simulieren, indem es die Modellergebnisse für viele unterschiedliche Parameterkonstellationen berechnet und miteinander vergleicht. Durch Variation der Annahmen in den unterschiedlichen Simulationsläufen können zudem unterschiedliche Rahmenbedingungen des Systemwechsels abgebildet und daraus Empfehlungen abgeleitet werden, ob der Systemwechsel unter dem Aspekt der Wirksamkeit sinnvoll ist und durch welche wirtschaftspolitischen Maßnahmen er begleitet werden sollte.

Unter Wirksamkeit der Rechtsdurchsetzung wird dabei verstanden, daß die betreffende Institution einen hohen Grad an Rechtsgehorsam seitens der Unternehmen induziert und gleichzeitig eine niedrige Fehleranfälligkeit aufweist. Denn bei der Entscheidung, ob eine wettbewerbsbeschränkende Vereinbarung vom Kartellverbot freizustellen ist, können prinzipiell zwei Fehler begangen werden, die beide zu Wohlfahrtsverlusten in der Gesellschaft führen, und daher von einer gut konzipierten Institution vermieden werden sollten. Der erste Fehler betrifft die Untersagung von Vereinbarungen, die gemäß ihrer Eigenschaften eigentlich die Freistellungsvoraussetzungen des Artikel 81(3) erfüllen. Der zweite möglich Fehler hat hingegen die nicht erfolgte Untersagung von Vereinbarungen zum Gegenstand, die aufgrund der Rechtslage hätten verboten werden müssen. Im ersten Fall entgeht der Gesellschaft der Effizienzgewinn, den eine solche

---

[9] Die Arbeit nimmt damit eine inhaltliche Fokussierung auf den ersten Pfeiler der Reform, den Systemwechsel, vor. Die beiden anderen Pfeiler, Dezentralisierung und nachherige Kontrolle, werden jedoch nicht ausgeblendet, sondern über Parameter des Modells berücksichtigt.

freistellungsfähige Vereinbarung bewirkt hätte; im zweiten Fall entsteht der Gesellschaft ein Schaden durch die Wettbewerbsbeschränkung, der nicht durch Effizienzgewinne der Vereinbarung kompensiert wird.

Zentrale Aufgabe der EU-Kommission muß es daher in beiden Rechtsdurchsetzungsinstitutionen – im Genehmigungssystem wie im Legalausnahmesystem – sein, bei der Beurteilung der Freistellungsfähigkeit der untersuchten Vereinbarung Fehler erster und zweiter Ordnung zu vermeiden. Im Zentrum des in dieser Arbeit verwendeten Modells steht folglich die EU-Kommission, die als rationale Entscheiderin mit Informationsasymmetrien bezüglich der wahren Beschaffenheit der Vereinbarung zu kämpfen hat. Die Güte ihrer Entscheidung ist dabei nicht nur von ihrer Fähigkeit abhängig, freistellungsfähige von nicht-freistellungsfähigen Vereinbarungen unterscheiden zu können, sondern auch von den Anreizen, denen sie sich während ihres Entscheidungsprozesses gegenübersieht. Ihr Gegenspieler sind die Unternehmen, die gemeinsam zu entscheiden haben, ob sie eine wettbewerbsbeschränkende Vereinbarung eingehen, und ob sie dies unter Einhaltung der Freistellungsvoraussetzungen tun. Ihr Verhalten wird dabei von den zum Teil sanktionsbewehrten Regeln beeinflußt, die in den beiden zum Vergleich stehenden Rechtsdurchsetzungsinstitutionen gelten.

Die Analyse der Interaktion zwischen den beiden Hauptakteuren der europäischen Kartellrechtsdurchsetzung, der EU-Kommission und der potentiell kartellierenden Gruppe von Unternehmen, ist geeignet, Einsichten in die Strategiewahl der Akteure zu generieren und ihr tatsächliches Verhalten in der einen oder anderen Rechtsdurchsetzungsinstitution zu prognostizieren. Auf Basis dieses prognostizierten gleichgewichtigen Verhaltens kann dann entschieden werden, unter welcher Durchführungsverordnung, VO 17/62 oder VO 1/2003, ein höherer Rechtsgehorsam seitens der Unternehmen und weniger Fehler seitens der Behörde erreicht werden können.

In Kapitel 2 wird zunächst der Analysegegenstand der vorliegenden Arbeit, nämlich die Reform des europäischen Kartellrechts und ihre Rezeption in der juristischen und ökonomischen Literatur, ausführlich dargestellt. Dabei wird explizit auf die Kritik am Übergang von der Genehmigung zum Legalausnahmesystem eingegangen.

Das der Modellanalyse gewidmete Kapitel 3 gliedert sich in vier große Abschnitte: Nach der Präzisierung der Forschungsfrage und der Übersetzung der rechtlichen Grundlagen in ökonomische Terminologie in Abschnitt 3.1, präsentiert Abschnitt 3.2 die grundlegenden Modellannahmen. In den Abschnitten 3.3 und 3.4 werden die die beiden Rechtsdurchsetzungssysteme abbildenden Modellvarianten Genehmigungsspiel und Legalausnahmespiel vorgestellt und auf ihre Gleichgewichte hin untersucht. Außerdem werden bereits erste Bewertungen der errechneten Gleichgewichte mittels des definierten Kriteriums Wirksamkeit vorgenommen.

In Kapitel 4 erfolgt dann der eigentliche Institutionenvergleich auf Basis der im vorhergehenden Kapitel hergeleiteten Gleichgewichte. In Abschnitt 4.1 werden die parametrisierten allgemeinen Ergebnisse der beiden Spiele zusammengeführt und zueinander in Beziehung gesetzt. Die Unterschiede in den Ergebnissen werden in Abschnitt 4.2 anhand eines konkreten Zahlenbeispiels verdeutlicht. In Abschnitt 4.3 wird schließlich die Simulation durchgeführt. Abschnitt 4.4 schließt den Institutionenvergleich ab, indem konkrete Antworten auf die Reformkritik gegeben und aus der Analyse abgeleitete Empfehlungen ausgesprochen werden, mit welchen Maßnahmen der Systemwechsel begleitet werden sollte.

Kapitel 5 faßt die wichtigsten Aussagen der vorliegenden Arbeit abschließend zusammen.

Kapitel 2

Die EU-Kartellrechtsreform

Dieses Kapitel befaßt sich mit der rechtlichen Grundlage der Arbeit, der europäischen Kartellrechtsreform, und deren Rezeption in der juristischen und ökonomischen Literatur. Dabei liegt der Fokus bereits auf den Aspekten der Reform, die für die spätere Modellierung der Fragestellung, welche der beiden Rechtsdurchsetzungsinstitutionen – die alte oder die neue – weniger Fehler verursacht und zu größerem Rechtsgehorsam der Unternehmen führt, zielführend sind. Zunächst wird in Kapitel 2.1 der Rechtsstand vor der Reform dargestellt, wie er sich aus dem allgemeinen Kartellverbot des Artikel 81 EG-Vertrag und der entsprechenden Durchführungsverordnung VO 17/62 ergibt. Kapitel 2.2 behandelt den Reformvorschlag der EU-Kommission, das Weißbuch aus dem Jahre 1999, und dessen Umsetzung in der neuen Durchführungsverordnung VO 1/2003. In Kapitel 2.3 wird auf die Kritik eingegangen, die vornehmlich von deutschen Juristen am Reformpaket der EU-Kommission geäußert wurde. Kapitel 2.4 schließlich gibt einen Überblick über die ökonomische Literatur, die sich mit dem Wechsel von einem Genehmigungssystem zu einem Legalausnahmesystem im europäischen Kartellrecht befaßt.

2.1 Das EU-Kartellrecht in seiner alten Form

Das europäische Kartellrecht hat seine Grundlage im 1957 geschlossenen EG-Vertrag[1], seine Durchführung wird konkretisiert in der ersten Kartell-

---

[1] Im Rahmen dieser Arbeit wird, sobald vom EG-Vertrag die Rede ist, ausschließlich auf die konsolidierte Fassung des Vertrags zur Gründung der Europäischen Gemeinschaft, ABl. EG, Nr. C 325 vom 24. Dezember 2002, S. 33-184, Bezug genommen. Er ist online verfügbar unter http://eur-lex.europa.eu/LexUriServ/site/de/oj/2002/c_325/c_32520021224de00010184.pdf (Stand: 2. Mai 2008).

durchführungsverordnung aus dem Jahre 1962[2]. Die Europäische Gemeinschaft hat sich in ihrem Gründungsvertrag „dem Grundsatz einer offenen Marktwirtschaft mit freiem Wettbewerb verpflichtet"[3] und sieht es als ihre Aufgabe an, „ein System [zu schaffen], das den Wettbewerb innerhalb des Binnenmarkts vor Verfälschungen schützt"[4]. In Titel VI, Kapitel 1 des Vertrags sind die für die Gemeinschaft gültigen Wettbewerbsregeln festgehalten: Die Vorschriften für Unternehmen umfassen die Artikel 81 bis 86, während sich die Artikel 87 bis 89 staatlichen Beihilfen widmen. Die Modernisierungsbestrebungen der EU-Kommission beziehen sich allerdings nur auf die ersten beiden Artikel:[5] Artikel 81 konstituiert ein generelles Verbot wettbewerbsbeschränkender Verhaltensweisen (Kartellverbot), während Artikel 82 die mißbräuchliche Ausnutzung marktbeherrschender Stellung verbietet.[6] Die Regelungen zur mißbräuchlichen Ausnutzung von Marktmacht sollen hier jedoch nicht weiter behandelt werden, da der Fokus der Arbeit auf dem Übergang vom Genehmigungssystem zum Legalausnahmesystem und damit auf der Durchführung des Artikel 81(3) EG-Vertrag, also der Durchsetzung des Kartellverbotes mit seinen Ausnahmen, liegt.

---

[2] Verordnung (EWG) Nr. 17 des Rates: Erste Durchführungsverordnung zu den Artikeln 85 und 86 des Vertrages, ABl. EG, Nr. P 13 vom 21. Februar 1962, S. 204-211, online verfügbar unter http://europa.eu.int/smartapi/cgi/sga_doc?smartapi!celexapi! prod!CELEXnumdoc&lg=de&numdoc=31962R0017&model=guichett (Stand: 2. Mai 2008), im folgenden VO 17/62 abgekürzt.

[3] Art. 4(1) EG-Vertrag.

[4] Art. 3(1) lit. g EG-Vertrag.

[5] Neben dem Weißbuch über die Modernisierung der Vorschriften zur Anwendung der Artikel 85 und 86 EG-Vertrag, vgl. Abschnitt 2.2.1, und dessen Umsetzung durch die VO 1/2003, vgl. Abschnitt 2.2.2, beschäftigt sich die EU-Kommission auch im Bereich der Fusionskontrolle und anderen wettbewerbspolitischen Feldern mit einer solchen „Modernisierung" in dem Sinne, daß verstärkt auf ökonomische Erkenntnisse rekurriert wird. Alle diese Ansätze können unter dem Begriff *more economic approach* zusammengefaßt werden, vgl. zur Rezeption dieser Bestrebungen beispielsweise Schmidtchen/Albert/Voigt (2007). In dieser Arbeit wird jedoch nur die Modernisierung des Kartellrechts betrachtet.

[6] Die genannten Wettbewerbsregeln trugen ursprünglich die Artikelnummern 85 und 86. Die Neunumerierung brachte der Vertrag von Amsterdam zur Änderung des Vertrags über die Europäische Union, der Verträge zur Gründung der Europäischen Gemeinschaften sowie einiger damit zusammenhängender Rechtsakte, ABl. EG, Nr. C 340 vom 10. November 1997, online verfügbar unter http://eur-lex.europa.eu/de/treaties/dat/11997E/htm/11997E.html (Stand: 2. Mai 2008).

Die grundsätzlichen Wettbewerbsregeln werden von verschiedenen Verordnungen des Rates und der Kommission flankiert und durch Mitteilungen und Leitlinien der Kommission ergänzt.[7] Während die Verordnungen des Rates oder der Kommission den Charakter sekundären Gemeinschaftsrechts haben, sind die Mitteilungen und Leitlinien der Kommission keine eigentlichen gemeinschaftlichen Rechtsakte, da sie nur für die Kommission Bindungswirkung entfalten, auf mitgliedstaatlicher Ebene jedoch nicht über Empfehlungen hinausgehen.

2.1.1 Das europäische Kartellverbot: Artikel 81 EG-Vertrag

Das eigentliche Kartellverbot findet sich im ersten Absatz des Artikel 81: Danach sind „alle Vereinbarungen zwischen Unternehmen, Beschlüsse von Unternehmensvereinigungen und aufeinander abgestimmte Verhaltensweisen"[8] verboten, die „den Handel zwischen Mitgliedstaaten zu beeinträchtigen geeignet sind und eine Verhinderung, Einschränkung oder Verfälschung des Wettbewerbs innerhalb des Gemeinsamen Marktes bezwecken oder bewirken"[9]. Das EU-Kartellrecht findet also nur Anwendung, wenn die sog. Zwischenstaatlichkeitsklausel erfüllt ist, d.h. wenn der Handel zwischen mindestens zwei Mitgliedstaaten beeinträchtigt wird. Allerdings wird der Begriff der Beeinträchtigung regelmäßig sehr weit ausgelegt: es reicht aus, wenn die betrachtete Verhaltensweise dazu geeignet ist, den Wettbewerb im Binnenmarkt mittelbar und potentiell zu beeinträchtigen.[10] Dabei ist es nicht nötig, daß der Binnenmarkt dem relevanten Markt entspricht. Die Abgrenzung des relevanten Marktes erfolgt unabhängig vom Kriterium der Beeinträchtigung des zwischenstaatlichen Handels.[11]

---

[7] In dieser Arbeit werden die Bezeichnungen Rat, Rat der Europäischen Union und Ministerrat einerseits, sowie Kommission, Europäische Kommission und EU-Kommission andererseits synonym verwendet.

[8] Art. 81(1) EG-Vertrag.

[9] Art. 81(1) EG-Vertrag.

[10] Vgl. zur Zwischenstaatlichkeitsklausel beispielsweise Heinemann (2003, S. 651).

[11] Vgl. Bekanntmachung der Kommission – Leitlinien über den Begriff der Beeinträchtigung des zwischenstaatlichen Handels in den Artikeln 81 und 82 des Vertrags, Tz. 22, ABl. EG, Nr. C 101 vom 27. April 2004, S. 81-96, online verfügbar unter http://eur-lex.europa.eu/LexUriServ/site/de/oj/2004/c_101/c_10120040427de00810096.pdf (Stand: 2. Mai 2008), zitiert als Beeinträchtigungsleitlinien.

Von einem *Kartell*-Verbot zu sprechen, wie es sich allgemein einge-
bürgert hat, ist insofern unsauber und womöglich irreführend, als sich der
Begriff Kartell eigentlich nur auf horizontale Wettbewerbsbeschränkungen
bezieht, also auf Verhaltenskoordination zwischen Wettbewerbern auf derselben Wirtschaftsstufe. Das Verbot des Artikel 81(1) erfaßt jedoch gleichermaßen horizontale wie auch vertikale Beschränkungen (Verhaltenskoordination auf unterschiedlichen Wirtschaftsstufen), im Gegensatz zum
deutschen Recht, das lange und noch bis zur letzten Novellierung unterschiedliche Rechtsnormen für Kartelle im eigentlichen Sinn einerseits
(ehemals §§ 1ff. GWB) und vertikale Beschränkungen andererseits (ehemals §§ 14ff. GWB) kannte.[12] In dieser Arbeit wird jedoch dem allgemeinen Sprachgebrauch gefolgt und Artikel 81(1) weiterhin als Kartellverbot
bezeichnet. Der Gesetzgeber differenziert hier weiter zwischen Vereinbarungen, Beschlüssen und abgestimmten Verhaltensweisen. In der ökonomischen Terminologie spricht man statt dessen gerne von expliziten, also auf Verträgen oder Absprachen basierenden, oder impliziten, d.h. einzig
am Verhalten erkennbaren Kartellen.[13] In dieser Arbeit wird vereinfachend
der Begriff Vereinbarung benutzt.[14]

Absatz 2 des Artikel 81 EG-Vertrag widmet sich der Rechtsfolge des
Kartellverbotes und erklärt alle Absprachen, die unter das Verbot des Absatzes 1 fallen, für nichtig. Eine besondere Verwaltungsentscheidung ist
hierzu nicht notwendig.

Absatz 3 schließlich erlaubt Ausnahmen vom generellen Kartellverbot:
Es werden Voraussetzungen genannt, bei deren Vorliegen das Kartellverbot des Absatzes 1 keine Anwendung finden muß. Vereinbarungen, Beschlüsse oder abgestimmte Verhaltensweisen müssen dann, um legal betrieben werden zu können, entweder die Warenerzeugung oder -verteilung
verbessern, oder den technischen oder wirtschaftlichen Fortschritt fördern.
Darüber hinaus fordert das Gesetz eine „angemessene Beteiligung der Verbraucher an dem entstehenden Gewinn"[15]. Weiter eingeschränkt wird der

---

[12] Vgl. Heinemann (2003, S. 652) oder auch Herdegen (2007, S. 309f., Rz. 6). Die
7. GWB-Novelle, die am 1. Juli 2005 in Kraft getreten ist, brachte einheitliche Vorschriften für sämtliche Vereinbarungen, nämlich die §§ 1-3 GWB.

[13] Eine instruktive Unterscheidung der Konzepte liefert beispielsweise Motta (2004,
S. 137-142).

[14] Zur Konkretisierung dieses Begriffs vgl. Abschnitt 3.2.1.2.

[15] Art. 81(3) EG-Vertrag.

Ausnahmebereich auf Handlungsweisen, die für die Erreichung der oben genannten Ziele tatsächlich zielführend und erforderlich sind[16] und die den Wettbewerb im betroffenen Markt nicht gänzlich ausschalten[17]. Dabei beschränkt sich das Gesetz im Wortlaut auf die Feststellung, daß „[d]ie Bestimmungen des Absatzes 1 [...] für nicht anwendbar erklärt werden [können]"[18]. Es wird jedoch nicht näher spezifiziert, *wer* diese Erklärung abzugeben hat. Diese Konkretisierung wird weiteren Rechtsakten – tatsächlich der VO 17/62 – überlassen.

Insgesamt stellt sich also Artikel 81 EG-Vertrag als generelles Kartellverbot mit Erlaubnisvorbehalt dar.

2.1.2 Die Durchführungsverordnung: Verordnung (EWG) Nr. 17 des Rates (VO 17/62)

Artikel 83 EG-Vertrag ermächtigt den Rat, Rechtsakte zur Anwendung der Artikel 81 und 82 EG-Vertrag zu erlassen. Entsprechend ist das Kartellverfahren weitgehend in der Verordnung Nr. 17 des Rates aus dem Jahre 1962 (VO 17/62) geregelt. Sie trägt daher auch den Namen „Kartellverordnung" und legt die Durchführung der in den Artikeln 81 und 82 EG-Vertrag niedergelegten Wettbewerbsregeln fest.[19] Insbesondere legt sie den Erlaubnisvorbehalt des Artikel 81(3) im Sinne einer formellen Freistellungsmöglichkeit aus. Gelten die Absätze (1) und (2) des Artikel 81 unmittelbar[20], so ist jedoch für die Freistellung vom Kartellverbot eine formelle Verwaltungsentscheidung notwendig. Demgemäß müssen alle Handlungsweisen, die unter das Verbot des Artikel 81(1) EG-Vertrag fallen, gleichzeitig jedoch die Voraussetzungen des Artikel 81(3) EG-Vertrag erfüllen, bei der Kommission angemeldet werden.[21] Für die Anwendung des Art. 81(3)

---

[16] Art. 81(3) lit. a EG-Vertrag.
[17] Art. 81(3) lit. b EG-Vertrag.
[18] Art. 81(3) EG-Vertrag.
[19] Einen ausführlichen Überblick über das Kartellrechtsverfahren bieten beispielsweise Commichau/Schwartz (2002, S. 198-209) oder auch Schmidt (2001, S. 242-244).
[20] Art. 1 VO 17/62.
[21] Art. 4 VO 17/62.

EG-Vertrag besteht also ein Anmelde- und Genehmigungssystem.[22] Offenbar war der Gesetzgeber der Meinung, „dem Erfordernis einer wirksamen Überwachung bei möglichst einfacher Verwaltungskontrolle"[23] so am besten entsprechen zu können.

Die Kommission kann nach Prüfung des Sachverhalts das angemeldete Verhalten vom Kartellverbot freistellen.[24] Die entsprechende Vereinbarung darf dann durchgeführt werden. Die Kommission hat als einzige Behörde das Recht, Erklärungen gemäß Artikel 81(3) abzugeben; man spricht daher vom Freistellungsmonopol der Kommission.[25] Neben dieser formellen Freistellungserklärung kann die Kommission auch ein Negativattest erteilen, wenn sie der Auffassung ist, daß das Verhalten, mit dem sie sich befaßt, nicht unter das Kartellverbot des Artikel 81(1) fällt.[26] Ein solches Negativattest kann nicht nur auf Antrag der anmeldenden Unternehmen ausgestellt werden, sondern auch, wenn die Kommission im Rahmen ihrer Ermittlungen feststellt, daß kein Verstoß vorliegt.

Grundsätzlich können zwei Arten von Freistellungen erteilt werden: Einzelfreistellungen und Gruppenfreistellungen. Unter ersteren ist eine individuell-konkrete Erlaubnis zur Vornahme einer bestimmten Handlung zu verstehen. Eine Einzelfreistellung wird also auf Antrag der betroffenen Unternehmen gewährt. Gruppenfreistellungen dagegen beziehen sich auf ganze Gruppen gleichartigen Verhaltens, stellen also eine generell-abstrakte Befreiung vom Kartellverbot dar. Gruppenfreistellungen werden als Verordnungen vom Rat oder, durch den Rat ermächtigt, von der Kommission erlassen. Eine der wohl bekanntesten Gruppenfreistellungen

---

[22] Der Begriff Anmelde- und Genehmigungssystem wird häufig in der juristischen Literatur verwendet, vgl. etwa Schaub/Dohms (1999, S. 1055) oder Schwenn (2000, S. 180). Außerdem werden noch folgende Formulierungen verwendet: Anmelde- und Freistellungssystem, vgl. etwa Bartosch (2001, S. 107), Bartosch (2000, S. 462) oder Mestmäcker (1999, S. 523); Anmeldesystem, vgl. etwa Geiger (2000, S. 165). In dieser Arbeit wird in Anlehnung an den Sprachgebrauch der EU-Kommission (vgl. beispielsweise EU-Kommission (1999, Tz. 3)) im folgenden nur noch der Begriff *Genehmigungssystem* verwendet.
[23] Erwägungsgründe VO 17/62.
[24] Art. 6 VO 17/62.
[25] Art. 9 VO 17/62.
[26] Art. 2 VO 17/62.

vertikaler Vereinbarungen bezieht sich auf den Automobilhandel.[27] Auf der Ebene der horizontalen Wettbewerbsbeschränkungen sind als bekannte Beispiele die Gruppenfreistellung für Vereinbarungen über Forschung und Entwicklung[28] oder diejenige über Spezialisierungsvereinbarungen[29] zu nennen. Während für die Erteilung einer Einzelfreistellung die vorherige Anmeldung zwingend ist, müssen Verhaltensweisen, die den Ausnahmetatbestand des Artikel 81(3) EG-Vertrag erfüllen und unter eine bestimmte Gruppenfreistellung fallen, im allgemeinen nicht angemeldet werden.[30]

Einzelfreistellungen durch die Kommission sind selten. Dies ist vor allem dem aufwendigen Prüfverfahren geschuldet. Weitaus häufiger werden dagegen informelle Verwaltungsschreiben ausgestellt, um den betroffenen Unternehmen mitzuteilen, daß entweder das anzumeldende Verhalten nicht unter das Kartellverbot fällt – das Verwaltungsschreiben ersetzt hier das formelle Negativattest – oder aber die Voraussetzungen des Artikel 81(3) EG-Vertrag erfüllt sind. Diese Verwaltungsschreiben werden auch als *comfort letters* bezeichnet. Diese *comfort letters* binden die Kommission in ihren Entscheidungen und schützen vor Geldbußen. Die Kommission darf

---

[27] Verordnung (EG) Nr. 1400/2002 der Kommission vom 31. Juli 2002 über die Anwendung von Artikel 81 Absatz 3 des Vertrags auf Gruppen von vertikalen Vereinbarungen und aufeinander abgestimmten Verhaltensweisen im Kraftfahrzeugsektor, ABl. EG, Nr. L 203 vom 1. August 2002, S. 30-41, online erhältlich unter http://eur-lex.europa.eu/LexUriServ/site/de/oj/2002/l_203/l_20320020801de00300041.pdf (Stand: 2. Mai 2008).

[28] Verordnung (EG) Nr. 2659/2000 der Kommission vom 29. November 2000 über die Anwendung von Artikel 81 Absatz 3 des Vertrages auf Gruppen von Vereinbarungen über Forschung und Entwicklung, ABl. EG, Nr. L 304 vom 5. Dezember 2000, S.7-12, online verfügbar unter http://eur-lex.europa.eu/LexUriServ/site/de/oj/2000/l_304/l_30420001205de00070012.pdf (Stand: 2. Mai 2008), im weiteren abgekürzt als VO 2659/2000.

[29] Verordnung (EG) Nr. 2658/2000 der Kommission vom 29. November 2000 über die Anwendung von Artikel 81 Absatz 3 des Vertrags auf Gruppen von Spezialisierungsvereinbarungen, ABl. EG, Nr. L 304 vom 5.12.2000, S. 3-6, online verfügbar unter http://eur-lex.europa.eu/LexUriServ/site/de/oj/2000/l_304/l_30420001205de00030006.pdf (Stand: 2. Mai 2008), im weiteren abgekürzt als VO 2658/2000.

[30] Zur Praxis der Gruppenfreistellungen vgl. EU-Kommission (1999, Tz. 29-32). Faktisch nehmen die Gruppenfreistellungen innerhalb des Genehmigungssystems bereits einen Aspekt der Legalausnahme vorweg: Wer sich – nach erfolgter Selbsteinschätzung – der entsprechenden Gruppe zugehörig fühlt, muß seine Vereinbarung nicht anmelden, sondern darf sie ausführen.

ein Verfahren in derselben Sache auch erst dann wieder aufnehmen, wenn sich die tatsächlichen oder rechtlichen Verhältnisse geändert haben. Anders als Freistellungen haben *comfort letters* und Negativatteste jedoch keine Bindungswirkung für mitgliedstaatliche Behörden oder Gerichte. Entgegen der Einschätzung der Kommission, die im Verwaltungsschreiben zum Ausdruck kommt, kann dann ein nationales Gericht oder auch eine nationale Kartellbehörde einen Verstoß gegen das Kartellverbot feststellen und die entsprechende Vereinbarung für nichtig erklären. Für die Unternehmen besteht demnach eine gewisse Rechtsunsicherheit. Sicherheit erlangen sie nur durch ein abgeschlossenes Freistellungsverfahren.[31]

Stellt die Kommission einen Verstoß gegen die Artikel 81 oder 82 EG-Vertrag fest, kann sie die beteiligten Unternehmen per Entscheidung zur Abstellung der Zuwiderhandlung verpflichten.[32] Darüber hinaus kann sie Geldbußen für die einzelnen an der Zuwiderhandlung beteiligten Unternehmen (bis zu 1 Mio. Rechnungseinheiten oder über diesen Betrag hinaus maximal 10 % des letzten Jahresumsatzes des jeweiligen Unternehmens) festsetzen, die jedoch keinen strafrechtlichen Charakter haben.[33] Die Kommission ist auch ermächtigt, für andere Vergehen im Rahmen der Kartellrechtsdurchsetzung Geldbußen und Zwangsgelder festzusetzen.[34] Geldbußen sollen einen ordnungsgemäßen Verfahrensablauf sichern und stellen beispielsweise Sanktionen für unrichtige Angaben in Anträgen dar. Zwangsgelder dagegen sind zukunftsgerichtet und sollen die Unternehmen dazu anhalten, gesetzte Fristen zu wahren.

Gegen Entscheidungen der Kommission kann vor dem EuGH Klage erhoben werden. Dieser hat die Befugnis zur unbeschränkten Nachprüfung der Entscheidung.[35]

Die Kommission kann von Amts wegen oder auf Antrag Ermittlungen einleiten. Zur Antragstellung sind die einzelnen Mitgliedstaaten oder auch Personen, die ein berechtigtes Interesse geltend machen können (Betroffene), berechtigt.[36]

---

[31] Zur Praxis der Verwaltungsschreiben vgl. EU-Kommission (1999, Tz. 34f.).

[32] Art. 3 VO 17/62.

[33] Art. 15 VO 17/62.

[34] Art. 16 VO 17/62.

[35] Art. 17 VO 17/62.

[36] Art. 3 VO 17/62.

Neben der Kommission sind auch die mitgliedstaatlichen Behörden und Gerichte befugt, Verstöße gegen Artikel 81 oder 82 EG-Vertrag zu ahnden. Zieht jedoch die Kommission beispielsweise wegen des gemeinschaftsweiten Interesses die Ermittlungen an sich, endet die Zuständigkeit der nationalen Behörden oder Gerichte. Im übrigen ist es auch denkbar, daß in den einzelnen Mitgliedstaaten nationales Kartellrecht parallel angewandt wird. Privatrechtliche Ansprüche – auf Schadenersatz oder Unterlassung – können nur auf mitgliedstaatlicher Ebene durchgefochten werden; im europäischen Recht ist kein Verfahren zur Durchsetzung zivilrechtlicher Klagen vorgesehen.

2.2 Das Modernisierungspaket der EU-Kommission

In diesem Kapitel wird das Modernisierungspaket der EU-Kommission vorgestellt, begonnen mit den Reformvorschlägen des Weißbuchs aus dem Jahre 1999, über die Implementierung der Reform mittels der neuen Durchführungsverordnung VO 1/2003, bis hin zu den flankierenden Maßnahmen wie Mitteilungen und Leitlinien.

2.2.1 Der Reformvorschlag: das Weißbuch der Kommission

Am 29. April 1999 hat die EU-Kommission ihr Weißbuch über die Modernisierung der Vorschriften zur Anwendung der Artikel 85 und 86 EG-Vertrag[37] veröffentlicht. Sie gibt darin zunächst einen Überblick über den derzeitigen Status Quo der Kartellpolitik in Europa[38] und arbeitet als bedeutendstes Defizit die Überlastung der Kommission mit Verwaltungsaufgaben und die daraus resultierende mangelnde Durchsetzung des Kartellverbotes[39] heraus. Daraus leitet sie einen Reformbedarf der europäischen Kartellpolitik ab.[40] Nach Ansicht der EU-Kommission muß eine solche Reform folgendes leisten:

---

[37] Vgl. EU-Kommission (1999); das Weißbuch ist online verfügbar unter http://eur-lex.europa.eu/LexUriServ/site/de/oj/1999/c_132/c_13219990512de00010033.pdf (Stand: 2. Mai 2008).

[38] Vgl. EU-Kommission (1999, Tz. 1-39).

[39] Vgl. EU-Kommission (1999, Tz. 40).

[40] Vgl. EU-Kommission (1999, Tz. 40).

„Die Kommission vertritt die Auffassung, daß sie in ihrem Streben nach diesem Gleichgewicht[41] *und zur Erfüllung der ihr durch den Vertrag zugewiesenen Aufgaben über einen verfahrensrechtlichen Rahmen verfügen muß, der es ihr ermöglicht, ihre Tätigkeit wieder auf die Bekämpfung schwerer Rechtsverletzungen zu konzentrieren und die dezentrale Anwendung der gemeinschaftlichen Wettbewerbsregeln zu fördern, ohne dabei der Kohärenz der Wettbewerbspolitik in der Gemeinschaft Abbruch zu tun. Außerdem muß das Verfahren ihrer Ansicht nach so angelegt sein, daß es den Unternehmen weniger Verwaltungszwänge aufbürdet, ihnen gleichzeitig aber ausreichende Rechtssicherheit gewährleistet.“*[42]

Die Kommission nennt also gleich fünf Ziele: (1) die Konzentration auf die Bekämpfung schwerer Rechtsverletzungen, (2) die Dezentralisierung der Anwendung der Artikel 81 und 82 EG-Vertrag, (3) die Kohärenz der Rechtsanwendung, (4) die Verminderung der Verwaltungszwänge für die Unternehmen und schließlich (5) Rechtssicherheit.

Bei näherer Untersuchung wird jedoch deutlich, daß es sich dabei im Grunde nur um *ein* Ziel handelt, nämlich um die Steigerung der Effektivität der Kartellpolitik. Indem sie, wie in Punkt (1) genannt, schwere Rechtsverletzungen stärker bekämpfen will, strebt die EU-Kommission eine Erhöhung des Zielverwirklichungsgrades der Kartellpolitik an: eine wirksame Abschreckung oder Auflösung schädlicher Kartelle verbunden mit der Gewährung einer (faktischen) Kartellerlaubnis für unschädliche wettbewerbsbeschränkende Vereinbarungen. Implizit verfolgt die Kommission damit auch das Ziel der Effizienz: Schädliche Kartelle zeichnen sich durch einen

---

[41] Gemeint ist das im Weißbuch unter Tz. 41 genannte „Gleichgewicht zwischen wirksamer Politik und einfacher Kontrolle". Dies läßt sich ökonomisch interpretieren als die Suche nach einem Zustand, in dem die Kosten aus der Unwirksamkeit des Systems und der Kontrolle minimal sind. Man mag sich zur Illustration vorstellen, daß ein Kontrollsystem mit zusätzlichem Ressourcenaufwand zwar höhere Kosten verursacht (im Ressourcenaufwand monoton steigende Kurve), dadurch aber auch Fehlentscheidungen im Sinne von Fehlern 1. und 2. Ordnung vermeidet (im Ressourcenaufwand monoton sinkende Kurve). Der Fehler 1. Ordnung bezeichnet dabei eine fälschliche Untersagung eines Kartells, während der Fehler 2. Ordnung eine fälschliche Kartellerlaubnis meint. Eine Vertikaladdition der Kostenkurven führt, zu einer (sofern mindestens eine der Kurven konvex ist, U-förmigen) Gesamtkostenkurve, deren lokales Minimum gefunden werden soll.

[42] Vgl. EU-Kommission (1999, Tz. 42).

Verlust an Wertschöpfung[43] aus, der vermieden werden soll. Unschädliche Kartelle dagegen steigern die Effizienz; sie mehren die gesellschaftliche Wohlfahrt und sollten deswegen gestattet werden. Schon bei Punkt (2) handelt es sich allerdings nicht mehr um ein Ziel, sondern vielmehr um ein Mittel, das eingesetzt werden soll, um das Hauptziel zu erreichen: über die radikale Dezentralisierung der Anwendung des Wettbewerbsrechts soll die Wirksamkeit der Kartellpolitik gesteigert werden. Die Verminderung der Verwaltungszwänge, Punkt (4), könnte demgegenüber schon fast als (bloßes) erwünschtes Beiprodukt bezeichnet werden. Die Punkte (3) und (5) schließlich, die Sicherung von Kohärenz und Rechtssicherheit, stellen auch eher Bedingungen für die Durchführung einer Reform dar denn puren Selbstzweck.[44]

Die Kommission diskutiert im Anschluß verschiedene denkbare Reformmöglichkeiten, darunter die Einführung einer *rule of reason*[45] bei der Anwendung des Artikel 81(1)[46], die Dezentralisierung des Genehmigungssystems auf die mitgliedstaatlichen Behörden[47], die Ausweitung des Anwendungsbereichs des Artikel 4(2) VO 17/62[48], so daß eine größere Gruppe von Vereinbarungen ohne Einzelentscheidung freigestellt ist,[49] oder auch bloße Verfahrensvereinfachungen[50]. Die EU-Kommission kommt je-

---

[43] Wettbewerbsbeschränkendes Verhalten auf horizontaler Ebene – Preissteigerungen und/oder Mengenverknappungen – führen unmittelbar zu einem Wohlfahrtsverlust, dem sogenannten toten Wohlfahrsverlust, der dadurch entsteht, daß Konsumenten nicht zum Zug kommen, obwohl ihre marginale Zahlungsbereitschaft höher liegt als die marginalen Kosten des Gutes.

[44] Diese Auffassung vertritt auch Ehlermann (2000, S. 560).

[45] Unter *rule of reason* („Vernunftregel") wird ein Auslegungsprinzip für Normen mit kollidierenden Schutzzwecken verstanden. Im Kartellrecht erlaubt sie eine Einzelfallabwägung der Vor- und Nachteile einer wettbewerbsbeschränkenden Handlung und räumt so der Kartellbehörde einen Ermessensspielraum ein, vgl. Mestmäcker (1974, S. 23) oder auch Schmidt (2001, S. 160).

[46] Vgl. EU-Kommission (1999, Tz. 56, 57).

[47] Vgl. EU-Kommission (1999, Tz. 58-62).

[48] Artikel 4 Absatz 2 VO 17/62 nimmt Vereinbarungen, Beschlüsse und aufeinander abgestimmte Verhaltensweisen von der Anmeldeverpflichtung aus, wenn sie ihren Schwerpunkt in einem einzigen Mitgliedstaat haben, an ihnen nur zwei Unternehmen beteiligt sind, oder wenn es sich um Normen- und Typenkartelle oder Forschungsvereinbarungen handelt.

[49] Vgl. EU-Kommission (1999, Tz. 63-65).

[50] Vgl. EU-Kommission (1999, Tz. 66-68).

doch bei jeder einzelnen dieser Möglichkeiten zu dem Schluß, daß sie nicht geeignet wäre, die angestrebten Ziele zu realisieren. Statt dessen schlägt sie vor, die Anwendung der Gemeinschaftlichen Wettbewerbsregeln in ihrer Gänze zu dezentralisieren. Dabei denkt die Kommission nicht nur an die Aufgabe ihres Freistellungsmonopols und eine Delegation der Freistellungsbefugnis an die nationalen Kartellbehörden und Gerichte (reine Dezentralisierung der Anwendung des Artikel 81(3) EG-Vertrag auf der Ebene der Durchsetzungsinstitution), sondern sie hat auch den Übergang von einem System der Anmeldung und Genehmigung zu einem System der Legalausnahme im Sinn (Änderung der Durchsetzungstechnologie). Prinzipiell sind dies zwei voneinander getrennte Maßnahmen; die EU-Kommission hat sich jedoch entschieden, beide Maßnahmen gleichzeitig durchzuführen. Außerdem hält sie bei einem Übergang zu einem System der Legalausnahme die „Verstärkung der nachherigen Kontrolle"[51] für unabdingbar. Sie versteht darunter die Ausweitung ihrer eigenen Untersuchungsbefugnisse, die Erleichterung von Beschwerden und eine Anpassung der Sanktionsmöglichkeiten.[52]

In diesem neuen System sind alle Vereinbarungen, die zwar unter das Verbot des Artikel 81(1) EG-Vertrag fallen, jedoch den Ausnahmetatbestand des Artikel 81(3) EG-Vertrag erfüllen, unmittelbar nach ihrem Abschluß und ohne vorherige Genehmigung wirksam. Dies macht eine Anmeldung überflüssig. Die nachherige Kontrolle obliegt neben der EU-Kommission nicht nur – gemäß dem Dezentralisierungsgedanken – den nationalen Kartellbehörden, sondern Artikel 81 EG-Vertrag kann nun *in seiner Gänze* auch von den nationalen Gerichten angewendet werden. Dies bedeutet, daß von Wettbewerbsbeschränkungen betroffene Dritte nicht nur Beschwerden an eine Kartellbehörde richten, sondern sich auch direkt mit einer Klage an ein mitgliedstaatliches Gericht wenden können. Das Gericht hat dann über das Vorliegen der Verbots- und/oder Freistellungsvoraussetzungen zu entscheiden.[53] Mit dem System der Legalausnahme geht die Kommission von einem System der präventiven *Ex-ante*-Kontrolle zu einem System der abschreckenden *Ex-post*-Kontrolle über.

---

[51] EU-Kommission (1999, Tz. 108).
[52] Vgl. EU-Kommission (1999, Tz. 109-128).
[53] Vgl. EU-Kommission (1999, Tz. 69-73).

Die Mittel, mit deren Hilfe eine verbesserte Effizienz und Effektivität der Anti-Kartell-Politik herbeigeführt werden sollen – die EU-Kommission bezeichnet sie als die drei Pfeiler der Reform –, sind demnach:

(1) die Abschaffung des Genehmigungssystems,

(2) die dezentrale Anwendung der Wettbewerbsregeln

(3) und die Verstärkung der nachherigen Kontrolle.[54]

Die Kommission konkretisiert ihre Vorstellungen bezüglich der Ausgestaltung dieser Pfeiler auf etwa zehn Seiten.[55] Die vorgeschlagenen Maßnahmen sollen hier jedoch nicht im einzelnen diskutiert werden, da dies den Rahmen der Arbeit sprengen würde. Statt dessen soll in den nächsten beiden Abschnitten 2.2.2 und 2.2.3 dargestellt werden, inwieweit die Vorstellungen des Weißbuchs bezüglich des Wechsels zu einem Legalausnahmesystem Eingang in die tatsächlich implementierte VO 1/2003 und die flankierenden Maßnahmen gefunden haben.[56]

2.2.2 Die Umsetzung: die VO 1/2003 des Rates

Nachdem das Weißbuch über die Modernisierung des europäischen Kartellrechts in ganz Europa breit und – vor allem in Deutschland – kontrovers diskutiert worden war, veröffentlichte die EU-Kommission im Dezember 2000 einen Vorschlag für eine neue Kartellverordnung, die die bisherige VO 17/62 ersetzen sollte.[57] Auch hierauf entspann sich ein Dialog, der erneut das Für und Wider der vorgeschlagenen Reform abwog.[58] Zwei Jahre

---

[54] Vgl. EU-Kommission (1999, Tz. 75).

[55] Vgl. EU-Kommission (1999, Tz. 76-128).

[56] Eine ausführliche Darstellung der gesamten VO 1/2003 bieten Hossenfelder/Lutz (2003).

[57] Vorschlag für eine Verordnung des Rates zur Durchführung der in den Artikeln 81 und 82 EG-Vertrag niedergelegten Wettbewerbsregeln und zur Änderung der Verordnungen (EWG) Nr. 1017/68, (EWG) Nr. 2988/74, (EWG) Nr. 4056/86 und (EWG) Nr. 3975/87 („Durchführungsverordnung zu den Artikeln 81 und 82 EG-Vertrag"), 27. September 2000, KOM(2000) 582 endgültig – 2000/0243 (CNS), ABl. EG, Nr. C 365 E vom 19. Dezember 2000, S. 284-296, online verfügbar unter http://eur-lex.europa.eu/LexUriServ/site/de/oj/2000/ce365/ce36520001219de02840296.pdf (Stand: 2. Mai 2008), im weiteren zitiert als VO-Vorschlag.

[58] Auf die Kritik im einzelnen wird in Kapitel 2.3 eingegangen.

später wurde schließlich die neue Kartellverordnung vom Rat erlassen: die
Verordnung Nr. 1/2003 zur Durchführung der in den Artikeln 81 und 82
des Vertrags niedergelegten Wettbewerbsregeln.[59]

2.2.2.1 Die Abschaffung des Genehmigungssystems

Die VO 1/2003 wendet sich wie im Weißbuch vorgeschlagen vom bis dahin
gültigen Genehmigungssystem ab und führt statt dessen ein System der gesetzlichen Ausnahme, oder auch Legalausnahme, ein. Es wird klargestellt,
daß weder die Verbote der Artikel 81(1) und 82 des EG-Vertrags noch –
bei Vorliegen der Ausnahmetatbestände des Artikel 81(3) – die Ausnahme
vom Kartellverbot einer formalen Entscheidung bedürfen.[60] Die europäischen Wettbewerbsregeln sind damit unmittelbar anwendbar, die Notwendigkeit einer Anmeldung entfällt.

An der hervorgehobenen Rolle der EU-Kommission bei der Festlegung der Gemeinschaftlichen Wettbewerbspolitik soll sich jedoch nichts
ändern.[61] Daher ist die Kommission auch weiterhin befugt, eine Reihe von
Entscheidungen zu erlassen. Hier sind an erster Stelle die Gruppenfreistellungen zu erwähnen, die die Kommission trotz der Abkehr vom administrativen Freistellungssystem weiterhin aussprechen darf.[62] Dieses Recht der
Kommission, ganze Gruppen von Vereinbarungen vom Kartellverbot des
Artikel 81(1) EG-Vertrag auszunehmen, ist nicht explizit in VO 1/2003 aufgeführt, obwohl sowohl das Weißbuch als auch der Verordnungsvorschlag
dies vorsahen, sondern leitet sich aus Artikel 81(3) EG-Vertrag ab.[63] Natürlich kann auch weiterhin in Einzelfällen der Rechtsvorteil einer Gruppenfreistellungsverordnung entzogen werden.[64]

---

[59] Verordnung (EG) Nr. 1/2003 des Rates vom 16. Dezember 2002 zur Durchführung
der in den Artikeln 81 und 82 des Vertrags niedergelegten Wettbewerbsregeln, ABl.
EG, Nr. L 1 vom 4. Januar 2003, S. 1-25, online erhältlich unter http://eur-lex.europa.
eu/LexUriServ/site/de/oj/2003/l_001/l_00120030104de00010025.pdf (Stand: 2. Mai
2008), im folgenden zitiert als VO 1/2003.
[60] Art. 1 VO 1/2003.
[61] Vgl. EU-Kommission (1999, Tz. 83-90).
[62] Vgl. hierzu Erwägungsgrund 10 VO-Vorschlag.
[63] Vgl. EU-Kommission (1999, Tz. 85) und Art. 28 VO-Vorschlag.
[64] Art. 29 VO 1/2003.

Außerdem behält die Kommission die Befugnis, Einzelentscheidungen zu erlassen: Bei Feststellung eines Verstoßes gegen Artikel 81 oder 82 EG-Vertrag kann die Kommission die beteiligten Unternehmen zur Abstellung des wettbewerbsschädigenden Verhaltens verpflichten.[65] Es handelt sich hierbei um eine Verbotsentscheidung, wie sie auch schon die VO 17/62 vorsah.[66] Diese kann auf Antrag oder von Amts wegen erlassen werden. Im Gegensatz zur Situation unter der alten Kartellverordnung kann die Kommission den beteiligten Unternehmen jedoch nicht nur verhaltensorientierte, sondern auch strukturelle Maßnahmen auferlegen, um dieses Ziel zu erreichen.[67] Die Kommission geht davon aus, Entscheidungen dieser Art in Zukunft häufiger zu treffen, als es unter der VO 17/62 der Fall war, da sie sich intensiver mit schwerwiegenden Verstößen gegen das Kartellrecht beschäftigen wird. Mit Artikel 8 der VO 1/2003 wird nun auch erstmals explizit das Recht der Kommission festgehalten, von Amts wegen einstweilige Maßnahmen zur Abstellung *prima facie* festgestellter Verstöße anzuordnen. Bisher leitete die Kommission dieses Recht aus der Rechtsprechung des EuGH ab.[68]

Als dritte Art sind die sog. Positiventscheidungen zu nennen. Sie ähneln den Negativattesten der VO 17/62[69], da sie auch rein deklaratorischer Art sind und lediglich für die Kommission selbst Bindungswirkung entfalten. Anders als das Negativattest berücksichtigt die neue Nichtanwendbarkeitsfeststellung jedoch den Artikel 81 in seiner Gesamtheit, d.h. eine solche Positiventscheidung kann erlassen werden, wenn die Kommission zu der Auffassung gelangt, daß entweder die Vorschriften des Artikel 81(1) nicht anwendbar sind, oder aber die Ausnahmetatbestände des Artikel 81(3) vorliegen.[70] Positiventscheidungen können nur von Amts wegen erlassen werden. Die Kommission weist in den Erwägungsgründen der VO 1/2003 explizit darauf hin, daß derartige Entscheidungen nur in Ausnahmefällen und

---

[65] Art. 7 VO 1/2003.

[66] Art. 3 VO 17/62, vgl. auch Kap. 2.2.

[67] Eine solche strukturelle Maßnahme könnte beispielsweise in der Veräußerung von Betriebsvermögen bestehen. Allerdings dürften strukturelle Maßnahmen nur bei Zuwiderhandlungen gegen Artikel 82 EG-Vertrag von Bedeutung sein.

[68] Beschluß des Gerichtshofs vom 17. Januar 1980 in der Rechtssache 792/79R, Camera Care Ltd. gegen Kommission (Slg. 1980, S. 119), vgl. Erwägungsgrund 11 VO 1/2003, sowie EU-Kommission (1999, Tz. 122).

[69] Art. 2 VO 17/62, vgl. auch Kap. 2.2.

[70] Art. 10 VO 1/2003.

bei öffentlichem Interesse der Gemeinschaft zur Anwendung kommen sollen.[71] Sie sieht darin ein Instrument, um neuartige Fälle zu klären, für die bisher noch keine Rechtspraxis besteht. Positiventscheidungen sollen demnach der Auslegung der gemeinschaftlichen Wettbewerbsregeln dienen.[72]

Schließlich sieht die VO 1/2003 noch eine vierte und neue Form von Entscheidungen vor: die Zusageentscheidung. In solchen Fällen, in denen die Kommission eine Verbotsentscheidung anstrebt, kann sie Zusageverpflichtungen der beteiligten Unternehmen entgegennehmen. Diese Zusageverpflichtungen müssen geeignet sein, die Bedenken der Kommission bezüglich der Vereinbarkeit der Vereinbarung mit dem europäischen Kartellrecht auszuräumen. Durch die Entscheidung werden die Zusageverpflichtungen der Unternehmen bindend und können eingeklagt werden. Die Kommission stellt mit einer solchen Entscheidung das Verfahren ein; sie kann es jedoch jederzeit wieder aufnehmen, sobald sich die tatsächlichen Umstände ändern, die Zusagen nicht eingehalten werden, oder sobald sich herausstellt, daß die Entscheidung auf falschen Angaben eines der Unternehmen beruht.[73]

In Zusammenhang mit den Verbotsentscheidungen und Ermittlungsbefugnissen ist die Kommission weiterhin berechtigt, Geldbußen sowie Zwangsgelder zu erlassen. Im Vergleich zur alten Durchführungsverordnung wurden die Obergrenzen angepaßt, indem die Maximalbußen nur noch in Prozent des Vorjahresumsatzes der einzelnen Unternehmen und Unternehmensvereinigungen angegeben sind und auf konkrete Beträge verzichtet wird. Außerdem werden die Voraussetzungen, unter denen Geldbußen oder Zwangsgelder verhängt werden können, nun detaillierter aufgelistet.[74]

Da die vorliegende Arbeit den Übergang vom Genehmigungs- zum Legalausnahmesystem in den Mittelpunkt der Analyse stellt, soll an dieser Stelle auf eine detaillierte Darstellung der Verordnungsvorschriften bezüglich der dezentralen Anwendung der Wettbewerbsregeln und der Verstärkung der nachherigen Kontrolle verzichtet werden. Dennoch sollen die wichtigsten Punkte in den folgenden beiden Abschnitten kurz genannt werden.

---

[71] Erwägungsgrund 14 VO 1/2003.
[72] Vgl. auch EU-Kommission (1999, Tz. 88).
[73] Art. 9 VO 1/2003.
[74] Art. 23 und 24 VO 1/2003.

2.2.2.2 Die dezentrale Anwendung der Wettbewerbsregeln

Das Freistellungsmonopol der EU-Kommission, also die exklusive Befugnis zur Anwendung des Artikel 81(3) EG-Vertrag, wurde aufgehoben. Die nationalen Wettbewerbsbehörden dürfen nun ebenfalls Artikel 81(3) EG-Vertrag anwenden, sind jedoch nicht befugt, Gruppenfreistellungen vorzunehmen.[75] Die Kartellbehörden ermitteln von Amts wegen oder auf Antrag Dritter und können größtenteils dieselben Arten von Entscheidungen erlassen wie die EU-Kommission.[76] Die mitgliedstaatlichen Gerichte sind ebenfalls für die Anwendung der Artikel 81 und 82 des Vertrages zuständig.[77] Das Weißbuch konkretisiert die Anwendungsfälle und nennt drei Arten von Rechtsstreitigkeiten, in denen die einzelstaatlichen Gerichte tätig werden: die Durchsetzung von Vereinbarungen, die unter Artikel 81(3) EG-Vertrag fallen, Klagen Dritter, die die Rechtmäßigkeit der Vereinbarung bezweifeln, und Anträge auf einstweilige Verfügungen, wenn Dritte sich massiv durch Wettbewerbsbeschränkungen behindert fühlen.[78]

Kollisionsmöglichkeiten begegnet die VO 1/2003 mit der Vorschrift, daß Entscheidungen durch nationale Instanzen, die den Beschlüssen der Kommission widersprechen, zu vermeiden sind,[79] und mit der Einrichtung eines Europäisches Wettbewerbsnetzes (EWN), das den Informationsaustausch zwischen den Wettbewerbsbehörden erleichtern soll.[80] Außerdem erlischt auch weiterhin die Zuständigkeit der Kartellbehörden, sobald die EU-Kommission ein Verfahren an sich zieht.[81] Darüber hinaus kann jede Behörde ein Verfahren aussetzen oder einstellen, sobald eine andere

---

[75] Auch wenn die Zwischenstaatlichkeitsklausel nicht erfüllt ist, d.h. eine Wettbewerbsbeschränkung nur einen nationalen Markt betrifft, kann beispielsweise das deutsche Bundeskartellamt keine Gruppenfreistellungen vornehmen. Das GWB kennt dieses Instrument nicht.

[76] In Art. 5 VO 1/2003 sind geregelt: die Abstellungsentscheidung mit Maßnahmenanordnung, die Zusageentscheidung und das Recht, Sanktionen zu verhängen; Positiventscheidungen können von nationalen Kartellbehörden nicht erlassen werden. Art. 29 VO 1/2003 sieht auch den Entzug von Rechtsvorteilen einer Gruppenfreistellungsverordnung vor.

[77] Art. 6 VO 1/2003.

[78] Vgl. EU-Kommission (1999, Tz. 99).

[79] Art. 16 VO 1/2003.

[80] Detaillierte Vorschriften über den Informationsfluß finden sich in den Artikeln 11 und 12 VO 1/2003.

[81] Art. 11(6) VO 1/2003.

Behörde mit demselben Fall befaßt ist.[82] Den Gerichten wird ein breites Informations- und Konsultationsrecht eingeräumt. Im Gegenzug haben die Gerichte die Kommission von jedem ergangenen Urteil zu unterrichten.[83]

2.2.2.3 Die Verstärkung der nachherigen Kontrolle

Bereits im Weißbuch vertritt die Kommission die Auffassung, daß der Übergang von einem Genehmigungssystem hin zu einem System der gesetzlichen Ausnahme nur dann zu einer Verbesserung der Wettbewerbspolitik führen kann, wenn im gleichen Zuge die nachherige Kontrolle verstärkt wird.[84] Die Kommission versteht unter diesem Begriff zum einen die Ausweitung der Ermittlungsbefugnisse der Kommission und zum anderen eine stärkere Gewichtung der Beschwerden im neuen System.[85] Eine weitere denkbare Möglichkeit, die Förderung von privaten Klagen vor den nationalen Gerichtshöfen – das sogenannt *private enforcement* –, wird von der Kommission nicht explizit behandelt.

Die Ermittlungsbefugnisse der Kommission sind in den Artikeln 17 bis 21 VO 1/2003 geregelt. Wie schon unter der alten Durchführungsverordnung[86] kann die Kommission bei begründetem Verdacht – beispielsweise die Beobachtung von Preisstarrheiten – einen ganzen Wirtschaftszweig untersuchen. Analog kann sie auch Ermittlungen gegen eine bestimmte Art von Vereinbarungen, und dies dann sektorübergreifend, einleiten.[87] Die Bestimmungen über das Auskunftsverlangen der Kommission sind fast unverändert übernommen und leicht erweitert worden.[88] Ebenso leicht verschärft wurden die Nachprüfungsbefugnisse der Kommission.[89]

---

[82] Art. 13 VO 1/2003.

[83] Die Einzelheiten sind in Artikel 15 VO 1/2003 geregelt.

[84] Vgl. EU-Kommission (1999, Tz. 108).

[85] Genau genommen wäre auch die Erhöhung der Sanktionen hier einzureihen. Die Sanktionen wurden jedoch bereits in Abschnitt 2.2.2.1 abgehandelt.

[86] Art. 12 VO 17/62.

[87] Art. 17 VO 1/2003.

[88] Art. 11 VO 17, jetzt Art. 18 VO 1/2003 regeln das Auskunftsverlangen; neu ist mit Art. 19 VO 1/2003 die Befugnis zur Befragung aller natürlichen und juristischen Personen.

[89] Art. 20 und 21 VO 1/2003.

Die Absicht der Kommission, die Bedeutung der Beschwerden zu verstärken, hat sich kaum in der Kartellverordnung niedergeschlagen. Lediglich zwei Artikel weisen auf das Beschwerdeverfahren hin: Artikel 7(2) der Verordnung stellt klar, daß neben natürlichen auch juristische Personen Beschwerde einreichen können. Um zu vermeiden, daß Geschädigte nicht Klage erheben oder keine Beschwerde einreichen, weil sie nicht in der Lage sind nachzuweisen, daß das beschuldigte Unternehmen die Ausnahmevoraussetzungen des Artikel 81(3) EG-Vertrag *nicht* erfüllt, erlegt Artikel 2 VO 1/2003 dem Unternehmen die Beweislast auf. Will sich ein Unternehmen also unter Berufung auf Artikel 81(3) gegen erhobene Vorwürfe verteidigen, muß es den Beweis führen, daß die Voraussetzungen für eine Ausnahme vom Kartellverbot tatsächlich vorliegen. Die Beweislast bezüglich einer Zuwiderhandlung gegen Artikel 81(1) oder 82 EG-Vertrag obliegt dagegen der Partei oder Behörde, die diesen Vorwurf erhebt.

Die Kommission sieht zur Erleichterung des Beschwerdeverfahrens und zur Stärkung dieses Instruments der nachherigen Kontrolle im Weißbuch eine Reihe von Maßnahmen vor.[90] Weder die vorgeschlagene Einführung von Bearbeitungsfristen noch die Erleichterung der Abweisung von Beschwerden haben jedoch in die VO 1/2003 Eingang gefunden. Entsprechende Regelungen finden sich statt dessen in den ergänzenden Regelungen des Modernisierungspaketes und werden im folgenden Abschnitt behandelt.

2.2.3 Die ergänzenden Regelungen: Verfahrensverordnung und Bekanntmachungen der Kommission

Die Kommission hat im Rahmen des Modernisierungspaketes neben der neuen Durchführungsverordnung 1/2003 eine weitere Verordnung und insgesamt sechs Bekanntmachungen erlassen, die allesamt am 1. Mai 2004 in Kraft getreten sind: eine Durchführungsverordnung für die Verfahren vor der Kommission, die VO 773/2004[91], eine Bekanntmachung über

---

[90] Vgl. EU-Kommission (1999, Tz. 118-121).

[91] Verordnung (EG) Nr. 773/2004 der Kommission vom 7. April 2004 über die Durchführung von Verfahren auf der Grundlage der Artikel 81 und 82 EG-Vertrag durch die Kommission, ABl. EG, Nr. L 123 vom 27. April 2004, S. 18-24, online verfügbar unter http://eur-lex.europa.eu/LexUriServ/site/de/oj/2004/l_123/l_12320040427de00180024.pdf (Stand: 2. Mai 2008).

die Handhabung von Beschwerden[92], eine Bekanntmachung über die Zusammenarbeit innerhalb des Europäischen Wettbewerbsnetzes[93], eine Bekanntmachung über die Zusammenarbeit mit den Gerichten[94], eine Bekanntmachung über Beratungsschreiben[95], Leitlinien zur Klärung des Begriffs „Beeinträchtigung des zwischenstaatlichen Handels"[96] und schließlich Leitlinien zur Anwendung von Artikel 81(3) EG-Vertrag[97]. Diese Rechtstexte ergänzen die Vorschriften der VO 1/2003 auf unterschiedliche Weise. Die Verfahrensverordnung VO 773/2004 regelt die von der Durchführungsverordnung offengelassenen Details des Kartellverfahrens vor der Kommission.[98] Sie ersetzt dabei die VO 2842/98[99] über die

[92] Bekanntmachung der Kommission über die Behandlung von Beschwerden durch die Kommission gemäß Artikel 81 und 82 EG-Vertrag, ABl. EG, Nr. C 101 vom 27. April 2004, S. 65-77, online verfügbar unter http://eur-lex.europa.eu/LexUriServ/site/de/oj/2004/c_101/c_10120040427de00650077.pdf (Stand: 2. Mai 2008), im folgenden zitiert als Beschwerdebekanntmachung.

[93] Bekanntmachung der Kommission über die Zusammenarbeit innerhalb des Netzes der Wettbewerbsbehörden, ABl. EG, Nr. C 101 vom 27. April 2004, S. 43-53, online verfügbar unter http://eur-lex.europa.eu/LexUriServ/site/de/oj/2004/c_101/c_10120040427de00430053.pdf (Stand: 2. Mai 2008), im folgenden zitiert als EWN-Bekanntmachung.

[94] Bekanntmachung der Kommission über die Zusammenarbeit zwischen der Kommission und den Gerichten der EU-Mitgliedstaaten bei der Anwendung der Artikel 81 und 82 des Vertrages, ABl. EG, Nr. C 101 vom 27. April 2004, S. 54-64, online erhältlich unter http://eur-lex.europa.eu/LexUriServ/site/de/oj/2004/c_101/c_10120040427de00540064.pdf (Stand: 2. Mai 2008), im folgenden zitiert als Gerichtsbekanntmachung.

[95] Bekanntmachung der Kommission über informelle Beratung bei neuartigen Fragen zu den Artikeln 81 und 82 des Vertrages, die in Einzelfällen auftreten (Beratungsschreiben), ABl. EG, Nr. C 101 vom 27. April 2004, S. 78-80, online verfügbar unter http://eur-lex.europa.eu/LexUriServ/site/de/oj/2004/c_101/c_10120040427de00780080.pdf (Stand: 2. Mai 2008), zitiert als Beratungsbekanntmachung.

[96] Vgl. Fußnote 11 auf S. 39.

[97] Bekanntmachung der Kommission – Leitlinien zur Anwendung von Artikel 81 Absatz 3 EG-Vertrag, ABl. EG, Nr. C 101 vom 27. April 2004, S. 97-118, online erhältlich unter http://eur-lex.europa.eu/LexUriServ/site/de/oj/2004/c_101/c_10120040427de00970118.pdf (Stand: 2. Mai 2008), zitiert als Anwendungsleitlinien.

[98] Art. 1 VO 773/2004.

[99] Verordnung (EG) Nr. 2842/98 der Kommission vom 22. Dezember 1998 über die Anhörung in bestimmten Verfahren nach Artikel 85 und 86 EG-Vertrag, ABl. EG, Nr. L 354 vom 30. Dezember 1998, S. 18-21, online erhältlich unter http://eur-lex.

Anhörung in Kartellverfahren und konkretisiert insbesondere Bestimmungen der VO 1/2003 bezüglich der Einleitung eines Verfahrens, der Ermittlungsbefugnisse der Kommission und der Anhörung der Parteien.[100] Die sechs Bekanntmachungen wurden erlassen, um die drei bereits angesprochenen Pfeiler der Reform, Verstärkung der nachherigen Kontrolle, Dezentralisierung der Wettbewerbsregeln und Abschaffung des Genehmigungssystems[101] zu unterstützen.

Die Beschwerdebekanntmachung soll die Verstärkung der nachherigen Kontrolle erleichtern und richtet sich an potentielle Beschwerdeführer. Deren umfassende Information wird nach Meinung der EU-Kommission zu einer Erhöhung der Beschwerdehäufigkeit führen.[102] Die Kommission stellt zunächst klar, daß sie jedwede „Information[en] aus dem Markt"[103] begrüßt. Solche Informationen können als formale Beschwerde gemäß Artikel 7(2) VO 1/2003 übermittelt werden, müssen dann jedoch gewisse Anforderungen erfüllen. Die Kommission ist aber ebenso an der informellen Zuleitung von Informationen interessiert, die es ihr ermöglichen, eine Ermittlung von Amts wegen einzuleiten. Um die Schwelle niedrig zu halten, hat die Kommission zur Übermittlung dieser informellen Informationen eine (elektronische) Mailbox eingerichtet, damit vermutete Verstöße gegen Artikel 81 oder 82 EG-Vertrag unkompliziert per E-Mail gemeldet werden können.[104] Die Bekanntmachung soll vor allem der Orientierung der Bürger und Unternehmen dienen, die von vermuteten Wettbewerbsverstößen betroffen sind und sich zur Wehr setzen wollen. So wird dargelegt, wie die Kompetenzverteilung der Kommission sowie der einzelstaatlichen Wettbewerbsbehörden und Gerichte eingerichtet ist, und nach welchen Kriterien die potentiellen Beschwerdeführer entscheiden sollten, an welche Institu-

---

europa.eu/LexUriServ/site/de/oj/1998/l_354/l_35419981230de00180021.pdf (Stand: 2. Mai 2008).

[100] Art. 3 und 4 VO 773/2004.

[101] Vgl. Abschnitt 2.2.1.

[102] Vgl. EU-Kommission (1999, Tz. 119).

[103] Beschwerdebekanntmachung, Tz. 2.

[104] vgl. Beschwerdebekanntmachung, Tz. 3-4. Die Adresse der Mailbox lautet *COMP-MARKET-INFORMATION@cec.eu.int*; ein entsprechender Link findet sich auf folgender Internetseite: http://europa.eu.int/comm/competition/antitrust/others (Stand: 2. Mai 2008).

tion sie sich mit ihrer Beschwerde wenden.[105] Außerdem wird das Beschwerdeverfahren ausführlich dargelegt.[106]

Ziel der EWN-Bekanntmachung und der Gerichtsbekanntmachung ist es, die Dezentralisierung der Anwendung der Wettbewerbsregeln möglichst reibungslos zu gestalten und eine kohärente Anwendung des europäischen Wettbewerbsrechts zu sichern. In der EWN-Bekanntmachung äußert sich die EU-Kommission zu Fragen der Fallzuweisung innerhalb des Europäischen Wettbewerbsnetzes und legt nochmals die Grundsätze der Zusammenarbeit dar, insbesondere was die Vermeidung widersprüchlicher Entscheidungen angeht.[107] Die Gerichtsbekanntmachung listet alle gegenseitigen Rechte und Pflichten der Kommission und der mitgliedstaatlichen Gerichte auf, die den Informationsaustausch betreffen. Insbesondere geht die Kommission dabei auf ihre Rolle als *amicus curiae*, also als sachverständiger Beistand des Gerichts, erläuternd ein.[108] Ebenso wie in der EWN-Bekanntmachung weist die Kommission nochmals ausdrücklich darauf hin, daß Urteile, die Kommissionsentscheidungen widersprechen, zu vermeiden sind.[109]

Die drei restlichen Bekanntmachungen sollen der Wahrung der Rechtssicherheit nach der Abschaffung des Genehmigungssystems dienen. So befaßt sich die Beratungsbekanntmachung mit den informellen Beratungsschreiben, die die Kommission bei Bedarf in besonderen, neuartigen Fällen an die betroffenen Unternehmen richten will, um „ernsthafte Rechtsunsicherheit"[110] auszuräumen. Als Orientierungshilfe für die Unternehmen bei der Beurteilung der Zulässigkeit ihrer geplanten Vereinbarungen hat die Kommission die Anwendungsleitlinien und die Beeinträchtigungsleitlinien veröffentlicht. Erstere geben die Auslegungsgrundsätze der Kommission für Artikel 81(3) EG-Vertrag wieder und beschreiben den gegenwärtigen Stand der Rechtsprechung am EuGH.[111] Letztere erläutern die

---

[105] Diese Informationen finden sich in Abschnitt II der Bekanntmachung, vgl. Beschwerdebekanntmachung, Tz. 7-25.

[106] Vgl. Beschwerdebekanntmachung, Tz. 26-81.

[107] Vgl. EWN-Bekanntmachung, Tz. 5-30 und Tz. 43-57.

[108] Vgl. Gerichtsbekanntmachung, Tz. 17-35.

[109] Vgl. Gerichtsbekanntmachung, Tz. 11-14.

[110] Vgl. Beratungsbekanntmachung, Tz. 5.

[111] Vgl. Anwendungsleitlinien, Tz. 4-7.

Grundsätze, die die Gemeinschaftsgerichte zur Auslegung des Begriffs der Beeinträchtigung des zwischenstaatlichen Handels entwickelt haben.[112]

2.3 Die Kritik am Modernisierungspaket

Dieses Kapitel befaßt sich mit der Kritik, die am Modernisierungspaket der EU-Kommission geübt wurde. Dabei wird vor allem auf die Rezeption in Deutschland eingegangen, da sich hier die meisten Reformgegner fanden.[113] Neben den wissenschaftlichen Publikationen zu diesem Themenkomplex werden vor allem die beiden Sondergutachten der Monopolkommission berücksichtigt: „Kartellpolitische Wende in der Europäischen Union?"[114] und „Folgeprobleme der Europäischen Kartellverfahrensreform"[115].

Die – vor allem von deutschen Juristen – geübte Kritik läßt sich grob in vier Themenkomplexe einteilen: Rein formaljuristische Bedenken verbinden sich mit grundsätzlicher Skepsis gegenüber der Abschaffung des Genehmigungssystems, mit nicht minder grundsätzlicher Skepsis gegenüber der Dezentralisierung und schließlich mit Zweifeln bezüglich der Funktionsfähigkeit der nachherigen Kontrolle. Dabei ist auffallend, daß nahezu alle Kritiker lediglich die Vor- und Nachteile des neuen Systems diskutieren, anstatt die zur Verfügung stehenden Alternativen zu vergleichen. Dies erscheint aus Sicht der Neuen Institutionenökonomik verfehlt, die bei der Beurteilung von rechtlichen Rahmenregeln stets fordert, einem *comparative institutions approach* zu folgen. Ein solcher institutionenvergleichender Ansatz ist in der vorliegenden Arbeit gewählt. Er ist vorteilhaft, weil es erlaubt, konkrete Aussagen bezüglich der Vorzugswürdigkeit realer Alternativen im Sinne eines *second-best*-Denkens zu machen. Wer statt dessen nur eine der Alternativen mit einer idealisierten und fiktiven, weil nicht zu

---

[112] Vgl. Beeinträchtigungsleitlinien, Tz. 3.

[113] Ein Überblick über die in ganz Europa zum Weißbuch geäußerte Kritik findet sich in einem Schriftstück der EU-Kommission, das alle eingegangenen Stellungnahmen zusammenfaßt, vgl. EU-Kommission (2000a), auch online verfügbar unter http://europa.eu.int/comm/competition/antitrust/others/wp_on_modernisation/summary_observations.pdf (Stand: 2. Mai 2008).

[114] Vgl. Monopolkommission (1999), nicht mehr online verfügbar.

[115] Vgl. Monopolkommission (2002), auch online verfügbar unter http://www.monopolkommission.de/sg_32/text_s32_d.pdf (Stand: 2. Mai 2008).

realisierenden, besten Alternative vergleicht, läuft Gefahr, letztlich nichts über das Reale-Welt-Problem auszusagen.[116]

Gemäß dem Fokus dieser Arbeit, der auf dem Übergang vom Genehmigungssystem zum System der Legalausnahme liegt, liegt auch in der Darstellung der Kritik das Hauptaugenmerk auf Punkten, die diesen Systemwechsel betreffen (Abschnitt 2.3.1). Daran anschließend wird in Abschnitt 2.3.2 ein kurzer Überblick über die übrigen Kritikpunkte gegeben.

2.3.1 Die Kritik an der Abschaffung des Genehmigungssystems

Die Einführung der Legalausnahme und die damit verbundene Abschaffung des Genehmigungssystems hat auf seiten von Juristen und auch Praktikern eine Reihe von Ängsten und Befürchtungen hervorgerufen. Im Zentrum steht die vermutete Schwächung der europäischen Kartellpolitik, gefolgt von drohender Rechtsunsicherheit. Daneben wird auch der Entlastungsaspekt der Reform kritisch hinterfragt und ein durch die Abschaffung der Anmeldung hervorgerufener Verlust an Marktdaten beklagt. Schließlich ist der Systemwechsel auch Ziel rein formaljuristischer Kritik, der allerdings mit ökonomischen Argumenten kaum zu begegnen ist.

Die Sorge, das neue System werde eine Schwächung des Kartellverbots bewirken, zeigt sich bereits in den Äußerungen zahlreicher Kritiker, der Übergang zu einem Legalausnahmesystem sei als rechtspolitisch wie historisch bedenklicher Kulturwechsel anzusehen.[117] Dies kommt schon in der zumeist recht plakativen Wortwahl zum Ausdruck. So spricht Emmerich (2000) von einer „nahezu schrankenlose[n] Kartellfreiheit"[118], die da implementiert werde; Mestmäcker (1999) formuliert, „an die Stelle eines Verbots mit Erlaubnisvorbehalt" trete eine „Kartellerlaubnis mit Verbotsvorbehalt",[119] und sieht eine „prinzipielle Gleichberechtigung von Kartell-

---

[116] Ein solcher als unzulässig einzustufender Vergleich ist unter Ökonomen auch als *nirvana fallacy* bekannt. Der Ausdruck *nirvana fallacy* wurde erstmals von Demsetz (1969) benutzt, um den Vergleich von realen Märkten mit idealisierten staatlichen Institutionen zu beschreiben. Das Ergebnis einer solchen Betrachtung ist die bedingungslose Befürwortung staatlicher Intervention zur Behebung von Marktversagen, ohne zu beachten, daß es dabei zu Staatsversagen kommen kann.

[117] Vgl. etwa Regierung der Bundesrepublik Deutschland (o.J., S. 3) oder Krumstroh (2004, S. 39).

[118] Emmerich (2000, S. 861).

[119] Mestmäcker (1999, S. 524).

freiheit und Wettbewerbsfreiheit"[120]; Paulweber und Kögel (1999) erklären die Abkehr vom Genehmigungssystem gar zum „[b]edenkliche[n] Paradigmenwechsel ohne Entsprechung in der wissenschaftlichen und praktischen Anschauung"[121], da ihrer Meinung nach einem solchen Paradigmenwechsel die ökonomische Erkenntnis hätte vorausgehen müssen, daß
„klassische Kartelle neuerdings als tendenziell ungefährlich eingestuft"[122]
werden könnten.

Von vielen Autoren wird die faktische Mißbrauchsaufsicht, die das Legalausnahmesystem implementiert, nämlich als Schwächung des Kartellverbots und keineswegs als wirksames Mittel zur Durchsetzung desselben
empfunden.[123] Bemängelt wird dabei vor allem, daß das System der Legalausnahme den Eindruck erwecke, Kartelle seien an sich nicht schädlich,
sondern nur unter bestimmten Voraussetzungen zu verbieten. Dem ist allerdings aus ökonomischer Sicht insofern zuzustimmen, als Kartelle in der Tat
nur dann als schädlich angesehen werden sollten, wenn sie die Wohlfahrt
einer Gesellschaft schmälern. Doch auch unter den Juristen finden sich
Befürworter des Systemwechsels. So stellt beispielsweise Geiger (2000)
klar, daß die Einführung der Legalausnahme nicht gleichbedeutend ist mit
einer Abkehr vom Verbotsprinzip.[124] Das Verbotsprinzip werde durchaus
aufrechterhalten und nicht etwa geschwächt, da zum einen wettbewerbsbeschränkende Vereinbarungen weiterhin *ab initio* nichtig seien. Zum anderen könne man vielmehr mit einer Verstärkung der Wirksamkeit rechnen:
Künftig würden u.a. die Ressourcen auf schwere Fälle konzentriert und die
Immunität gegen Geldbußen, die bisher durch eine Anmeldung verschafft
wurde, falle weg.[125]

Eine weitere Schwächung der Wettbewerbspolitik wird dadurch erwartet, daß das neue Kartellrechtssystem angeblich das Betreiben von
Hardcore-Kartellen erleichtert. Der Stellungnahme der Bundesregierung
ist diesbezüglich zu entnehmen, daß eine bloße Umschichtung der Kom-
missionsressourcen nicht ausreichen werde, Hardcore-Kartelle zukünf-
tig aufzudecken. Die naheliegende Frage, ob das gegenwärtige System

---

[120] Mestmäcker (1999, S. 528).
[121] Paulweber/Kögel (1999, S. 512).
[122] Paulweber/Kögel (1999, S. 512).
[123] Vgl. etwa Immenga (1999, S. 609).
[124] Vgl. Geiger (2000, S. 165).
[125] Vgl. Schaub/Dohms (1999, S. 1066).

in der Lage ist, Hardcore-Kartelle aufzudecken, wird indes nicht beantwortet. Außerdem ermögliche man den Unternehmen, ihre Hardcore-Vereinbarungen zu verstecken, weil mit dem Wegfall der Anmeldung keine Einzelprüfung mehr stattfinde.[126] Diese Aussage impliziert die Annahme, daß unter dem Genehmigungssystem Hardcore-Kartelle regelmäßig angemeldet wurden. Eine solche Annahme erscheint jedoch naiv. Koenigs (2003) argumentiert ähnlich, aufgrund der weggefallenen Anmeldepflicht bestehe nun ein hoher Anreiz für die Unternehmen, „es darauf ankommen zu lassen"[127]. Hardcore-Kartelle seien zwar auch unter dem alten System nicht gemeldet worden, nun würde es den Unternehmen jedoch noch leichter gemacht, wettbewerbsschädigende Vereinbarungen durchzuführen. Dies gelte vor allem, da das Risiko einer Privatklage oder Beschwerde verschwindend gering sei.[128] Allerdings bleibt auch er einen Beweis dieser Behauptung schuldig.

Neben einer allgemeinen Schwächung der Kartellpolitik befürchten die Kritiker des weiteren, die Rechtssicherheit könne durch den Systemwechsel nachlassen. Ein hohes Maß an Rechtsunsicherheit resultiere daraus, daß den Unternehmen die Möglichkeit zur Anmeldung ihrer Vereinbarungen genommen werde. Die Fähigkeit der Unternehmen zur Selbsteinschätzung wird von sehr schlecht bis quasi nicht existent eingestuft.[129] Die Kommission geht dagegen davon aus, hinreichende Maßnahmen ergriffen zu haben, um die Rechtssicherheit aufrechtzuerhalten. Darüber hinaus entstehe erst recht eine neue Rechtssicherheit durch den Umstand, daß Vereinbarungen nun bei Erfüllung der Voraussetzungen des Artikel 81(3) EG-Vertrag direkt wirksam seien und nicht mehr von einer Freistellungsentscheidung

---

[126] Regierung der Bundesrepublik Deutschland (o.J., S. 7f.).

[127] Koenigs (2003, S. 758).

[128] Vgl. Koenigs (2003, S. 758).

[129] Vgl. Krumstroh (2004, S. 34-38), Monopolkommission (1999, Tz. 33-35), Regierung der Bundesrepublik Deutschland (o.J., S. 3f.), Bien (2000, S. 2311f.), Koenigs (2003, S. 759), Möschel (2000, S. 64), Paulweber/Kögel (1999, S. 510). Allerdings stellt sich natürlich auch die Frage, ob diese Unternehmen nicht die Möglichkeit haben, sich durch externe Fachleute entsprechend beraten zu lassen, zumal seit Inkrafttreten der VO 1/2003 in großen Unternehmen die Bildung von sog. Compliance-Abteilungen zu beobachten ist und spezialisierte Anwaltskanzleien auf den Markt drängen.

der Kommission abhingen.[130] Aus ökonomischer Sicht sind hier zweierlei Dinge anzumerken: Zum einen ist offensichtlich, daß Rechtssicherheit nicht kostenlos erlangt werden kann. Es stellt sich demnach die Frage, welches Ausmaß an Rechtssicherheit zu vernünftigen Kosten überhaupt bereitgestellt werden kann. Oder anders ausgedrückt: Wie hoch ist die Zahlungsbereitschaft einer Gesellschaft für Rechtssicherheit? Zum anderen könnte es durchaus sein, daß Rechtssicherheit nicht unbedingt in vollem Ausmaß wünschenswert ist. Denkbar ist auch, daß Rechtsunsicherheit ein gewisses Maß an Risiko schafft, das für so manchen potentiellen Kartellanten prohibitiv hoch ist und ihn so wirksam abschreckt.[131]

Außerdem wird bezweifelt, daß ein Systemwechsel das Mittel der Wahl ist (oder sein sollte), um die EU-Kommission zu entlasten. Nicht alle Kritiker gehen so weit, die tatsächliche Arbeitsbelastung der Generaldirektion Wettbewerb durch das Genehmigungssystem in Frage zu stellen.[132] Einig ist man sich jedoch darin, daß das neue System kaum in der Lage ist, einen Entlastungseffekt zu bewerkstelligen: Die Kommission behalte sich so viele Entscheidungs-, Informations- und Konsultationsrechte – und damit einhergehend auch ebensolche Pflichten – vor, daß es schwerlich zu einer tatsächlichen Entlastung kommen werde.[133] Andererseits wird kritisiert, der Übergang zu einem System der Legalausnahme führe lediglich zu einer Verlagerung des Arbeitsaufwandes, weg von der EU-Kommission, hin zu den nationalen Behörden und Gerichten.[134] Vom Wirtschafts- und Sozialausschuß wird diese Auffassung allerdings verneint. Er geht von einem Rückgang der Verfahrenszahlen und dem Wegfall entsprechender bürokra-

---

[130] Vgl. EU-Kommission (1999, Tz. 78). Die These der zunehmenden Rechtssicherheit vertreten auch Schaub/Dohms (1999, S. 1069-1070); Bechtold (2000, S. 2428) konzediert, daß die Rechtssicherheit zumindest nicht abnehme.
[131] Zu beiden Argumenten vgl. etwa Schmidtchen (2007, S. 97f.).
[132] Die Monopolkommission rechnet in ihrem 28. Sondergutachten jedoch vor, wie die „Bugwelle" von 1.200 unerledigten Fällen abzuarbeiten wäre, vgl. Monopolkommission (1999, Tz. 57-59), und benennt verschiedene Alternativen zum Legalausnahmesystem, falls es dennoch einer Entlastung bedürfe, vgl. Monopolkommission (1999, Tz. 61-70).
[133] Vgl. dazu Geiger (2000, S. 169), Koenigs (2003, S. 758), Paulweber/Kögel (1999, S. 512f.), sowie Monopolkommission (1999, Tz. 60).
[134] Vgl. Monopolkommission (1999, Tz. 60).

tischer Arbeit aus, die letztlich allen beteiligten Behörden und Institutionen zugute komme.[135]

Ein weiteres Argument gegen die Legalausnahme bezieht sich auf die Marktinformationen, die mit Hilfe des Genehmigungssystems erlangt werden konnten und welche man nun zu verlieren fürchtet. Dieselben Informationen, die man früher „gratis" mit den Anmeldeformularen ins Haus bekam, müßten nun mühsam beschafft werden.[136] Aus ökonomischer Sicht ist hier nur in aller Kürze anzumerken, daß es naiv ist zu glauben, die von den potentiellen Kartellanten gelieferten Angaben im Genehmigungssystem seien unverzerrt. Darüber hinaus stellt sich die rein praktische Frage, wie die in den Anmeldeformularen zur Verfügung gestellte Information bei der beobachteten Flut von Anmeldungen überhaupt sinnvoll ausgewertet werden konnte. Auch ist damit zu rechnen, daß im Zuge von durch Geschädigte angestrebten Gerichtsverfahren gänzlich neuartige Information zugänglich gemacht werden kann. Außerdem darf nicht vergessen werden, daß die EU-Kommission im Genehmigungsverfahren letztlich gezwungen war, eine Prognose bezüglich der zu erwartenden Wirkungen der angemeldeten Vereinbarungen zu erstellen, wohingegen sie sich im Legalausnahmesystem auf tatsächlich vorliegende Marktdaten beziehen kann, um eine Vereinbarung zu bewerten.

Schließlich werden in bezug auf die Abschaffung des Genehmigungssystems noch eine Reihe formaljuristischer Bedenken vorgebracht, die hier nur kurz angesprochen werden sollen. Zu diesen zählt die Auffassung, der Übergang zu einem System der Legalausnahme sei mit dem primären Gemeinschaftsrecht nicht vereinbar.[137] Als Begründung werden einerseits der Wortlaut der Artikel 81 und 83 EG-Vertrag und andererseits die mangelnde Justitiabilität des Artikel 81(3) angeführt. Dabei wird bezüglich des ersten Punktes u.a. argumentiert, aus dem Wortlaut des Art. 81(3) – „[d]ie Bestimmungen des Absatzes 1 können für nicht anwendbar erklärt werden" – könne geschlossen werden, daß es für diese Nichtanwendbarkeitserklärung einer Verwaltungsentscheidung bedürfe, da der Akt des Erklärens eine

---

[135] Vgl. Wirtschafts- und Sozialauschuß (2000, S. 59).

[136] Vgl. Monopolkommission (1999, Tz. 28-32), Monopolkommission (2002, Tz. 76), Wissenschaftlicher Beirat (2000, S. 1099), Regierung der Bundesrepublik Deutschland (o.J., S. 6f.), Bien (2000, S. 2311), Möschel (2000, S. 63) oder auch Paulweber/Kögel (1999, S. 510f.).

[137] Vgl. ausführlich zu diesem Streit Ehlermann (2000, S. 553-560).

typische behördliche Handlung sei. Richter hingegen würden in aller Regel eine Vorschrift nicht für nicht anwendbar *erklären*, sondern sie einfach *nicht anwenden*.[138] Fraglich bleibt jedoch, ob die Auslegung oftmals politisch motivierter Rechtstexte Einsicht in der Sache generiert.[139] Außerdem sei bei einem System der Legalausnahme weder die in Artikel 83(2) geforderte „wirksame Überwachung" noch die „möglichst einfache Verwaltungskontrolle" gewährleistet, da die Anwendung des Art. 81(3) der Verwaltung entzogen sei.[140] Speziell diese letzte Kritik greift jedoch nur bedingt, da die Kartellrechtsreform zwar den Verwaltungsakt der Freistellung abschafft und vorsieht, daß Art. 81(3) nun auch direkt von den nationalen Gerichten angewendet werden darf, sehr wohl jedoch sowohl der EU-Kommission als auch den mitgliedstaatlichen Kartellbehörden das Recht einräumt, weiterhin ermittelnd und entscheidend tätig zu werden.

Bei der Frage der Justitiabilität geht es darum, ob Artikel 81(3) hinreichend präzise ist, um direkt anwendbar zu sein. Es wird argumentiert, bei der Anwendung von 81(3) müßten divergierende Interessen in einem sehr komplexen Abwägungsprozeß miteinander verglichen werden. Dabei kämen nicht nur ökonomische Kriterien zur Anwendung, sondern beispielsweise auch Überlegungen bezüglich der Umwelt etc. Ein solcher Prozeß, de facto Wettbewerbs*politik*, sollte von einer Behörde durchgeführt werden und nicht von Richtern.[141] Ehlermann (2000) dagegen sieht keinerlei Probleme mit der Justitiabilität, Geiger (2000) verweist auf die bei der Auslegung helfenden Leitlinien der Kommission.[142]

Ins Kreuzfeuer der Kritik geraten sind auch die unter VO 1/2003 geltenden Kommissionsentscheidungen. Zum einen wird bei manchen der

---

[138] Vgl. Ehlermann (2000, S. 555) oder auch Mestmäcker (1999, S. 525) und Dehringer (2000, S. 5-8).

[139] So auch Geiger (2000, S. 166), der allzu wörtliches Auslegen des Vertragstexts für nicht zielführend hält.

[140] Allgemein zur Nichtvereinbarkeit vgl. Krumstroh (2004, S. 42-47), Monopolkommission (1999, Tz. 14-17), Emmerich (2000, S. 861f.), Mestmäcker (1999, S. 525), Möschel (2000, S. 61f.) oder auch Paulweber/Kögel (1999, S. 508). Auch die Bundesregierung meldet auf den ersten beiden Seiten ihrer Stellungnahme derlei Bedenken an, vgl. Regierung der Bundesrepublik Deutschland (o.J., S. 2f.).

[141] Vgl. Möschel (1999, S. 509-510), oder auch Emmerich (2000, S. 862) und Mestmäcker (1999, S. 526).

[142] Vgl. Ehlermann (2000, S. 557-559) und Geiger (2000, S. 167).

Rechtsstatus und damit auch ihre Bindungswirkung in Frage gestellt. Bezweifelt wird hier vor allem der gemeinschaftsrechtliche Vorrang der Positiventscheidung im Kollisionsfall, die in ihrer Wirkung dem bisherigen Negativattest unter VO 17/62 ähnelt, jedoch nun eine förmliche Entscheidung darstellt.[143] Ähnlich kritisch werden die weiterhin gültigen Gruppenfreistellungen gesehen. Explizite Freistellungen hätten in einem System der Legalausnahme nichts zu suchen.[144] Vielmehr wiesen sie einen ähnlichen Rechtsstatus wie die früheren Negativatteste auf. Damit stelle sich bei ihnen, ebenso wie bei den Positiventscheidungen, die Frage nach der Bindungswirkung.[145] Zum anderen wird bezweifelt, ob Artikel 83(2) EG-Vertrag eine hinreichende Ermächtigungsgrundlage für die Zusageentscheidungen darstellt. Artikel 83(2) EG-Vertrag ermächtigt den Rat, Einzelheiten der Anwendung des Artikel 81(3) EG-Vertrag zu regeln. Es wird nun argumentiert, eine Zusageentscheidung bedeute aber gerade nicht eine Anwendung des Artikel 81(3), da sie die Voraussetzung zur Anwendung erst schaffe. Insofern entbehre sie einer geeigneten Rechtsgrundlage.[146]

2.3.2 Die Kritik bezüglich der übrigen Reformaspekte

Die im folgenden angesprochenen Kritikpunkte stehen nicht in direktem Zusammenhang mit dem Wechsel vom Genehmigungs- zum Legalausnahmesystem, sondern beziehen sich auf einen der anderen beiden Reformpfeiler, die Dezentralisierung der europäischen Wettbewerbregeln oder die Verstärkung der nachherigen Kontrolle.

Auch die Dezentralisierung der Anwendung des Artikel 81(3) EG-Vertrag ist Gegenstand formaljuristischer Kritik geworden. Bemängelt wird hier vor allem die Aufhebung des in Artikel 5 EG-Vertrag festgelegten Subsidiaritätsprinzips. Artikel 3 der VO 1/2003 verlange beispielsweise zwingend die parallele Anwendung des Gemeinschaftsrechts, sobald nationales Recht auf Kartellverbotsverstöße angewendet werde. Dies führe zu einem allgemeinen Vorrang des Gemeinschaftsrechtes, weswegen einzelstaatliche Regelungen im Prinzip nicht mehr angewendet werden könnten.

---

[143] Vgl. Krumstroh (2004, S. 55-57).

[144] Vgl. Bechtold (2000, S. 2426-2427).

[145] Vgl. Deringer (2000, S. 7), ähnlich auch Geiger (2000, S. 166).

[146] Vgl. Krumstroh (2004, S. 58).

Des weiteren behalte sich die EU-Kommission eine Reihe von Evokations-
rechten vor, was einen Eingriff einer Behörde in die unabhängige Tätigkeit
der mitgliedstaatlichen Behörden darstelle und damit dem auch von der
EU-Kommission proklamierten Subsidiaritätsprinzip deutlich zuwiderlau-
fe.[147]

Die weitere Kritik an der dezentralen Anwendung der Wettbewerbsregeln hat vor allem die Inkohärenz der Rechtsanwendung im Blick. Aber
auch mangelnder Datenschutz beim Informationsaustausch im Europäischen Wettbewerbsnetz wird befürchtet.[148] Hinzu kommen allgemeine Bedenken bezüglich der Fähigkeit der nationalen Institutionen, europäisches
Recht im Rahmen des von der Kommission angestrebten *more economic
approach*[149] anzuwenden.

Dieser letzte Vorwurf trifft sowohl die nationalen Gerichte als auch die
mitgliedstaatlichen Kartellbehörden. Manche Autoren behaupten, die nationalen Gerichte seien schlichtweg nicht in der Lage, Artikel 81 in seiner
Gesamtheit richtig, d.h. kohärent und konsistent, anzuwenden. Es gehe hier
um die Abwägung ökonomischer und vor allem sehr komplexer Vor- und
Nachteile. Diese Arbeit sei besser Behörden zu überlassen, die sich Spe-
zialkenntnisse aneignen könnten.[150] Andere dagegen vertreten die Auffassung, nationale Behörden und Gerichte dürften aufgrund ihrer besseren lo-
kalen Marktkenntnis besser in der Lage sein zu urteilen als eine zentrale
EU-Behörde. Darüber hinaus verfügten sie in den meisten Fällen über eine
gute informelle Infrastruktur und seien auch für Beschwerdeführer näher
am Geschehen und daher besser zu erreichen.[151] Neben dem Vorwurf man-

---

[147] Vgl. zu diesem Themenkomplex, z.T. auch mit Bezug auf den strikteren, aber
letztlich so nicht realisierten Art. 3 des VO-Vorschlags, Krumstroh (2004, S. 64f.),
Bartosch (2001, S. 103f.), Bechtold (2000, S. 2428f.), Mestmäcker (1999, S. 529),
Möschel (2000, S. 65f.), Paulweber/Kögel (1999, S. 513), Weitbrecht (2003, S. 70f.)
oder auch Monopolkommission (1999, Tz. 43f.).

[148] Vgl. EU-Kommission (2000a, S. 21f.)

[149] Unter dem *more economic approach* werden die Bestrebungen der EU-Kommission verstanden, in der Wettbewerbspolitik stärker auf ökonomische Analysen zurückzugreifen. Damit verbunden ist u.a. auch die stärkere Fokussierung auf wirkungs-
basierte Ansätze anstelle von formbasierten Ansätzen. Vgl. zur Modernisierung des
europäischen Wettbewerbsrechts im Hinblick auf einen *more economic approach* beispielsweise EU-Kommission (2000b, S. 8) oder EU-Kommission (2001, S. 9).

[150] Vgl. u.a. Koenigs (2003, S. 758) oder auch EU-Kommission (2000a, S. 14).

[151] Vgl. Geiger (2000, S. 168).

gelnder Fähigkeiten trifft die nationalen Kartellbehörden auch noch der
Vorwurf, nationale Interessen zu verfolgen oder zumindest weniger unabhängig und stärkerem politischem Druck ausgesetzt zu sein als die EU-
Kommission, so daß es in jedem Fall zu einer mißbräuchlichen Anwendung des Kartellrechts zu einzelstaatlichen industriepolitischen Zwecken
kommen könne.[152] Andererseits ist dies genau der Vorwurf, der an anderer Stelle auch der EU-Kommission gemacht wird: Die neu geschaffene
Positiventscheidung, die laut EU-Kommission vor allem auslegenden und
erklärenden Charakter haben und nur ausnahmsweise ergehen soll,[153] räu-
me der EU-Kommission die Möglichkeit ein, in mißbräuchlicher Anwendung des europäischen Kartellrechts einzelne politisch gewichtige Unternehmen zu bevorzugen und – wie ein europäisches Wirtschaftsministerium
agierend – Sonderrechte zu gewähren, damit diese sich beispielsweise als
global player auf dem Weltmarkt behaupten könnten.[154]

Was die Frage der Kohärenz angeht, so räumt die EU-Kommission in
ihrem Weißbuch ein, daß eine Dezentralisierung der Anwendung des Art.
81 in seiner Gesamtheit eine Reihe von Kollisionsmöglichkeiten schafft.[155]
Die EU-Kommission ist allerdings der Meinung, dieses Risiko durch die
Schaffung und Stärkung des Europäischen Wettbewerbsnetzes sowie durch
in die VO 1/2003 eingebettete flankierende Maßnahmen, wie beispielsweise großzügige Informations- und Konsultationsmechanismen, in vertretbaren Grenzen zu halten. Diese Auffassung wird jedoch weitgehend angezweifelt. Sowohl die Monopolkommission als auch viele Verfasser juristi-
scher Beiträge befürchten, daß die Maßnahmen der EU-Kommission nicht
ausreichen, um die Kohärenz der Anwendung des europäischen Kartellrechts zu wahren.[156] Im einzelnen werden drei mögliche Folgen einer in-
kohärenten Rechtsanwendung genannt: Zum einen wird eine Renationa-

---

[152] Vgl. EU-Kommission (2000a, S. 18).

[153] Vgl. zu den neuen Arten von Kommissionsentscheidungen die Ausführung in
Abschnitt 2.2.2.

[154] Vgl. etwa Monopolkommission (1999, Tz. 53) oder auch Krumstroh (2004, S.
57).

[155] Vgl. EU-Kommission (1999, Tz. 101).

[156] Vgl. Monopolkommission (2002, Tz. 45-63), Regierung der Bundesrepublik
Deutschland (o.J., S. 5) und beispielsweise Bien (2000, S. 2312) oder auch Möschel
(2000, S. 64); abweichend dagegen Schaub/Dohms (1999, S. 1067), die die Maßnahmen der Kommission (vor allem die Herausgabe von Leitlinien sowie der Aufbau des
EWN) für ausreichend halten, um eine kohärente Rechtsanwendung zu erreichen.

lisierung des EU-Wettbewerbsrechts befürchtet, welche durch den breiten Ermessensspielraum, über den die nationalen Richter bei der Auslegung der Wettbewerbsregeln verfügen, entstehen könnte.[157] Zum zweiten könnte *Forum Shopping* als Folge der unterschiedlichen Rechtsanwendung in den Mitgliedstaaten auftreten: Unternehmen könnten versucht sein, ihre wettbewerbsbeschränkenden Geschäfte in solche Mitgliedstaaten zu verlagern, in denen eine weniger strikte Anwendung des EU-Wettbewerbsrechts zu erwarten ist.[158] Schließlich wird auch die mögliche Diskriminierung kleinerer und mittlerer Unternehmen bemängelt, weil diese aufgrund des Greifens von Schwellenwerten regelmäßig unter nationales Recht fallen, welches oft – zumindest im Falle Deutschlands – strengere Maßstäbe ansetzt als das europäische Kartellrecht.[159]

Die Funktionsfähigkeit der nachherigen Kontrolle, die unerläßliche Voraussetzung für ein System der Legalausnahme ist, wird, soweit sie die private Durchsetzung betifft, allgemein bezweifelt. Die meisten Autoren und Gutachter gehen davon aus, daß es nicht zu einer Steigerung der Privatklagen oder der Beschwerden kommen werde, da es den Betroffenen an einem entsprechenden Klage- oder Beschwerdeinteresse mangele. Als Begründung werden häufig das hohe Prozeßrisiko und die damit verbundenen Kosten genannt.[160]

Als weiteres Problem wird angesehen, daß die potentiellen Kläger nicht über die erforderlichen Marktdaten verfügten, um erfolgreich eine Klage zu führen.[161] Da weiterhin in vielen europäischen Staaten der Beibringungsgrundsatz gelte, wonach Zivilgerichte nur die Beweismittel berücksichti-

---

[157] Vgl. z.B. Wirtschafts- und Sozialauschuß (2000, S. 63) oder bezüglich der Entscheidungen der nationalen Kartellbehörden auch Mestmäcker (1999, S. 529); seiner Kritik liegen die Tz. 60 und 95 des Weißbuchs zugrunde.

[158] Vgl. Krumstroh (2004, S. 53-55); Schaub/Dohms (1999, S. 1068f.) hingegen halten die ergriffenen korrigierenden Maßnahmen für ausreichend.

[159] Vgl. Monopolkommission (1999, Tz. 41).

[160] Vgl. etwa Koenigs (2003, S. 758f.) oder Monopolkommission (2002, Tz. 72). Möschel und auch die Monopolkommission beschreiben zusätzlich den unternehmerischen „Korpsgeist", der privatrechtliche Schadenersatzklagen sowie das Einschalten von Aufsichtsbehörden verhindere, vgl. Möschel (2000, S. 64) und Monopolkommission (1999, Tz. 40).

[161] Die Monopolkommission betont, daß diese Schwierigkeiten der Beweiserbringung nicht nur für den Nachweis eines Kartellverbotsverstoßes bestünden, sondern sich ebenso beim Nachweis des eigenen Schadens bei Schadenersatzklagen bemerkbar machten. So sei die unmittelbare Verursachung des Schadens durch die Wettbe-

gen dürfen, die von den Parteien erbracht werden, sei davon auszugehen, daß Verstöße gegen das Kartellverbot in den meisten Fällen nicht zu beweisen seien. Zumal den beklagten Unternehmen aufgrund der Unbestimmtheit der Rechtsbegriffe des Artikel 81(3) und aufgrund der Selbsteinschätzung zahlreiche Exkulpationsmöglichkeiten zur Verfügung stünden. Auch sie könnten sich wegen mangelnder Marktdaten auf Unkenntnis oder unvermeidbaren Irrtum berufen.[162]

Als drittes Argument wird angeführt, eine nachherige Kontrolle durch Abschreckung, wie sie die EU-Kommission mit der Stärkung der Privatklagen im Blick habe, funktioniere nur, wenn die Rahmenregeln der jeweiligen nationalen Rechtsordnung entsprechend ausgestaltet seien. Ein solches Abschreckungsumfeld müsse tatsächliche Klageanreize setzen und mit wirksamen Strafen drohen. Genau diese Anreize, beispielsweise mehrfacher Schadenersatz (*punitive damages*) auf der Sanktionsebene oder erfolgsabhängige Anwaltshonorare auf der Verfahrensebene, könnten im deutschen Recht jedoch nicht ohne weiteres gesetzt werden.[163]

Schließlich wird auch die Frage aufgeworfen, ob mit einer Verstärkung der Beschwerdekultur und einer Erleichterung der Klagebefugnisse nicht auch das Problem opportunistischer, also unbegründeter Beschwerden oder Klagen einhergehe.[164] Mit solchen sei vor allem dann zu rechnen, wenn das Abschreckungsumfeld entsprechend dem US-amerikanischen Umfeld angepaßt werde.[165]

2.4 Die Rezeption in der ökonomischen Literatur

Angesichts der recht umfangreichen juristischen Literatur zum Thema erscheint es verwunderlich, daß bisher nur vergleichsweise wenige ökonomische Papiere zur Modernisierung des europäischen Kartellrechts veröf-

---

werbsbeschränkung selten eindeutig nachzuweisen; vgl. Monopolkommission (2002, Tz. 69).

[162] Monopolkommission (2002, Tz. 67-69).

[163] Vgl. Monopolkommission (1999, Tz. 37f.), Monopolkommission (2002, Tz. 70, 73) und Möschel (2000, S. 66).

[164] Krumstroh (2004, S. 75) spricht etwas unglücklich von „taktischen Beschwerden".

[165] Vgl. Monopolkommission (1999, Tz. 39).

fentlicht wurden. Insgesamt gibt es zwar einen breiten Zweig in der Law-&-Economics-Literatur, der sich allgemein mit Rechtsdurchsetzungsproblemen oder speziell mit der Durchsetzung von Kartellrecht beschäftigt, der an dieser Stelle jedoch nicht detailliert vorgestellt werden soll.[166] Auch gibt es eine Reihe von Arbeiten, die sich dem Dezentralisierungsaspekt der europäischen Wettbewerbsrechtsreform oder der Verstärkung der nachherigen Kontrolle durch *private enforcement* widmen.[167] Arbeiten, die den Wechsel vom Genehmigungssystem hin zum Legalausnahmesystem zum Thema haben, wie es auch die Intention der vorliegenden Arbeit ist, sind jedoch selten.[168] Diese insgesamt sieben Papiere werden in den folgenden Abschnitten vorgestellt. Dabei werden ihre Eigenheiten und insbesondere

---

[166] Polinsky/Shavell (2000a) sowie Garoupa (1997) geben einen guten Überblick über „the economics of law enforcement". Shavell (1993) ist insofern eng mit der vorliegenden Arbeit verwandt, als dort explizit auf den Interventionszeitpunkt der Rechtsdurchsetzung abgehoben wird. Rey (2003) bietet ebenfalls einen breiten Literaturüberblick und stellt sich der Frage des optimalen Designs von Wettbewerbspolitik und ihren Implementationsproblemen. Explizit mit der Imperfektion von Kartellbehörden, allerdings mit ausschließlichem Fokus auf Ex-post-Kontrolle, und der Rückwirkung auf das Complianceniveau der Unternehmen beschäftigen sich Schinkel und Tuinstra (2006); grundlegend zu den Informationsasymmetrien im Kartellrecht vgl. auch Besanko/Spulber (1989a), oder mit Blick auf die optimale Strafe Souam (2001). Harrington (2007) dagegen widmet sich, aufbauend auf einem breiten Überblick über die theoretische und empirische Kollusions-Literatur, der Entwicklung von Mechanismen zur Aufdeckung von Kartellen. Eine kritische Beleuchtung von Kronzeugenprogrammen bieten beispielsweise Motta/Polo (2003) oder Wils (2007).

[167] Zu Fragen der privaten Rechtsdurchsetzung im europäischen Wettbewerbsrecht vgl. etwa Wils (2002b, 2003), Möschel (2007) und Wagner (2007), sowie allgemeiner McAfee/Mialon/Mialon (2006). Mit Problemen der simultanen Rechtsdurchsetzung bei Dezentralisierung des Artikel 81 EG-Vertrag beschäftigen sich beispielsweise Mavroidis/Neven (2000, 2001).

[168] In der englischsprachigen Literatur wird zumeist der Begriff *notification system* verwendet, um die Rechtsdurchsetzung unter VO 17/62 zu beschreiben, vgl. etwa Loss et al. (2008), Di Federico/Manzini (2004), Hahn (2000) oder Neven (2002), was dem deutschen Ausdruck Anmeldesystem entspricht. In dieser Arbeit wird, wie bereits in Fußnote 22 (Seite 42) erwähnt, davon abweichend der Begriff Genehmigungssystem verwendet, weil die Verwendung des Ausdrucks Anmeldung inhaltlich irreführend ist. Eine bloße Anmeldung ohne Genehmigung, ähnlich einer Registrierung, würde nicht zwingend eine Aktion der Kartellbehörde bedeuten. Es ist gerade die Genehmigung, die die Ex-ante-Intervention der Kartellbehörde konstituiert.

die Punkte herausgearbeitet, in denen sie sich von dem in der vorliegenden Arbeit gewählten Modellierungsansatz unterscheiden.

2.4.1 Klassische Law-and-Economics-Ansätze

Unter klassischen Law-and-Economics-Ansätzen sollen hier Arbeiten verstanden werden, die bekannte Law-Enforcement-Theorien auf den Untersuchungsgegenstand anwenden. Dabei argumentieren sie rein verbal und versuchen lediglich, in den konkurrierenden Rechtsdurchsetzungsinstitutionen Anhaltspunkte zur Stützung oder Widerlegung einer bestimmten Theorie zu finden. Zu diesem Zweck wird aus der verwendeten Law-Enforcement-Theorie ein Kriterienkatalog abgeleitet und überprüft, inwieweit diese Kriterien von den Institutionen erfüllt werden.

Di Federico und Manzini (2004) nähern sich dem Thema aus einer solchen klassischen L&E-Perspektive.[169] Sie untersuchen die Effektivität der europäischen Kartellrechtsreform und fokussieren dabei auf den Übergang von Ex-ante-Kontrolle (Genehmigung) zu Ex-post-Kontrolle (Legalausnahme) und die Verstärkung der nachherigen Kontrolle durch private Rechtsdurchsetzung. Die Frage, welcher Interventionszeitpunkt vorzuziehen ist, beurteilen sie anhand des Verhältnisses von Strafhöhe zu Strafwahrscheinlichkeit,[170] anhand der Relation von Strafwahrscheinlichkeit zu den dadurch entstehenden Kosten, sowie am Informationsstand der Behörden bezüglich der zu erwartenden Effekte des verbotenen Verhaltens. Die Entscheidung zwischen privater und behördlicher Rechtsdurchsetzung orientiert sich daran, wer die benötigten Informationen leichter beschaffen kann, ob Private über ausreichende Anreize zur Klage oder Beschwerde verfügen und ob Private sich von Vergeltungsmaßnahmen bedroht sehen.[171] Dieser

---

[169] Die Autoren beziehen sich stark auf den 1993 erschienen Artikel „The Optimal Structure of Law Enforcement" von Steven Shavell, klammern jedoch die Frage nach der Art der Strafe aus, da beide Verordnungen, VO 17/62 wie auch VO 1/2003, nur monetäre Strafen (Geldbußen) vorsehen, vgl. Di Federico/Manzini (2004, S. 144-145). Einen ähnlichen Ansatz wählt Wils (2002b). Auch er bezieht sich auf Shavell (1993), fügt aber noch als vierte Bewertungskategorie die Frage nach der zentralen oder dezentralen Rechtsdurchsetzung hinzu. Im wesentlichen kommt Wils zu denselben Ergebnissen wie Di Federico und Manzini.

[170] Vgl. hierzu grundsätzlich Becker (1968).

[171] Vgl. Di Federico/Manzini (2004, S. 145-147).

Fragenkatalog wird ohne formales Modell rein argumentativ abgearbeitet. Die Autoren kommen zu dem Schluß, daß das Ex-post-Kontrollsystem im allgemeinen besser geeignet ist, das europäische Kartellverbot durchzusetzen.[172] Di Federico und Manzini stellen richtig fest, daß das alte Rechtsdurchsetzungssystem unter VO 17/62 kein reines Ex-ante-Kontrollsystem darstellt, sondern auch Elemente einer Ex-post-Kontrolle enthält. Allerdings unterläuft ihnen ein Fehler bei der Zuordnung: Sie definieren – abweichend von Wils (2000a), Neven (2002), Loss et al. (2008) und auch abweichend von dieser Arbeit – die Ex-ante-Komponente als die Bestrafung von Firmen, die ihre Vereinbarung nicht anmelden; gerade darin ist jedoch der Abschreckungsgedanke einer Ex-post-Aufsicht erkenntlich. Die Abweichung vom Ex-ante-System sehen die Autoren darin, daß die Anmeldung nicht für alle Arten von Vereinbarungen verpflichtend ist, sondern nur für solche, die unter das Kartellverbot von Artikel 81(1) EG-Vertrag fallen, aber die Früchte einer Freistellung gemäß Artikel 81(3) EG-Vertrag genießen wollen.[173] Diese Interpretation ist nicht sinnvoll, da zum einen gerade die Anmeldeverpflichtung des Artikel 4 VO 17/62 erst die Ex-ante-Kontrolle konstituiert und zum anderen die Anmeldung deswegen nicht als fakultativ angesehen werden kann, weil nicht angemeldete Vereinbarungen gemäß Artikel 81(2) EG-Vertrag ab initio nichtig und aufgrund von Artikel 81(1) EG-Vertrag auch rechtswidrig sind.[174]

Pirrung (2004) versucht ebenfalls durch Anwendung der klassischen Mittel der Ökonomischen Analyse des Rechts eine Vorhersage der Wohlfahrtseffekte, die durch die Modernisierung des europäischen Kartellrechts hervorgerufen werden, läßt dabei jedoch die Annahme einer perfekt entscheidenden Kartellbehörde fallen. Zu diesem Zweck definiert er in Anlehnung an die gängige Law-Enforcement-Literatur Rechtsdurchsetzung

---

[172] Vgl. Di Federico/Manzini (2004, S. 160-161). Kleine Einschränkungen werden nur bezüglich der noch nicht genau zu beziffernden administrativen Kosten des Legalausnahmesystems gemacht. Sollten diese höher sein als im Genehmigungssystem, wäre letzteres weniger schlecht zu beurteilen, vgl. Di Federico/Manzini (2004, S. 160).

[173] Vgl. Di Federico/Manzini (2004, S. 148).

[174] Abweichend wird die Anmeldung im Genehmigungssystem von Juristen oftmals als „quasi-obligatorisch" bezeichnet, da in der Tat keine gesetzliche Verpflichtung besteht, solange nicht Artikel 81(3) EG-Vertrag in Anspruch genommen wird, vgl. beispielsweise Wils (2002a, S. 100).

dann als effizient, wenn sie zu den niedrigstmöglichen Kosten angemessene Anreize zur Rechtsbefolgung setzt. Zur Beurteilung der Effizienz zieht er demgemäß die Informationskosten, die Risikokosten, die Wahrscheinlichkeit, Fehler erster oder zweiter Ordnung zu begehen, und die (in einem bestimmten System mögliche) Höhe der Sanktionen heran.[175] Anhand dieses Kriterienkatalogs werden die drei wesentlichen Veränderungen der Reform – Aufgabe der Genehmigung, Dezentralisierung und private Rechtsdurchsetzung – gemessen.[176] Auch Pirrung verzichtet auf eine explizite Modellierung und kommt rein argumentativ allerdings zum einem anderen Schluß als Di Federico/Manzini (2004), nämlich daß das alte System der VO 17/62 dem neuen System der VO 1/2003 in nahezu allen Kriterien überlegen ist.[177] Interessant ist an dieser Untersuchung, daß Pirrung unterstellt, daß der Wechsel von einer Ex-ante-Kontrolle zu einer Ex-post-Kontrolle keinerlei Auswirkungen auf die resultierenden Fehlerwahrscheinlichkeiten hat. In meinem Modell, das sich einzig auf den Wechsel von der Genehmigung zur Legalausnahme konzentriert und das die Effektivität der Rechtsdurchsetzung u.a. an den auftretenden Fehlerwahrscheinlichkeiten mißt, wird gezeigt werden, daß die Fehlerwahrscheinlichkeiten in den beiden Systemen differieren und daß das neue System dem alten in dieser Hinsicht in vielen Fällen durchaus überlegen ist.[178]

Auch Wils (2002a) wägt mit den klassischen Mitteln der ökonomischen Analyse des Rechts die Vor- und Nachteile einer Ex-post-Durchsetzung durch Abschreckung und einer Ex-ante-Durchsetzung durch *Pre-Screening* (Vorsortierung) gegeneinander ab.[179] Er nennt als Hauptprobleme der Ex-post-Kontrolle Strafen, die aus kulturellen oder politischen Gründen zu niedrig sind, hohe Prozeßkosten, Fehleranfälligkeit, Probleme bei der Aufdeckung von Rechtsverstößen und Rechtsunsicherheit, im Sinne von Unkenntnis des gesetzlichen Standards, beim potentiellen Täter.[180] Die Pro-

---

[175] Vgl. Pirrung (2004, S. 88-89).

[176] Vgl. Pirrung (2004, S. 90-100).

[177] Eine Ausnahme bildet lediglich der Übergang zur Dezentralisierung. Hier sind gegenläufige Wohlfahrtseffekte bezüglich der Informationskosten und bezüglich der möglichen Sanktionen zu erwarten, vgl. Pirrung (2004, S. 100).

[178] Vgl. zur Einführung der Fehlerwahrscheinlichkeiten als Beurteilungskriterium Abschnitt 3.1.1.

[179] Vgl. Wils (2002a, S. 94-95).

[180] Vgl. Wils (2002a, S. 88-91).

bleme eines Ex-ante-Systems sieht er in der schlechten Informationslage der Behörden, den hohen Verwaltungskosten, der Langwierigkeit der Verfahren, dem möglicherweise fehlenden bindenden Charakter behördlicher Entscheidungen und schließlich in der Notwendigkeit einer Ergänzung durch Abschreckungsmechanismen, da sonst verpflichtende Anmeldungen nicht sichergestellt werden können.[181] In Anwendung dieser Kriterien auf die europäische Fusionskontrolle und das europäische Wettbewerbsrecht bezüglich Artikel 81 und 82 EG-Vertrag kommt er zu dem Schluß, daß ein System der Ex-ante-Kontrolle für Fusionen angebracht ist und für wettbewerbsbeschränkende Vereinbarungen in den Anfangsjahren der Europäischen Gemeinschaft angemessen war. Er stellt aber deutlich heraus, daß veränderte Rahmenbedingungen mittlerweile einen Wechsel hin zu einem Prinzip der Ex-post-Kontrolle ratsam erscheinen lassen. Dabei stützt er sich vor allem auf zwei wesentliche Argumente: Die administrativen Kosten der Anmeldung aller restriktiven Vereinbarungen seien zu hoch, und die Informationslage der EU-Kommission bei Anmeldung zu schlecht, um das Verharren in einem Genehmigungssystem zu rechtfertigen.[182]

2.4.2 Entscheidungstheoretische Ansätze

Barros (2003) untersucht die Reaktion kartellierender Unternehmen auf den Übergang von einem Ex-ante- zu einem Ex-post-Regime und zeigt, daß die Reform im allgemeinen dazu führen wird, daß die Unternehmen weniger wettbewerbsbeschränkende Vereinbarungen eingehen werden. Die treibende Kraft für dieses Ergebnis ist die unterstellte zunehmende Rechtsunsicherheit im Legalausnahmesystem. Dieser den Grad an Wettbewerbsbeschränkung senkende Effekt der Rechtsunsicherheit wird nur teilweise von dem gegenläufigen Effekt der zunehmenden Versuchung kompensiert, eine restriktive Vereinbarung womöglich unentdeckt betreiben zu können.[183] Barros modelliert die Unternehmen als rationale Entscheider, die den Grad an Wettbewerbsbeschränkung festlegen können, dabei jedoch der Unsicherheit ausgesetzt sind, wo genau die EU-Kommission die Schwelle festsetzt, unterhalb derer Vereinbarungen erlaubt und oberhalb derer Verein-

---

[181] Vgl. Wils (2002a, S. 91-94).
[182] Vgl. Wils (2002a, S. 99-104).
[183] Vgl. Barros (2003, S. 620-621).

barungen verboten sind.[184] Insofern bildet Barros hier einen möglichen Aspekt der Informationsasymmetrie ab, verzichtet aber andererseits darauf, die Kommission einer ähnlichen Problematik auszusetzen, indem er sie als perfekte Entscheiderin annimmt: Die Kommission kann fehlerfrei einschätzen, ob eine untersuchte Vereinbarung die festgelegte Schwelle für Wettbewerbsbeschränkung über- oder unterschreitet.[185] Darin liegt bereits ein wesentlicher Unterschied zu der in dieser Arbeit vorgenommen Modellierung. Eine Hauptannahme meines Modells wird die Imperfektion der EU-Kommission bei der Beurteilung der Freistellungsfähigkeit einer wettbewerbsbeschränkenden Vereinbarung sein.[186] Außerdem modelliert Barros nur die Entscheidung der Unternehmen explizit. Die EU-Kommission tritt nicht als aktiver Spieler auf; ihr Verhalten wird als modellexogen angenommen und stellt damit lediglich eine Nebenbedingung im Entscheidungskalkül der Unternehmen dar.[187] Auch in dieser Hinsicht wird in der vorliegenden Arbeit anders vorgegangen: Die EU-Kommission ist in meinem spieltheoretischen Modell ein echter Entscheider, der auf das antizipierte Verhalten der Unternehmen reagieren kann.[188]

Neven (2002) wählt einen vergleichbaren Ansatz wie Barros (2003). Auch er betrachtet lediglich die Reaktion der Firmen auf die unterschiedlichen Rechtsdurchsetzungsinstitutionen, nicht aber die Interaktion von Unternehmen und Kartellbehörde. Er unterscheidet – anders als Barros (2003) – unterschiedliche Typen von Vereinbarungen in dem Sinne, daß sie den kartellierenden Unternehmen unterschiedlich hohe Gewinne einbringen. Diese Vereinbarungen werden charakterisiert durch ihren optimalen Beschränkungsgrad, also das Ausmaß an Wettbewerbsbeschränkung, in dem der Gewinn für die Unternehmen am höchsten ist. Auch modelliert er die Informationsasymmetrie anders. Bei ihm liegt das Informationsproblem

---

[184] Vgl. Barros (2003, S. 615-616). Die Freistellungsvoraussetzungen des Artikel 81(3) EG-Vertrag werden damit als Vorsorgeniveau im Sinne einer *negligence rule* interpretiert. Unter der Negligence-Rule, zu deutsch Verschuldenshaftung, ist derjenige schadensersatzpflichtig, der es versäumt hat, ein bestimmtes Vorsorgeniveau einzuhalten, vgl. Calabresi/Melamed (1972).

[185] Vgl. Barros (2003, S. 616.)

[186] Vgl. hierzu Abschnitt 3.2.1.1.

[187] Vgl. Barros (2003, S. 616-617).

[188] Vgl. hierzu die Ausführungen in Abschnitt 3.1.

nicht bei den Unternehmen (Unsicherheit bezüglich des gesetzlichen Standards), sondern bei der Kartellbehörde, die das Ausmaß der Wettbewerbsbeschränkung erst durch Überprüfung der Vereinbarung erfährt. Auch er unterstellt jedoch der Kartellbehörde insofern Perfektion, als diese bei der Feststellung des tatsächlichen Beschränkungsgrades keine Fehler macht. Die Imperfektion der Behörde liegt auch hier nur darin, daß nicht alle Vereinbarungen entdeckt werden.[189] Der Perspektivenwechsel in bezug auf die Informationsasymmetrie führt denn auch zu grundlegend anderen Ergebnissen als bei Barros (2003). Neven prognostiziert das Auftreten sowohl von Fehlern erster als auch von Fehlern zweiter Ordnung, wenn das Genehmigungssystem aufgegeben wird.[190] Einen Fehler erster Ordnung sieht er darin, daß Vereinbarungen geschlossen werden, die einen niedrigeren Wettbewerbsbeschränkungsgrad aufweisen als für die Unternehmen gewinnmaximierend und auch erlaubt wäre. Der Fehler entsteht dabei weder durch eine Fehleinschätzung der Kartellbehörde noch durch Unsicherheit über das erlaubte Ausmaß an Wettbewerbsbeschränkung auf seiten der Unternehmen, sondern ist allein kostengetrieben. Weil eine kartellrechtliche Untersuchung im Ex-post-System gegenüber einer klassischen Anmeldung Mehrkosten mit sich bringt, die mit zunehmendem Beschränkungsgrad steigen,[191] und eine solche Untersuchung mit einer positiven Wahrscheinlichkeit eintritt, gestalten die Unternehmen ihre Vereinbarungen konservativer aus, bleiben also unterhalb des erlaubten Maßes an Wettbewerbsbeschränkung. Dieses Ergebnis gilt für Vereinbarungen mit einem relativ geringen optimalen Beschränkungsgrad.[192] Fehler zweiter Ordnung werden darin gesehen, daß ein Teil der Unternehmen, die im Genehmigungssystem ihre Vereinbarung angemeldet hätten, nun einen Anreiz haben, ihr Glück zu versuchen, und ihre unerlaubten restriktiven Vereinbarungen durchführen in der Hoffnung, nicht entdeckt zu werden. Dieses Ergebnis gilt für Vereinbarungen mit einem relativ hohen optimalen Beschränkungsgrad.[193] Neven zeigt aber, daß es auch im Genehmigungssystem zu Non-Compliance kommt in dem Sinne, daß sehr restriktive Ver-

---

[189] Vgl. Neven (2002, S. 353-356).

[190] Vgl. Neven (2002, S. 361).

[191] Neven denkt dabei vor allem an Reputationskosten, vgl. Neven (2002, S. 356).

[192] Vgl. Neven (2002, S. 357).

[193] Vgl. Neven (2002, S. 358).

einbarungen, die sog. Hardcore-Kartelle[194], geschlossen und nicht angemeldet werden.[195] Die Fehler erster und zweiter Ordnung sind damit bei
Neven etwas anders definiert, als dies in meiner Analyse der Fall ist. Dies
liegt u.a. daran, daß die Wahl der Wettbewerbsbeschränkung bei Neven
kontinuierlich möglich ist, während ich mich für eine diskrete Modellierung (gute Vereinbarung vs. schlechte Vereinbarung) entschieden habe.[196]
Ein Vorzug des Papiers von Neven ist, daß es deutlich herausarbeitet, daß
das Rechtsdurchsetzungssystem unter VO 16/72 nur unzureichend als ein
System der reinen Ex-ante-Kontrolle beschrieben werden kann. Vielmehr
handelt es sich dabei um ein Misch-System, als es bereits eine deutliche
Ex-post-Komponente aufweist, indem es für unangemeldet durchgeführte
Vereinbarung bei Entdeckung eine Strafe vorsieht.[197] Auch meine Analyse
berücksichtigt die Ex-ante- sowie die Ex-post-Komponente des Genehmigungssystems.[198]

2.4.3 Spieltheoretische Ansätze

Hahn (2000) geht insofern einen Schritt weiter als die in Abschnitt 2.4.2
vorgestellten Papiere, als sie für ihre Analyse einen spieltheoretischen Ansatz wählt und damit über die rein entscheidungstheoretische Betrachtung hinausgeht. Sie kommt zu dem Schluß, daß in solchen Fällen, in
denen sich die Kartellbehörde nicht glaubwürdig auf eine Interventions-
strategie festlegen kann, das Genehmigungssystem dem Legalausnahmesystem überlegen ist, da das Genehmigungsverfahren wegen seiner Interventionswahrscheinlichkeit von Eins wie ein *precommitment*[199] wirkt

---

[194] Vgl. die Abschnitt 2.3.1 sowie 3.1.1.1.

[195] Vgl. Neven (2002, S. 361).

[196] Vgl. hierzu Abschnitt 3.2.2.1. Eine kontinuierliche Modellierung der Wettbewerbsbeschränkung würde in meinem Modell lediglich die bereits durch den spieltheoretischen Ansatz bedingte recht hohe Komplexität weiter erhöhen, wohingegen
die diskrete Modellierung ausreichend ist, grundsätzliche Einsichten in die Interaktion und ihre Wirkungen zu vermitteln.

[197] Vgl. Neven (2002, S. 352).

[198] Vgl. Abschnitt 3.1.2.

[199] Im Sinne einer glaubwürdigen Vorab-Festlegung auf eine bestimmte Interventionswahrscheinlichkeit, vgl. Hahn (2000, S. 69).

und so die Abschreckungswirkung verstärkt.[200] An diesem Ansatz ist irritierend, daß auch die Kartellrechtsdurchsetzung mittels Genehmigung als Abschreckungssystem und nicht als Regulierung verstanden wird. Hahn legt damit auch im Genehmigungssystem das Gewicht allein auf die Ex-post-Komponente. Sie unterstellt der Kartellbehörde weiterhin wie Barros (2003) und auch Neven (2002) perfektes Entscheidungsverhalten in dem Sinne, daß Entscheidungen fehlerfrei getroffen werden. Dabei konzentriert sie sich in ihrer Analyse genau wie Barros und Neven auf die Entdeckung und nicht auf die Beurteilung von Kartellen; ist ein Kartell entdeckt, ist damit auch der Typ offenbart. Sie unterscheidet dabei drei Typen von möglichen Vereinbarungen: Vereinbarungen, die nicht unter das Kartellverbot des Artikel 81(1) EG-Vertrag fallen (Typ 1), schlechte Vereinbarungen, die unter das Kartellverbot fallen und nicht freigestellt werden können (Typ 2), sowie gute Vereinbarungen, die zwar unter das Kartellverbot fallen, jedoch die Ausnahmetatbestände des Artikel 81(3) EG-Vertrag erfüllen und somit freigestellt werden können.[201] Außerdem nimmt Hahn für die Kartellbehörde benevolentes Verhalten an, während ich in meiner Analyse statt dessen auf Aufhebungsaversion abstellen werde.[202] Der Hauptunterschied ihrer Betrachtung zu meiner in bezug auf das Firmenverhalten liegt darin, daß der Typ der Vereinbarung in ihrem Modell nicht von den Firmen beeinflußt werden kann, sondern durch einen Zug der Natur zugewiesen wird. Hahn argumentiert, welche Art von Vereinbarung einer Gruppe von Unternehmen zugänglich sei, werde durch die Marktbedingungen determiniert.[203] Eng verbunden damit erscheint auch die vereinfachende Annahme, daß alle Typen von Vereinbarungen den Unternehmen dieselbe Auszahlung einbringen.[204] Mit diesen beiden Annahmen beschränkt Hahn das strategische Verhalten der Firmen einzig auf das Eingehen einer Vereinbarung und gegebenenfalls auf deren Anmeldung. Anders in meinem Modell: Hier hat die Gruppe von Unternehmen explizit zwei Handlungsvariablen, die Entscheidung über das Eingehen und gegebenenfalls Anmelden der

---

[200] Zum konträren Ergebnis kommt Hahn nur für die Fälle, in denen glaubwürdige Selbstbindung seitens der Behörde möglich ist oder wenn Ex-ante-Kontrolle zu teuer ist, vgl. Hahn (2000, S. 80-82).

[201] Vgl. Hahn (2000, S. 70-71).

[202] Vgl. Hahn (2000, S. 86) und Abschnitt 3.2.1.1.

[203] Vgl. Hahn (2000, S. 70, 74).

[204] Vgl. Hahn (2000, S. 76).

Vereinbarung zum einen und die Entscheidung über die Ausgestaltung der Vereinbarung, so daß sie Artikel 81(3) EG-Vertrag erfüllt oder nicht, zum anderen.[205]

Auch Loss, Malavolti-Grimal, Vergé und Bergès-Sennou wählen in ihrem Papier einen spieltheoretischen Ansatz. Die Arbeit von Loss et al. (2008) weist insofern Parallelen zu meiner auf, als sie ebenfalls eine imperfekte Kartellbehörde unterstellt.[206] Mit Hilfe eines spieltheoretischen Modells wird analysiert, welche Rechtsdurchsetzungsinstitution aus gesamtgesellschaftlicher Sicht vorzugswürdig ist: eine reine Ex-post-Kontrolle, ein gemischtes System mit Genehmigungen oder das eine oder andere Extrem der *per se rule*[207], nämlich die Gruppenfreistellung als Per-se-Erlaubnis oder die schwarzen Liste als Per-se-Verbot.[208] Anders als Hahn (2000), Neven (2002) oder Barros (2003) kommen die Autoren zu differenzierteren Aussagen, welche Rechtsdurchsetzungsinstitution den anderen überlegen ist: Eine eindeutige und immer gültige Optimalitätsaussage zugunsten einer Institution ist nicht möglich. Die Optimalität eines Rechtsdurchsetzungsregimes hängt statt dessen kritisch von der Belegung bestimmter Parameter ab. Auch meine Analyse wird zeigen, daß Pauschalaussagen bezüglich der Überlegenheit eines Systems nur unter sehr speziellen Annahmen möglich sind.[209] Im einzelnen werden von Loss et al. folgende Ergebnisse hergeleitet: Kann die Kartellbehörde hinreichend gut zwischen guten und schlechten Vereinbarungen unterscheiden, lohnt sich ein System der Ex-post-Kontrolle.[210] Vermag sie dies nicht, hängt die Entscheidung für eines der Systeme von den Fehlerkosten ab: Sind die Vorteile

---

[205] Vgl. zu den Aktionsmöglichkeiten der Firmengruppe Abschnitt 3.2.2.1 sowie zur Payoffstruktur der Firmengruppe Abschnitt 3.2.3.2.

[206] Der Artikel wird noch im Jahr 2007 im *European Economic Review* erscheinen. Wegen der deswegen fehlenden Originalseitenzahlen wurden die Seiten des Manuskripts zu Zitationszwecken von 1 bis 22 durchnumeriert.

[207] Unter einer *per se rule* wird eine Regel verstanden, die ein bestimmtes Verhalten ohne Ausnahme und ohne Prüfung der speziellen Umstände einer bestimmten Rechtsfolge zuführt. Sie ist der Gegenpol zur *rule of reason*, die dem Entscheidungsträger bei der Beurteilung der fraglichen Handlung einen mehr oder minder großen Entscheidungsspielraum läßt, vgl. Schmidt (2007, S. 369).

[208] Loss et al. (2008, S. 3).

[209] Vgl. Kapitel 4.

[210] Dieser grundlegende Gedanke ist nicht neu, sondern findet sich beispielsweise auch in Schmidtchen (2006, S. 183-185).

einer guten Vereinbarung relativ hoch im Vergleich zu den Nachteilen aus einer schlechten Vereinbarung, sind mit anderen Worten Fehler erster Ordnung teurer als Fehler zweiter Ordnung, sind Gruppenfreistellungen optimal; im umgekehrten Fall, wenn also Fehler zweiter Ordnung relativ teurer sind, weil der Schaden aus schlechten Vereinbarungen sehr viel größer ist als der entgangene Nutzen aus nicht realisierten guten Vereinbarungen, sind schwarze Listen das Mittel der Wahl. Nur für die Fälle dazwischen, wenn also die Fehlerkosten nicht zu extrem sind, ist ein System, das auch auf Genehmigungen zurückgreift, optimal.[211] Wie Neven (2002) identifizieren Loss et al. die Rechtsdurchsetzung unter VO 17/62 richtigerweise als Misch-System mit Genehmigung. Erstaunlich ist jedoch, daß sie der EU-Kommission in ihrem Modell die Option einräumen, nicht-angemeldete Vereinbarungen gemäß Artikel 81(3) EG-Vertrag freizustellen.[212] Dies war jedoch gemäß geltenden Rechts unter VO 17/62 EG-Vertrag nicht möglich. Mit dieser Modellierung werden deswegen Fehler erster Ordnung, die dadurch entstehen, daß unangemeldete freistellungsfähige Vereinbarungen regelmäßig untersagt werden, nicht erfaßt. Dies führt zu einer besseren Bewertung des Genehmigungssystems als es der Fall wäre, würden die tatsächlichen Gegebenheiten im Modell abgebildet.

Trotz einiger Gemeinsamkeiten bezüglich der verwendeten Methoden weicht meine Analyse in wesentlichen Punkten deutlich von Loss et al. (2008) ab: Auch Loss et al. modellieren den Grad an Wettbewerbsbeschränkung – anders als Barros (2003) oder Neven (2002) – diskret, gehen aber davon aus, daß der entsprechende Typ der Vereinbarung (*good* oder *bad*) exogen gegeben ist und nicht von den kartellierenden Firmen beeinflußt werden kann. Diese Annahme beschneidet die Aussagekraft des Modells nicht unerheblich. Die Entscheidungsmöglichkeiten der Unternehmen werden damit auf die bloße Wahl beschränkt, eine wettbewerbsbeschränkende Vereinbarung, die quasi vom Himmel fällt, einzugehen oder nicht. Mein Modell läßt dagegen differenziertere Entscheidungen der Unternehmen zu: Sie haben die Möglichkeit, eine unter Artikel 81(1) EG-Vertrag fallende Vereinbarung so zu gestalten, daß sie die Ausnahmetatbestände des Artikel 81(3) EG-Vertrag erfüllt.[213] Mit ihrer Modellierung stellen

---

[211] Vgl. Loss et al. (2008, S. 14-17). Zu den Ergebnissen der vorliegenden Arbeit siehe Kapitel 4.

[212] Vgl. Loss et al. (2008, S. 4, 12).

[213] Zur Wahl des Vereinbarungstyps in dieser Arbeit vgl. Abschnitt 3.2.2.1.

Loss et al. einzig den Abschreckungsgedanken bei gegebenen Vereinbarungstypen in den Vordergrund, indem sie untersuchen, welche der Rechtsdurchsetzungsinstitutionen trenngenau oder zumindest zu einem Teil das Schließen schlechter Vereinbarungen abschrecken kann.[214] Den Unternehmen wird dabei eine unangemessen passive Rolle zugeschrieben.

Loss et al. modellieren die Entscheidungsmöglichkeiten der Unternehmen, eine Vereinbarung einzugehen und diese ggf. anzumelden jeweils als Verhaltensstrategie.[215] Auf diese Art und Weise können für das Legalausnahmesystem „semi-separierende Gleichgewichte" hergeleitet werden in dem Sinne, daß ein bestimmter Prozentsatz an schlechten Vereinbarungen abgeschreckt wird.[216] In meinem Modell stehen die Unternehmen dagegen jeweils vor einem diskreten Entscheidungsproblem, können sich also nur für oder gegen eine Vereinbarung oder eine Anmeldung entscheiden, sich jedoch nicht entschließen, eine Vereinbarung mit einer bestimmten Wahrscheinlichkeit einzugehen.[217] Eine direkte Folge dieser Modellierung ist, daß die hergeleiteten Gleichgewichte zwar keine Aussage darüber machen, welcher Prozentsatz von schlechten Vereinbarungen nicht geschlossen wurde. Statt dessen kann jedoch eine Vorhersage abgeleitet werden, mit welcher Wahrscheinlichkeit eine geschlossene Vereinbarung gut oder schlecht sein wird.[218] Darin zeigt sich der Vorteil der an dieser Stelle etwas vereinfachenden Modellierung: Sie erlaubt, das Modell an entscheidenderen Stellen, nämlich beispielsweise bei der Frage der Ausgestaltung der Vereinbarung, etwas komplexer zu gestalten, ohne die Gesamtanalyse unhandlich werden zu lassen. So werden Verhaltensstrategien in meinem Modell sowohl für die Unternehmen als auch für die EU-Kommission eingeführt; für die Unternehmen bei der Entscheidung, ob sie eine gute oder schlechte Vereinbarung durchführen wollen, bei der EU-Kommission bei der Freistellungsentscheidung.[219] Loss et al. dagegen beschränken

---

[214] Vgl. Loss et al. (2008, S. 4).

[215] Vgl. Loss et al. (2008, S. 5, 7); ein gleichgewichtiger Wert der Variable „Vereinbarung eingehen" gleich Eins wird so interpretiert, daß alle in dieser Gesellschaft möglichen Vereinbarungen geschlossen werden; ein Wert im Intervall $(0; 1)$ bedeutet dagegen, daß ein Teil dieser Vereinbarungen abgeschreckt wird; ein Wert von Null besagt eine vollständige Abschreckung (keine Vereinbarung wird geschlossen).

[216] Vgl. Loss et al. (2008, S. 6f.).

[217] Zur *in/out*- bzw. *an/ill*-Entscheidung in dieser Arbeit vgl. Abschnitt 3.2.2.1.

[218] Vgl. die Abschnitte 3.3.2.6 und 3.4.2.5.

[219] Vgl. die Abschnitte 3.2.2.1 und 3.2.2.2.

die Handlungsmöglichkeiten der EU-Kommission bei der Freistellungsentscheidung auf eine binäre Entscheidung.[220]

Daneben legen Loss et al. dem Entscheidungsverhalten der Behörde eine weitere Beschränkung auf: Sie begrenzen die Imperfektion der Behörde bei der Einschätzung der Freistellungsfähigkeit einer Vereinbarung auf diejenigen Fälle, in denen die Wahrscheinlichkeit, eine Vereinbarung für gut zu halten, wenn sie tatsächlich gut ist, exakt der Wahrscheinlichkeit entspricht, eine Vereinbarung für schlecht zu halten, wenn sie tatsächlich schlecht ist. In anderen Worten: Die Wahrscheinlichkeiten, bei der Einschätzung einer Vereinbarung einen Fehler erster oder zweiter Ordnung zu begehen, sind identisch.[221] Mein Ansatz ist insofern allgemeiner, als er alle Möglichkeiten von Fehlerrelationen zuläßt, solange nur sichergestellt ist, daß die Meinung, die durch die Untersuchung des Falls generiert wird, mehr als zufällig mit dem wahren Zustand korreliert ist.[222]

Loss et al. erweitern jedoch den Handlungsspielraum der Behörde an einer anderen Stelle: Während in meinem Modell die Entdeckungs- und Kontrollwahrscheinlichkeiten exogen angenommen werden, sind sie dort modell-endogen, d.h. sie ergeben sich bei der Herleitung der Gleichgewichte.[223] Damit ist es Loss et al. zwar möglich, die Möglichkeit bzw. Unmöglichkeit glaubwürdiger Bindungen von Kartellbehörden in ihr Modell mit einfließen zu lassen,[224] aber bei dieser Herangehensweise zeigt sich auch – wie schon bei der Modellierung der Unternehmensentscheidungen –, daß Loss et al. einen anderen Aspekt der Kartellrechtsdurchsetzung als ich in den Mittelpunkt der Untersuchung gestellt haben. Mit endogenen Interventionswahrscheinlichkeiten und einem Schwerpunkt auf der Unternehmensentscheidung, ob eine Vereinbarung überhaupt geschlossen werden soll, steht in der Analyse beider Rechtsdurchsetzungsinstitutionen

---

[220] Vgl. Loss et al. (2008, S. 5, 8).

[221] Vgl. Loss et al. (2008. S. 4).

[222] Die Behörde verfügt damit über imperfekte, aber positive Beurteilungsfähigkeiten, vgl. Abschnitte 3.2.1.1 und 3.2.4.

[223] Vgl. Loss et al. (2008, S. 5, 8) bzw. Abschnitt 3.2.2.2.

[224] Zur Beeinflussung der Wohlfahrtseffekte durch *credible commitments* vgl. beispielsweise für den Bereich der Fusionskontrolle Besanko/Spulber (1993). In einem anderen Papier entwerfen dieselben Autoren die Idee, daß die Delegation von Rechtsdurchsetzung an eine Behörde für den Gesetzgeber ein Mittel sein könnte, sich glaubwürdig auf eine bestimmte Durchsetzungsstrategie festzulegen, vgl. Besanko/Spulber (1989b, S. 25-27).

der Abschreckungsgedanke im Vordergrund. Meine Arbeit fokussiert statt dessen die Beurteilungsleistung der EU-Kommission – ihre Fähigkeit, gute von schlechten Vereinbarungen zu unterscheiden –, ihr Verhalten, das aus dieser Beurteilungsleistung resultiert, und die Rückwirkung auf den Rechtsgehorsam der Unternehmen.

Ein weiterer wesentlicher Unterschied liegt in der theoretischen Fundierung der Modellierung der Kartellbehörde: Loss et al. betrachten die Kartellbehörde als benevolenten Spieler ohne eigene Zielfunktion, der nur unter Berücksichtigung der resultierenden Wohlfahrtseffekte entscheidet.[225] Demgegenüber entscheidet die EU-Kommission in meinem Modell als aufhebungsaverse Behörde, deren Ziel es ist, Entscheidungen zu treffen, die einer gerichtlichen Überprüfung standhalten. Sie verfolgt damit eigene Ziele, was der Realität angemessener erscheint.[226]

Schließlich bleibt noch anzumerken, daß Loss et al. insofern lediglich eine Partialanalyse betreiben, als in ihrer Arbeit von vornherein bestimmte Gleichgewichte von der Analyse ausgeschlossen werden. Die Herleitung der Gleichgewichte im Legalausnahmesystem wird auf dasjenige beschränkt, das den höchsten sozialen Überschuß generiert.[227] Im Genehmigungssystem werden nur diejenigen Parameterkonstellationen betrachtet, in denen das Genehmigungssystem zu einer höheren Wohlfahrt im Vergleich zum Legalausnahmesystem führt.[228] Abgesehen davon, daß für diese – vor allem im ersten Fall – recht willkürliche Gleichgewichtsselektion keinerlei theoretisch fundierte Begründung geliefert wird,[229] hat sie auch schwerwiegende Implikationen für die Forschungsresultate: Mit dieser Vorgehensweise wird systematisch eine Vielzahl von Parameterkonstellationen ausgeblendet, die die hergeleiteten Ergebnisse womöglich in ihr Gegenteil verkehren könnten. Anders in dieser Arbeit: Die Gleichgewichte im Genehmigungs- wie im Legalausnahmesystem werden für alle

---

[225] Vgl. Loss et al. (2008, S. 4, 9-10, 18).
[226] Zur bürokratietheoretischen Fundierung meiner Modellannahmen vgl. Abschnitt 3.2.1.1.
[227] Vgl. Loss et al. (2008, S. 5).
[228] Vgl. Loss et al. (2008, S. 8).
[229] Es wird nur darauf hingewiesen, daß dies „das Gleichgewicht ist, das die Kartellbehörde wählen würde, wenn sie könnte" (Loss et al. (2008, S. 5), eigene Übersetzung) und daß „das Charakterisieren und Vergleichen aller Gleichgewichte dieses Spiels mühsam" sei (Loss et al. (2008, S. 8), eigene Übersetzung).

denkbaren Parameterkonstellationen theoretisch hergeleitet.[230] Außerdem erlaubt es die im Anschluß daran ausgeführte Simulation, einen generellen Vergleich der beiden Rechtsdurchsetzungsinstitutionen unter Berücksichtigung sämtlicher Gleichgewichte durchzuführen.[231]

---

[230] Vgl. die Abschnitte 3.3.2.6 und 3.4.2.5.
[231] Vgl. Abschnitt 4.3.

Kapitel 3

Spieltheoretische Analyse

Nachdem im vorhergehenden Kapitel die rechtlichen Grundlagen dieser Arbeit dargestellt wurden, wird in diesem Kapitel das Modell entwickelt, mit dessen Hilfe die ökonomische Analyse der Modernisierung des europäischen Kartellrechts durchgeführt werden kann. In den Durchführungsverordnungen VO 17/62[1] und VO 1/2003[2] ist festgelegt, wie von Seiten der EU-Kommission auf vermutete Kartellrechtsverstöße zu reagieren ist und wie Unternehmen, die eine wettbewerbsbeschränkende Vereinbarung schließen wollen, vorzugehen haben, wenn sie ihre Vereinbarung vom Kartellverbot freistellen lassen wollen.[3] Die Durchführungsverordnungen regeln demnach die Interaktion zwischen der EU-Kommission als oberster Kartellbehörde und den Unternehmen als potentiellen Kartellanten. Um eine solche Interaktion zwischen zwei Akteuren als „Mehr-Personen-Entscheidungsproblem"[4] zu analysieren und Voraussagen darüber zu treffen, wie sich die Akteure in aller Regel verhalten werden, ist die Spieltheorie ein geeignetes Instrument. Ein spieltheoretischen Modell abstrahiert im notwendigen Ausmaß vom Untersuchungsgegenstand und bildet die wesentlichen Merkmale als Spiel ab. Dabei definiert ein Spiel die handelnden Akteure (die Spieler), gibt an, welche Handlungsmöglichkeiten die Spieler während des gesamten Spiels haben (die Strategien), ordnet jeder Strategienkombination eine Auszahlung für jeden Spieler zu und macht Aussa-

---

[1] Vgl. Abschnitt 2.1.2.

[2] Vgl. Abschnitt 2.2.2.

[3] Wegen der Dezentralisierung der Anwendung der Artikel 81 und 82 EG-Vertrag beinhaltet die VO 1/2003 auch Vorschriften für nationale Kartellbehörden und Gerichte. Von der Dezentralisierungsfrage wird in dieser Arbeit jedoch abgesehen, vgl. Abschnitt 3.1.2.

[4] Gibbons (1992, S. xi), eigene Übersetzung.

gen über den Informationsstand der Spieler.[5] Bevor diese vier Elemente des spieltheoretischen Modells in Abschnitt 3.2 definiert werden, faßt Abschnitt 3.1 nochmals die wesentlichen Aussagen des Kapitels 2 zusammen und übersetzt sie in ökonomische Terminologie. In den Abschnitten 3.3 und 3.4 werden schließlich die beiden Spiele, die die alternativen Durchführungsverordnungen VO 17/62 und VO 1/2003 repräsentieren, vorgestellt und auf ihre Gleichgewichte untersucht; außerdem werden erste Ergebnisse präsentiert, die sich noch nicht auf den Institutionenvergleich beziehen, sondern nur die Gleichgewichte des jeweiligen Spiels zum Gegenstand haben.

3.1 VO 17/62 und VO 1/2003 als spieltheoretisches Modell

In den folgenden beiden Abschnitten wird gezeigt, wie mit ökonomischen Mitteln ein Beitrag dazu geleistet werden kann zu beurteilen, ob der Übergang von einem Genehmigungssystem zu einem Legalausnahmesystem sinnvoll war. Abschnitt 3.1.1 konkretisiert auf Grundlage der Ziele der EU-Kommission[6] und der an den Reformplänen und deren Umsetzung geäußerten Kritik[7] die Forschungsfrage dieser Arbeit. In Abschnitt 3.1.2 wird präzisiert, wie die beiden Durchführungsverordnungen VO 17/62 und VO 1/2003 in ein spieltheoretisches Modell überführt werden können.

3.1.1 Konkretisierung der Forschungsfrage

In Kapitel 2 wurde herausgearbeitet, daß die EU-Kommission mit der Modernisierung des europäischen Kartellrechts vor allem das Ziel verfolgt, dessen Wirksamkeit zu erhöhen.[8] Gleichzeitig wurde von Kritikern genau dieser Effekt bestritten und statt dessen behauptet, der Übergang zu einem System der Legalausnahme schwäche das Kartellverbot und erleichtere das Betreiben von Hardcore-Kartellen.[9] Allerdings ließ die vorgebrachte Kritik

---

[5] Eine instruktive Einführung in die Notation von spieltheoretischen Modellen bietet Rasmusen (1989, S. 21-27).

[6] Vgl. Abschnitt 2.2.

[7] Vgl. Abschnitt 2.3.

[8] Vgl. Abschnitt 2.2.

[9] Vgl. Abschnitt 2.3.1.

eine explizite theoretische Fundierung oder modellmäßige Unterstützung der behaupteten Wirkzusammenhänge vermissen. Zudem wurde das neue Legalausnahmesystem mit seinen Vorzügen und Nachteilen nicht direkt mit der Alternative, dem Genehmigungssystem, verglichen, sondern statt dessen an einem nicht real existierenden besten Weltzustand gemessen.[10] Dies ist aus Sicht der Neuen Institutionenökonomik verfehlt. Diese Arbeit will diesen Mangel beheben und eine differenziertere, auf einem direkten Institutionenvergleich basierende und vor allem theoriegestützte Antwort auf die Frage geben, welche der beiden Rechtsdurchsetzungsinstitutionen die bessere ist. Zu diesem Zweck muß geklärt werden, was unter „besser" oder „schlechter" verstanden werden soll. Das sowohl von der EU-Kommission als auch von den Reformkritikern akzeptierte Bewertungskriterium *Wirksamkeit* muß dabei so präzisiert werden, daß es in ein spieltheoretisches Modell integriert werden kann. In dieser Arbeit wird diejenige Institution als wirksamer betrachtet, die zweierlei Kriterien erfüllt: Zum einen muß sie zu höherem Rechtsgehorsam seitens der Unternehmen führen; zum anderen muß sie weniger Fehler bei der Beurteilung der Freistellungsfähigkeit von Vereinbarungen verursachen. Diese beiden Kriterien werden in den folgenden Abschnitten 3.1.1.1 und 3.1.1.2 näher beleuchtet.

3.1.1.1 Rechtsgehorsam: das Complianceniveau

Stellt man sich Rechtsgehorsam als binäre Variable vor, deren eine Ausprägung Erfüllung der rechtlichen Vorschriften bedeutet, so muß die andere Ausprägung Nicht-Erfüllung der rechtlichen Vorschriften lauten. Der schlimmste Fall dieser Nichterfüllung ist mit Sicherheit das sogenannte Hardcore-Kartell. Das Bundeskartellamt führt auf seinen Internetseiten folgendes zu Hardcore-Kartellen aus:

> *„Hardcore-Kartelle sind schwerwiegende Wettbewerbsbeschränkungen. Sie wirken sich für die Verbraucher grundsätzlich preistreibend aus und sind deshalb in hohem Maße wirtschafts- und sozialschädlich. Darüber hinaus behindern sie die freie wirtschaftliche Betätigung. Zu den*

---

[10] Vgl. zur sog. Nirvana-Fallacy auch die entsprechenden Ausführungen in Abschnitt 2.3.

Hardcore-Kartellen gehören insbesondere Absprachen zwischen Unternehmen über die Festsetzung von Preisen oder Absatzquoten sowie über die Aufteilung von Märkten."[11]

Hardcore-Kartelle sind also Vereinbarungen, die unter keinen Umständen freistellungsfähig sind. Gesteht man der potentiell kartellierenden Gruppe von Unternehmen zu, daß sie in Kenntnis des Artikel 81(3) EG-Vertrag in der Lage ist, eine Vereinbarung so auszugestalten, daß sie die Freistellungsvoraussetzungen erfüllt, so steht die Gruppe vor der diskreten Entscheidung, eine *gute*, weil gesetzeskonforme Vereinbarung zu schließen oder eine *schlechte* im Sinne einer nicht gesetzeskonformen Vereinbarung. Die Wahrscheinlichkeit, mit der die Firmengruppe sich für die gute Vereinbarung entscheidet, wird in dieser Arbeit mit *Complianceniveau* bezeichnet.[12] Damit ist der Rechtsgehorsam in meinem Modell auf die Dimension *Wahl der Freistellungsfähigkeit* beschränkt, obwohl es durchaus denkbar ist, Rechtsgehorsam auch weiter zu fassen. So könnte man ebenfalls an eine Dimension *Anmeldewahrscheinlichkeit* denken, da auch mit der Anmeldung eine Rechtsnorm befolgt wird. Allerdings wäre ein solches Kriterium für einen Institutionenvergleich, wie er hier angestrebt ist, wenig aussagefähig, da die Anmeldung nur im Genehmigungssystem vorgesehen ist und somit bezüglich dieser Dimension kein Vergleich mit dem Legalausnahmesystem vorgenommen werden kann.

Dennoch wird in der in Abschnitt 4.3 durchgeführten Simulation, die auf den Gleichgewichtsberechnungen der Abschnitte 3.3 und 3.4 beruht, auch die relative Häufigkeit von Anmeldungen im Genehmigungssystem berechnet. In Verbindung mit dem Complianceniveau nach nicht erfolgter Anmeldung lassen sich daraus durchaus Indizien für die Wirksamkeit des Genehmigungssystems ablesen: Wenn die simulierte Anmelderate gegen Null geht, das Complianceniveau bei unangemeldet geschlossenen Vereinbarungen jedoch niedrig ist, kann man nicht von einem leistungsfähi-

---

[11] Vgl. Bundeskartellamt (o.J.).

[12] Das Complianceniveau kann in Form der Verhaltensstrategien γ^* und δ^* (vgl. zu deren Definition Abschnitt 3.2.2.1) direkt aus den Gleichgewichten der Spiele abgelesen werden. Diese werden in den Abschnitten 3.3.2.6 und 3.4.2.5 bestimmt. Eine systematische Übersicht über die Complianceniveaus in den beiden Spielen findet sich in den Abschnitten 3.3.3.1 und 3.4.3.1.

gen Genehmigungssystem sprechen, wie dies die Reformkritiker getan haben.[13]

3.1.1.2 Fehleranfälligkeit: die Fehlerwahrscheinlichkeiten

Das zweite Kriterium zur Beurteilung der Wirksamkeit der Rechtsdurchsetzungsinstitutionen ist ihre Fehleranfälligkeit. Nur wenn hinreichend trennscharf zwischen guten und schlechten Vereinbarungen unterschieden werden kann, also nur, wenn sichergestellt ist, daß mit hinreichender Genauigkeit die guten Vereinbarungen erlaubt und die schlechten verboten werden, kann überhaupt von Wirksamkeit der Rechtsdurchsetzung gesprochen werden. Wie bei jeder binären Entscheidung können auch hier zwei Arten von Fehlern auftreten: Gute Vereinbarungen können fälschlich verboten und die beteiligten Unternehmen womöglich noch mit einer Geldbuße belegt werden, und schlechte Vereinbarungen können irrtümlich vom Kartellverbot freigestellt oder gar nicht erst überprüft werden. Ersteres wird in dieser Arbeit als Fehler erster Ordnung oder auch Type-I-Error bezeichnet, letzteres als Fehler zweiter Ordnung oder auch Type-II-Error. Eine Kartellrechtsdurchsetzungsinstitution ist demnach effektiv, wenn sie Fehler erster und zweiter Ordnung vermeidet. Oder komparativ formuliert: Eine Institution ist dann wirksamer als die andere, wenn sie weniger Fehler erster und zweiter Ordnung verursacht. Ein geeignetes Maß, die Wirksamkeit zu messen, sind daher die institutionenspezifischen Fehlerwahrscheinlichkeiten. Unter institutionenspezifischen Fehlerwahrscheinlichkeiten werden diejenigen Fehlerwahrscheinlichkeiten verstanden, die systematisch entstehen, die also in der Natur der Institution begründet liegen.[14]

Sind die Fehlerwahrscheinlichkeiten bekannt, können prinzipiell auch die durch eine Institution hervorgerufenen erwarteten Fehlerkosten bestimmt werden. Sie setzten sich zusammen aus den tatsächlich anfallenden Kosten für einen Fehler erster und zweiter Ordnung und deren jeweiligen Eintrittswahrscheinlichkeiten. Mit Kosten von C_i für den Fehler i-ter

---

[13] Die konkreten Ergebnisse der Simulation werden in Abschnitt 4.3 präsentiert. Zur behaupteten Überlegenheit des Genehmigungssystems über das Legalausnahmesystem vgl. Abschnitt 2.3.1.

[14] Die Fehlerwahrscheinlichkeiten p_I und p_{II} werden in den Abschnitten 3.3.3.2 und 3.4.3.2 berechnet.

Ordnung und einer Fehlerwahrscheinlichkeit von p_i ergeben sich erwartete Fehlerkosten in Höhe von $EC_i = p_i \cdot C_i$.[15] Dabei ist es durchaus vernünftig anzunehmen, daß die absoluten Kosten der Fehler nicht identisch sind. Die Kosten eines Fehlers erster Ordnung bestehen in dem in dieser Arbeit nicht näher bezifferten Wohlfahrtsverlust, der dadurch entsteht, daß Vereinbarungen, die gemäß Artikel 81(3) EG-Vertrag erlaubt werden sollten, verboten werden. Die Kosten eines Fehlers zweiter Ordnung dagegen sind der ebenfalls nicht näher bestimmte Wohlfahrtsverlust, der durch die Wettbewerbsbeschränkung einer Vereinbarung entsteht, die eigentlich nicht hätte freigestellt werden dürfen.[16] Daß beide Kosten denselben Umfang haben, dürfte nur in Ausnahmen der Fall sein. Es ist jedoch nicht trivial, solche Wohlfahrtsverluste zu messen oder auch nur zu schätzen. Aus diesem Grund bietet es sich an, statt auf die erwarteten Fehlerkosten auf die Fehlerwahrscheinlichkeiten zurückzugreifen.

3.1.2 Übersetzung der rechtlichen Grundlagen in ökonomische Terminologie

Nachdem im vorangegangenen Abschnitt 3.1.1 definiert wurde, was in dieser Arbeit unter der Wirksamkeit einer Rechtsdurchsetzungsinstitution verstanden wird, muß nun geklärt werden, wie die alternativen Institutionen in einem spieltheoretischen Modell abgebildet werden können. Die in den Abschnitten 2.1.2 und 2.2.2 dargestellten kartellrechtlichen Regelungen sind jedoch zu umfassend, um sie als Ganzes modellmäßig erfassen zu können. Eine vollständige Aufnahme sämtlicher Vorschriften in das Modell käme einer Landkarte im Maßstab 1 : 1 gleich. Doch es ist offensichtlich, daß eine solche Karte dem Wanderer nicht besonders nützlich, sondern eher hinderlich wäre. Deswegen müssen statt dessen die wesentlichen Merkmale der beiden zu vergleichenden Rechtsdurchsetzungsinstitutionen herausgefiltert werden.

Die VO 17/62 ist ein System der behördlichen Ex-ante-Kontrolle, das aber auch Elemente einer Ex-post-Kontrolle aufweist. Vereinbarungen müssen zwar bei der EU-Kommission angemeldet und genehmigt werden

---

[15] E ist der Erwartungsoperator.

[16] Die Wohlfahrtseffekte werden in dieser Arbeit zwar nicht explizit bestimmt; die zugrundeliegende Systematik wird jedoch in Abschnitt 3.2.1.2 erläutert.

(Ex-ante-Kontrolle), gleichzeitig ist dieses Gebot jedoch Gegenstand einer Mißbrauchsaufsicht (Ex-post-Kontrolle): Nicht angemeldete Vereinbarungen werden bei Entdeckung untersagt, und die Unternehmen mit einer Geldbuße belegt. Die VO 1/2003 ist dagegen ein reines Ex-post-System. Die Unternehmen entscheiden selbst, ob ihre Vereinbarung die Freistellungsvoraussetzungen des Artikel 81(3) EG-Vertrag erfüllt. Nur wenn diese Entscheidungsfreiheit mißbräuchlich ausgenutzt wird, wird die EU-Kommission, eine nationale Kartellbehörde oder ein nationales Gericht tätig.

Der Fokus dieser Arbeit liegt auf diesem Systemwechsel in der Durchsetzung des europäischen Kartellrechts, weil er eine fundamentale und die wohl am schärfsten diskutierte Neuerung der VO 1/2003 darstellt. Die Reformkritiker rezepierten den Übergang zur Legalausnahme als bedenklichen Paradigmenwechsel.[17] Diese bloße Begrifflichkeit genügte dem Gros der (zumeist der juristischen Profession angehörenden) Kritiker, daraus direkt die Unterlegenheit des Legalausnahmesystems zu folgern. In dieser Arbeit muß und wird jedoch gefragt werden, ob eine solche Behauptung durch eine ökonomische Analyse gestützt werden kann. Dies geschieht in den folgenden Abschnitten 3.3 und 3.4 mit Hilfe eines spieltheoretischen Modells. Es gehört zur Methodik der Spieltheorie, möglichst einfache Modelle zu erzeugen, um daraus dennoch grundlegende Einsichten zu generieren.[18] Allein schon aus diesem Grund muß eine Reihe anderer Aspekte, die sicher eine gesonderte Untersuchung in künftigen Forschungsprojekten wert sind, unberücksichtigt bleiben. So haben weder die Dezentralisierung der Anwendung des Artikel 81 EG-Vertrag noch die Verstärkung der nacherigen Kontrolle Eingang in die Modellierung gefunden. Ziel der Analyse ist es vielmehr zu beurteilen, inwiefern die Einführung der Legalausnahme die Wirksamkeit der Durchsetzung des Kartellverbotes beeinträchtigt. Aus dieser Vereinfachung ergibt sich auch die Beschränkung auf zwei Entscheidungsträger, also Spieler, im Modell: die EU-Kommission einerseits und die Gruppe von Unternehmen, die vor der Entscheidung steht, eine wettbewerbsbeschränkende Vereinbarung einzugehen, andererseits. Damit bleiben zwei andere potentiell Beteiligte außen vor: Weder Dritte als potentielle Kläger gegen Kommissionsentscheidungen oder Beschwerdeführer noch der Europäische Gerichtshof als Berufungsinstanz für Kommis-

---

[17] Vgl. Abschnitt 2.3.1.
[18] Vgl. zur spieltheoretischen Methode beispielsweise Rasmusen (1998, S. 14-16).

sionsentscheidungen werden in dieser Arbeit als Spieler modelliert. Statt dessen wird ihr Verhalten durch exogen gegebene Wahrscheinlichkeiten im Modell abgebildet.

In Abbildung 3.1 sind die beiden Durchsetzungsinstitutionen in vereinfachter Form einander gegenübergestellt. Im linken Teil der Abbildung ist das Genehmigungssystem skizziert, im rechten Teil das Legalausnahmesystem. Anhand der schematischen Darstellung ist deutlich zu erkennen, worin die wesentlichen Unterschiede und Gemeinsamkeiten der beiden Systeme bestehen.

*Abbildung 3.1: Die Freistellung vom Kartellverbot unter VO 17/62 (links)
und unter VO 1/2003 (rechts)*

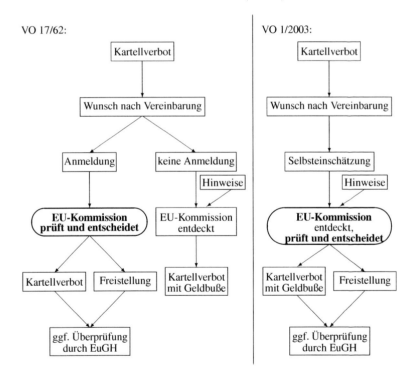

In beiden Institutionen sehen sich die Unternehmen einem Kartellverbot gegenüber. Will eine Gruppe von Unternehmen dennoch eine Vereinbarung schließen, gilt im Genehmigungssystem die Anmeldepflicht. Melden die Unternehmen die Vereinbarung an, dargestellt durch den linken Ast, hat die EU-Kommission aufgrund der Anmeldeunterlagen und gegebenenfalls eigener Nachprüfungen zu entscheiden, ob die Vereinbarung gemäß Artikel 81(3) EG-Vertrag freigestellt werden kann oder nicht. Bei erfolgter Freistellung kann die Vereinbarung durchgeführt werden; im anderen Fall gilt weiterhin das Kartellverbot. Gegen beide Entscheidungen kann vor dem EuGH Widerspruch eingelegt werden. Die Unternehmen können sich aber auch dafür entscheiden, die Vereinbarung nicht anzumelden und sie dennoch durchzuführen. Dieses Verhalten ist zwar illegal, aber deswegen nicht unmöglich. Die Unternehmen wählen dann den rechten Ast in der Abbildung. Erlangt die EU-Kommission Hinweise, daß eine Vereinbarung unangemeldet geschlossen wurde, und stellt sie fest, daß es sich tatsächlich um eine gemäß Artikel 81(1) EG-Vertrag verbotene Vereinbarung handelt, wird diese ohne weitere Prüfung verboten und den beteiligten Unternehmen eine Geldbuße auferlegt. Eine Freistellung nach Artikel 81(3) EG-Vertrag ist in diesem Fall nicht möglich.[19]

Im Legalausnahmesystem dagegen gibt es keine Verpflichtung zur Anmeldung von wettbewerbsbeschränkenden Vereinbarungen. Möchte eine Gruppe von Unternehmen eine solche Vereinbarung schließen, genügt es, daß die Unternehmen eine Selbsteinschätzung darüber durchführen, ob ihre Vereinbarung die Ausnahmetatbestände des Artikel 81(3) EG-Vertrag erfüllt. Die Vereinbarung ist dann ohne weitere formelle Entscheidung vom Kartellverbot freigestellt. Allerdings kann auch hier die EU-Kommission entsprechenden Hinweisen nachgehen und die Rechtmäßigkeit der Vereinbarung überprüfen. Kommt sie zu dem Schluß, daß Artikel 81(3) nicht erfüllt ist, verbietet sie die Vereinbarung und belegt die betroffenen Unternehmen mit einer Geldbuße. Anderenfalls gilt die Vereinbarung ohne gesonderte Kommissionsentscheidung weiterhin als freigestellt. Auch im Legalausnahmesystem kann gegen beide Kommissionsentscheidungen (das

---

[19] Grundsätzlich könnten die betroffenen Unternehmen auch gegen eine solche Verbotsentscheidung der EU-Kommission klagen (Art. 17 VO 17/62), vgl. hierzu auch Abschnitt 2.1.2. Da in dieser Arbeit jedoch angenommen wird, daß die EU-Kommission bei der Beurteilung der Frage, *ob* eine Vereinbarung *vorliegt*, niemals irrt, vgl. dazu die Abschnitte 3.2.1.1 und 3.2.2.2, und somit das EuGeI niemals zu einer anderslautenden Einschätzung käme, wird auf die explizite Modellierung der Klagemöglichkeit nach Aufdeckung eines ohne Anmeldung illegal geschlossenen Kartells verzichtet.

Verbot und das nicht ausgesprochene Verbot) vor dem EuGH geklagt werden.

Vergleicht man die schematischen Darstellungen der beiden Rechtsdurchsetzungsinstitutionen in Abbildung 3.1 miteinander, so wird zunächst deutlich, daß die grundlegende Handlungsstruktur in beiden Systemen identisch ist: Eine Gruppe von Unternehmen möchte trotz Kartellverbot eine wettbewerbsbeschränkende Vereinbarung schließen. Diese kann sie so gestalten, daß sie freistellungsfähig ist, was von der EU-Kommission ex ante oder ex post überprüft wird, und schließlich kontrolliert – im Klagefall – das Gericht Erster Instanz des EuGH die Kommissionsentscheidung. Die Hauptaufgabe der EU-Kommission in beiden Institutionen liegt demnach darin, die Freistellungsfähigkeit einer Vereinbarung zu beurteilen: im Genehmigungssystem ex ante aufgrund des Anmeldeantrags, im Legalausnahmesystem ex post aufgrund vorliegender Marktdaten; in der Abbildung dargestellt durch die Kästen mit den abgerundeten Ecken.[20] In beiden Systemen steht die EU-Kommission jedoch auch vor dem Problem, Vereinbarungen entdecken zu müssen, da gerade die schädlichen, nicht-freistellungsfähigen Vereinbarungen, worunter als Extremfall die sog. Hardcore-Kartelle fallen, wohl eher im Verborgenen geschlossen werden. Während sie im Genehmigungssystem nach unangemeldet durchgeführten Vereinbarungen fahndet, muß sie im Legalausnahmesystem im Prinzip sämtliche Vereinbarungen einer Mißbrauchskontrolle unterziehen. Die Frage der Aufdeckung von Kartellen soll in meiner Arbeit jedoch eine untergeordnete Rolle spielen; der Fokus liegt statt dessen auf der gerade angesprochenen Beurteilungsleistung der EU-Kommission. Auch der Frage, woher die EU-Kommission ihre Hinweise erhält, wird in dieser Arbeit nicht weiter nachgegangen. Für die Modellierung soll ausreichend sein anzunehmen, daß die EU-Kommission in beiden Rechtsdurchsetzungsinstitutionen Vereinbarungen mit einer bestimmten, exogen gegebenen Wahrscheinlichkeit entdeckt.[21]

Nachdem die Gemeinsamkeiten der beiden Institutionen festgehalten wurden, muß ein Blick auf die wesentlichen Unterschiede geworfen werden: Im Legalausnahmesystem kann sich eine Gruppe von Unternehmen

---

[20] Die grundlegenden Verhaltensannahmen der Spieler (EU-Kommission und Firmengruppe) werden in den Abschnitten 3.2.1.1 und 3.2.1.2 konkretisiert.

[21] Eine formale Definition der Aufdeckungswahrscheinlichkeit für beide Spielvarianten findet sich in Abschnitt 3.2.2.2.

nur für oder gegen eine gemeinsame Vereinbarung entscheiden. Im Genehmigungssystem treten anstelle der Pro-Entscheidung die Optionen, die Vereinbarung anzumelden oder unangemeldet und somit illegal zu betreiben.[22] Der zweite Unterschied betrifft die Auszahlungsstruktur für die Unternehmen. Die VO 17/62 sieht Geldbußen nur für illegale, also unangemeldet durchgeführte Vereinbarungen vor, unabhängig von ihrer Freistellungsfähigkeit, während in der VO 1/2003 geregelt ist, daß einzig nicht-freistellungsfähige Vereinbarungen mit einer Geldbuße belegt werden dürfen.[23] Schließlich ist der in beiden Spielen stattfindende Diagnoseprozeß unterschiedlich zu interpretieren: Im Genehmigungsspiel muß die EU-Kommission aufgrund der eingereichten Anmeldeunterlagen eine Prognose erstellen, ob das angekündigte Verhalten der Firmen die Freistellungsvoraussetzungen erfüllt. Im Legalausnahmespiel dagegen kann sie zur Beurteilung der Freistellungsfähigkeit der Vereinbarung Marktdaten heranziehen, da die Vereinbarung ja nicht nur auf dem Papier besteht, sondern bereits durchgeführt wird.[24]

3.2 Die Elemente des Spiels

Wie in Abschnitt 3.1.2 bereits ausgeführt weisen die beiden Rechtsdurchsetzungsinstitutionen VO 17/62 und VO 1/2003 in ihrer schematisierten Form eine sehr ähnliche grundlegende Handlungsstruktur auf. Aus diesem Grund ist es möglich, die beiden Institutionen als zwei Varianten ein- und desselben Spiels zu modellieren. Die Unterschiede in den beiden Spielvarianten liegen lediglich darin, daß die Variante, die das Genehmigungssystem abbildet (das *Genehmigungsspiel*), über ein zusätzliches Teilspiel verfügt und den kartellierenden Unternehmen andere Auszahlungen zuweist als die Spielvariante, die das Legalausnahmesystem repräsentiert (das *Legalausnahmespiel*).[25] In den folgenden vier Abschnitten werden

---

[22] Die formale Definition der möglichen Aktionen der Firmengruppe erfolgt in Abschnitt 3.2.2.1.

[23] Die konkrete Auszahlungsstruktur der Firmengruppe wird in Abschnitt 3.2.3.2 bestimmt.

[24] Eine ausführliche Erläuterung des Diagnoseprozesses erfolgt in Abschnitt 3.2.4.

[25] Man könnte auch sagen, daß die beiden Spielvarianten abgesehen vom zusätzlichen Teilspiel über dieselbe Spielform verfügen. Die Spielform entspricht dem Spielbaum eines Spiels ohne Auszahlungen.

die Annahmen des Modells konkretisiert, indem die Spieler, ihre Strategien, ihre Auszahlungen und die Informationsannahmen definiert werden. Dabei wird an den entsprechenden Stellen darauf hingewiesen, wenn bestimmte Annahmen nur für eine der beiden Modellvarianten gelten.

3.2.1 Die Spieler

Zunächst werden die involvierten Akteure beschrieben. Dabei gilt es insbesondere die folgenden Fragen zu klären: Welche Ziele verfolgt die EU-Kommission? Welcher Mittel bedient sie sich dabei und über welche Fähigkeiten verfügt sie? Welche Ziele verfolgen die Firmen? Wie agieren sie? Abschnitt 3.2.1.1 charakterisiert die EU-Kommission als aufhebungsaverse Behörde mit imperfektem Entscheidungsverhalten, während Abschnitt 3.2.1.2 die Gruppe von Unternehmen, die eine wettbewerbsbeschränkende Vereinbarung schließen wollen, als rationale Gewinnmaximierer vorstellt.

3.2.1.1 Die EU-Kommission als aufhebungsaverse Behörde mit imperfektem Entscheidungsverhalten

Die EU-Kommission ist das Gremium, das mit der Rechtsanwendung innerhalb der Europäischen Union betraut ist. Derzeit setzt sie sich aus 27 Mitgliedern aus den einzelnen EU-Mitgliedstaaten zusammen.[26] Jeder EU-Kommissar steht einer – in einigen Fällen sogar mehreren – Generaldirektionen vor, die jeweils von einem Generaldirektor geleitet wird und in ihren Fachabteilungen über z.T. recht umfangreiches Personal verfügt.[27] Mit dem europäischen Kartellrecht ist die Generaldirektion Wettbewerb befaßt. Von den behördlichen Strukturen wird in dieser Arbeit insofern abstrahiert, als Entscheidungsfindungsprozesse innerhalb der Behördenhierarchien vernachlässigt werden, die EU-Kommission also als *Unitary Actor*

---

[26] Eine ausführliche Beschreibung der Zusammensetzung sowie der Aufgaben und Arbeitsweise der EU-Kommission findet sich beispielsweise in Bieber/Epiney/Haag (2006, S. 126-130).

[27] Auf den Seiten der EU-Kommission im Internet können Organigramme für fast alle Generaldirektionen (URL: http://ec.europa.eu/dgs_de.htm, Stand 2. Mai 2008) und eine Liste der aktuellen EU-Kommissare (URL: http://ec.europa.eu/commission_barroso/index_de.htm, Stand 2. Mai 2008) eingesehen werden.

betrachtet wird. Eine solche Modellierung der Kommission als ein einheitlicher Entscheider erlaubt es, sich auf die interessante Interaktion zwischen Kartellbehörde und kartellierenden Firmen zu konzentrieren, ohne von Fragen der kollektiven Meinungsbildung abgelenkt zu werden.

Statt dessen haben zwei andere, aber wesentliche Aspekte behördlichen Verhaltens Eingang in die Modellierung gefunden: die Tatsache, daß Behörden in ihren Entscheidungen irren können, und die Frage nach den Anreizen, richtig zu entscheiden. Denn man sollte grundsätzlich, wenn man das Verhalten einer Behörde untersucht, zwischen dem *Können* und dem *Wollen* derselben unterscheiden. Das Können ergibt sich aus den spezifischen Fähigkeiten der untersuchten Instanz, das Wollen jedoch hängt von den jeweiligen Präferenzen und Zielen ab und läßt sich nur durch ein geeignetes Anreizsystem beeinflussen. Es ist hier demnach zunächst zu klären, was die Kommission kann, und dann, welche Ziele sie verfolgt.

Das Können der Behörde: imperfektes Entscheidungsverhalten

Was die Fähigkeiten (das *Können*) der Behörde angeht, freistellungsfähige von nicht-freistellungsfähigen Vereinbarungen zu unterscheiden, wird in dieser Arbeit auf die *Theorie imperfekter Entscheidung* in der Tradition *Ronald Heiners* zurückgegriffen. Heiner hat sich in einer Reihe von Arbeiten mit der Imperfektion menschlichen Entscheidungsverhaltens beschäftigt und damit den Grundstein für eine *ökonomische Diagnosetheorie* gelegt.[28] Basierend auf einfachen Signalerkennungsexperimenten, wie sie auch aus der psychologischen Forschung bekannt sind, zeigt er, daß es in einer komplexen Umwelt lohnend sein kann, Information nicht zu nutzen, sondern statt dessen einer vorab festgelegten Regel zu folgen. Er erklärt damit regelgebundenes Verhalten als Mittel zur Komplexitätsreduktion und geht so einen Schritt weiter als die Vertreter der klassischen Diagnosetheorie, weil er explizit die Anreize des Probanden, wahrheitsgemäß auf ein empfangenes Signal zu reagieren, in seine Überlegungen miteinbezieht.[29]

---

[28] Grundlegend sind die Arbeiten Heiner (1983), Heiner (1986) sowie Heiner (1990).
[29] Eine ausführliche Beschreibung der Arbeiten Heiners, z.T. mit zahlreichen Verweisen zur psychologischen Diagnosetheorie findet sich u.a. bei Kirstein (1999, S. 59-65), Hafner (2000, S. 60-65) oder Bier (2002, S. 54-59).

Das in dieser Arbeit aufgestellte Modell verwendet die Weiterentwicklung der Heinerschen Gedanken durch Kirstein (1999), nämlich die konsequente Zurückführung der Signalreaktion auf das Maximierungskalkül des imperfekten Entscheiders.[30] Kirstein (1999) betrachtet einen benevolenten Richter, der über die Rechtmäßigkeit einer Klage zu entscheiden hat. Dabei kennt er den wahren Zustand der Klage nicht, hat jedoch eine a-priori-Einschätzung darüber, ob die Klage legitim oder opportunistisch ist. Durch die Untersuchung des Falls erhält der Richter ein Signal, das perfekt mit dem wahren Zustand der Klage korreliert ist, das der Richter aber nur imperfekt empfangen und/oder verarbeiten kann. So kommt er zu einem Diagnoseergebnis, das nur imperfekt mit dem wahren Klagezustand korreliert ist. Wie gut das Diagnoseergbnis des Richters ist, kann mit den Parametern ρ und φ beschrieben werden, die Kirstein als *richterliche Unterscheidungsfähigkeit* bezeichnet.[31] Mit ρ wird dabei die Wahrscheinlichkeit ausgedrückt, bei einer tatsächlich legitimen Klage zum gleichlautenden Diagnoseergebnis zu gelangen, während φ die Wahrscheinlichkeit ist, zu einem solchen Ergebnis zu gelangen, obwohl die Klage in Wahrheit opportunistisch ist. Im Kirsteinschen Modell kann der Richter durch die Untersuchung des Falls seine A-Priori-Einschätzung in eine bessere A-Posteriori-Einschätzung überführen und so sein Risiko vermindern, einen Fehler zu begehen. Wie der Richter letztendlich entscheidet, ist jedoch nicht nur von seiner Unterscheidungsfähigkeit abhängig, sondern auch von den Konsequenzen, die eine positive oder abschlägige Entscheidung für ihn hat. Mit diesem Gedanken greift Kirstein die grundlegende Idee Heiners wieder auf: Nur wenn es sich für den Richter lohnt, seinem Diagnoseergebnis zu folgen, wird er auch eine entsprechende Entscheidung fällen. In allen anderen Fällen wird er eine von seinem Diagnoseergebnis unabhängige Entscheidung bevorzugen.[32]

---

[30] Die vorliegende Arbeit ist nicht die erste, die die Kirsteinsche Arbeit im Behörden-Kontext anwendet. Hafner (2000) beschäftigt sich mit der Genehmigung von Bauvorhaben, während Bier (2002) die Regulierung des Zugangs zum Stromnetz untersucht und Kallenbrunnen (2007) das Phänomen Public Private Partnership analysiert.

[31] Eine ausführliche Herleitung dieser Parameter ρ und φ mit einer Anpassung auf die Fragestellung meiner Arbeit erfolgt in Abschnitt 3.2.4. An dieser Stelle gilt es nur, den Grundgedanken zu erläutern.

[32] Vgl. Kirstein (1999, S. 65-72) oder die instruktive Zusammenfassung in Hafner (2000, S. 65-71). Kirstein (1999) beschränkt die Analyse des Richterverhaltens dann allerdings auf den Spezialfall reiner Strategien; ein allgemeineres Vorgehen unter Ver-

Für die Modellierung der EU-Kommission als imperfekte entscheidende Behörde ist Kirsteins Kategorisierung der Unterscheidungsfähigkeit zentral:[33]

– Mit $\rho = 1$ und $\varphi = 0$ verfügt ein Entscheider über perfekte Unterscheidungsfähigkeit; mit anderen Worten, er begeht bei seiner Diagnose keine Fehler.

– Mit $\rho = \varphi$ ist das Gegenteil der Fall; der Entscheider kann nicht besser als rein zufällig zwischen zwei Weltzuständen unterscheiden, er hat keine Unterscheidungsfähigkeit.

– Mit $0 < \varphi < \rho < 1$ ist ein Entscheider charakterisiert, der besser als rein zufällig zwischen zwei Weltzuständen unterscheiden kann, dabei jedoch Fehler erster und zweiter Ordnung begeht. Er verfügt über eine positive, aber imperfekte Unterscheidungsfähigkeit.[34]

Die EU-Kommission verfügt in meinem Modell über positive, aber imperfekte Unterscheidungsfähigkeit im oben definierten Sinn. Sie kann besser als rein zufällig zwischen Vereinbarungen unterscheiden, die die Freistellungsvoraussetzungen des Artikel 81(3) EG-Vertrag erfüllen, und solchen, die es nicht tun. Weil die EU-Kommission bei ihrer Entscheidung die Freistellungsfähigkeit einer Vereinbarung zu *beurteilen* hat, verwende ich statt des Ausdrucks Unterscheidungsfähigkeit die Begriffe *Beurteilungsfähigkeit* oder *Assessment-Skills*.

Das Wollen der Behörde: Aufhebungsaversion

Ist die Frage nach dem *Können* der EU-Kommission geklärt, schließt sich unmittelbar die Frage nach dem *Wollen* einer Behörde an. Es wäre si-

wendung von Verhaltensstrategien, wie es auch in dieser Arbeit gewählt wurde (vgl. Abschnitte 3.2.2.1 und 3.2.2.2), findet sich in Kirstein (2005).

[33] Vgl. Kirstein (1999, S. 68).

[34] Die Darstellung der Unterscheidungsfähigkeit eines Entscheiders als ρ-φ-Tupel ist eng verwandt mit dem Konzept der ROC-Kurven. ROC steht für *receiver operating characteristic*, vgl. Heiner (1986, S. 63). ROC-Kurven ergeben sich aus der beobachteten empirischen Häufigkeit, mit der ein- und derselbe Proband in einer Reihe von Tests Fehler erster und zweiter Ordnung begeht. Für die theoretische Fundierung einer ökonomischen Theorie imperfekter Entscheidungen ist die Beschränkung auf ein gegebenes ρ-φ-Tupel jedoch völlig ausreichend, vgl. ähnlich Kirstein (1999, S. 72).

cherlich zu kurz gedacht anzunehmen, eine Behörde erfülle rückhaltlos
den „Wählerwillen" beziehungsweise den Auftrag, der ihr von der Gesell-
schaft/der Politik gesetzt wurde. Dennoch wurden Regierungen und Behörden lange Zeit als solche *perfekte Agenten* der Bürger gesehen. Zum
Teil wurden auch, vor allem in neoklassischen Arbeiten, Bürokratien nicht
weiter betrachtet. Ziel solcher Modelle ist es, die richtige Intervention für
ein beobachtetes Marktversagen zu finden; die Umsetzung der Intervention
(durch eine Behörde) ist nicht Gegenstand der Analyse.[35]

Auch die internationale Antitrust-Literatur, repräsentiert durch die Vertreter der *Chicago School*[36] auf der einen und der *Harvard School*[37] auf
der anderen Seite des wissenschaftlichen Spektrums, klammert *Public-
Choice*-Aspekte der kartellrechtlichen Interventionspolitik häufig aus.[38] Es
wird unterstellt, daß Regierungsangestellte den erteilten Interventionsauftrag korrekt umsetzen. Als Grund für staatliche Intervention wird dabei angeführt, der Markt stelle nicht die richtigen Anreizmechanismen bereit, um
effiziente Ergebnisse generieren zu können. Gleichzeitig wird jedoch offenbar übersehen, daß durchaus die Möglichkeit besteht, daß Institutionen
zur Behebung des Marktversagens an demselben Mangel leiden und deswegen bei der Umsetzung Friktionen auftreten können. Denn es ist nicht
einsichtig, warum gerade Mitarbeiter einer Kartellbehörde selbstlos dem
Gemeinwohl verpflichtet sein und keine eigenen Interessen verfolgen sollten.[39]

---

[35] Vgl. hierzu auch Schweizer (1993, S. 210-213).

[36] Der Begriff *Chicago School* bezeichnet eine wirtschaftliche Denkrichtung in der
Tradition der neoklassischen Theorie, die für die freie Marktwirtschaft eintritt und
wirtschaftspolitischen Interventionen mit großer Skepsis gegenübertritt. Bedeutend-
ste Vertreter dieser Schule sind George Stigler und Milton Friedman. Was den
Chicago-Ökonomen von anderen Ökonomen unterscheidet, hat Miller (1962) präg-
nant zusammengefaßt.

[37] Mit *Harvard School* wird ein der *Chicago School* entgegengesetzter Ansatz bezeichnet, der das Struktur-Verhalten-Ergebnis-Paradigma entwickelt hat und staatliche Marktinterventionen weitaus weniger kritisch betrachtet. Eine Gegenüberstellung
von Harvard School und Chicago School findet sich beispielsweise in Van Caysee-
le/Van den Bergh (2000, S. 472-479).

[38] Vgl. McChesney/Shughart II (1995, S. ix).

[39] Vgl. zum Spannungsfeld *Antitrust Economics* vs. *Public Choice* McChes-
ney/Shughart II (1995) und in diesem Sammelband insbesondere De Alessi (1995).

Doch selbst wenn man sich, dem Paradigma des methodologischen Individualismus folgend, auf den Gedanken des (Eigen-)Nutzenmaximierenden Bürokraten einläßt, ist immer noch zu klären, *was* den Nutzen des Bürokraten mehrt. In anderen Worten: Welche Interessen hat er? Welche Ziele verfolgt er? Welche Größen beeinflussen seinen Nutzen? Eine einfache Antwort auf die Frage, welche Zielfunktion die Behörde maximiert, ist die Annahme der *Benevolenz*. Ein solcher benevolenter Agent maximiert die Wohlfahrt einer Gesellschaft und verfolgt darüber hinaus keine eigenen Ziele. Es herrscht demnach Zielidentität zwischen der Gesellschaft und ihrem Agenten, der das gesellschaftliche Ziel der Wohlfahrt umsetzen soll.[40] Wenn man die zu Recht als unrealistisch eingeschätzte Benevolenz-Annahme fallenlassen möchte, bietet die Bürokratietheorie einen reichen Fundus an alternativen Ansätzen, das Verhalten von Behörden auf einen rationalen, nutzenmaximierenden Kalkül zurückzuführen.[41]

Allen bürokratietheoretischen Ansätzen gemeinsam ist, daß sie eigennützige Individuen unterstellen, die ihren diskretionären Handlungsspielraum nutzen, um ihre persönlichen Interessen bestmöglich zu verfolgen. Der wohl bekannteste Ansatz geht auf Niskanen (1971) zurück und präsentiert den Bürokraten als *Budgetmaximierer*. Ein möglichst großes Budget bedient die Ziele des Bürokraten, weil damit oftmals nicht nur ein größeres Einkommen, sondern auch mehr Prestige, größere Entscheidungsspielräume oder aufwendigere Nebenleistungen verbunden sind.[42] Niskanen unterstellt asymmetrische Information zugunsten des Bürokraten. Das dadurch generierte Ergebnis der Niskanenschen Analyse ist, daß in Behörden eine Tendenz zur Überproduktion besteht, weswegen Behörden generell zu groß sind, über ein zu großes Budget verfügen und mehr produzieren, als gesellschaftlich wünschenswert wäre. Im Niskanen-Gleichgewicht herrscht

---

[40] Der benevolente Bürokrat findet sich beispielsweise im Weberschen Bürokratiemodell wieder, vgl. Weber (1922, S. 650-678) oder auch Rosen/Windisch (1992, S. 194).

[41] Ein Überblick über die grundlegenden Theorien findet sich u.a. bei Moe (1997), Mueller (2003, 359-385), Olson (1987), Orzechowski (1977) oder Wintrobe (1997).

[42] Shepsle/Bonchek (1997, S. 347f.) weisen darauf hin, daß die Annahme der Budgetmaximierung auch das Verhalten weniger eigennützig denkender Bürokraten abdeckt: Auch intrinsisch motivierte Bürokraten, die von ihrer Aufgabe überzeugt sind, profitieren von einem größeren Budget, weil sie damit ihre „Mission" (Shepsle/Bonchek (1997, S. 348)) besser erfüllen können.

damit allokative Ineffizienz; das Outputniveau wird allerdings technisch effizient, also mit minimalen Kosten erreicht.[43]

Es ist jedoch fraglich, inwieweit das Verhalten der EU-Kommission als oberster europäischer Kartellbehörde als budgetmaximierend beschrieben werden kann. Zum einen ist eine solche Annahme kontrafaktisch, da das Budget der Kommission nicht – und auch nicht das der Generaldirektion Wettbewerb – an die Anzahl der abgeschlossenen Kartellverfahren oder eine andere Output-Größe gekoppelt ist.[44] Zum anderen ließe sich mit einer solchen Annahme schwerlich der im Weißbuch niedergelegte Reformvorschlag der EU-Kommission erklären. Wie in Kapitel 2 ausführlich dargelegt wurde, verfolgte die Kommission mit der Modernisierung der Anwendung des Artikel 81 u.a. das Ziel, ihre Arbeitsbelastung durch die zahllosen Freistellungsanträge zu reduzieren. Eine solche Flut von Anträgen wäre jedoch gerade ein Grund, die Ausweitung des Budgets zu rechtfertigen. Eine budgetmaximierende Kommission wäre daher schlecht beraten gewesen, ein Reformvorhaben anzustoßen, das auf eine Verminderung ihrer Arbeitsauslastung abzielt.

Auch die Vertragstheorie leistet ihren Beitrag zur Erklärung von Behördenverhalten. Das Verhältnis zwischen Behörde/Bürokrat und Gesellschaft (oftmals repräsentiert durch eine benevolente Regierung) sieht sie als Prinzipal-Agenten-Beziehung an, in der die Gesellschaft (der Prinzipal) die Behörde (den Agenten) mit der Ausführung staatlicher Interventionen betraut. Dabei unterstellt auch sie den Bürokraten eigene Interessen, die in Konflikt mit dem Interventionsauftrag treten können. Erwähnenswert ist

---

[43] Ein kurzer Überblick über das Niskanen-Modell inklusive einiger Variationen findet sich beispielsweise bei Mueller (2003, S. 362-368). Shepsle/Bonchek (1997, S. 353-355) weisen ebenfalls darauf hin, daß innerhalb des Niskanen-Frameworks, das dem Bürokraten erlaubt, die Produktionsmenge in Kenntnis der gesellschaftlichen Zahlungsbereitschaft aus einer Art „Menü" auszuwählen, eine leichte Variation der Annahmen bezüglich der Motivation des Bürokraten ausreicht, um jedes Ergebnis zu generieren: Überproduktion (Budget-Maximierer), Unterproduktion („the quiet life"-Maximierer, Shepsle/Bonchek (1997, S. 354)) und sogar Produktion auf gesellschaftlich optimalem Niveau allerdings zu überhöhten Kosten (Organizational-Slack-Maximierer).

[44] Eine detaillierte Aufschlüsselung des EU-Haushalts findet sich im Internet auf den Seiten der EU-Kommission, URL: http://ec.europa.eu/budget/budget_detail/on_the_ground_de.htm (Stand 2. Mai 2008).

an dieser Stelle ein Beitrag von Schweizer, der sich explizit mit unvollständigen Verträgen als Ursache für Staatsversagen beschäftigt.[45] Schweizer betont, daß bei der Übertragung der Interessen von der Gesellschaft auf die Bürokratie Friktionen entstehen, und begründet dies mit der Informationsasymmetrie zulasten des Prinzipals, deretwegen nur unvollständige Verträge geschrieben werden können. So kann eine gegenüber der idealen Situation einer Interessensübertragung ohne Friktionen nur *zweit-beste Lösung* erreicht werden.[46] Den gesellschaftlichen Wohlfahrtsverlust gegenüber der erst-besten Lösung bezeichnet er als „Transaktionskosten der Regulierung".[47] Schweizer leitet für unterschiedliche Parameterkonstellationen den jeweils optimalen (second-best) Vertrag her und zeigt, daß wegen der mit dem Staatseingriff verbundenen Transaktionskosten unter gewissen Umständen die unregulierte Marktlösung der staatlichen Intervention vorzuziehen ist. Er beweist damit, daß Interessenkonflikte zwischen der Gesellschaft und der ausführenden Behörde ein Grund dafür sein können, daß Eingriffe des Staates zur Behebung von Marktversagen Staatsversagen hervorrufen können.[48] Dem vorweggenommenen Einwand, die wenigsten Behörden würden wohl mit einem monetären Anreizvertrag entlohnt, begegnet er mit dem Hinweis, daß eine friktionsfreie Interessensübertragung, die schon mit Hilfe wohldefinierter Anreizverträge scheitere, gewiß nicht mit bloßen Regeln und Gesetzen, deren „Anreizstruktur naturgemäß von schwer quantifizierbarer Natur ist"[49], erreicht werden könne.[50]

Obwohl dieses Argument nicht gänzlich von der Hand zu weisen ist, soll der Modellierung Schweizers, behördliche Anreize über monetäre und erfolgsabhängige Entlohnung[51] zu schaffen, hier nicht gefolgt werden. Zwar kann sowohl der in VO 17/62 formulierte Auftrag zur Antragsgenehmigung im Genehmigungssystem als auch der in VO 1/2003 niedergelegte Auftrag zur Mißbrauchskontrolle im Legalausnahmesystem als Monitoringvertrag begriffen werden. Dennoch erscheint die Annahme einer mo-

---

[45] Vgl. Schweizer (1993).

[46] Vgl. Schweizer (1993, S. 211-213).

[47] Schweizer (1993, S. 212).

[48] Vgl. Schweizer (1993, S. 215-222).

[49] Vgl. Schweizer (1993, S. 221).

[50] Vgl. Schweizer (1993, S. 221f.).

[51] Schweizer formuliert ein Bezahlungsschema der Art fixer Sockelbetrag plus Prämie bei durchgeführter Intervention, vgl. Schweizer (1993, S. 216).

netären, auf den Erfolg bedingten Kompensation der Kommissionsmitglieder mehr als gewöhnungsbedürftig. Zumal ein anderer Anreizmechanismus zur Verfügung steht, der in den Schweizerschen Überlegungen nicht berücksichtigt wird: Die EU-Kommission unterliegt bei ihren Entscheidungen der externen Kontrolle durch den Europäischen Gerichtshof (EuGH).[52] Aus diesem Grund bietet es sich an, in dieser Arbeit einem neueren Ansatz zu folgen, der auf Hafner (2000) zurückgeht: der *Aufhebungsaversion*.[53]

Hafner betrachtet in seiner Arbeit ein behördliches Genehmigungsverfahren im Kontext imissionsschutzrechtlicher Eröffnungskontrollen.[54] Er führt an, daß die Aufhebung einer Genehmigungsentscheidung durch ein überprüfendes Gericht für die beteiligten Behördenmitarbeiter unangenehme Folgen aufweisen dürfte, und konkretisiert diese u.a. als drohenden Prestigeverlust und verminderte Aufstiegschancen. Um dieser Gefahr zu begegnen kann der Behördenmitarbeiter versuchen, seine Entscheidung so zu treffen, daß das Gericht keinen Grund zur Beanstandung hat.[55] Als oberstes Ziel der einzelnen Behördenmitarbeiter und damit auch der Behörde als Ganzes definiert er deswegen das Streben nach „Unangreifbarkeit ihrer Entscheidung[en]"[56]. Er begründet dies weiter mit dem Hinweis, die Vermeidung von Entscheidungskorrekturen dürfte im Tagesgeschäft der Behörde von größerer Bedeutung sein als die versuchte Beeinflussung der Budgetgröße nach Niskanen. Ein interessanter Aspekt ist hierbei, daß Hafner den Öffentlichen-Gut-Charakter der Budgetbeeinflussung feststellt: Da ein größeres Budget allen Behördenmitarbeitern zugute kommt, hat der

---

[52] Entsprechende Regelungen finden sich in Artikel 17 VO 17/62 und Artikel 31 VO 1/2003. Vgl. hierzu auch die Ausführungen zu den Durchführungsverordnungen in den Abschnitten 2.1.2 und 2.2.2.

[53] Vgl. Hafner (2000, S. 80-85). Aufhebungsaversität wird in der ökonomischen Literatur auch bei Richterentscheidungen diskutiert, vgl. etwa Posner (1993, S. 23-30) oder Kirstein (1999, S. 10f.). Allerdings schränkt von Wangenheim (1995) die Zweckmäßigkeit der Annahme von Aufhebungsaversion bei Richtern insofern ein, als dort auch (gegebenenfalls aufgehobene) Minderheitenurteile der Reputation dienlich sein können. Die Profilierung einzelner Kommissionsmitglieder oder der EU-Kommission als ganzer über aufsehenerregende (Fehl-)Entscheidungen dürfte jedoch auf Einzelfälle beschränkt sein.

[54] Vgl. Hafner (2000, S. 32-34).

[55] Vgl. Hafner (2000, S. 82).

[56] Hafner (2000, S. 82).

einzelne wenig Anreize, Anstrengungen in die Vergrößerungen des Budgets zu investieren. Gänzlich anders stellt sich die Entscheidung dar, Anstrengungen in die Entscheidungsqualität zu investieren, um eine gerichtliche Aufhebung derselben zu vermeiden: Eine richterlich aufgedeckte Fehlentscheidung schadet zunächst und vor allem nur dem entsprechenden Behördenmitarbeiter. Hafner zieht daraus den Schluß, daß etwaige Budgeteffekte à la Niskanen weitaus weniger ins Gewicht fallen als der von ihm entwickelte Reputationseffekt, weswegen erstere vernachlässigt werden können.[57]

Eine Behörde wird daher versuchen, eine eventuell erfolgende nachgelagerte richterliche Entscheidung perfekt zu antizipieren.[58] Hafner stellt in diesem Zusammenhang fest, daß das Gericht per definitionem keine Fehler begehen kann. Da es die letzte Instanz ist, sind seine Entscheidungen nicht nur final, sondern die Auffassung des Gerichtes legt so auch ex post fest, was eine richtige behördliche Entscheidung gewesen wäre. Sowohl bei der Entscheidung der Behörde als auch bei der Entscheidung des Gerichts geht es folglich nicht um das Aufdecken einer objektiven Tatsache, sondern um die rechtliche Einordnung eines bekannten Sachverhaltes.[59]

Hafners Ansatz der aufhebungsaversen Behörde läßt sich ohne Probleme auf das Verhalten der EU-Kommission bei Freistellungen im Rahmen der Verordnungen VO 17/62 und VO 1/2003 übertragen. Die EU-Kommission sieht sich wie Hafners Genehmigungsbehörde externer gerichtlicher Kontrolle gegenüber: Alle Entscheidungen, welche die Kommission in Anwendung einer dieser Verordnungen erläßt, unterliegen der Überwachung durch das dem EuGH beigeordnete Gericht erster Instanz (EuGeI).[60] Die

---

[57] Vgl. Hafner (2000, S. 82f.).

[58] Hafner unterscheidet dabei zwei Aspekte, die Gegenstand der richterlichen Überprüfung werden können: die materiellrechtliche Richtigkeit der Entscheidung einerseits und die angemessene Verfahrensdauer andererseits. Er kommt jedoch zu dem Schluß, daß die Frage der Verfahrensdauer eher vernachlässigt werden kann, weswegen sie auch nicht als Anreizparameter Eingang in sein Modell findet, vgl. Hafner (2000, S. 83-85, 95f.).

[59] Vgl. Hafner (2000, S. 98-100). Hafner zitiert an dieser Stelle den berühmten und treffenden Ausspruch des Supreme-Court-Richters Robert Jackson: „*Our Decisions are final not because we never make mistakes. We never make mistakes because our findings are final*", vgl. Hafner (2000, S. 99).

[60] Die Zuständigkeit des EuGeI anstelle des EuGH geht aus den Artikeln 225 und 230 EG-Vertrag hervor, vgl. auch Bieber/Epiney/Haag (2006, S. 131).

Einschätzung, daß sowohl den einzelnen Entscheidungsträgern als auch
der Kommission als Gesamtheit daran liegt, Entscheidungen von Bestand
zu treffen, erscheint sinnvoll: Die Aufstiegschancen der Mitarbeiter der
Generaldirektion Wettbewerb dürften sehr wohl davon abhängen, ob ihnen
bei ihren Entscheidungsvorbereitungen grobe Fehleinschätzungen unterlaufen, und auch die EU-Kommission als Ganzes wird daran interessiert
sein, sich eine Reputation als Expertin aufzubauen, deren Entscheidungen
Bestand haben.[61]

Die Aufhebung einer Kommissionsentscheidung durch das EuGeI kann
mehrerlei Gründe haben: Verfahrensfehler, die im weiteren nicht mehr betrachtet werden sollen, sowie materiellrechtliche Fehler. Bei den materi-
ellrechtlichen Fehlern muß grundsätzlich zwischen zwei Aspekten unterschieden werden: Zum einen ist festzustellen, ob überhaupt eine wettbewerbsbeschränkende Vereinbarung im Sinne des Artikel 81(1) EG-Vertrag
vorliegt; die untersuchte Vereinbarung könnte beispielsweise die sog. Zwischenstaatlichkeitsklausel[62] nicht erfüllen oder zu keinerlei tatsächlichen
oder potentiellen wettbewerbswidrigen Auswirkungen führen.[63] Zum anderen muß, falls die erste Frage bejaht werden kann, überprüft werden, ob
die Ausnahmeregelung des Artikel 81(3) EG-Vertrag Anwendung finden

---

[61] An dieser Stelle ist anzumerken, daß die weiter oben beschriebene Niskanensche
Budgetmaximierung nicht völlig von der Hand gewiesen werden muß: Sie könnte
insofern eine Rolle spielen, als ein höheres Budget dazu verwendet werden kann,
in die Assessment-Skills der EU-Kommission zu investieren. Bessere Assessment-
Skills erhöhen die potentielle Qualität der Entscheidung, welche wiederum die Gefahr
einer Aufhebung durch den EuGeI vermindert.

[62] Vgl. hierzu die Ausführungen in Abschnitt 2.1.1.

[63] Eine Reihe von vertikalen Vereinbarungen fällt beispielsweise grundsätzlich nicht
unter das Kartellverbot des Artikel 81(1) EG-Vertrag. Dazu zählen Vereinbarungen von geringer Bedeutung, Vereinbarungen zwischen kleinen und mittleren Unternehmen (KMU) sowie Handelsvertreterverträge, vgl. Mitteilung der Kommission
– Leitlinien für vertikale Beschränkungen, Tz. 8-20, ABl. EG, Nr. C 291 vom 13.
Oktober 2000, S. 1-44, online verfügbar unter http://eur-lex.europa.eu/LexUriServ/
site/de/oj/2000/c_291/c_29120001013de00010044.pdf (Stand 2. Mai 2008), zitiert
als Vertikale-Leitlinien. Auch horizontale Vereinbarungen von geringer Bedeutung
oder beispielsweise Vereinbarungen zwischen Nichtwettbewerbern sind vom Kartellverbot ausgenommen, vgl. Bekanntmachung der Kommission – Leitlinien zur Anwendbarkeit von Artikel 81 EG-Vertrag auf Vereinbarungen über horizontale Zusammenarbeit, Tz. 15 und 24, ABl. EG, Nr. C 3 vom 6. Januar 2001, S. 2-30,
online verfügbar unter http://eur-lex.europa.eu/LexUriServ/site/de/oj/2001/c_003/c_
00320010106de00020030.pdf (Stand 2. Mai 2008), zitiert als Horizontale-Leitlinien.

kann.[64] Beide Fragen sind im Hafnerschen Sinne Fragen der *rechtlichen Einordnung* und weniger der Tatsachenaufdeckung zuzuordnen. Trotz der juristisch-konzeptionellen Unterschiede führt eine Verneinung der ersten oder eine Bejahung beider Fragen zum selben ökonomischen Ergebnis: die untersuchte Vereinbarung darf geschlossen und ausgeführt werden.

Die materiellrechtliche Überprüfung der Kommissionsentscheidungen durch das EuGeI dürfte im ersten geschilderten Fall relativ problemlos möglich sein: Ob die überprüfte Vereinbarung unter das Kartellverbot des Artikel 81(1) EG-Vertrag fällt, ist insofern leicht zu überprüfen, als beispielsweise keine ökonomische Analyse der Effizienzwirkungen nötig ist, sondern nur überprüft werden muß, ob das europäische Recht anwendbar ist und eine Wettbewerbsbeschränkung durch die Vereinbarung hervorgerufen wird. Anders verhält sich dies bei der Frage nach der Freistellungsfähigkeit einer überprüften Vereinbarung. Ob ein Freistellungsgrund gemäß Artikel 81(3) EG-Vertrag vorliegt, ob also die „wettbewerbsfördernden Wirkungen gegebenenfalls die wettbewerbswidrigen Auswirkungen [der Vereinbarung] aufwiegen"[65], muß sorgfältig geprüft und anhand „ökonomische[r] Kriterien"[66] überprüft werden. Im Genehmigungssystem muß anhand der Antragspapiere eine Prognose über die ökonomischen Wirkungen der angemeldeten Vereinbarungen durchgeführt werden. Im Legalausnahmesystem müssen die Marktdaten ausgewertet werden, um zu einer Einschätzung zu gelangen, welche ökonomischen Effekte die bereits geschlossene Vereinbarung entfaltet. Ich bezeichne diese Prüfung der Freistellungsfähigkeit in beiden Rechtsdurchsetzungsinstitutionen als *Beurteilungs*-Problematik.[67] Bei beiden Beurteilungen verfügt die EU-Kommission über einen beträchtlich größeren diskretionären Entscheidungsspielraum, als die bei der Frage der Anwendbarkeit des Kartellverbotes der Fall ist. Deswegen wird sie bei dieser Fragestellung auch leichter zu einer Entscheidung kommen, die möglicherweise der Auffassung des EuGeI widerspricht. Das Recht ist unschärfer formuliert und birgt so das Potential für

---

[64] Vgl. zur zweistufigen Beurteilung Anwendungsleitlinien, Tz. 11f.

[65] Anwendungsleitlinien, Tz. 11.

[66] Horizontale-Leitlinien, Tz. 6. Auch die Vertikale-Leitlinien, Tz. 102, erwähnen explizit die „wirtschaftlichen Erwägungen", anhand derer Artikel 81 EG-Vertrag auf vertikale Vereinbarungen anzuwenden ist.

[67] Vgl. hierzu auch die Ausführungen zu den *Assessment-Skills* weiter oben in diesem Abschnitt.

mehr Fehler. Auch der EuGeI kann allerdings die Frage nach der *objektiven* Freistellungsfähigkeit einer Vereinbarung nicht ohne Fehler beantworten. Aber eine gerichtliche Entscheidung legt die rechtliche Einordnung ex post und *endgültig* fest und bestimmt damit, was rechtens ist und somit von der EU-Kommission zu entscheiden gewesen wäre. Nur das zählt für die aufhebungsaverse EU-Kommission.

Von dieser Beurteilungsproblematik deutlich zu unterscheiden ist die *Aufdeckungs*-Problematik, die sich bei kartellrechtlichen Sachverhalten auch immer stellt. In beiden Rechtsdurchsetzungsinstitutionen ist die EU-Kommission an der einen oder anderen Stelle darauf angewiesen, wettbewerbsbeschränkende Vereinbarungen aufzuspüren. Im Genehmigungssystem ist dies der Fall bei unangemeldet und damit illegal geschlossenen Vereinbarungen; ohne Anmeldung weiß die EU-Kommission zunächst nichts von etwaigen Vereinbarungen. Im Legalausnahmesystem gibt es keine Anmeldung; deswegen muß auch hier ein Weg gefunden werden, von geschlossenen Vereinbarungen Kenntnis zu erlangen. Auf dieser Aufdeckungs-Problematik liegt jedoch nicht der Fokus meiner Arbeit.[68] Statt dessen wird in beiden Spielvarianten eine exogene Entdeckungswahrscheinlichkeit angenommen. Außerdem wird der EU-Kommission diesbezüglich insofern Perfektion unterstellt, als sie in der Frage, ob die überprüften Unternehmen tatsächlich eine Vereinbarung getroffen haben, keinerlei Fehler begeht. Wenn die EU-Kommission das Verhalten einer Gruppe von Unternehmen überprüft, kann sie zweifelsfrei feststellen, ob diese eine Vereinbarung geschlossen haben. Damit sind zwei Arten von Fehlern ausgeschlossen: Die EU-Kommission wird niemals fälschlich die Existenz einer Vereinbarung annehmen, noch wird sie fälschlich von der Nicht-Existenz einer Vereinbarung ausgehen.

3.2.1.2 Die Firmengruppe als rationaler Gewinnmaximierer

Zur Erklärung der Ziele und der Fähigkeiten der EU-Kommission sind zwei neuere Konzepte eingeführt worden: die Aufhebungsaversion und das imperfekte Entscheidungsverhalten in Heinerscher Tradition. Demgegenüber läßt sich die Motivlage der Unternehmen mit vergleichsweise einfachen und wohlbekannten Mitteln beschreiben: Die Gruppe von Unter-

---

[68] Vgl. auch Abschnitt 3.1.2.

nehmen, die sich zusammentut, um eine wettbewerbsbeschränkende Vereinbarung zu schließen, handelt rational, verfolgt das Ziel der Gewinnmaximierung, verhält sich dabei risikoneutral und maximiert deswegen ihre erwarteten monetären Auszahlungen. Ähnlich wie im Fall der mehrköpfigen EU-Kommission, die als einheitlicher Entscheider modelliert ist, wird auch von den Entscheidungsfindungsprozessen und Gewinnverteilungsfragen innerhalb der Firmengruppe abstrahiert: Die Gruppe wird ebenfalls als *unitary actor* angesehen. Auch hier ist der Grund dafür das Ausblenden der für die Fragestellung unwesentlichen Aspekte, um den Blick geschärft auf den Kern des Themas richten zu können: die Interaktion zwischen Firmengruppe und EU-Kommission.

Im Modell wird eine Situation betrachtet, in der eine Gruppe von Unternehmen die Möglichkeit sieht, eine gewinnbringende wettbewerbsbeschränkende Vereinbarung zu schließen. Grundsätzlich kann eine solche Vereinbarung vertikaler oder horizontaler Natur sein; beide fallen unter das Kartellverbot des Artikel 81(1) EG-Vertrag.[69] Es bietet sich jedoch an, die Analyse auf horizontale Vereinbarungen zu beschränken, obwohl prinzipiell alle Modellannahmen auch auf vertikale Vereinbarungen übertragbar sind. Der Grund hierfür liegt darin, daß die wenigsten vertikalen Vereinbarungen im alten System den Anmelde- und Genehmigungsprozeß durchliefen, und daß auch im neuen System nicht mit verstärkten Überprüfungen solcher Vereinbarungen zwischen Unternehmen unterschiedlicher Wirtschaftsstufen zu rechnen ist. Dies hat mehrerlei Gründe: Zum einen werden vertikalen Vereinbarungen von geringer Bedeutung oder solche, die nur zwischen kleinen oder mittleren Unternehmen geschlossen werden, grundsätzlich nicht vom Kartellverbot erfaßt.[70] Zum anderen fällt eine beträchtliche Zahl von vertikalen Vereinbarungen unter die Gruppenfreistellungsverordnung VO 2790/1999[71], die für vertikale Vereinbarungen von Unternehmen mit einem Marktanteil von jeweils nicht mehr als 30 %

---

[69] Vgl. hierzu auch Abschnitt 2.1.1.

[70] Vgl. Fußnote 63.

[71] Verordnung (EG) Nr. 2790/1999 der Kommission vom 22. Dezember 1999 über die Anwendung von Artikel 81 Absatz 3 des Vertrages auf Gruppen von vertikalen Vereinbarungen und aufeinander abgestimmten Verhaltensweisen, ABl. EG, Nr. L 336 vom 29. Dezember 1999, S. 21-25, online verfügbar unter http://eur-lex.europa.eu/LexUriServ/site/de/oj/1999/l_336/l_33619991229de00210025.pdf (Stand: 2. Mai 2008), im folgenden abgekürzt als VO 2790/99.

eine Rechtmäßigkeitsvermutung begründet.[72] Und schließlich behandelt die EU-Kommission vertikale Vereinbarungen auch „nachsichtiger", weil „[v]ertikale Beschränkungen dem Wettbewerb grundsätzlich weniger schaden als horizontale Beschränkungen".[73] Aus diesem Grund wurde auch bereits im Genehmigungssystem bei vertikalen Vereinbarungen, die nicht unter die VO 2790/99 fielen, keine Rechtswidrigkeit vermutet und vertikale Vereinbarungen konnten deswegen auch nachträglich angemeldet und damit etwaigen Sanktionen entzogen werden, was bei horizontalen Vereinbarungen nicht möglich war.[74] Vertikale Vereinbarungen stellen also vom Standpunkt der hier angestrebten Analyse aus einen eher uninteressanten Untersuchungsgegenstand dar, da eine Einzelfallprüfung in beiden Rechtsdurchsetzungsinstitutionen unwahrscheinlich ist und vertikale Vereinbarungen, sofern die beteiligten Unternehmen nicht große Marktmacht ausüben, einer generellen Effizienzvermutung unterliegen. Deswegen beschränkt sich die weitere Analyse auf horizontale Vereinbarungen, deren wirtschaftliche Auswirkungen auf den Markt entweder unklarer sind oder von Anfang an keinerlei Effizienzvermutung zuläßt.

Im Modell kann die Firmengruppe eine solche horizontale Vereinbarung eingehen oder nicht. Der Abschluß derselben bringt der Gruppe höhere Gewinne, als dies der Fall wäre, wäre die Gruppe weiterhin unbeschränktem Wettbewerb ausgesetzt. Daß Unternehmen einen höheren gemeinsamen Gewinn erzielen, wenn sie eine wettbewerbsbeschränkende Vereinbarung getroffen haben, ist unmittelbar einsichtig: Solche Vereinbarungen werden aus Gewinnstreben geschlossen. Dies ist offensichtlich bei Vereinbarungen, die explizit eine Festsetzung von Preisen, eine Beschränkung der Produktion oder eine Aufteilung der Märkte bezwecken. Alle diese Koordinationen haben zum Ziel, die beteiligten Unternehmen in eine Situation zu bringen, in der sie sich wie Monopolisten verhalten können. Oder anders ausgedrückt: Die gewinnschmälernden externen Effekte, die isolierte Optimierungsentscheidungen von Unternehmen unter Wettbewerbsbedingungen auf den Gewinn ihrer Konkurrenten haben, können durch Koordination der Entscheidungen internalisiert werden. Die Folge ist ein gesteigerter gemeinsamer Gewinn auf Kosten der gesellschaftlichen Wohlfahrt, insbe-

---

[72] Vgl. Artikel 3 VO 2790/99.
[73] Beide Zitate sind den Vertikale-Richtlinien, Tz. 100, entnommen.
[74] Vgl. Vertikale-Richtlinien, Tz. 62.

sondere der Konsumentenrente.[75] Es gibt aber auch horizontale Vereinbarungen, die nicht in erster Linie eine Wettbewerbsbeschränkung anstreben, die aber dennoch wettbewerbsbeschränkende Wirkungen entfalten können. Neben Vereinbarungen über Forschung und Entwicklung oder Spezialisierungsvereinbarungen (Produktionsvereinbarungen), die hier nicht weiter betrachtet werden sollen, da sie jeweils unter eine Gruppenfreistellungsverordnung fallen, sind dies vor allem Einkaufs-, Vermarktungs-, Normen- sowie Umweltschutzvereinbarungen.[76]

Anhand der Einkaufsvereinbarung soll kurz geschildert werden, welche Vorteile eine solche Vereinbarung für die Unternehmen bringt und worin die Gefahren einer Wettbewerbsbeschränkung bestehen. Hauptmotivation für eine Einkaufsvereinbarung ist der Versuch, über den Zusammenschluß Rabatte beim Händler zu erzielen und so die Produktionskosten zu senken. Durch diese Kostensenkung erhöht sich der Gewinn der beteiligten Firmen. Eine Gefahr für den Wettbewerb kann entstehen, wenn entweder der gemeinsame Einkauf nur als Verschleierungsmechanismus genutzt wird, um tatsächlich Preis- oder Mengenabsprachen auf dem nachgelagerten Produktmarkt zu treffen,[77] oder wenn durch die Zusammenarbeit konkurrierender Einkäufer Nachfragemacht entsteht. Diese Nachfragemacht bewirkt häufig auch zunehmende Macht auf den Verkaufsmärkten, da sie oftmals zur Abschottung von Wettbewerbern oder zur Erhöhung der Kosten von Konkurrenten genutzt wird.[78]

Vereinbarung, die den Wettbewerb in genannter Weise beschränken, sind jedoch gemäß Art. 81(1) EG-Vertrag verboten. Um von diesem generellen Verbot freigestellt zu werden, muß die Vereinbarung bestimmte Kriterien erfüllen: Sie muß (1) „zur Verbesserung der Warenerzeugung oder -verteilung oder zur Förderung des technischen oder wirtschaftlichen Fortschritts beitragen" und (2) dies nur „unter angemessener Beteiligung der Verbraucher an dem entstehenden Gewinn" und darf dabei weder (3)

---

[75] Vgl. zur Wirkungsweise von Kartellabsprachen beispielsweise Bester (2004, S. 133-144).

[76] Zu den Gruppenfreistellungsverordnungen VO 2658/2000 (Spezialisierungsvereinbarungen) und VO 2659/2000 (F&E-Vereinbarungen) vgl. auch Abschnitt 2.1.2. Die Kommission erläutert ausführlich ihr Bewertungsvorgehen bei den vier übrigen genannten Vereinbarungstypen, vgl. Horizontale-Leitlinien, Tz. 115-198.

[77] Vgl. Horizontale-Vereinbarungen, Tz. 124.

[78] Vgl. Horizontale-Vereinbarungen, Tz. 127-129.

„den beteiligten Unternehmen Beschränkungen auferleg[en], die für die Verwirklichung dieser Ziele nicht unerläßlich sind", noch (4) „Möglichkeiten eröffne[n], für einen wesentlichen Teil der betreffenden Waren den Wettbewerb auszuschalten".[79] Diese vier Kriterien sind auch unter den Schlagwörtern

– „wirtschaftlicher Nutzen",

– „angemessene Beteiligung der Verbraucher",

– „Unerläßlichkeit" sowie

– „keine Ausschaltung des Wettbewerbs"

bekannt.[80]

Sind die kartellierenden Unternehmen nicht in der Lage, die Freistellungskriterien zu erfüllen, ist eine solche Vereinbarung *per se* verboten und kann auch nicht freigestellt werden. Es können jedoch auch Anstrengungen unternommen werden, die Kriterien zu erfüllen, sei es indem man sich an einen Rechtsberater wendet, der den Antrag (im Genehmigungssystem) oder ein Rechtfertigungsschreiben (im Legalausnahmesystem) so formuliert, daß die Kommission vom Vorliegen der Ausnahmetatbestände des Art. 81(3) überzeugt werden kann, oder indem man tatsächliche Anstrengungen unternimmt, die Vereinbarung so zu gestalten, daß die gesetzlichen Anforderungen erfüllt sind. So interessant der erste Gesichtspunkt (das „Frisieren" von Anträgen) auch erscheint, widmet sich diese Arbeit doch den tatsächlichen Anstrengungen der Firmen, Vereinbarungen freistellungsfähig zu gestalten.

Um diesen Gedanken zu illustrieren, sei nochmals auf das Beispiel der Einkaufsvereinbarung zurückgegriffen. Eine Koordination auf den Einkaufsmärkten birgt die Gefahr der Koordination auf den Verkaufsmärkten oder des Ausschlusses von Wettbewerbern. In beiden Fällen werden steigende Preise für die Konsumenten befürchtet.[81] Ein reiner Hinweis auf die durch den Zusammenschluß erreichten Größenvorteile reicht nicht aus,

---

[79] Art. 81(3) EG-Vertrag.

[80] Horizontale-Leitlinien, Tz. 31-36.

[81] Darüber hinaus besteht auch die Gefahr des Qualitätsrückgangs oder des Nachlassens innovativer Anstrengungen seitens der Lieferanten auf dem Einkaufsmarkt als direkte Folge zunehmender Nachfragemacht, vgl. Horizontale-Leitlinien, Tz. 126. Diese Effekte sollen hier aber nicht weiter berücksichtigt werden.

um eine Freistellung vom Kartellverbot zu rechtfertigen. Darüber hinaus müssen die Konsumenten zwingend an den Kosteneinsparungen beteiligt werden.[82]

Um das Argument zu verdeutlichen, zeigt Abbildung 3.2 den im Fusionskontext bekannten Williamson-Trade-Off.[83] Die Gerade NF bezeichnet die Nachfrage im Verkaufsmarkt, die Gerade GE den Grenzerlös eines Monopolisten. Die Horizontalen c^W und c^M bezeichnen zwei unterschiedliche (Durchschnitts-)Kostenniveaus. Man stelle sich vor, c^W seien die Produktionskosten, denen sich die Anbieter in diesem Markt gegenübersehen. Zur Vereinfachung sei angenommen, es handle sich um einen Markt, in dem perfekter Wettbewerb herrscht; die Unternehmen bieten q^W Einheiten des Gutes zu einem Preis von $p^W = c^W$ an und der Gewinn der Unternehmen beläuft sich auf Null. Die Unternehmen können sich jedoch zu einem Einkaufskartell zusammenschließen und dann ihre Produktionskosten auf c^M senken.[84] Im Extremfall werden sie ihre Nachfragemacht auf den Verkaufsmarkt übertragen können und in der Lage sein, den Monopolpreis p^M (hergeleitet aus der Gewinnmaximierungsbedingung $c^M = GE$) zu verlangen und dabei die Menge q^M abzusetzen. Für die Konsumenten folgt aus diesem Verhalten eine Renteneinbuße in Höhe der Flächen des schwarz-umrandeten Dreiecks und des schwarz-umrandeten Rechtecks. Das (grau-schraffierte) Rechteck stellt dabei eine bloße Umverteilung von Konsumenten- zu Produzentenrente dar, bewirkt durch den höheren Marktpreis p^M. Das (weiße) Dreieck hingegen entspricht einer Einbuße an Gesamtwohlfahrt, dem sog. toten Wohlfahrtsverlust, hervorgerufen durch die Verknappung des Angebotes. Dieser tote Wohlfahrtsverlust bliebe bestehen, betrüge das Kostenniveau weiterhin c^W. Durch die Absenkung auf das Niveau c^M steht dem Wohlfahrtsverlust jedoch ein Wohlfahrtsgewinn in Höhe der Fläche des grau-umrandeten Rechtecks gegenüber. Ob

---

[82] Vgl. Horizontale-Leitlinien, Tz. 132.

[83] Abbildung und Argumentation sind in angepaßter Form Williamson (1987, S. 6-8) entnommen. Zur erweiterten Anwendung des Williamson-Trade-Off auch auf andere wettbewerbspolitische Fragestellungen als die Fusionskontrolle vgl. etwa Schmidtchen (2005, S. 25) oder Shughart II (1997, S. 8-10).

[84] Um das Modell nicht unnötig zu verkomplizieren, werden hier und auch im folgenden Transaktionskosten der Kartellbildung von Null unterstellt. Sollten positive Transaktionskosten vorliegen, müssen die Einsparungen entsprechend größer ausfallen, damit sich eine Kartellbildung für die Unternehmen lohnt oder auch ein positiver Wohlfahrtseffekt entstehen kann.

der Netto-Wohlfahrtseffekt positiv oder negativ ist, hängt allein vom Verhältnis dieser beiden Flächen zueinander ab. Aus ökonomischer Sicht sollte demnach ein Einkaufskartell selbst dann, wenn es zu Ausübung von Monopolmacht im nachgelagerten Verkaufsmarkt führt, gestattet werden, solange die erzielte Kosteneinsparung größer ist als der Wohlfahrtsverlust, der aus der Preissteigerung resultiert.

Abbildung 3.2: Der Williamson-Trade-Off

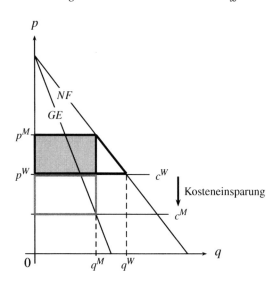

Dies ist jedoch nicht die Position der EU-Kommission und auch Artikel 81(3) EG-Vertrag schreibt die Beteiligung der Konsumenten an Effizienzgewinnen zwingend vor. Wie obige Überlegung anhand des Williamson-Trade-Offs gezeigt hat, stellt die Beteiligung der Konsumenten am Gewinn aus ökonomischer Sicht keine zwingende Voraussetzung dar, um wettbewerbsbeschränkende Verhaltensweisen in einem positiven Licht zu sehen. Aus einer gesamtwirtschaftlichen Perspektive ist es gänzlich unerheblich, ob die Wohlfahrtssteigerung, also der Anstieg des sozialen Überschusses, auf eine Steigerung der Produzentenrente oder eine Steigerung der Konsumentenrente zurückzuführen ist. Ein Beharren auf dem Konsumentenstandard im engeren Sinne kann sich entsprechend als Wohlfahrtsbremse erweisen. Steigerungen des sozialen Überschusses über eine Steigerung der Produzentenrente sind dann nicht möglich, obgleich sie gesellschaftlich wünschenswert sind.[85] Dennoch ist eine Wohlfahrtssteigerung gemäß dem Williamson-Trade-Off, die zu Lasten der Konsumenten geht, aufgrund des Wortlautes des Artikel 81(3) EG-Vertrag und aufgrund der Auslegung durch die EU-Kommission in ihren Leitlinien abzulehnen.[86] Ein Einkaufskartell darf nur dann gestattet beziehungsweise nicht beanstandet werden, wenn die Konsumenten an den Kosteneinsparungen partizipieren.[87] Abbildung 3.3 verdeutlicht, welche Auswirkung diese Haltung auf Konsumenten und Produzenten hat. Eine Vereinbarung, die eine Preiserhöhung gegenüber dem alten Wettbewerbspreis p^W zur Folge hat, ist nicht freistellungsfähig. Der Monopolpreis p^M und die Monopolmenge q^M sind deswegen jeweils nur grau eingezeichnet. In der linken Graphik der Abbildung 3.3 ist ein Fall eingezeichnet, der ebenfalls nicht die Billigung der EU-Kommission erhalten würde. Statt den Preis auf den Monopolpreis zu erhöhen, könnten die Firmengruppe nach dem Zusammenschluß zum Einkaufskartell weiterhin die alte Menge q^W_{alt} zum alten Preis p^W_{alt} absetzen. Sie erzielte dadurch gegenüber der Ausgangssituation einen Mehrgewinn in Höhe der Fläche des grau-umrandeten Rechtecks. Dieser Gewinn ist kleiner als der, den sie bei der Preis-Mengen-Kombination (p^M, q^M) erzielen könnte, da die Gewinnmaximierungsbedingung $GE = c^M$ nicht erfüllt ist.

[85] Im übrigen kann man auch durchaus einen Standpunkt vertreten, der aus dem Ansatz des methodologischen Individualismus direkt folgt, und den Begriff der Konsumentenrente weiter fassen: Konsumentenrente und sozialer Überschuß sind letztlich identisch. Unternehmen sind keine eigenständigen handelnden Einheiten, sondern der Zusammenschluß vieler Individuen; diese Individuen wiederum spalten sich auf in Beschäftigte und Eigentümer. Es ist unsinnig anzunehmen, diese Eigentümer seien nicht auch Konsumenten. Somit steigert der Gewinn eines Unternehmens implizit auch immer die Konsumentenrente. Vgl. zum Wohlfahrtsbegriff in der Wettbewerbspolitik auch Schmidtchen (2005, S. 26f.).

[86] Vgl. Anwendungsleitlinien, Tz. 83-104.

[87] Ein weiterer Ablehnungsgrund eines Einkaufskartells, das auf dem Verkaufsmarkt den Monopolpreis verlangt, liegt im Fehlen der vierten Freistellungsvoraussetzung: keine Ausschaltung des Wettbewerbs.

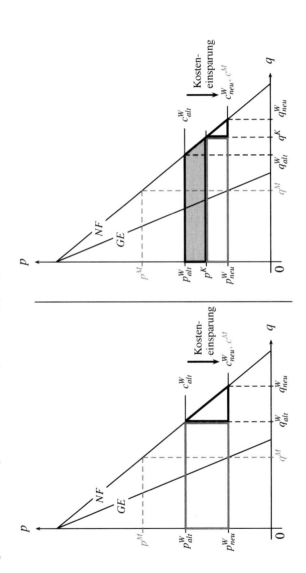

Abbildung 3.3: Das Einkaufskartell als nicht-freistellungsfähige (links) und freistellungsfähige Vereinbarung (rechts)

Dennoch besteht durch diesen Mehrgewinn ein Anreiz für die Firmen, das Einkaufskartell zu bilden und die Kosteneinsparung zu realisieren. Für die Konsumenten ergäbe sich kein Unterschied zum Status Quo: Sie würden weiterhin mit der Menge q^M zum Preis von p^M versorgt. Doch auch dies ist der EU-Kommission noch nicht genug. Obwohl den Konsumenten durch ein solches Einkaufskartell keinerlei Schaden entstehen würde, kann es nicht vom Kartellverbot freigestellt werden, weil die Konsumenten nicht an den Effizienzgewinnen beteiligt werden. Die Fläche des schwarzumrandeten Dreiecks gibt an, welche Steigerung der Konsumentenrente den Konsumenten durch das Beibehalten des alten Preises p^W_{alt} vorenthalten wird. Eine Nicht-Absenkung des Verkaufspreises auf $p^W_{neu} = c^W_{neu}$ ist aus Sicht der EU-Kommission demnach gleichzusetzen mit einer Anhebung desselben. Beides gilt als wettbewerbsschädliches Verhalten. Damit ist klar, welches Unternehmensverhalten das einzige ist, das eine Freistellung vom Kartellverbot bewirken kann: Der Preis auf dem Verkaufsmarkt muß gegenüber dem Ausgangspreis gesenkt werden.[88] Dabei wäre es wohl vermessen, von den Unternehmen zu verlangen, den Preis auf das neue Kostenniveau zu senken: Damit ginge jeder Anreiz zur Bildung des Kartells und damit zur Realisierung der wohlfahrtssteigernden Kosteneinsparung verloren.[89] Artikel 81(3) EG-Vertrag fordert deswegen auch nur die „angemessene Beteiligung der Verbraucher". Die rechte Graphik in Abbildung 3.3 gibt ein Beispiel für ein freistellungsfähiges Einkaufskartell: Der Preis wird von p^W_{alt} auf $p^K > p^W_{neu}$ gesenkt, die abgesetzte Menge steigt von q^W_{alt} auf $q^K < p^W_{neu}$. Die Unternehmen haben einen Anreiz ein solches Kartell zu bilden, da es ihnen einen positiven Gewinn im Vergleich zum Nullgewinn in der Ausgangssituation beschert, dargestellt durch die Fläche des grauumrandeten Rechtecks. Die Konsumenten profitieren ebenfalls von diesem Einkaufskartell, da ihre Rente um die Fläche des schwarz-umrandeten

---

[88] Diese Überlegung klammert einen Aspekt aus, der gleichwohl genauso zu einer Freistellung führen kann. Es ist dies die Anhebung der Qualität des Produktes. In der Graphik wäre dies mit einer Verschiebung der Nachfrage-Geraden nach außen darzustellen. Mit einer solchen Qualitätssteigerung wäre jedoch auch eine Kostensteigerung verbunden. Auf eine detaillierte Darstellung dieses Effektes soll hier jedoch verzichtet werden.

[89] Die maximale Wohlfahrt bei der Preis-Mengen-Kombination (p^W_{neu}, q^W_{neu}) ist demnach ohne Zwang nicht erreichbar.

und grau-schraffierten Trapezes erhöht wird.[90] Der Wohlfahrtseffekt gegenüber der Ausgangssituation ist positiv. Der gegenüber der vollkomme-
nen Wettbewerbssituation (p_{neu}^W, q_{neu}^W) nicht realisierte Wohlfahrtsgewinn
ist in der Fläche des schwarz-umrandeten Dreiecks abzulesen. Dieses wird
umso kleiner, je niedriger der Preis auf dem Verkaufsmarkt ist. Wie groß
die Absenkung des Preises p^K im Vergleich zum ursprünglichen Preis p_{alt}^W
ausfallen muß, damit eine angemessene Beteiligung der Verbraucher vorliegt, liegt im Ermessen der EU-Kommission beziehungsweise wird gegebenenfalls letztlich und verbindlich durch eine nachträgliche Gerichtsentscheidung des EuGeI bestimmt.[91]

Aus den Abbildungen ist deutlich ersichtlich, daß die Anstrengungsleistung der Firmengruppe, eine Vereinbarung freistellungsfähig auszugestalten, mit Kosten verbunden ist und ihren Mehrgewinn aus der wettbewerbsbeschränkenden Vereinbarung schmälert. Gleichwohl erhöht eine solche
Anstrengungsleistung aber – sofern die Kommission hinreichend gut zwischen freistellungsfähigen und nicht-freistellungsfähigen Vereinbarungen
unterscheiden kann – die Wahrscheinlichkeit, daß dem Antrag (im Genehmigungssystem) stattgegeben wird bzw. die Rechtfertigung in einem
Verfahren (im Legalausnahmesystem) anerkannt und die Vereinbarung ex
post nicht beanstandet wird. Die Firmengruppe sieht sich demnach einem
Trade-Off gegenüber: Die Investition in die Freistellungsfähigkeitskriteri-
en schmälert einerseits den erwarteten Gewinn, erhöht andererseits aber
dessen Realisierungschancen.

3.2.2 Die Strategien

Im Abschnitt 3.2.1 wurden die Spieler des Modells vorgestellt. Im folgenden wird das dort bereits grundsätzlich charakterisierte Verhalten der Spieler konkret in die Modellwelt übersetzt. Abschnitt 3.2.2.1 stellt die Strate-
gienmenge der Firmengruppe vor, während Abschnitt 3.2.2.2 das Strategi-
enrepertoire der EU-Kommission präsentiert.

---

[90] Der Anstieg der Konsumentenrente beruht zum Teil auf Umverteilung (Umwand-
lung von Produzentenrente in Konsumentenrente, zum Teil auf der Ausdehnung des
Angebotes auf q^K).
[91] Vgl. hierzu den vorangehenden Abschnitt 3.2.1.1.

3.2.2.1 Die Vereinbarungsentscheidungen der Firmengruppe

Wie bereits in Abschnitt 3.2.1.2 knapp umrissen, ist die Ausgangssituation die folgende: Eine Gruppe von gewinnmaximierenden Firmen (F) hat die Chance, eine wettbewerbsbeschränkende Vereinbarung zu schließen, die ihr Vorteile in Form einer Gewinnerhöhung im Vergleich zum Status Quo bringt. Eine solche Vereinbarung ist gemäß Artikel 81(1) EG-Vertrag verboten, sofern nicht die Freistellungsvoraussetzungen des Artikel 81(3) EG-Vertrag vorliegen.[92] Die Freistellung erfolgt im Genehmigungssystem der VO 17/62 durch eine förmliche Entscheidung der EU-Kommission. Ist die Vereinbarung freigestellt, darf sie ausgeführt werden; wird ihr die Freistellung verweigert, hat sie zu unterbleiben. Vereinbarungen, die ohne Anmeldung durchgeführt werden, sind illegal und werden bei Entdeckung untersagt und mit einer Geldbuße belegt. Im neuen Mißbrauchskontrollsystem der VO 1/2003 bedarf es zur Freistellung keiner förmlichen Entscheidung mehr. Vielmehr beurteilen die kartellierenden Unternehmen selbst (sog. Selbsteinschätzung), ob sie die Ausnahmetatbestände erfüllen, und können die Vereinbarung ohne weitere Formalia direkt ausführen. Allerdings sehen sie sich einem System der Ex-post-Kontrolle gegenüber, was bedeutet, daß ihre Vereinbarung mit positiver Wahrscheinlichkeit entdeckt, bei nicht zu rechtfertigen festgestellten Verstößen gegen das Kartellverbot untersagt und mit einer Geldbuße belegt wird.

Nachdem sich die Firmengruppe für eine Vereinbarung entschieden hat, steht sie in beiden Rechtsdurchsetzungsinstitutionen vor der Wahl, wie sie die Vereinbarung ausgestalten möchte. Sie kann dies auf zweierlei Art tun: Sie kann sich gesetzeskonform verhalten und die Vereinbarung so gestalten, daß diese unter die Freistellungsvoraussetzungen des Artikel 81(3) fällt, mit anderen Worten, so daß diese freistellungsfähig ist. Auf das in Abschnitt 3.2.1.2 präsentierte Beispiel des Einkaufskartells bezogen bedeutete dies, auf Ausübung von Marktmacht im nachgelagerten Verkaufsmarkt zu verzichten und durch das Absenken des Verkaufspreises einen Teil der Kosteneinsparung an die Konsumenten weiterzugeben. Oder sie kann eine Vereinbarung schließen, die die Freistellungsvoraussetzungen nicht erfüllt und damit nicht freistellungsfähig ist. Im Beispiel bedeutete dies eine Anhebung des Preises oder ein Nichtabsenken desselben. Somit

---

[92] Wie dieser Abwägungsprozeß ökonomisch zu interpretieren ist, wurde in Abschnitt 3.2.1.2 ausführlich dargestellt.

steht die Firmengruppe in beiden Spielen vor zwei Entscheidungen: (1a) Sie muß sich für oder gegen eine Vereinbarung entscheiden, (1b) im Genehmigungsspiel umfaßt diese Entscheidung auch die Entscheidung über die Anmeldung; (2) sie muß sich entscheiden, ob sie die Vereinbarung freistellungsfähig oder nicht-freistellungsfähig ausgestaltet.

Die diskrete Aktionsvariable der Firmengruppe bezüglich der Entscheidung, eine Vereinbarung einzugehen, bezeichne ich im Genehmigungsspiel mit $a \in \{an, ill, out\}$ und im Legalausnahmespiel mit $e \in \{in, out\}$. Dabei bezeichnet *out* jeweils die Option, nichts zu tun, während im Genehmigungsspiel *an* für die Anmeldung der Vereinbarung und *ill* für deren illegale Durchführung stehen, wohingegen *in* das bloße Eingehen der Vereinbarung im Legalausnahmespiel bezeichnet. Die ebenfalls diskrete Aktionsvariable der Gruppe bezüglich der Ausgestaltung der Vereinbarung bezeichne ich mit $v \in \{f, \neg f\}$, wobei f für eine freistellungsfähige und $\neg f$ für eine nicht-freistellungsfähige Vereinbarung steht. Ich definiere weiterhin für diese letzte Aktion die Verhaltensstrategie $\gamma = pr\{v = f\} \in [0;1]$. Dabei bedeutet $\gamma = 1$, daß die Firmengruppe die Vereinbarung mit Sicherheit freistellungsfähig ausgestaltet, $\gamma = 0$ dagegen, daß sie dies mit Sicherheit nicht tut, und ein γ-Wert zwischen Null und Eins schließlich, daß sie dies mit der entsprechenden Wahrscheinlichkeit tut. Im Genehmigungsspiel hat die Firmengruppe neben der Option, keine Vereinbarung zu schließen (*out*), auch noch die zusätzliche Möglichkeit, die Vereinbarung illegal zu schließen, d.h. ohne vorherige Anmeldung und Genehmigung. Auch in diesem Fall steht sie vor der Wahl, die Vereinbarung so auszugestalten, daß sie den Freistellungsvoraussetzungen genügt ($v = f$), oder nicht ($v = \neg f$). Ich definiere hierfür die Verhaltensstrategie $\delta = pr\{v = f\} \in [0;1]$.[93]

Gemäß diesen Definitionen lautet eine Strategie der Firmengruppe im Genehmigungsspiel (a, δ, γ) und im Legalausnahmespiel (e, γ). Eine solche Strategie legt den Handlungsplan eines Spielers für das gesamte Spiel fest, d.h. sie bestimmt, welche Aktion die Firmengruppe mit welcher Wahrscheinlichkeit in jedem Entscheidungsknoten des Spiels, in dem sie am Zug ist, wählt.[94]

---

[93] Ich verzichte darauf, etwaige „Tarnanstrengungen" der Firmengruppe zu modellieren, da sie die Ergebnisse qualitativ nur unwesentlich beeinflussen.

[94] Vgl. allgemein zum Konzept der Strategie beispielsweise Rasmusen (1989, S. 24) und speziell zu Verhaltensstrategien Eichberger (1993, S. 22-27).

3.2.2.2 Die Freistellungsentscheidung der EU-Kommission

In beiden Spielen kommt die EU-Kommission (K) zum Zuge, nachdem die Firmengruppe eine Vereinbarung eingegangen ist, die an sich verboten ist, aber freigestellt werden kann, sei es durch Genehmigung oder im Zuge der Legalausnahme. Die Kommission hat also in beiden Spielen, im Genehmigungssystem nach erfolgter Anmeldung, im Legalausnahmesystem sobald sie sich für eine Kontrolle entscheidet, zu prüfen, ob diese Vereinbarung tatsächlich freigestellt werden kann. In Kapitel 2 wurden die diesbezüglichen gesetzlichen Vorschriften bereits extensiv vorgestellt und in Abschnitt 3.1.2 deren Essenz herausgearbeitet, die hier nochmals kurz referiert werden soll:

Im Genehmigungssystem gilt Anmeldepflicht.[95] Entscheidet sich die Firmengruppe für die Anmeldung, kann sie für Tätigkeiten, die sie im Rahmen der angemeldeten Vereinbarung ausübt, nicht mit einer Geldbuße belegt werden.[96] Die Kommission prüft die Freistellungsfähigkeit der angemeldeten Vereinbarung und trifft ihre Entscheidung: Sie kann sie vom Kartellverbot freistellen oder die Freistellung verweigern.[97] Wird eine Vereinbarung allerdings ohne vorherige Anmeldung und Genehmigung, also illegal durchgeführt, so ist die Kommission nicht nur befugt, sie gänzlich ohne Prüfung ihrer Freistellungsfähigkeit zu untersagen, sondern auch berechtigt, sie mit einer Geldbuße zu belegen.[98] Im Legalausnahmesystem herrscht dagegen keine Anmeldepflicht; jede Vereinbarung kann unmittelbar nach ihrem Abschluß ausgeführt werden.[99] Die Firmen müssen jedoch mit einer Ex-post-Überprüfung rechnen. Die Kommission kann der überprüften Vereinbarung ihre Unbedenklichkeit bestätigen oder aber bei Nichterfüllung der Freistellungsvoraussetzungen die Durchführung der

---

[95] Artikel 4 VO 17/62: *Anmeldung neuer Vereinbarungen, Beschlüsse und Verhaltensweisen.*

[96] Artikel 15(5) VO 17/62: *Geldbußen.*

[97] Die Freistellung ist in Artikel 6 VO 17/62 *Erklärung nach Artikel 81 Absatz (3)* geregelt; die Freistellungsverweigerung ergibt sich aus Artikel 1 VO 17/62 *Grundsatzbestimmung.*

[98] Artikel 3 VO 17/62 *Abstellung von Zuwiderhandlungen* und Artikel 15 VO 17/62 *Geldbußen* regeln die konkreten Rechtsfolgen von Kartellrechtsverstößen, die über die in Artikel 81(2) EG-Vertrag festgelegte Nichtigkeit hinausgehen.

[99] Artikel 1(2) VO 1/2003: *Anwendung der Artikel 81 und 82 des Vertrags.*

Vereinbarung untersagen und eine Geldbuße für die erfolgte Zuwiderhandlung gegen das Kartellverbot verhängen.[100]

Diese Entscheidungsvariable der Kommission bezüglich der Freistellung bezeichne ich in beiden Spielen mit $k \in \{f, \neg f\}$, wobei f für Vereinbarung genehmigen bzw. nicht beanstanden und $\neg f$ für Antrag ablehnen bzw. Vereinbarung verbieten steht. Die ablehnende Entscheidung der Kommission hat in den Spielen unterschiedliche Folgen: In beiden Spielen kann die Vereinbarung nicht (mehr) durchgeführt werden, aber im Legalausnahmespiel wird zudem noch eine Strafe verhängt.[101] Unabhängig davon handelt es sich aber in beiden Systemen dem Wesen nach um eine Freistellungsentscheidung: einmal ex ante, einmal ex post. Auch für die EU-Kommission definiere ich Verhaltensstrategien. Wie in Abschnitt 3.2.1.1 bereits eingeführt, erhält die EU-Kommission, bevor sie über die Freistellungsfähigkeit der Vereinbarung entscheidet, ein Signal, das mit dem wahren Verhalten der Firmengruppe korreliert ist. Trotzdem weiß die EU-Kommission nicht mit Sicherheit, wie sich die Firmengruppe verhalten hat, ob sie eine gute oder schlechte Vereinbarung geschlossen hat. Deswegen müssen zwei Verhaltensstrategien definiert werden: Mit α bezeichne ich die sich auf die Freistellungsentscheidung beziehende Verhaltensstrategie, nachdem die Kommission ein positives Signal empfangen hat, das darauf hinweist, daß die Vereinbarung tatsächlich freistellungsfähig ist, mit β die Verhaltensstrategie nach einem negativen Signal. Eine vollständige formale Definition der Verhaltensstrategien der Kommission kann jedoch erst erfolgen, wenn der Diagnoseprozeß näher beleuchtet wurde. Dies ist in Abschnitt 3.2.4 der Fall. Dennoch kann bereits festgehalten werden, daß eine Strategie der EU-Kommission sowohl im Genehmigungsspiel als auch im Legalausnahmespiel (α, β) lautet.

An dieser Stelle sind noch zwei exogene Parameter einzuführen, die aufgrund ihrer Exogenität nicht zu den eigentlichen Aktionsvariablen der

[100] Artikel 10 VO 1/2003 *Feststellung der Nichtanwendbarkeit* greift, falls die Kommission bei ihrer Prüfung die Freistellungsfähigkeit feststellt. Artikel 7 VO 1/2003 *Feststellung und Abstellung von Zuwiderhandlungen* und Artikel 23 VO 1/2003 *Geldbußen* regeln die Rechtsfolgen nach festgestellter Nicht-Freistellungsfähigkeit.

[101] Die Möglichkeit, daß die Unternehmen eine Kommissionentscheidung ignorieren und die Vereinbarung trotz Verbot illegal weiter durchführen, wird hier nicht explizit modelliert. Statt dessen wird davon ausgegangen, daß ein solches Verhalten von der Kommission bemerkt und entsprechend geahndet würde, so daß die Unternehmen keinen Anreiz haben, eine Kommissionsentscheidung zu mißachten.

EU-Kommission zählen, die aber dennoch einen Teil ihres Verhaltens beschreiben. Wie in Abschnitt 3.2.1.1 bereits erwähnt wurde, sieht sich die Kommission neben der Beurteilungsproblematik auch einer Aufdeckungsproblematik gegenüber; sie muß im Genehmigungsspiel Kenntnis von den illegal geschlossenen Vereinbarungen erlangen und sie muß im Legalausnahmespiel grundsätzlich eine Vereinbarung zunächst entdecken, bevor sie diese einer Prüfung bezüglich ihrer Freistellungsfähigkeit unterziehen kann. Die *Entdeckungswahrscheinlichkeit* für nicht-angemeldete Vereinbarungen im Genehmigungsspiel bezeichne ich mit $\tau \in (0; 1)$.[102] Sie ist modellexogen, da der Fokus der Arbeit allein auf der Beurteilungsfähigkeit der Kommission liegt, nicht aber auf ihrer Fähigkeit, Kartelle oder Vereinbarungen zu entdecken. Weil nach der Entdeckung einer unangemeldeten Vereinbarung keine Prüfung auf Freistellungsfähigkeit erfolgt, wird jede entdeckte illegale Vereinbarung mit Wahrscheinlichkeit Eins untersagt und bestraft. Untersagung und Bestrafung erfolgen also mit der Entdeckungswahrscheinlichkeit τ. Ich nehme weiterhin an, daß die Vereinbarung im Legalausnahmespiel mit der exogen gegebenen *Kontrollwahrscheinlichkeit* $\xi \in (0; 1)$ ex post überprüft wird.[103]

Eine Reduzierung der Aufdeckung von Vereinbarungen auf Wahrscheinlichkeiten ist keine so starke Einschränkung, wie es auf den ersten Blick erscheinen mag. Durch die Modellierung der Entdeckungs- und der Kontrollwahrscheinlichkeit als zwei unterschiedliche Parameter ist es möglich, im Legalausnahmespiel beispielsweise einen höheren Wert für die Kontrollwahrscheinlichkeit anzunehmen als für die Entdeckungswahrscheinlichkeit im Genehmigungsspiel. Auf diese Art und Weise kann die Absicht der EU-Kommission modelliert werden, mit dem Systemwechsel die Ressourcen verstärkt auf die Entdeckung schwerer Fälle richten zu wollen.[104] Auch andere Aspekte lassen sich so über die Veränderung der Parameter im Modell abbilden.[105] Die Modellierung als Wahrscheinlichkeit bewirkt also kein völliges Ausblenden der Aufdeckungsfähigkeiten der

---

[102] Damit sind die Sonderfälle $\tau = 0$ und $\tau = 1$ ausgeschlossen.

[103] Auch hier sind die Sonderfälle $\xi = 0$ und $\xi = 1$ ausgeschlossen. Der Grund für die Exogenitätsannahme liegt wie schon bei der Entdeckungswahrscheinlichkeit τ darin, daß der Fokus dieser Arbeit nicht auf der Entdeckung von Kartellen liegt.

[104] Vgl. hierzu die Ausführungen in Abschnitt 2.2.1.

[105] Die in Kapitel 4 durchgeführte Simulation nutzt genau diesen durch die Modellierung der Aufdeckungsfähigkeiten als Wahrscheinlichkeiten geschaffenen Spielraum.

EU-Kommission, sondern weist ihnen lediglich einen weniger prominenten Platz innerhalb des Modells zu.

3.2.3 Die Auszahlungen

Im nächsten Schritt werden als drittes spielkonstituierendes Element die Auszahlungen der beiden Spieler K (EU-Kommission) und F (Firmengruppe) definiert. Abschnitt 3.2.3.1 beschreibt die Payoffs der EU-Kommission, Abschnitt 3.2.3.2 die der Firmengruppe.

3.2.3.1 Die Payoffs der EU-Kommission

Die als aufhebungsavers modellierte EU-Kommission versucht, ein später evtl. ergehendes Gerichtsurteil perfekt zu antizipieren, und maximiert die ihr daraus erwachsenden erwarteten Auszahlungen. Um die Aufhebungsaversion der Kommission adäquat zu modellieren, sei folgende Auszahlungsfunktion angenommen:[106]

$$P^K = \begin{cases} 0, & \text{falls dieEntscheidung Bestand hat;} \\ -1, & \text{falls eine Fehlentscheidung aufgedeckt wird.} \end{cases}$$

Mit dieser Auszahlungsfunktion erhält die Kommission eine Auszahlung von Null, sofern die Entscheidung Bestand hat, und eine auf Eins normierte negative Auszahlung, wenn das EuGeI sie einer Fehlentscheidung überführt. Dabei ist unterstellt, daß es der Kommission egal ist, welche Art von Fehler sie begeht: eine freistellungsfähige Vereinbarung nicht zu genehmigen bzw. zu beanstanden (Fehler 1. Ordnung) oder eine nicht-freistellungsfähige Vereinbarung zu genehmigen bzw. nicht zu beanstanden (Fehler 2. Ordnung); beide Fehler haben dasselbe Gewicht.[107] Die erwartete Auszahlung bestimmt sich durch die Wahrscheinlichkeit, mit der es einerseits zu einer gerichtlichen Überprüfung der Kommissionsentscheidung kommt und andererseits mit der einer solchen Klage stattgegeben wird. Sei $\chi \in (0;1)$ definiert als die Wahrscheinlichkeit, mit der gegen eine

---

[106] Vgl. auch Hafner (2000, S. 95f.).

[107] Eine Modellierung mit unterschiedlichen Fehlergewichten wäre möglich, würde allerdings den Rahmen dieser Arbeit sprengen.

Kommissionsentscheidung geklagt wird.[108] Prinzipiell könnte dabei zwischen zwei Klagewahrscheinlichkeiten unterschieden werden: der Wahrscheinlichkeit, mit der die Firmengruppe gegen eine ablehnende Kommissionsentscheidung klagt, und der Wahrscheinlichkeit, mit der von Dritten gegen eine Freistellung der Vereinbarung geklagt wird. Um die spätere Gleichgewichtsanalyse zu vereinfachen, nehme ich im folgenden jedoch an, daß diese beiden exogenen Klagewahrscheinlichkeiten denselben Wert χ annehmen.[109]

Die Wahrscheinlichkeit der Stattgabe einer Klage ist immer dann gleich Null, wenn die Kommission keinen Fehler gemacht hat, d.h. wenn sie eine freistellungsfähige Vereinbarung freigestellt und eine nicht-freistellungsfähige Vereinbarung nicht freigestellt hat. Sie ist gleich Eins, wenn sie einen Fehler erster oder zweiter Ordnung begangen hat. Da es für die Kommission nur darum geht, die Gerichtsentscheidung zu antizipieren, kann das Gericht selbst keinen *objektiven* Fehler begehen; was immer es entscheidet, wäre von der Kommission als richtig zu antizipieren gewesen.[110] Die erwartete Auszahlung der EU-Kommission (EP^K) in Abhängigkeit von der tatsächlichen Entscheidung der Firmengruppe, der Klagewahrscheinlichkeit und der Stattgabewahrscheinlichkeit läßt sich in Tabelle 3.1 ablesen.

---

[108] Auch hier sind die Extremfälle $\chi = 0$ und $\chi = 1$ ausgeschlossen.

[109] Diese Annahme schmälert zwar ein wenig die Interpretationskraft des Modells; vor allem die Isolation der Klagewahrscheinlichkeit Dritter wäre im Hinblick auf die Stärkung des *private enforcement* interessant gewesen. Private-Enforcement-Fragen bilden jedoch nicht den Schwerpunkt dieser Arbeit. Darüber hinaus trägt die Vereinfachung in nicht unerheblichem Maße zur leichteren Handhabung der mathematischen Ergebnisse bei und läßt im übrigen ausreichenden Spielraum für die Ableitungen wirtschaftspolitischer Handlungsempfehlungen.

[110] Mit anderen Worten, das EuGeI ist als perfekter Entscheider modelliert. Im Hinblick auf Fehler der Kommission bei der Feststellung von Tatsachen wäre auch eine schwächere Annahme denkbar: Um hinreichende Anreize für die Kommission zu generieren, richtige Entscheidungen zu treffen, würde eine Überprüfung der angewendeten Methoden durch das Gericht genügen; vgl. hierzu auch Shavell (1995), der den Instanzenzug als Mittel zur Fehlerreduktion bei juristischen Entscheidungen charakterisiert. Bei Fragen der rechtlichen Einordnung eines Sachverhaltes hingegen erscheint die Modellierung des EuGeI als perfekte Instanz nicht nur gerechtfertigt, sondern notwendig, da das Gericht letztendlich festlegt, was eine richtige Entscheidung gewesen wäre, vgl. hierzu auch die Ausführungen in Abschnitt 3.2.1.1. Ähnliche Perfektionsannahmen trifft etwa auch Shavell (2006), wenn er dem letztinstanzlichen Gericht Kenntnis der sozialen Wohlfahrtsfunktion unterstellt.

Tabelle 3.1: Die erwartete Auszahlung der EU-Kommission

Kommissions-entscheidung	tatsächliche Entscheidung der Firmengruppe	P^K	$pr\{Klage\}$	$pr\{Stattgabe\}$	EP^K
$k = \neg f$	$v = f$	-1	χ	1	$-\chi$
$k = f$	$v = \neg f$	-1	χ	1	$-\chi$
$k = \neg f$	$v = \neg f$	0	χ	0	0
$k = f$	$v = f$	0	χ	0	0
weiterer Parameter:		Kontrollwahrscheinlichkeit ξ			

Ferner erhält die Kommission ebenfalls eine erwartete Auszahlung von Null, wenn die Firmengruppe sich für *out* (Status Quo) oder im Genehmigungsspiel für *ill* entscheidet. Da bei einer unangemeldet geschlossenen Vereinbarung keine Überprüfung der Freistellungsfähigkeit stattfindet, kann die Kommission auch keine Fehler in dem hier definierten Sinn begehen. Analoges gilt auch im Legalausnahmespiel: Wann immer die Kommission nicht kontrolliert – sie tut dies mit der Wahrscheinlichkeit $1 - \xi$ –, kann sie ebenfalls keinen Assessment-Fehler begehen. In einem solchen Fall beträgt ihre erwartete Auszahlung also gleichfalls Null.[111]

Im Legalausnahmespiel beläuft sich daher ihre erwartete Auszahlung weiterhin auf Null, wenn sie bei der Überprüfung keinen Fehler begangen hat, aber lediglich auf $-\xi\chi$, falls sie einen begangen hat. Die Auszahlun-

---

[111] Etwaige Reputationsverluste durch ein Nichttätigwerdern der EU-Kommission werden in dieser Arbeit also ausgeblendet. Neben der Fokussierung auf ihre Imperfektion bei der Beurteilung von Vereinbarungen kann als weiterer Grund für diese Modellierung angeführt werden, daß Fehlentscheidungen der Kommission bei weitem mehr Aufsehen erregen, und damit auch zu einem größeren Schaden für sie führen, als ein – ohnedies nur schwer nachweisbares – Nichttätigwerden derselben. Die Einführung eines solchen zusätzlichen Reputationsverlustes würde im übrigen weder im Genehmigungs- noch im Legalausnahmespiel das gleichgewichtige Verhalten der EU-Kommission beeinflussen, vgl. hierzu auch die Fußnoten 129 in Abschnitt 3.3.2.1 und 217 in Abschnitt 3.4.2.1.

gen der EU-Kommission sind an den Endknoten der Spielbäume[112] in den Abbildungen 3.4 und 3.21 (auf den S. 140 und 198) eingetragen.

3.2.3.2 Die Payoffs der Firmengruppe

Die gewinnmaximierende und als risikoneutral modellierte Firmengruppe maximiert ihre erwarteten monetären Auszahlungen. Geht die Gruppe eine freistellungsfähige Vereinbarung ein, wählt sie also die Aktion f, so fällt ihr Gewinn niedriger aus, als wenn sie $\neg f$ gewählt und sich damit für eine nicht-freistellungsfähige Vereinbarung entschieden hätte. Dies folgt unmittelbar aus den in Abschnitt 3.2.1.2 dargestellten Überlegungen. Dort wurde gezeigt, wie die in Artikel 81(3) EG-Vertrag genannten Freistellungsvoraussetzungen in ökonomische Theorie umgesetzt werden können. Es wurde hergeleitet, daß beispielsweise ein Einkaufskartell nur vom Kartellverbot freigestellt werden kann, wenn ein Teil der Kosteneinsparungen an die Konsumenten weitergegeben wird. In Abbildung 3.3 (S. 118) ist eindeutig ersichtlich, daß die Firmengruppe ihren Gewinn mit der Preis-Mengen-Kombination (p^M, q^M) maximiert, da diese die Bedingung $GE = c^M$ erfüllt. Alle anderen Preis-Mengen-Kombinationen führen zu einem niedrigeren Gewinn für die Unternehmen. Insbesondere sinkt der Gewinn der Unternehmen, wenn der Preis auf dem Verkaufsmarkt, um die Freistellungsvoraussetzungen zu erfüllen, unterhalb von p^W_{alt} sinkt; ein Vergleich der Flächen der grau-umrandeten Rechtecke macht dies offensichtlich. Analoge Überlegungen können auch für andere horizontale Vereinbarungen angestellt werden, wie etwa Vermarktungs-, Normen- oder Umweltschutzvereinbarungen.

Auf einen in Abschnitt 3.2.1.2 nur am Rande erwähnten Gedanken soll hier nochmals zurückgegriffen werden: eine Beteiligung der Konsumenten an den Effizienzgewinnen nicht über eine Absenkung des Preises, sondern über eine Investition in die Qualitätsverbesserung des Produktes.[113] Durch die Aufwendung zusätzlicher Produktionskosten, was einer Verschmälerung der ursprünglichen Kosteneinsparung gleichkommt, kann die Qualität

---

[112] Eine Einführung in das Konzept des Spielbaums und seiner Elemente bietet beispielsweise Rasmusen (1989, S. 45-47).

[113] Vgl. Fußnote 88.

des Produktes verbessert werden mit der Folge, daß sich die Produktnach-
frage nach außen verschiebt. Auch in diesem Fall gilt, daß der Gewinn aus
einer freistellungsfähigen Vereinbarung niedriger ist als der einer nicht-
freistellungsfähigen Vereinbarung. Selbst wenn für die Freistellung ausreichend wäre, nach der Bildung eines Kartells den alten Preis zu verlangen,
weil dies den Konsumenten einen Rentenzuwachs aufgrund der gestiegen
Nachfrage beschert, würde dies die Unternehmen schlechter stellen, als
wenn sie die alte Menge zu einem wegen der gestiegen Nachfrage nun
höheren Preis absetzen könnten.

Die Firmengruppe verzichtet also sowohl im Falle der Weitergabe der
Effizienzgewinne über Preissenkungen als auch bei einer Gewinnweiterga-
be über Qualitätssteigerungen auf einen Teil ihres möglichen Gewinns. Ich
bezeichne mit $G > 0$ den Basisgewinn aus einer freistellungsfähigen Vereinbarung, in Abbildung 3.3 (S. 118) dargestellt durch die Fläche des grau-
umrandeten Rechtecks in der rechten Graphik, und mit $A > 0$ den Kartellaufschlag, also den Mehrwert, den eine nicht-freistellungsfähige Vereinbarung bringt. Damit addiert sich der Gewinn aus einer nicht-freistellungsfähigen Vereinbarung zu $G + A$[114], in Abbildung 3.3 dargestellt durch die
Fläche des grau-umrandeten Rechtecks in der linken Graphik.[115]

In beiden Rechtsdurchsetzungsinstitutionen fällt unter bestimmten Umständen eine Geldbuße an: Im Genehmigungssystem werden unangemeldet durchgeführte Vereinbarungen bei Entdecken damit belegt; im Legalausnahmesystem trifft es kontrollierte Vereinbarungen, bei denen die Überprüfung ergibt, daß sie die Freistellungsvoraussetzungen nicht erfüllen.[116]
Ich bezeichne diese Geldbuße mit $B > 0$.

---

[114] Eine äquivalente Darstellung wäre die Modellierung des Gewinns der nicht-
freistellungsfähigen Vereinbarung als Vielfaches des Basisgewinns G: $c \cdot G$ statt
$G + A$. Im Ergebnis sind beide Modellierungsvarianten identisch.

[115] Ein noch deutlicherer Verstoß wäre die Realisierung des Monopolgewinns ($p^M -
c^W_{neu}) \cdot q^M$. Für die Analyse ist es jedoch bereits ausreichend, auf den „kleineren" Ver-
stoß der nicht an die Konsumenten weitergegebenen Effizienzgewinne zurückzugreifen.

[116] Die gesetzlichen Regelungen finden sich in den Artikeln 15(2) VO 17/62 und
23(2) VO 1/2003. In beiden Durchführungsverordnungen ist festgeschrieben, daß die
„Geldbuße für jedes an der Zuwiderhandlung beteiligte Unternehmen [...] 10 % seines
[...] jeweiligen im vorausgegangenen Geschäftsjahr erzielten Gesamtumsatzes nicht
übersteigen" darf, vgl. Art. 23(2) VO 1/2003 und sinngemäß Art. 15(2) VO 17/62.

Welchen konkreten Auszahlungen sieht sich nun die Firmengruppe gegenüber? Ihre Auszahlung ist in beiden Spielen auf Null normiert, wenn sie sich für die Option *out* entscheidet. Entscheidet sie sich im Genehmigungsspiel für die Anmeldung, ist ihre Auszahlung nicht nur von ihrer eigenen Ausgestaltungsentscheidung $v \in \{f, \neg f\}$ abhängig, sondern auch von der Freistellungsentscheidung der Kommission $k \in \{f, \neg f\}$. Die aus dem Zusammenspiel der Entscheidungen resultierende Auszahlungsstruktur ist in Tabelle 3.2 dargestellt.

Tabelle 3.2: Die Auszahlungsstruktur der Firmengruppe nach erfolgter Anmeldung

F's Ausgestaltungs-entscheidung	K's Freistellungsentscheidung	
	$k = f$	$k = \neg f$
$v = f$	G	0
$v = \neg f$	$G + A$	0
weiterer Parameter:	Klagewahrscheinlichkeit χ	

Manche der in den Zellen eingetragenen Werte sind aber noch mit der Klagewahrscheinlichkeit zu modifizieren. Begeht die Kommission keine Fehler bei ihrer Entscheidung, sind die Eintragungen richtig: Die Firmengruppe erhält G, wenn ihre freistellungsfähige Vereinbarung genehmigt wird (linke obere Zelle), und sie erhält Null, wenn ihre nicht-freistellungsfähige Vereinbarung abgelehnt wird (rechte untere Zelle). In den beiden anderen Fällen kommt jedoch das EuGeI ins Spiel: Mit Wahrscheinlichkeit χ hebt es die Fehlentscheidung der Kommission, eine freistellungsfähige Vereinbarung nicht zu genehmigen (rechte obere Zelle), auf. Dies führt zu einem erwarteten Payoff der Firmengruppe von $\chi G + (1 - \chi) \cdot 0 = \chi G$. Mit Wahrscheinlichkeit $1 - \chi$ dagegen bleibt die Fehlentscheidung der Kommission, eine nicht-freistellungsfähige Vereinbarung zu genehmigen (linke untere Zelle) bestehen. Die Firmengruppe erhält dann $\chi \cdot 0 + (1 - \chi)(G + A) = (1 - \chi)(G + A)$.

Entscheidet sich die Firmengruppe im Genehmigungsspiel dafür, die Vereinbarung unangemeldet durchzuführen, so hängt ihre erwartete Auszahlung einzig von der gewählten Ausgestaltungsform der Vereinbarung $v \in \{f, \neg f\}$ und von der Entdeckungswahrscheinlichkeit τ ab; eine Freistellungsentscheidung wird nicht mehr getroffen. Die entsprechende Auszahlungsstruktur ist in Tabelle 3.3 abgebildet. Ist die illegal geschlossene Vereinbarung freistellungsfähig und wird sie nicht entdeckt, erhält die Firmengruppe eine Auszahlung in Höhe von G (linke obere Zelle); im Falle einer Entdeckung reduziert sich dieser Betrag auf $G - B$ (rechte obere Zelle). Ist die unangemeldet geschlossene Vereinbarung nicht-freistellungsfähig und wird nicht entdeckt, beträgt die Auszahlung der Firmengruppe $G + A$ (linke untere Zelle); dieser Betrag vermindert sich um die Geldbuße B auf $G + A - B$, falls die Vereinbarung aufgedeckt wird. Eine Modifizierung durch die Klagewahrscheinlichkeit χ ist hier nicht nötig, weil es ohne Anmeldung naturgemäß nicht zu einem gerichtlichen Überprüfungsverfahren bezüglich der Freistellungsfähigkeit kommen kann, da *jede* aufgedeckte illegale Vereinbarung verboten und mit einer Geldbuße belegt wird.

Tabelle 3.3: Die Auszahlungsstruktur der Firmengruppe ohne Anmeldung

F's Ausgestaltungs- entscheidung	Entdeckung	
	$1 - \tau$	τ
$v = f$	G	$G - B$
$v = \neg f$	$G + A$	$G + A - B$

Im Legalausnahmespiel steht die Firmengruppe nicht vor einer Anmeldeentscheidung, sondern hat nur die grundsätzliche Entscheidung für oder gegen eine Vereinbarung zu treffen, bevor sie über die Ausgestaltung der Vereinbarung entscheidet. Ihr erwarteter Payoff ist auch in dieser Situation nicht nur von der eigenen Ausgestaltungsentscheidung abhängig, sondern auch von der Freistellungsentscheidung der Kommission, sowie von den exogenen Parametern Kontrollwahrscheinlichkeit ξ und Klagewahrscheinlichkeit χ. Tabelle 3.4 zeigt die Auszahlungsstruktur, die sich aus dem Zusammenspiel der Entscheidungen ergibt.

Die Auszahlungsstruktur ist identisch mit derjenigen, der sich die Firmengruppe bei Nichtanmeldung im Genehmigungsspiel gegenübersieht

Tabelle 3.4: Die Auszahlungsstruktur der Firmengruppe bei Legalausnahme

F's Ausgestaltungs- entscheidung	K's Freistellungsentscheidung	
	$k = f$	$k = \neg f$
$v = f$	G	$G - B$
$v = \neg f$	$G + A$	$G + A - B$
weitere Parameter:	Kontrollwahrscheinlichkeit ξ Klagewahrscheinlichkeit χ	

(vgl. Tabelle 3.3.) Der Unterschied liegt darin, daß die angegebenen Auszahlungen nur realisiert werden, wenn überhaupt eine Kontrolle stattfindet. Dies ist mit Wahrscheinlichkeit ξ der Fall. Außerdem müssen die Zelleneintragungen noch mit der Klagewahrscheinlichkeit χ modifiziert werden, wie dies auch schon für den Fall der angemeldeten Vereinbarung gezeigt wurde. Allein der Eintrag in der linken oberen Zelle kann unverändert so stehenbleiben: G ist die Auszahlung, die die Gruppe im Kontrollfall wie im Nicht-Kontrollfall realisieren kann. Wird die freistellungsfähige Vereinbarung kontrolliert und von der Kommission richtigerweise nicht beanstandet, kommt es auch zu keiner Aufhebung durch das EuGeI. Anders in der rechten oberen Zelle: Hier begeht die Kommission im Kontrollfall einen Fehler 1. Ordnung, der mit Wahrscheinlichkeit χ aufgehoben wird. Wird nicht kontrolliert, kann die Firmengruppe ebenfalls einen Gewinn in Höhe von G erzielen. Der erwartete Payoff beträgt also $\xi[\chi G + (1-\chi)(G-B)] + (1-\xi)G = G - \xi(1-\chi)B$. Gestaltet die Firmengruppe ihre Vereinbarung nicht-freistellungsfähig aus und die Kommission entscheidet richtig mit einem Verbot, so gibt der Eintrag in der rechten unteren Zelle den Payoff im Kontrollfall wieder. Mit Wahrscheinlichkeit $1 - \xi$ wird die Vereinbarung jedoch nicht überprüft; dann fällt keine Strafe an, und die Gruppe erhält den gesamten Kartellgewinn $G + A$. Unter Berücksichtigung der Kontrollwahrscheinlichkeit ergibt sich also ein erwarteter Payoff von $G + A - \xi B$. Auch der Eintrag in der linken unteren Zelle muß noch modifiziert werden. Die Gruppe kann nur dann den gesamten Kartellgewinn $G + A$ realisieren, wenn sie entweder nicht kontrolliert wird (mit Wahrscheinlichkeit $1 - \xi$) oder die Fehlentscheidung der Kommission nicht aufgehoben wird (mit Wahrscheinlichkiet $1 - \chi$). Wird sie kontrolliert, und wird gegen die Fehlentscheidung der Kommission geklagt, wird die Gruppe mit der Strafe B belegt, so daß sich folgender erwarteter Payoff ergibt: $\xi[\chi(G + A - B) + (1 - \chi)(G + A)] + (1 - \xi)(G + A) = G + A - \xi\chi B$.

Alle hier bestimmten Auszahlungen sind an den Endknoten der Spielbäume in den Abbildungen 3.4 und 3.21 (auf den S. 140 und 198) eingetragen.

3.2.4 Die Information: Abmilderung der Informationsasymmetrie durch Assessment

Bei der Interaktion zwischen der Gruppe von Unternehmen und der EU-Kommission handelt es sich trotz der zeitlich gestaffelten Abfolge – erst entscheidet die Firmengruppe über die Ausgestaltung der Vereinbarung (γ), dann die Kommission über die Freistellung derselben (α, β) – um ein simultanes Spiel im spieltheoretischen Sinne. Als solches ist es zu klassifizieren, weil beide Spieler im Zeitpunkt ihrer Entscheidung die Wahl des Gegenspielers nicht kennen. Dies trifft auf die Firmengruppe zu, weil ihre eigene Entscheidung vor der der EU-Kommission fallen muß und weil sie das Resultat der Entscheidung der EU-Kommission erst ex post erfährt. Analoges gilt auch für die EU-Kommission. Auch sie ist nicht über die Entscheidung der Firmengruppe informiert, obwohl ihre eigene Entscheidung erst danach gefällt werden muß. Sie kann die Wahl der Ausgestaltungsform jedoch nicht beobachten.[117]

Zur Überwindung ihres Informationsnachteils steht der EU-Kommission die Möglichkeit zur Verfügung, ihren Wissensstand mit Hilfe der Auswertung eines Signals zu verbessern.[118] Dieses Signal empfängt sie, wenn sie die Freistellungsfähigkeit der Vereinbarung überprüft: Im Genehmigungsspiel erstellt sie auf Grundlage des Antrags eine Wirkungsprognose, um sich eine Meinung über die angemeldete Vereinbarung zu bilden. Im Legalausnahmespiel führt sie einen Test (aufgrund der Marktdaten) durch,

---

[117] Eine instruktive Einführung in das Konzept der simultanen Spielzüge bietet Eichberger (1993, S. 13-15).

[118] Vgl. hierzu auch die Ausführungen zum imperfekten Entscheidungsverhalten der EU-Kommission in Abschnitt 3.2.1.1.

um besser entscheiden zu können, ob die untersuchte Vereinbarung zu verbieten ist oder unbeanstandet bleiben kann. Der eigentliche Diagnoseprozeß ist dabei identisch und wird im folgenden beschrieben.

Es wird angenommen, daß die EU-Kommission durch Auswertung der vorliegenden Daten – seien es nun die Anmeldeunterlagen im Genehmigungsspiel oder Marktdaten im Legalausnahmespiel – ein Signal erhält, das mit dem wahren Verhalten der Firmengruppe $\gamma = pr\{v = f\}$ perfekt korreliert ist. Allerdings ist sie nicht in der Lage, das Signal auch perfekt zu empfangen und/oder zu verarbeiten, so daß die Meinung $m \in \{f, \neg f\}$, die sie sich aufgrund des empfangenen Signals über die Freistellungsfähigkeit der Vereinbarung bildet, nur imperfekt mit dem tatsächlichen Verhalten der Firmengruppe korreliert. Dennoch erlaubt ihr das Signal, zu einem besseren (im Sinne von „richtigeren") Urteil bezüglich der Freistellungsfähigkeit der Vereinbarung zu kommen, als wenn sie kein Signal erhalten hätte. Denn in einem solchen Fall müßte sie ohne weitere Information rationale Erwartungen bezüglich der Verhaltensstrategie γ der Firmengruppe bilden. Das Signal ermöglicht also Rückschlüsse auf die wahre Handlung der kartellierenden Unternehmen, nämlich ob die Vereinbarung so ausgestaltet wurde, daß sie freigestellt werden kann ($v = f$) oder nicht ($v = \neg f$). Es wird unterstellt, daß die Kommission diese Rückschlüsse durch Anwendung der Bayes-Regel zieht, d.h. einen Bayesian-Updating-Prozeß anwendet.[119] Die so aktualisierte Information in Form der Posterior-Beliefs $\mu := pr\{v = f | m = f\}$ und $\nu := pr\{v = f | m = \neg f\}$, die die bedingten Wahrscheinlichkeiten angeben, mit welchen das tatsächliche Verhalten der Firmengruppe gut war ($v = f$), wenn die Kommission sich eine positive ($m = f$) bzw. negative Meinung ($m = \neg f$) gebildet hat, kann sie dann nutzen, um ihre Entscheidung zu treffen. Dabei berücksichtigt sie ihr Diagnoseergebnis nur dann, wenn das ihre auszahlungsmaximierende Strategie ist. Wie bereits in Abschnitt 3.2.1.1 herausgearbeitet wurde, hängt das Verhalten der EU-Kommission nämlich nicht nur von ihren Fähigkeiten ab, sondern genausosehr von den Anreizen, das Diagnoseergebnis in die Entscheidung einfließen zu lassen.

Die Wahrscheinlichkeit, eine der beiden Signalausprägungen $m = f$ oder $m = \neg f$ zu empfangen, ist abhängig von der Entscheidung der Firmengruppe: Es beschreibt $\rho := pr\{m = f | v = f\}$ die Wahrscheinlichkeit,

---

[119] Für eine Darstellung des Bayesian-Updating-Prozesses vgl. etwa Rasmusen (1989, S. 56-59). Die Anwendung der Bayes-Rule erfolgt in Abschnitt 3.3.1.

daß die Kommission bei tatsächlicher Erfüllung der gesetzlichen Normen zu der Meinung gelangt, die Vereinbarung ist freistellungsfähig, wohingegen $\varphi := pr\{m = f | v = \neg f\}$ die Wahrscheinlichkeit bezeichnet, daß die Kommission bei Nichterfüllung der Freistellungsvoraussetzungen fälschlicherweise zu dieser Meinung kommt. Die entsprechenden Gegenwahrscheinlichkeiten sind mit $1 - \rho = pr\{m = \neg f | v = f\}$ und $1 - \varphi = pr\{m = \neg f | v = \neg f\}$ gegeben. Diese bedingten Wahrscheinlichkeiten ρ und φ können als Maß für die Diagnose- oder Beurteilungskompetenz der Kommission interpretiert werden. Ich werde sie daher im weiteren Verlauf als *Assessment-Skill*-Parameter oder *Beurteilungsfähigkeits*-Parameter bezeichnen. Die Assessment-Skill-Parameter $\rho = 1$ und $\varphi = 0$ würden bedeuten, daß die Kommission bei der Beurteilung der Vereinbarung keine Fehler begeht; mit anderen Worten: ihre Beurteilungsfähigkeit wäre perfekt. Gälte andererseits $\rho = \varphi$, so hieße das, die Kommission kann nicht besser als zufällig zwischen freistellungsfähigen und nicht-freistellungsfähigen Vereinbarungen unterscheiden; sie hätte dann keinerlei Beurteilungsfähigkeit. In meiner Arbeit unterstelle ich der Kommission imperfekte, aber positive Assessment-Skills: Sie kann besser als rein zufällig zwischen freistellungsfähigen und nicht-freistellungsfähigen Vereinbarungen unterscheiden, macht dabei jedoch Fehler.[120] Hier ist Vorsicht beim Begriff Fehler geboten: Vorerst geht es nur um den Empfang des Signals, also um die Erstellung einer Wirkungsprognose oder eines Marktdatentests; dieser kann fehlerbehaftet sein. Ob letztendlich dieser Fehler auch durch eine entsprechende Kommissionsentscheidung realisiert wird, also beispielsweise eine freistellungsfähige Vereinbarung im Genehmigungssystem nicht genehmigt (Fehler 1. Ordnung) oder eine nicht-freistellungsfähige Vereinbarung erlaubt (Fehler 2. Ordnung) wird, hängt allein von den Auszahlungen der Kommission ab. Mathematisch werden imperfekte, positive Assessment-Skills ausgedrückt durch die Relation $1 > \rho > \varphi > 0$.[121]

Die Assessment-Skill-Parameter sind in beiden Modellvarianten exogen angenommen. Um die Analyse nicht mit zu vielen Variablennamen zu

---

[120] Das in Abschnitt 2.4.3 vorgestellte Papier von Loss et al. (2007) arbeitet ebenfalls mit Beurteilungsfähigkeitsparametern, beschränkt die Analyse jedoch auf Fälle, in denen $\rho = 1 - \varphi$ gilt, vgl. Loss et al. (2007, S. 4).

[121] Denkbar ist natürlich auch eine Parameterkonstellation, in der $\rho \leq \varphi$ gilt. Auch diese Konstellation reflektiert aber eine (wenn auch negative) Korrelation von Signal und wahrer Handlung und ist insofern symmetrisch zum vorgestellten Fall.

überlasten und um die Identität des Diagnoseprozesses in beiden Rechtsdurchsetzungsinstitutionen zu unterstreichen, werden sowohl im Genehmigungsspiel als auch im Legalausnahmespiel für die Assessment-Skill-Parameter die Bezeichnungen ρ und φ verwendet. Dies ändert jedoch nichts daran, daß in beiden Spielen unterschiedliche Beurteilungsfähigkeiten angenommen werden können. Eine solche Annahme wäre beispielsweise sinnvoll, um einen Umstand zu modellieren, auf den die EU-Kommission in ihrem Weißbuch mehrfach hingewiesen hat: Durch den Systemwechsel vom Genehmigungs- zum Legalausnahmesystem hofft sie, von administrativen Aufgaben stärker entlastet zu werden und so ihre Ressourcen zur Erfüllung ihrer eigentlichen Pflichten, der wirksamen Durchsetzung des Kartellverbotes, bündeln zu können.[122] Wenn die Kommission mehr Zeit zur Verfügung hat, um Freistellungsentscheidungen zu treffen, kann dies durch eine Zunahme ihrer Beurteilungsfähigkeiten modelliert werden. Die Beurteilungsfähigkeitsparameter ρ und φ lägen dann im Legalausnahmespiel weiter auseinander als im Genehmigungsspiel ($\rho^L - \varphi^L > \rho^G - \varphi^G$), weil $\rho \to 1$ sowie $\varphi \to 0$ eine Zunahme an Perfektion bedeutet.[123]

Auf Basis des vorgestellten Diagnoseprozesses können nun auch die Verhaltensstrategien der Kommission bezüglich ihrer Freistellungsentscheidung formal definiert werden. Wie bereits im Abschnitt 3.2.2.2 angesprochen, hat die Kommission, nachdem sie die Wirkungsprognose erstellt oder den Test durchgeführt hat, in beiden Spielen eine binäre Entscheidungsvariable zur Verfügung: Sie entscheidet zwischen ex ante/ex post *freistellen* ($k = f$) und ex ante/ex post *nicht freistellen* ($k = \neg f$). Ich definiere in Abhängigkeit der aufgrund des empfangenen Signals gebildeten Meinung m die Verhaltensstrategien $\alpha = pr\{k = f | m = f\}$, also die Entscheidung, nach einem positiven Signal freizustellen, und $\beta = pr\{k = f | m = \neg f\}$, dasselbe nach einem negativen Signal zu tun.

Abschließend ist zu erwähnen, daß sämtliche in diesem Abschnitt (3.2) behandelten Annahmen über die Abfolge der Spielzüge, über die den Spielern zur Verfügung stehenden Strategien, sowie über die Auszahlungsstruktur *common knowledge* sind, d.h. beiden Spielern in vollem Umfang be-

---

[122] Vgl. hierzu die Ausführungen in Abschnitt 2.2.1.

[123] Die in Abschnitt 4.3 durchgeführte Simulation geht auf diesen Aspekt ein.

kannt sind.[124] Eine solche Annahme ist insofern gerechtfertigt, als davon ausgegangen werden kann, daß sich in der Realität sowohl die EU-Kommission als auch die Unternehmen der eigenen Optionen und der des jeweils anderen bewußt sind. Was die relevanten Auszahlungen angeht, so ist es für die Bestimmung der Gleichgewichte nicht notwendig, *exakte* Kenntnis von allen Auszahlungsparametern zu haben. So muß die Kommission beispielsweise nicht wissen, welche numerischen Gewinne wettbewerbsbeschränkende Vereinbarungen nach sich ziehen; es ist ausreichend, die Reihung der Parameter zu kennen (z.b. $G + A > G$) und sich eine Vorstellung bezüglich ihrer Verteilung machen zu können.

3.3 Das Genehmigungsspiel (VO 17/62)

Basierend auf den bisher getroffenen Annahmen kann nun das Genehmigungsspiel als Abstraktion der Durchführungsverordnung VO 17/62 vollständig dargestellt und auf seine Gleichgewichte hin untersucht werden. Abschnitt 3.3.1 erläutert den Spielbaum des Genehmigungsspiels, in Abschnitt 3.3.2 werden die Gleichgewichte hergeleitet und in Abschnitt 3.3.3 werden diese anhand der in Abschnitt 3.1.1 bestimmten Kriterien bewertet. Die Bewertung der Gleichgewichte dient der Vorbereitung des in Kapitel 4 durchgeführten Institutionenvergleichs.

3.3.1 Beschreibung des Spielbaums

Abbildung 3.4 zeigt den Spielbaum des Genehmigungsspiels, der aufgrund der bisher getroffenen Annahmen[125] konstruiert wurde und an dem die Spieler, deren jeweils mögliche Aktionen, ihre Auszahlungen sowie der Informationsstand abgelesen werden können. Die Reihenfolge der Auszahlungen an den Endknoten ist: Payoff der gewinnmaximierenden Firmengruppe, Payoff der aufhebungsaversen EU-Kommission.

Die Firmengruppe F hat die Möglichkeit, eine wettbewerbsbeschränkende Vereinbarung zu schließen. Im Entscheidungsknoten F_0 kann die

---

[124] Zum spieltheoretischen Begriff *common knowledge* vgl. etwa Rasmusen (1989, S. 50f.).

[125] Vgl. Abschnitt 3.2.

Gruppe entscheiden, ob sie dies tut, und wenn, ob sie die Vereinbarung anmelden (Aktion $a = an$) oder illegal unangemeldet durchführen will (Aktion $a = ill$). Falls sie sich entscheidet, die Vereinbarung nicht zu schließen (Aktion $a = out$), endet das Spiel, der Status Quo bleibt erhalten, und die Auszahlungen für die Firmengruppe und die Kommission K sind jeweils Null. Entscheidet sich F jedoch dafür, die Vereinbarung durchzuführen, aber nicht anzumelden, beginnt in Entscheidungsknoten F_1 das *Illegal-Teilspiel*; will sie die Vereinbarung dagegen anmelden, beginnt in Entscheidungsknoten F_2 das *Anmelde-Teilspiel*.

Das Illegal-Teilspiel

Wenn sich die Firmengruppe gegen eine Anmeldung und für eine illegale Durchführung der Vereinbarung entscheidet, steht sie in Entscheidungsknoten F_1 vor der Wahl, die Vereinbarung freistellungsfähig (Aktion $v = f$) oder nicht-freistellungsfähig (Aktion $v = \neg f$) auszugestalten. Für die Aktion $v = f$ ist die Verhaltensstrategie $\delta = pr\{v = f\} \in [0; 1]$ definiert. Damit bezeichnet $1 - \delta$ die Wahrscheinlichkeit, daß die Firmengruppe $v = \neg f$ wählt. Nach der Firmenentscheidung zieht die Natur, dargestellt durch die Wahrscheinlichkeitsknoten N_{11} bzw. N_{12}, ob die Vereinbarung entdeckt wird. Eine Entdeckung erfolgt mit Wahrscheinlichkeit τ, die Auferlegung einer Geldbuße nach Entdeckung mit Wahrscheinlichkeit Eins, da eine illegal durchgeführte Vereinbarung unabhängig von der Erfüllung der Freistellungsvoraussetzungen des Artikel 81(3) EG-Vertrag immer untersagt und mit einer Geldbuße belegt wird. Damit ist τ nicht nur die Entdeckungs-, sondern gleichzeitig auch die Sanktionswahrscheinlichkeit. Nach dem Zug der Natur endet das Spiel, und die Spieler erhalten die in eckigen Klammern an den Endknoten angegebenen Auszahlungen. Diese wurden bereits in Abschnitt 3.2.3.2 bestimmt.

Das Anmelde-Teilspiel

In Entscheidungsknoten F_2 trifft die Firmengruppe ebenfalls ihre Entscheidung darüber, wie sie die Vereinbarung ausgestaltet. Wählt sie die Aktion $v = f$, so gestaltet sie sie so aus, daß sie sich in Einklang mit Artikel 81(3) EG-Vertrag befindet, also freistellungsfähig ist. Wählt sie die Aktion $v = \neg f$, ist die Vereinbarung nicht-freistellungsfähig. Für die Aktion $v = f$

Abbildung 3.4: Das Genehmigungsspiel

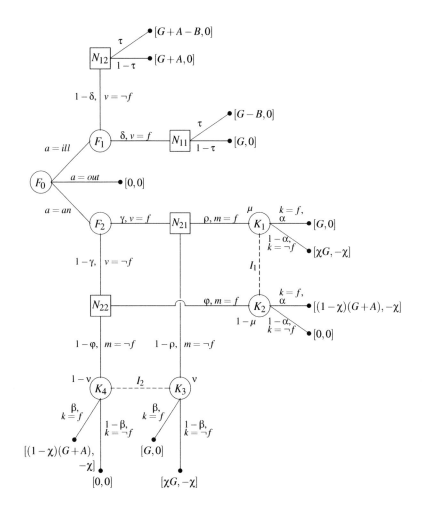

ist die Verhaltensstrategie $\gamma = pr\{v = f\} \in [0; 1]$ definiert. Damit wählt F die Aktion $v = \neg f$ mit Wahrscheinlichkeit $1 - \gamma$.

Nachdem F sich für die Ausgestaltungsform der Vereinbarung entschieden hat, erhält die Kommission ein Signal über die gewählte Ausgestaltungsform, mit dessen Hilfe sie sich eine Meinung $m \in \{f, \neg f\}$ über die Freistellungsfähigkeit der untersuchten Vereinbarung bildet. Dabei bedeutet $m = f$, daß die Kommission die Vereinbarung für freistellungsfähig hält, und $m = \neg f$, daß sie sie für nicht-freistellungsfähig hält. Dieser Diagnoseprozeß ist als Zug der Natur modelliert, dargestellt durch die Wahrscheinlichkeitsknoten N_{21} und N_{22}, und läßt sich interpretieren als zusätzliche Information, die die Kommission aus dem Studium der Antragsunterlagen gewinnt. Hat sich F für eine freistellungsfähige Vereinbarung entschieden, bildet sich die Kommission in Wahrscheinlichkeitsknoten N_{21} mit Wahrscheinlichkeit ρ die Meinung $m = f$ und mit der Gegenwahrscheinlichkeit $1 - \rho$ die Meinung $m = \neg f$. Hat sich F dagegen für eine nicht-freistellungsfähige Vereinbarung entschieden, gelangt die EU-Kommission in Wahrscheinlichkeitsknoten N_{22} mit Wahrscheinlichkeit φ zu der Meinung $m = f$ und mit der Gegenwahrscheinlichkeit $1 - \varphi$ zu der Meinung $m = \neg f$. Es sei nochmals daran erinnert, daß das Signal zwar perfekt mit dem tatsächlichen Verhalten der Firmengruppe korreliert ist, die Kommission das Signal aber nicht perfekt empfangen und/oder verarbeiten kann, weswegen ihre Meinung m nur imperfekt mit dem tatsächlichen Firmenverhalten korreliert ist. Wegen der Annahme $1 > \rho > \varphi > 0$ ist die Kommission aufgrund dieses Diagnoseprozesses jedoch in der Lage, besser als rein zufällig zwischen freistellungsfähigen und nicht-freistellungsfähigen Vereinbarungen zu unterscheiden.[126] K kann sich demnach aufgrund des empfangenen Signals zwar eine Meinung m über das wahre Firmenverhalten bilden, weiß jedoch nicht mit Sicherheit, welche Entscheidung der Firmengruppe an Entscheidungsknoten F_1 diesem Signal vorausgegangen ist. Wenn sie zu einer positiven Einschätzung $m = f$ gelangt ist, also daß die Vereinbarung freistellungsfähig ist, weiß die Kommission dennoch nicht, ob sie sich an Entscheidungsknoten K_1 oder Entscheidungsknoten K_2 befindet, ob also die Firmengruppe die Vereinbarung tatsächlich freistellungsfähig ausgestaltet hat oder nicht. Dies wird in Abbildung 3.4 durch die gestrichelte Linie zwischen den Knoten K_1 und K_2 und die Beschriftung I_1 dargestellt:

---

[126] Vgl. hierzu auch die entsprechenden Ausführungen in den Abschnitten 3.2.1.1 und 3.2.4.

Die Kommission befindet sich im Informationsbezirk I_1. Genauso verhält es sich, wenn die Kommission ein Signal empfängt, das bei ihr eine negative Einschätzung $m = \neg f$ auslöst, also die Meinung, daß die Vereinbarung nicht freistellungsfähig ist. In diesem Fall befindet sich K im Informationsbezirk I_2, der die Entscheidungsknoten K_3 und K_4 umfaßt.

Obwohl die EU-Kommission nur ein Signal empfängt und nicht weiß, in welchem Knoten sie sich jeweils befindet, kann sie sich mit Hilfe ihrer Assessment-Skill-Parameter ρ und φ und rationalen Erwartungen bezüglich F's Verhaltensstrategie γ und unter Anwendung der Bayes-Rule eine a-posteriori-Einschätzung darüber bilden:

$$\mu \; := \; pr\{v = f | m = f\} \quad = \quad \frac{\gamma\rho}{\gamma\rho + (1 - \gamma)\varphi} \; \text{und} \tag{3.1}$$

$$\nu \; := \; pr\{v = f | m = \neg f\} \quad = \quad \frac{\gamma(1 - \rho)}{\gamma(1 - \rho) + (1 - \gamma)(1 - \varphi)}. \tag{3.2}$$

Dabei bezeichnet μ die bedingte Wahrscheinlichkeit, daß die wahre Aktion der Firmengruppe $v = f$ war, wenn die Kommission zu der Meinung $m = f$ gelangt ist. Dies ist gleichbedeutend mit der Wahrscheinlichkeit, sich in Knoten K_1 zu befinden. Es ist dagegen ν die Wahrscheinlichkeit, daß das Verhalten der Firmengruppe tatsächlich gut war ($v = f$), obwohl die EU-Kommission zu einer negativen Einschätzung $m = \neg f$ gelangt ist. Im Spielbaum bedeutet dies, daß sich die Kommission mit Wahrscheinlichkeit ν in Knoten K_3 befindet.[127] Es ist hierbei zu beachten, daß die Kommission das wahre γ nicht beobachten kann. Wenn sie μ und ν berechnen will, muß sie dazu das gleichgewichtige Verhalten von F antizipieren. Die Gegenwahrscheinlichkeiten $1 - \mu$ und $1 - \nu$ geben an, mit welcher Wahrscheinlichkeit K sich in den Knoten K_2 bzw. K_4 befindet:

---

[127] Ein intuitiver Weg, μ und ν zu bestimmen, ist es, die entsprechenden Äste des Spielbaums „abzulaufen". So erhält man μ, indem man vom Entscheidungsknoten F_2 zum Entscheidungsknoten K_1 läuft (dabei passiert man die mit γ und ρ beschrifteten Äste) und das sich daraus ergebende Wahrscheinlichkeitsprodukt ($\gamma \cdot \rho$) durch dasjenige teilt, das sich ergibt, wenn man von Entscheidungsknoten F_2 in den Informationsbezirk I_1 läuft. Dazu muß man zwei Wege ablaufen: einmal die bereits bekannten Äste ($\gamma \cdot \rho$), und einmal den zweiten Weg, der nach I_1 führt, nämlich die mit $1 - \gamma$ und φ beschrifteten Äste; die beiden Wegstrecken werden dann addiert ($\gamma \cdot \rho + (1 - \gamma) \cdot \varphi$).

$$1 - \mu \; := \; pr\{v = \neg f | m = f\} \; = \; \frac{(1-\gamma)\varphi}{\gamma\rho + (1-\gamma)\varphi} \text{ und} \qquad (3.3)$$

$$1 - \nu \; := \; pr\{v = \neg f | m = \neg f\}$$

$$= \; \frac{(1-\gamma)(1-\varphi)}{\gamma(1-\rho) + (1-\gamma)(1-\varphi)}. \qquad (3.4)$$

In beiden Informationsbezirken hat die Kommission die Möglichkeit, die Vereinbarung vom Kartellverbot freizustellen (Aktion $k = f$) oder nicht freizustellen (Aktion $k = \neg f$). Für die Aktion $k = f$ ist in Informationsbezirk I_1, also wenn sich die Kommission eine positive Meinung gebildet hat, die Verhaltensstrategie $\alpha = pr\{k = f | m = f\} \in [0;1]$ definiert. In Informationsbezirk I_2, also bei negativer Einschätzung durch die EU-Kommission, lautet die entsprechende Verhaltensstrategie $\beta = pr\{k = f | m = \neg f\} \in [0;1]$. Die Gegenwahrscheinlichkeiten $1 - \alpha$ und $1 - \beta$ geben jeweils die Wahrscheinlichkeiten für die ablehnende Entscheidung $k = \neg f$ an. Nach der Freistellungsentscheidung der Kommission endet das Spiel, und die Spieler erhalten die in eckigen Klammern an den Endknoten angegebenen Auszahlungen. Diese wurden bereits in Abschnitt 3.2.3 bestimmt.

3.3.2 Bestimmung der Gleichgewichte

Im folgenden werden die Gleichgewichte des Genehmigungsspiels bestimmt. Dazu wird zunächst die Optimalwahl der Akteure im Illegal- und im Anmelde-Teilspiel berechnet. Dabei kann das Illegal-Teilspiel durch einfache Rückwärtsinduktion mit seinem Teilspielwert ersetzt werden, wohingegen im Anmelde-Teilspiel etwas komplizierter Perfekt Bayesianische Gleichgewichte bestimmt werden müssen. In einem abschließenden Schritt wird das Gesamtspiel ebenfalls durch Rückwärtsinduktion gelöst.

3.3.2.1 Die Optimalwahl der Firmengruppe und der Teilspielwert im Illegal-Teilspiel

Das Illegal-Teilspiel besteht lediglich aus der Entscheidung der Firmengruppe über die Ausgestaltung der Vereinbarung und einem anschließenden Zug der Natur, der die exogen festgelegte Wahrscheinlichkeit repräsentiert, mit der die Vereinbarung durch die EU-Kommission entdeckt wird.[128] Insofern findet in diesem Teilspiel keine echte Interaktion zwischen Kommission und Firmengruppe statt. Der Optimierungskalkül der Firmengruppe läßt sich daher sehr einfach darstellen:

Entscheidet sich F für eine freistellungsfähige Vereinbarung ($v = f$), so erhält sie als erwartete Auszahlung $EP_{ill}^{F}(v = f) = \tau(G - B) + (1 - \tau)G = G - \tau B$, das ist der Gewinn G aus einer freistellungsfähigen Vereinbarung abzüglich der erwarteten Geldbuße τB. Entscheidet sie sich dagegen für eine nicht-freistellungsfähige Vereinbarung ($v = \neg f$), erhöht sich ihre erwartete Auszahlung um den Kartellaufschlag A: $EP_{ill}^{F}(v = \neg f) = \tau(G + A - B) + (1 - \tau)(G + A) = G + A - \tau B$.

Es ist auf den ersten Blick ersichtlich, daß die Firmengruppe angesichts dieser Auszahlungsstruktur niemals eine freistellungsfähige Vereinbarung wählen wird. Durch die Entscheidung für eine nicht-freistellungsfähige Vereinbarung ($v = \neg f$) kann sie sich in jedem Fall einen um A höheren Payoff sichern. Da der Kartellaufschlag A positiv ist, wird sie immer

$$\delta^{*} = pr\{v = f\} = 0 \tag{3.5}$$

wählen, unabhängig vom konkreten Wert der Entdeckungswahrscheinlichkeit. Der gleichgewichtige erwartete Payoff der Firmengruppe im Illegal-Teilspiel ist damit gegeben als

$$EP_{ill}^{F} = G + A - \tau B. \tag{3.6}$$

Die EU-Kommission erhält unabhängig von der Entscheidung der Firmengruppe eine Auszahlung von Null ($EP_{ill}^{K} = 0$), weil sie im Illegal-Teilspiel per definitionem keinen Beurteilungsfehler machen kann: Die entdeckte Vereinbarung wird nicht auf ihre Freistellungsfähigkeit hin überprüft.[129] Damit lautet der Teilspielwert[130] des Illegal-Teilspiels

$$TSW_{ill} = [G + A - \tau B, 0]. \tag{3.7}$$

---

[128] Vgl. die Abschnitte 3.2.2.2 und 3.3.1.

[129] Die Einführung eines Reputationsverlustes bei Nichttätigwerden der EU-Kommission, also bei einer mit Wahrscheinlichkeit $1 - \tau$ nicht erfolgten Entdeckung illegal geschlossener Vereinbarungen, wie sie in Abschnitt 3.2.3.1 (Fußnote 111) angesprochen wurde, würde die in dieser Arbeit für das Genehmigungsspiel abgeleiteten Ergebnisse nicht beeinflussen: Da die EU-Kommission im Illegal-Teilspiel nicht am Zug ist, sind ihre Auszahlungen in diesem Teilspiel für ihre gleichgewichtige Strategie irrelevant.

[130] Der Teilspielwert eines Teilspiels ist die Payoff-Kombination, die sich ergibt, wenn alle Spieler in diesem Teilspiel ihre gleichgewichtige Strategie spielen.

3.3.2.2 Die Optimalwahl der EU-Kommission im Anmelde-Teilspiel

Die EU-Kommission kommt als aktiver Spieler nur im Anmelde-Teilspiel zum Zug: einmal im Informationsbezirk I_1, wenn sie sich aufgrund des empfangenen Signals die Meinung $m = f$ gebildet hat, und einmal im Informationsbezirk I_2, nachdem sie nach dem empfangenen Signal zur Auffassung $m = \neg f$ gelangt ist.

Ich betrachte zunächst K's Optimalwahl im Informationsbezirk I_1. K's erwartete Auszahlung ergibt sich aus den Auszahlungen an den Endknoten, multipliziert mit den jeweiligen Eintrittswahrscheinlichkeiten:[131]

$$EP_{I_1}^K \;\; = \;\; -\mu(1-\alpha)\chi - (1-\mu)\alpha\chi \;\; = \;\; [(2\mu-1)\alpha - \mu]\chi.$$

Befindet sich die Kommission im Knoten K_1 und genehmigt die Vereinbarung oder befindet sie sich im Knoten K_2 und lehnt die Vereinbarung ab, begeht sie keinen Fehler und erhält eine Auszahlung von Null. Bei den beiden übrigen Entscheidungen erhält sie jeweils eine Auszahlung von $-\chi$, weil ihre Entscheidung einer gerichtlichen Überprüfung nicht standhält. $EP_{I_1}^K$ ist affin-linear in K's Verhaltensstrategie α. Die erste Ableitung nach α lautet

$$\frac{dEP_{I_1}^K}{d\alpha} \;\; = \;\; (2\mu-1)\chi.$$

Durch Einsetzen von μ, siehe Gleichung (3.1), läßt sie sich umformulieren zu

$$\frac{dEP_{I_1}^K}{d\alpha} \;\; = \;\; (2\frac{\gamma\rho}{\gamma\rho + (1-\gamma)\varphi} - 1)\chi.$$

Ob die Funktion der erwarteten Auszahlung der EU-Kommission steigt, fällt oder eine Steigung von Null aufweist, hängt vom Vorzeichen der ersten Ableitung ab.[132] Ist die Ableitung positiv, steigt K's erwartete Auszahlung in α, und sie wird α^* so groß wie möglich wählen, um diese Auszahlung zu maximieren: Sie setzt $\alpha^* = 1$, was gleichbedeutend ist mit einer sicheren Freistellung der Vereinbarung. Die Ableitung ist genau dann positiv, wenn beide Faktoren positiv oder beide Faktoren negativ sind. Weil annahmegemäß $\chi > 0$ gilt, kann die Ableitung nur positiv sein, wenn der

---

[131] Die zweite Zeile ergibt sich durch einfache algebraische Umformungen. Für eine schrittweise Herleitung siehe Anhang B.1.1.

[132] Weil K's erwartete Auszahlung eine affin-lineare Funktion in α ist, muß die zweite Ableitung nicht gesondert überprüft werden. Sie beträgt immer Null.

Klammerausdruck positiv ist. Dies ist genau dann der Fall, wenn folgende Ungleichung erfüllt ist:[133]

$$\gamma \ > \ \frac{\varphi}{\rho + \varphi} := \gamma_1. \tag{3.8}$$

Zur Vereinfachung der folgenden Analyse bezeichne ich die rechte Seite der Ungleichung (3.8) mit γ_1. Die Ableitung wird dagegen nur dann negativ, wenn $\gamma < \gamma_1$ erfüllt ist. In diesem Fall sinkt die erwartete Auszahlung mit steigendem α, und die Kommission wählt ihr optimales α^* so niedrig wie möglich, also $\alpha^* = 0$, d.h. sie stellt die vorliegende Vereinbarung mit Sicherheit nicht frei. Schließlich ist die Kommission indifferent für den Fall $\gamma = \gamma_1$: Jedes $\alpha^* \in [0;1]$ ist optimal für sie, weil ihre erwartete Auszahlung eine waagerechte Gerade ist.

Der Zusammenhang zwischen dem Verhalten der Firmengruppe γ und der Verhaltensstrategie α der Kommission, nachdem sie sich eine positive Meinung $m = f$ gebildet, läßt sich durch die Reaktionsfunktion $\alpha^* = \alpha^*(\gamma)$ beschreiben, welche in Abbildung 3.5 dargestellt ist:[134]

$$\alpha^*(\gamma) \ = \ \begin{cases} 0 & \forall \ \gamma < \gamma_1; \\ x \in [0;1] & \text{für } \gamma = \gamma_1; \\ 1 & \forall \ \gamma > \gamma_1. \end{cases} \tag{3.9}$$

Analog kann die optimale Verhaltensstrategie $\beta^* = \beta^*(\gamma)$ für Informationsbezirk I_2 bestimmt werden, also wenn die Kommission nach dem Empfang des Signals zu einer negativen Beurteilung der Vereinbarung ($m = \neg f$) gelangt ist. Ihr erwarteter Payoff ist dann

$$EP_{I_2}^K \ = \ -\nu(1-\beta)\chi - (1-\nu)\beta\chi \ = \ [(2\nu-1)\beta - \nu]\chi.^{135}$$

Die erste Ableitung nach K's Verhaltensstrategie β lautet

$$\frac{dEP_{I_2}^K}{d\beta} \ = \ (2\nu - 1)\chi.$$

---

[133] Ungleichung (3.8) ergibt sich aus einfachen algebraischen Umformungen. Eine schrittweise Herleitung findet sich in Anhang B.1.3.

[134] Präzise handelt es sich nicht um eine Funktion, sondern um eine *Relation*, da dem Wert γ_1 *mehrere* α-Werte zugeordnet sind. Der Begriff Reaktions*funktion* wird gleichwohl für die Beschreibung derartiger Zusammenhänge benutzt.

[135] Herleitung siehe Anhang B.1.2.

Abbildung 3.5: K's Reaktionsfunktion $\alpha^*(\gamma)$ bei positiver Meinung $m = f$

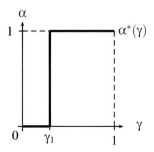

Einsetzen von ν, siehe Gleichung (3.2), liefert

$$\frac{dEP_{I_2}^K}{d\beta} = (2\frac{\gamma(1-\rho)}{\gamma(1-\rho)+(1-\gamma)(1-\varphi)} - 1)\chi.$$

Die erste Ableitung nach β ist dann und nur dann positiv und führt zur optimalen Wahl $\beta^* = 1$, also einer sicheren Freistellung, wenn folgende unter Berücksichtigung der Annahme $\chi > 0$ hergeleitete Ungleichung erfüllt ist:[136]

$$\gamma > \frac{1-\varphi}{1-\rho+1-\varphi} := \gamma_2. \tag{3.10}$$

Die rechte Seite dieser Ungleichung bezeichne ich der Einfachheit halber mit γ_2. Wie schon für die optimale Verhaltensstrategie α^* hergeleitet, gilt auch für β^*, daß die Kommission ihren erwarteten Payoff maximiert, wenn sie im Fall $\gamma < \gamma_2$ $\beta^* = 0$ wählt, also die vorliegende Vereinbarung mit Sicherheit nicht freistellt. Jedes β^* zwischen Null und Eins ist wieder optimal, wenn γ exakt den Wert γ_2 annimmt.

Diese Zusammenhänge zwischen dem Verhalten der Firmengruppe γ und der Verhaltensstrategie β der Kommission, nachdem sie sich die Meinung $m = \neg f$ gebildet hat, gibt die Reaktionsfunktion $\beta^* = \beta^*(\gamma)$ wieder, welche in Abbildung 3.6 dargestellt ist:

$$\beta^*(\gamma) = \begin{cases} 0 & \forall \quad \gamma < \gamma_2; \\ x \in [0;1] & \text{für } \gamma = \gamma_2; \\ 1 & \forall \quad \gamma > \gamma_2. \end{cases} \tag{3.11}$$

---

[136] Herleitung siehe Anhang B.1.4.

Abbildung 3.6: K's Reaktionsfunktion $\beta^*(\gamma)$ bei negativer Meinung
$m = \neg f$

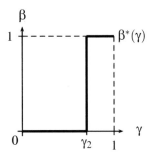

Abbildung 3.7 zeigt nochmals beide Reaktionsfunktionen $\alpha^*(\gamma)$ und $\beta^*(\gamma)$ in jeweils einem Einheitswürfel. Die getroffene Annahme bezüglich der Assessment-Skill-Parameter ($0 < \varphi < \rho < 1$) impliziert $\gamma_1 < \gamma_2$[137]. Weil $\alpha^*(\gamma)$ und $\beta^*(\gamma)$ unabhängig voneinander sind, gelten die ermittelten Reaktionsfunktionen für alle möglichen Werte der jeweils anderen Reaktionsfunktion. Aus diesem Grund haben sie das in Abbildung 3.7 dargestellte treppenförmige Aussehen: Für Werte $\gamma < \gamma_1$ bildet die im linken Einheitswürfel (in Hellgrau) dargestellte Reaktionsfunktion $\alpha^*(\gamma)$ die Fläche des kleinen schwarz-umrandeten und hellgrau-schraffierten Rechtecks an der Rückwand des Einheitswürfels; die optimale Reaktion der Kommission ist $\alpha^* = 0$, also die Nicht-Freistellung der Vereinbarung.[138] Für Werte $\gamma > \gamma_1$ ist die Reaktionsfunktion $\alpha^*(\gamma)$ die Fläche des größeren schwarz-umrandeten und hellgrau-schraffierten Rechtecks an der Vorderseite des Einheitswürfels; die optimale Reaktion der Kommission ist $\alpha^* = 1$, also die Freistellung der Vereinbarung. Für den exakten Wert $\gamma = \gamma_1$ ist die Kommission indifferent: jedes α zwischen Null und Eins ist für sie optimal. In der Abbildung ist dies dargestellt durch die Fläche des schwarz-umrandeten und hellgrau-schraffierten Rechtecks parallel zur Grundfläche

---

[137] Beweis siehe Anhang B.1.5.

[138] Die Größe der Rechtecke ist natürlich abhängig von der Lage der Schwelle γ_1, welche wiederum abhängig ist von der konkreten Konstellation der exogenen Variablen ρ und φ. Die Bezeichnung der Rechtecke als „klein" oder „groß" dient nur der Illustration und dem besseren Verständnis der Graphik.

des Einheitswürfels, das aufgrund der Perspektive als Parallelogramm erscheint, in Höhe von γ_1.

Abbildung 3.7: K's Reaktionsfunktionen $\alpha^*(\gamma)$ und $\beta^*(\gamma)$

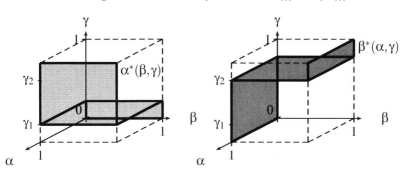

Genauso läßt sich die Reaktionsfunktion $\beta^*(\gamma)$, in Abbildung 3.7 rechts (in Dunkelgrau) eingezeichnet, beschreiben: Für Werte $\gamma < \gamma_2$ bildet sie die Fläche des großen schwarz-umrandeten und dunkelgrau-schraffierten Rechtecks an der linken Wand des Einheitswürfels; die optimale Reaktion der Kommission ist $\beta^* = 0$, also die Nicht-Freistellung der Vereinbarung. Für Werte $\gamma > \gamma_2$ ist die Reaktionsfunktion $\beta^*(\gamma)$ die Fläche des kleineren schwarz-umrandeten und dunkelgrau-schraffierten Rechtecks an der rechten Wand des Einheitswürfels; die optimale Reaktion der Kommission ist $\beta^* = 1$, also die Freistellung der Vereinbarung. Für den exakten Wert $\gamma = \gamma_2$ ist die Kommission indifferent: jedes β zwischen Null und Eins ist für sie optimal, dargestellt durch die Fläche des schwarz-umrandeten und dunkelgrau-schraffierten Rechtecks parallel zur Grundfläche des Einheitswürfels (Parallelogramm) in Höhe von γ_2.

Ein Zwischenergebnis kann bereits hier festgehalten werden: Die Reaktionsfunktion der EU-Kommission $\beta^*(\gamma)$ ist für keinen γ-Wert größer als die Reaktionsfunktion $\alpha^*(\gamma)$; dies bedeutet, daß die Wahrscheinlichkeit, daß die Kommission eine Vereinbarung freistellt, nachdem sie sich eine positive Meinung gebildet hat, immer mindestens so groß ist wie die Wahrscheinlichkeit, daß sie dies tut, nachdem sie zu einer negativen Einschätzung gelangt ist. Dieses Ergebnis ist getrieben von der Annahme $\rho > \varphi$: Die EU-Kommission kann besser als rein zufällig zwischen den Vereinbarungstypen unterscheiden und stellt eher eine gute als eine schlechte Vereinbarung frei. Auffallend ist weiterhin, daß das Verhalten der Kommission nur noch von ihren Assessment-Skill-Parametern ρ und φ, nicht jedoch von ihrer Auszahlung abhängt. Allerdings kann jedoch ihre durch ρ und φ festgelegte Beurteilungsfähigkeit als Proxy für Aufhebungsaversion verstanden werden; je besser die Kommission zwischen den angemeldeten Vereinbarungen unterscheiden kann, desto seltener wird ihre Entscheidung durch das EuGeI aufgehoben.

Abbildung 3.8: Die Schnittlinie von K's Reaktionsfunktionen:
$$\alpha^*(\gamma) \cap \beta^*(\gamma)$$

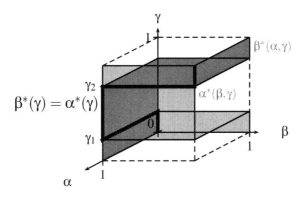

Für die spätere Gleichgewichtsermittlung im Anmelde-Teilspiel ist es sinnvoll, die Punkte zu bestimmen, in denen sich die Reaktionsfunktionen $\alpha^*(\gamma)$ und $\beta^*(\gamma)$ schneiden. Weil sich die Reaktionsfunktionen im dreidimensionalen Raum aus jeweils drei Teil-Ebenen zusammensetzen, liegen diese Punkte auf einer Linie. Wo diese *Schnittlinie* die noch zu ermittelnde Reaktionsfunktion $\gamma^*(\alpha, \beta)$ der Firmengruppe schneidet, befinden sich die Gleichgewichte des Anmelde-Teilspiels.[139] Abbildung 3.8 zeigt diese Schnittlinie.[140] Sie verläuft senkrecht vom Punkt $(1,1,1)$ zum Punkt

---

[139] Die Ermittlung der Reaktionsfunktion der Firmengruppe erfolgt in Abschnitt 3.3.2.3; die Gleichgewichte werden in Abschnitt 3.3.2.4 bestimmt.
[140] Mathematisch ist sie der geographische Ort aller Punkte, für die gilt $\alpha^*(\gamma) = \beta^*(\gamma)$.

$(1,1,\gamma_2)$, dann waagrecht nach links zum Punkt $(1,0,\gamma_2)$, von dort senkrecht nach unten zum Punkt $(1,0,\gamma_1)$, danach schräg nach hinten zu Punkt $(0,0,\gamma_1)$ und schließlich senkrecht nach unten zum Punkt $(0,0,0)$.[141]

3.3.2.3 Die Optimalwahl der Firmengruppe im Anmelde-Teilspiel

Die Firmengruppe ist im Anmelde-Teilspiel nur einmal am Zug: Sie wählt die Ausgestaltungsform der Vereinbarung, indem sie sich zwischen den Aktionen $v = f$ und $v = \neg f$ entscheidet. Die für diese Aktionswahl definierte Verhaltensstrategie ist $\gamma = pr\{v = f\}$. F's erwartete Auszahlung im Anmelde-Teilspiel beläuft sich auf

$$EP_a^F = \gamma[\rho\alpha + (1-\rho)\beta]G + \gamma[\rho(1-\alpha) + (1-\rho)(1-\beta)]\chi G$$
$$+ (1-\gamma)[\varphi\alpha + (1-\varphi)\beta](1-\chi)(G+A).$$

Der erste Summand bezeichnet F's erwartete Auszahlung, wenn sich die Gruppe gut verhält, also eine freistellungsfähige Vereinbarung schließt, und diese von der Kommission nicht beanstandet wird. In einem solchen Fall erhält sie den Basisgewinn einer freistellungsfähigen Vereinbarung G, modifiziert um die entsprechenden Eintrittswahrscheinlichkeiten. Der zweite Summand bezeichnet ihre erwartete Auszahlung für den Fall, in welchem sie sich auch gut verhält, die Vereinbarung aber wegen einer Fehlentscheidung der Kommission (Fehler 1. Ordnung) erst nach der Revision durch das EuGeI weiter durchgeführt werden darf. Auch in diesem Fall erhält die Firmengruppe den Gewinn einer freistellungsfähigen Vereinbarung G. Der letzte Summand schließlich bezeichnet den erwarteten Payoff der Firmengruppe, wenn sie eine nicht-freistellungsfähige Vereinbarung trifft,

---

[141] Es ist die Bemerkung wert, daß für die EU-Kommission dieselben Reaktionsfunktionen auch mit der Annahme der Benevolenz rekonstruiert werden können, sofern der Nutzen (U), den die Kommission aus einer richtigen Entscheidung zieht, identisch ist mit dem Disnutzen (D), den sie bei einer falschen Entscheidung erfährt ($U = D$); zur Modellierung eines imperfekten benevolenten Entscheiders vgl. etwa Kirstein (2005, S. 6). Unterschiedliche Nutzenwerte ($U \neq D$) entsprächen der unterschiedlichen Gewichtung der beiden Fehlerarten und könnten im vorliegenden Modell durch unterschiedliche Klagewahrscheinlichkeiten von Dritten (χ_1, entspricht U) und den betroffenen Unternehmen (χ_2, entspricht D) erreicht werden. Trotz der Ergenbnisgleichheit der beiden Modellierungsansätze wurde in der vorliegenden Arbeit die Aufhebungsaversion der Benevolenz vorgezogen, da sie bedeutend realitätsnäher erscheint, vgl. hierzu auch die Ausführungen in Abschnitt 3.2.1.

die Kommission diese fälschlich nicht beanstandet und etwaige Dritte nicht vor dem EuGeI klagen, so daß die Fehlentscheidung der Kommission (Fehler 2. Ordnung) Bestand hat. In diesem Fall erhält F nicht nur den Basisgewinn G einer freistellungsfähigen Vereinbarung, sondern auch den Kartellaufschlag A. Auch F's erwarteter Payoff ist eine affin-lineare Funktion in ihrer Verhaltensstrategie γ. Um ihre erwartete Auszahlung zu maximieren, genügt es deswegen, wie auch schon im Fall des Optimierungskalküls der EU-Kommission, die erste Ableitung nach γ zu betrachten; die zweite Ableitung lautet Null für alle γ-Werte.

$$
\frac{dEP_a^F}{d\gamma} \;=\; [\rho\alpha + (1-\rho)\beta]\,G \;+\; [\rho(1-\alpha) + (1-\rho)(1-\beta)]\,\chi G
$$
$$
- [\varphi\alpha + (1-\varphi)\beta]\,(1-\chi)(G+A).
$$

Es ist sinnvoll für die weitere Analyse, die erste Ableitung so zu vereinfachen, daß sie sich nach den Verhaltenstrategien der Kommission, α und β, separieren läßt:[142]

$$
\frac{dEP_a^F}{d\gamma} \;=\; -(1-\chi)[(\rho-\varphi)G - (1-\varphi)A]\,\beta \;+\; \chi G
$$
$$
+ (1-\chi)[(\rho-\varphi)G - \varphi A]\,\alpha
$$

Ist die erste Ableitung positiv, steigt F's erwartete Auszahlung in γ, und F wird ihr optimales γ^* so groß wie möglich wählen: $\gamma^* = 1$, d.h. in einem solchen Fall wird die Firmengruppe mit Sicherheit nur eine freistellungsfähige Vereinbarung anmelden. Die Ableitung ist dann und nur dann positiv, wenn die folgende Ungleichung erfüllt ist:[143]

$$
\beta \;<\; \frac{\chi G}{(1-\chi)[(\rho-\varphi)G + (1-\varphi)A]}
$$
$$
+ \frac{(\rho-\varphi)G - \varphi A}{(\rho-\varphi)G + (1-\varphi)A}\,\alpha \tag{3.12}
$$

Zur Vereinfachung der weiteren Gleichgewichtsanalyse bezeichne ich in Ungleichung (3.12) den von α und β unabhängigen Term mit Z und den Term, der α näher bestimmt, mit Θ, so daß sich die Bedingung für ein Maximum in $\gamma^* = 1$ als

$$
\beta \;<\; Z + \Theta\alpha
$$

---

[142] Herleitung siehe Anhang B.1.6.
[143] Herleitung siehe Anhang B.1.7.

reformulieren läßt.

Ist die erste Ableitung des erwarteten Payoffs nach γ jedoch negativ, sinkt F's erwartete Auszahlung mit steigendem γ, und die Firmengruppe wählt γ^* so niedrig wie möglich: $\gamma^* = 0$, d.h. sie meldet mit Sicherheit eine nicht-freistellungsfähige Vereinbarung an. Ist die erste Ableitung dagegen gleich Null, ist die Firmengruppe indifferent: jedes γ^* zwischen Null und Eins ist für sie optimal.

Der Zusammenhang zwischen den Verhaltensstrategien der EU-Kommission, α und β, und der optimalen Wahl γ^* der Firmengruppe, läßt sich wieder durch eine Reaktionsfunktion $\gamma^* = \gamma^*(\alpha, \beta)$ darstellen:

$$\gamma^*(\alpha, \beta) = \begin{cases} 0 & \forall \quad \beta > Z + \Theta\alpha; \\ x \in [0;1] & \text{für } \beta = Z + \Theta\alpha; \\ 1 & \forall \quad \beta < Z + \Theta\alpha. \end{cases} \tag{3.13}$$

Auch die Reaktionsfunktion der Firmengruppe läßt sich graphisch darstellen. Allerdings ist die exakte Form der Reaktionsfunktion $\gamma^*(\alpha, \beta)$ abhängig von den Werten, die die Parameter Z und Θ annehmen. Diese wiederum hängen von der Konstellation der exogenen Parameter χ (Klagewahrscheinlichkeit), ρ und φ (Assessment-Skill-Parameter), sowie G (Basisgewinn einer freistellungsfähigen Vereinbarung) und A (Kartellaufschlag) ab. Eine Reihe von Fallunterscheidungen ist also nötig, was die Gleichgewichtsanalyse etwas beschwerlicher gestalten mag, was aber aus ökonomischer Sicht durchaus kein Nachteil ist. Vielmehr zeigt sich in der Abhängigkeit der Reaktionsfunktion der Firmengruppe von diesen Parametern bereits die Fruchtbarkeit des gewählten Ansatzes: Die in Abschnitt 2.3 herausgearbeitete Kritik, die vornehmlich von deutschen Juristen am Systemwechsel geübt wurde, bezieht sich auf genau diese Größen. Jedes vorgebrachte Argument läßt sich in der Art und Weise „formalisieren", daß der entsprechende Parameterwert in die eine oder andere Richtung verschoben wird. So läßt sich exakt überprüfen, wie sich eine Veränderung dieser Einflußgrößen auf das Verhalten der Firmengruppe auswirkt.

Grundsätzlich läßt sich für alle denkbaren Fallunterscheidungen folgendes aussagen: Im α-β-Einheitsquadrat stellt die Bedingung $\beta(\alpha) = Z + \Theta\alpha$ eine Geradengleichung mit Achsenabschnitt Z und Steigung Θ dar. Unabhängig von ihrer genauen Lage befinden sich oberhalb von ihr, also wann immer die Ungleichung $\beta(\alpha) > Z + \Theta\alpha$ erfüllt ist, diejenigen α-β-Kombinationen, bei welchen die Firmengruppe $\gamma^* = 0$ wählt, d.h. eine nicht-freistellungsfähige Vereinbarung anmeldet. Unterhalb der Geraden, also wenn die Ungleichung $\beta(\alpha) < Z + \Theta\alpha$ erfüllt ist, liegen diejenigen α-β-Kombinationen, bei welchen sie $\gamma^* = 1$ wählt, d.h. sie meldet eine freistellungsfähige Vereinbarung an. Auf der Geraden ist F indifferent und sie wählt $\gamma^* \in [0;1]$. Im dreidimensionalen Raum ergibt sich damit für $\gamma^*(\alpha,\beta)$ ein treppenförmiges Aussehen. Abbildung 3.9 zeigt ein Beispiel für einen möglichen Verlauf von $\beta(\alpha) = Z + \Theta\alpha$ und die darauf basierende Reaktionsfunktion $\gamma^*(\alpha,\beta)$. Die Gerade $\beta(\alpha) = Z + \Theta\alpha$ ist als dünne schwarze Linie mit einem Achsenabschnitt $Z = 0,7$ und negativer Steigung $\Theta = -\frac{1}{3}$ über das α-β-Einheitsquadrat hinaus eingezeichnet, während die Reaktionsfunktion mit fetter schwarzer Linie und grau-schraffiert im α-β-γ-Einheitswürfel eingezeichnet ist.[144] Die Punkte, in denen die senkrechte $\beta(\alpha)$-Ebene die vordere Würfelwand schneidet, haben die Koordinaten $(1,\beta_1,x)$ mit $x \in [0;1]$, wobei β_1 definiert ist als $Z + \Theta$.[145]

Abbildung 3.9: Eine mögliche Reaktionsfunktion $\gamma^*(\alpha,\beta)$ der Firmengruppe im Anmelde-Teilspiel

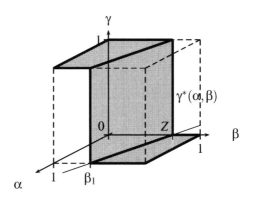

Welche Werte können Z und Θ nun annehmen? Gemäß Ungleichung (3.12) ist Z definiert als

---

[144] Die Reaktionsfunktion wird durch die drei grau-schraffierten Flächen gebildet.

[145] Dies ergibt sich aus einer einfachen algebraischen Umformung: Der Schnittpunkt liegt auf der Geraden $\alpha = 1$; setzt man dies in die $\beta(\alpha)$-Geradengleichung ein, erhält man den β-Koordinatenwert des Schnittpunktes.

$$Z \; := \; \frac{\chi G}{(1 - \chi)[(\rho - \varphi)G + (1 - \varphi)A]}. \tag{3.14}$$

Der Nenner sowie der Zähler von Z sind wegen der getroffenen Annahmen $0 < \chi < 1$ und $0 < \varphi < \rho < 1$ positiv, so daß der Achsenabschnitt Z ebenfalls positiv ist. Von der Steigung Θ der Geraden $\beta(\alpha)$, die laut Ungleichung (3.12) definiert ist als

$$\Theta \; := \; \frac{(\rho - \varphi)G - \varphi A}{(\rho - \varphi)G + (1 - \varphi)A}, \tag{3.15}$$

läßt sich festhalten, daß sie auf jeden Fall kleiner Eins ist, da der Nenner immer um A größer ist als der Zähler, und annahmegemäß $A > 0$ gilt. Da der Zähler von Θ theoretisch alle Werte von minus Unendlich bis plus Unendlich annehmen kann, und der Nenner wegen der getroffenen Annahmen strikt positiv ist, kann die Gerade $\beta(\alpha)$ sowohl einen steigenden als auch einen fallenden Verlauf haben. Halten wir dieses Zwischenergebnis nochmals fest: Aufgrund der getroffenen Annahmen bezüglich der exogenen Parameter gilt immer

$$Z > 0 \text{ und } \Theta < 1. \tag{3.16}$$

Abbildung 3.10: Mögliche Verläufe von $\beta(\alpha)$ im Anmelde-Teilspiel

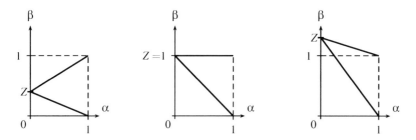

Dieses Wissen allein reicht jedoch noch nicht aus, um den Verlauf von F's Reaktionsfunktion exakt zu beschreiben. Der Achsenabschnitt Z kann beispielsweise größer, kleiner oder gleich Eins sein, während die Steigung Θ negativ, gleich Null oder positiv sein kann. Für den Verlauf von $\gamma^*(\alpha, \beta)$ ist jedoch nicht so sehr das Vorzeichen von Θ interessant, sondern vielmehr, an welcher Stelle die $\beta(\alpha)$-Gerade die Kanten des Einheitsquadrats schneidet. Abbildung 3.10 zeigt mögliche Verläufe der $\beta(\alpha)$-Geraden im

Einheitsquadrat für unterschiedliche Z und unterschiedliche Θ. Die Geraden sind so gezeichnet, daß sie jeweils auf eine der Ecken $(1,0)$ oder $(1,1)$ des Einheitsquadrates treffen. Es läßt sich an den Graphiken ablesen, daß dies genau dann der Fall ist, wenn Θ den Wert $1-Z$ oder $-Z$ annimmt.[146]

Damit die Steigung der Geraden $\beta(\alpha)$ den Wert $1-Z$ annimmt, muß folgende Gleichung erfüllt sein:[147]

$$A \;=\; \frac{\chi}{1-\chi}\, G \;=:\; A_1^G. \tag{3.17}$$

Tabelle 3.5: Kritische Schwellen und Wertebereiche für Θ im Anmelde-Teilspiel

Bedingung	Θ-Wert
$A < A_1^G$	$\Theta > 1-Z$
$A = A_1^G$	$\Theta = 1-Z$
$A_1^G < A < A_2^G$	$-Z < \Theta < 1-Z$
$A = A_2^G$	$\Theta = -Z$
$A > A_2^G$	$\Theta < -Z$
mit $A_1^G := \frac{\chi}{1-\chi}\,G$ und $A_2^G := \frac{\chi+(1-\chi)(\rho-\varphi)}{\varphi(1-\chi)}\,G$, sowie $Z := \frac{\chi G}{(1-\chi)[(\rho-\varphi)G+(1-\varphi)A]}$ und $\Theta := \frac{(\rho-\varphi)G-\varphi A}{(\rho-\varphi)G+(1-\varphi)A}$.	

Zur Vereinfachung der folgenden Analyse bezeichne ich diesen Wert, den der Kartellaufschlag annehmen muß, mit A_1^G. Θ ist größer als $1-Z$, wenn die Bedingung $A < A_1^G$ erfüllt ist, und Θ ist kleiner als $1-Z$, wenn

---

[146] Die Geraden, die im Punkt $(1,0)$ enden, haben die Steigung $\Theta = -Z$, die anderen Geraden die Steigung $\Theta = 1-Z$.

[147] Herleitung siehe Anhang B.1.8.

die Bedingung $A > A_1^G$ erfüllt ist. Θ nimmt den Wert $-Z$ an, wenn folgende Gleichung erfüllt ist:[148]

$$A = \frac{\chi + (1-\chi)(\rho - \varphi)}{(1-\chi)\varphi} \, G =: A_2^G. \tag{3.18}$$

Ich bezeichne diesen Schwellenwert mit A_2^G. Θ ist größer als $-Z$, wenn gilt $A < A_2^G$, und Θ ist kleiner als $-Z$, wenn gilt $A > A_2^G$. Weil der Schwellenwert A_1^G immer kleiner ist als der Schwellenwert A_2^G, gelten für Θ die in Tabelle 3.5 angegebenen Wertebereiche.[149]

Der Achsenabschnitt Z nimmt dann den Wert Eins an, wenn folgende Gleichung erfüllt ist:[150]

$$A = \frac{\chi - (1-\chi)(\rho - \varphi)}{(1-\varphi)(1-\chi)} \, G =: A_3^G. \tag{3.19}$$

Zur Vereinfachung der weiteren Analyse bezeichne ich diesen Schwellenwert mit A_3^G. Der Achsenabschnitt ist größer als Eins für $A < A_3^G$ und er ist kleiner Eins für $A > A_3^G$. Tabelle 3.6 gibt einen Überblick über die 15 möglichen Z-Θ-Kombinationen, die das Aussehen der Reaktionsfunktion $\gamma^*(\alpha, \beta)$ der Firmengruppe bestimmen. Dabei beschreibt jede einzelne Z-Θ-Kombination eine bestimmte Parameterkonstellation PK, die durch die Lage des Parameters A zu den kritischen Schwellen A_1^G, A_2^G und A_3^G beschrieben wird.

Abbildung 3.11 zeigt beispielhafte Verläufe für die aus den unterschiedlichen Parameterkonstellationen resultierenden 15 Reaktionsfunktionstypen. Sie sind entstanden durch die zulässigen Verschiebungen des Achsenabschnitts Z entlang der β-Achse und durch die zulässigen, durch Veränderung der Steigung Θ bedingten Drehungen der $\beta(\alpha)$-Geraden um den Achsenabschnitt Z. Im drei-dimensionalen Raum stellt die $\beta(\alpha)$-Gerade eine senkrechte Ebene dar. Auf eine detaillierte Beschreibung der Abbildung 3.11 wird hier verzichtet; statt dessen sei auf die weiter oben erfolgte beispielhafte Beschreibung einer möglichen Reaktionsfunktion $\gamma^*(\alpha, \beta)$ (Abbildung 3.9 auf S. 154) verwiesen. Wie dort ist $\gamma^*(\alpha, \beta)$ durch die grauschraffierten Flächen dargestellt.

---

[148] Herleitung siehe Anhang B.1.9.

[149] Beweis für $A_1 < A_2$ siehe Anhang B.1.10.

[150] Herleitung siehe Anhang B.1.11.

Abbildung 3.11: Die Reaktionsfunktion $\gamma^*(\alpha,\beta)$ im Anmelde-Teilspiel für alle möglichen Z-Θ-Kombinationen

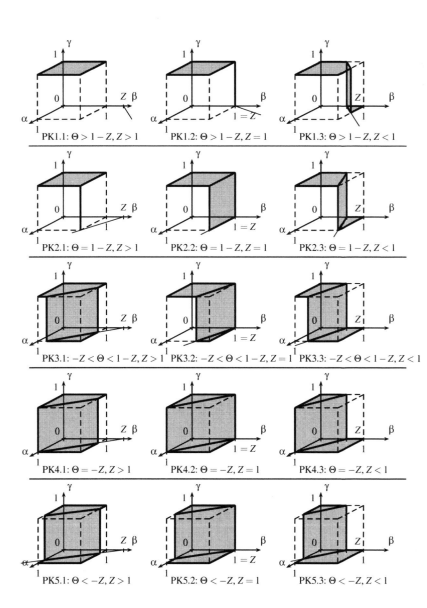

Tabelle 3.6: Mögliche Z-Θ-Kombinationen im Anmelde-Teilspiel

	$Z > 1$ $\Leftrightarrow A < A_3^G$	$Z = 1$ $\Leftrightarrow A = A_3^G$	$0 < Z < 1$ $\Leftrightarrow A > A_3^G$
$\Theta > 1 - Z \Leftrightarrow A < A_1^G$	PK1.1	PK1.2	PK1.3
$\Theta = 1 - Z \Leftrightarrow A = A_1^G$	PK2.1	PK2.2	PK2.3
$-Z < \Theta < 1 - Z \Leftrightarrow A_1^G < A < A_2^G$	PK3.1	PK3.2	PK3.3
$\Theta = -Z \Leftrightarrow A = A_2^G$	PK4.1	PK4.2	PK4.3
$\Theta < -Z \Leftrightarrow A > A_2^G$	PK5.1	PK5.2	PK5.3

mit $A_1^G := \frac{\chi}{1-\chi}\, G$, $\quad A_2^G := \frac{\chi + (1-\chi)(\rho-\varphi)}{\varphi(1-\chi)}\, G$, $\quad A_3^G := \frac{\chi - (\rho-\varphi)(1-\chi)}{(1-\varphi)(1-\chi)}\, G$,

sowie $Z := \frac{\chi G}{(1-\chi)[(\rho-\varphi)G + (1-\varphi)A]}$ $\quad$ und $\quad \Theta := \frac{(\rho-\varphi)G - \varphi A}{(\rho-\varphi)G + (1-\varphi)A}$.

Erwähnenswert sind noch die Schnittpunkte der senkrechten $\beta(\alpha)$-Ebene mit den Kanten des Einheitswürfels: β_1 wurde ja schon in Verbindung mit Abbildung 3.9 definiert:[151]

$$\beta_1 := Z + \Theta = \frac{[\chi + (1-\chi)(\rho-\varphi)]G - \varphi(1-\chi)A}{(1-\chi)[(\rho-\varphi)G + (1-\varphi)A]}. \quad (3.20)$$

Die beiden anderen möglichen Schnittpunkte lassen sich analog definieren:

$$\alpha_1 := \frac{-Z}{\Theta} = \frac{-\chi G}{(1-\chi)[(\rho-\varphi)G - \varphi A]}; \quad (3.21)$$

$$\alpha_2 := \frac{1-Z}{\Theta} = 1 + \frac{(1-\chi)A - \chi G}{(1-\chi)[(\rho-\varphi)G - \varphi A]}. \quad (3.22)$$

α_1 ist im α-β-Einheitsquadrat der Schnittpunkt der $\beta(\alpha)$-Geraden mit der α-Achse, also ihre Nullstelle, während α_2 der Schnittpunkt der $\beta(\alpha)$-Geraden mit der Geraden $\beta = 1$ ist.[152]

---

[151] Herleitung siehe Anhang B.1.12.
[152] Herleitung siehe Anhänge B.1.13 und B.1.14.

3.3.2.4 Die Gleichgewichte im Anmelde-Teilspiel

In den beiden vorausgehenden Abschnitten habe ich die Reaktionsfunktionen $\alpha^*(\gamma)$ und $\beta^*(\gamma)$ der EU-Kommission, sowie die Reaktionsfunktion $\gamma^*(\alpha,\beta)$ der Firmengruppe im Anmelde-Teilspiel hergeleitet. In diesem Abschnitt sollen nun die Perfekt Bayesianischen Gleichgewichte dieses Teilspiels hergeleitet werden. Ein *Perfekt Bayesianisches Gleichgewicht* besteht aus einer gleichgewichtigen Strategienkombination und den dazugehörigen gleichgewichtigen A-Posteriori-Einschätzungen der Spieler, an welchen Knoten sie sich in den jeweiligen Informationsbezirken befinden.[153] Eine gleichgewichtige Strategienkombination im Anmelde-Teilspiel lautet $(\alpha^*(\gamma^*), \beta^*(\gamma^*); \gamma^*(\alpha^*, \beta^*))$. In ihr sind die Strategien der EU-Kommission die besten Antworten auf die Strategie der Firmengruppe und umgekehrt. Die einzigen Informationsbezirke des Spiels, die über mehr als einen Entscheidungsknoten verfügen, sind die Informationsbezirke I_1 und I_2, in denen sich die EU-Kommisson nach Empfang des Signals befindet.[154] K's gleichgewichtige *Posterior Beliefs* lauten $\mu^*(\gamma^*)$ in Informationsbezirk I_1 und $\nu^*(\gamma^*)$ in Informationsbezirk I_2.[155] Damit lautet ein Perfekt Bayesianisches Gleichgewicht im Anmelde-Teilspiel $(\alpha^*, \beta^*; \mu^*, \nu^*; \gamma^*)$.

Die Anforderung an die gleichgewichtige Strategienkombination, wechselseitig beste Antworten zu liefern, kann graphisch so interpretiert werden, daß die Gleichgewichte des Anmelde-Teilspiels in den Schnittpunkten der drei Reaktionsstrategien $\alpha^*(\gamma)$, $\beta^*(\gamma)$ und $\gamma^*(\alpha,\beta)$ liegen. In Abschnitt 3.3.2.2 wurde bereits die Schnittlinie der Reaktionsfunktionen $\alpha^*(\gamma)$ und $\beta^*(\gamma)$ der EU-Kommission ermittelt, vgl. Abbildung 3.8 (S. 150). Wo diese Linie die Reaktionsfunktion der Firmengruppe $\gamma^*(\alpha,\beta)$ schneidet, befinden

---

[153] Vgl. zum Konzept des Perfekt Bayesianischen Gleichgewichts beispielsweise Gibbons (1992, S. 175-183).

[154] Die Wahrscheinlichkeit, sich in einem aus einem einzigen Entscheidungsknoten bestehenden Informationsbezirk an eben diesem Knoten zu befinden, ist Eins. Diese offensichtliche A-Posteriori-Einschätzungen müssen im Gleichgewicht nicht extra aufgeführt werden.

[155] Die gleichgewichtigen Werte μ^* und ν^* ergeben sich durch Einsetzen von γ^* in die Definitionsgleichungen 3.1 und 3.2. Entsprechende Herleitungen finden sich in den Anhängen B.1.15 bis B.1.20. Mit der Angabe des geordneten Paares (μ^*, ν^*) sind die Wahrscheinlichkeiten, sich am jeweils anderen Knoten zu befinden, das geordnete Paar $(1-\mu^*, 1-\nu^*)$, implizit mitdefiniert.

Abbildung 3.12: Ein mögliches Gleichgewicht $(\alpha^*, \beta^*; \mu^*, \nu^*; \gamma^*)$ im Anmelde-Teilspiel

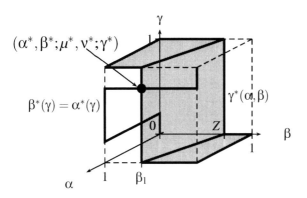

sich das oder die Gleichgewichte. Um die Frage, wo genau Gleichgewichte im Anmelde-Teilspiel liegen können, zu beantworten, ist in Abbildung 3.12 neben einer möglichen Ausprägung der Reaktionsfunktion der Firmengruppe auch noch die Schnittlinie der Reaktionsfunktionen der Kommission eingezeichnet. Im Schnittpunkt ist ein mögliches Gleichgewicht $(\alpha^*, \beta^*; \mu^*, \nu^*; \gamma^*)$ des Anmelde-Teilspiels als schwarze Kreisfläche eingezeichnet.

Der Verlauf der Schnittlinie macht deutlich, daß Gleichgewichte nur auf der vorderen und auf der linken Einheitswürfelwand liegen können.[156] Wo genau die Gleichgewichte liegen, hängt vom Verlauf der Reaktionsfunktion $\gamma^*(\alpha, \beta)$ der Firmengruppe ab. In Abbildung 3.11 sind Beispiele für alle 15 möglichen Reaktionsfunktionsverläufe zu sehen. Es ist deutlich zu erkennen, daß sich jeweils drei dieser Typen zu einer Klasse zusammenfassen lassen: In der ersten Zeile der Abbildung befinden sich die Reaktionsfunktionstypen, deren $\beta(\alpha)$-Gerade (im Einheitsquadrat) die Steigung $\Theta > 1 - Z$ hat und die sich nur bezüglich der Lage des Achsenabschnitts Z unterscheiden. Diesen drei Reaktionsfunktionstypen ist gemeinsam, daß

---

[156] Die relevanten Würfelwände lassen sich mathematisch als Ausschnitte von senkrechten Ebenen beschreiben. Die linke Würfelwand ist der geometrische Ort aller Punkte, für deren (α, β, γ)-Koordinaten gilt $\alpha \in [0; 1]$, $\beta = 0$ und $\gamma \in [0; 1]$. Analog ist die vordere Würfelwand der geometrische Ort aller Punkte, für deren (α, β, γ)-Koordinaten gilt $\alpha = 1$, $\beta \in [0; 1]$ und $\gamma \in [0; 1]$.

sie die als relevant identifizierten Würfelwände nur an der oberen Kante schneiden. Die Unterschiede zwischen den Reaktionsfunktionstypen betreffen nur die vier als irrelevant identifizierten Würfelwände und haben somit auf die zu ermittelnden Gleichgewichte keinen Einfluß. Ähnliches läßt sich für die Zeilen 2 bis 5 aussagen. Auch hier unterscheiden sich die Reaktionsfunktionen nur in gleichgewichtsirrelevanten Details. Ich fasse daher die Reaktionsfunktionstypen R1.1 bis R1.3 zur Reaktionsfunktionsklasse R1, die Typen R2.1 bis R2.3 zur Klasse R2 usw. zusammen. Aus demselben Grund können jeweils die drei dazugehörenden Paramerkonstellationen zu einer Parameterkonstellation zusammengefaßt werden.

Abbildung 3.13 zeigt die Gleichgewichte GG1 bis GG5 für diese fünf Reaktionsfunktionsklassen. Wo nur ein Gleichgewicht existiert, ist dieses durch einen dicken Punkt dargestellt; es gibt jedoch Fälle, in denen unendlich viele Gleichgewichte existieren, die alle „nebeneinander" auf einer bestimmten Strecke liegen. Diese Gleichgewichte sind durch ein schwarzes Rechteck auf der entsprechenden Strecke dargestellt.

In Zeile 1 sind die Gleichgewichte GG1 und GG2 abgebildet. Das Gleichgewicht GG1 kommt zustande, wenn die Reaktionsfunktion der Firmengruppe der Klasse R1 entstammt, wenn also Parameterkonstellation PK1 gegeben, d.h. die Bedingung $A < A_1^G$ erfüllt ist.[157] Formal lautet das Gleichgewicht GG1

$$\text{GG1} \quad = \quad (1,1;1,1;1), \tag{3.23}$$

d.h. die Kommission wählt jeweils mit Sicherheit die Aktion „freistellen" ($\alpha^* = 1$ und $\beta^* = 1$), unabhängig von der Meinung, die sie sich aufgrund des empfangenen Signals gebildet hat. Dies ist konsistent mit ihren Beliefs $\mu^* = \nu^* = 1$: Sie weiß, daß sie sich mit Sicherheit in den Knoten K_1 bzw. K_3 befindet, die nur erreicht werden, wenn die Firmengruppe sich gut verhalten hat.[158] Dies ist auch exakt die gleichgewichtige Verhaltensstrategie der Firmengruppe: Sie gestaltet ebenfalls mit Sicherheit die Vereinbarung freistellungsfähig aus ($\gamma^* = 1$). Dieses Gleichgewicht kann daher als Full-Compliance-Gleichgewicht bezeichnet werden. GG2 ist eine Menge von unendlichen vielen Gleichgewichten, die alle die Form $(1,1;m,n;x)$ haben,

---

[157] Vgl. auch Tabelle 3.6.

[158] Einsetzen von $\gamma^* = 1$ in die Definitionsgleichungen 3.1 und 3.2 liefert sofort $\mu^* = \frac{1 \cdot \rho}{1 \cdot \rho + (1-1)\varphi} = 1$ und $\nu^* = \frac{1 \cdot (1-\rho)}{1 \cdot (1-\rho) + (1-1)(1-\varphi)} = 1$.

Abbildung 3.13: Die Gleichgewichte $(\alpha^*, \beta^*; \mu^*, \nu^*; \gamma^*)$ im Anmelde-Teilspiel für unterschiedliche Parameterkonstellationen

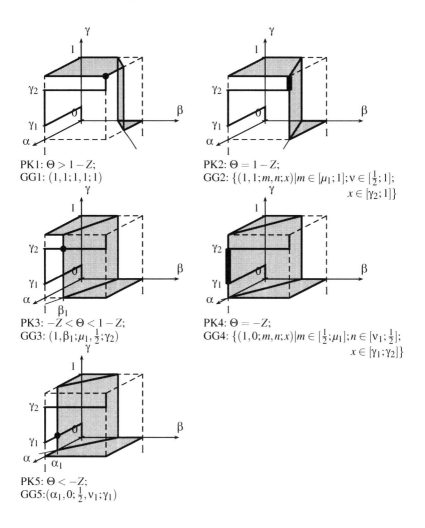

PK1: $\Theta > 1 - Z$;
GG1: $(1, 1; 1, 1; 1)$

PK2: $\Theta = 1 - Z$;
GG2: $\{(1, 1; m, n; x) | m \in [\mu_1; 1]; \nu \in [\frac{1}{2}; 1];$
$\qquad\qquad\qquad\qquad x \in [\gamma_2; 1]\}$

PK3: $-Z < \Theta < 1 - Z$;
GG3: $(1, \beta_1; \mu_1, \frac{1}{2}; \gamma_2)$

PK4: $\Theta = -Z$;
GG4: $\{(1, 0; m, n; x) | m \in [\frac{1}{2}; \mu_1]; n \in [\nu_1; \frac{1}{2}];$
$\qquad\qquad\qquad\qquad x \in [\gamma_1; \gamma_2]\}$

PK5: $\Theta < -Z$;
GG5: $(\alpha_1, 0; \frac{1}{2}, \nu_1; \gamma_1)$

wobei m und n die gleichgewichtigen Beliefs der EU-Kommission und x die gleichgewichtige Verhaltensstrategie der Firmengruppe bezeichnet:

$$GG2 = \{(1,1;m,n;x)|m \in [\mu_1;1];n \in [\tfrac{1}{2};1];x \in [\gamma_2;1]\}. \quad (3.24)$$

Jedes einzelne dieser Gleichgewichte ist dadurch gekennzeichnet, daß die Kommission die angemeldete Vereinbarung mit Sicherheit unabhängig von der gebildeten Meinung freistellt ($\alpha^* = 1$ und $\beta^* = 1$), während die Firmengruppe die Vereinbarung mit Wahrscheinlichkeit $1 \geq \gamma^* \geq \gamma_2$ freistellungsfähig ausgestaltet. Die Beliefs der EU-Kommission liegen konsistenterweise mindestens bei $0,5$.[159] Diese Gleichgewichte treten ein, wenn die Reaktionsfunktion der Firmengruppe zur Klasse R2 gehört, wenn also die Bedingung $A = A_1^G$ erfüllt ist (Parameterkonstellation PK2).

Das letzte Teilergebnis bedarf zweifacher Interpretation: (1) Was bedeutet es, wenn ein Spieler eine Aktion mit einer Wahrscheinlichkeit ungleich Eins oder Null spielt? (2) Wie ist das Auftreten von unendlich vielen Gleichgewichten innerhalb einer Parameterkonstellation zu interpretieren? Zu Punkt (1): Wenn ein Spieler einen Zug an einem Knoten mit einer bestimmten Wahrscheinlichkeit wählt, ist dies vergleichbar mit dem Spielen einer gemischten Strategie. Es bedeutet, daß der Spieler sich bei Erreichen eines Entscheidungsknotens nicht festlegt, welche Aktion er wählt, sondern daß er sich für eine bestimme Wahrscheinlichkeitsverteilung der Aktion entscheidet. Wie ist ein solches Verhalten zu interpretieren? Nehmen wir die Firmengruppe, die sich mit Wahrscheinlichkeit $1 \geq \gamma^* \geq \gamma_2$ dafür entscheidet, die geschlossene und zur Anmeldung bestimmte Vereinbarung so auszugestalten, daß sie freistellungsfähig ist. Eine mögliche und zweckmäßige Interpretation von γ^* ist, daß die Firmengruppe bei einer Vielzahl von Vereinbarungen, die sie schließt, den Anteil γ^* freistellungsfähig, und den Anteil $1 - \gamma^*$ nicht-freistellungsfähig ausgestaltet. Schließt sie dagegen nur ein einziges Mal eine Vereinbarung, so wirft sie dieses einzige Mal eine (unfaire) Münze und handelt nach dem Ergebnis des Münzwurfes. Der Münzwirf repräsentiert dann direkt die Wahrscheinlichkeitsverteilung. Punkt (2) spricht ein Problem an, das in der Literatur unter dem Stichwort *Gleichgewichtsselektion* behandelt wird. Wenn ein (Teil-)Spiel mehrere Gleichgewichte hat, welches wird sich realisieren? Zu diesem Thema gibt es mehrere Lösungsansätze, es haben sich verschiedene Selektionskriterien herausgebildet. Beispielsweise könnte man fragen, ob eines der

---

[159] Herleitung Beliefs siehe Anhang B.1.15 und für $\mu_1 > \tfrac{1}{2}$ siehe Anhang B.1.16.

Gleichgewichte besondere Eigenschaften besitzt, das es von den anderen unterscheidet und damit zu einem Fokalpunkt erhebt, der von allen Spielern angepeilt wird. In der Gleichgewichtsklasse GG2 könnte dies das Full-Compliance-Gleichgewicht (1,1;1,1;1) sein, da es nur aus reinen Strategien besteht und sich damit deutlich von den anderen Gleichgewichten unterscheidet. Ein anderes Selektionskriterium könnte die (Pareto-)Effizienz eines Gleichgewichtes sein.

Die Gleichgewichtsselektion soll an dieser Stelle jedoch nicht weiter behandelt werden, da die Gleichgewichtsmenge GG2 eine interessante Eigenschaft besitzt: Der gleichgewichtige erwartete Payoff der Firmengruppe ist für alle Ausprägungen von $x \in [\gamma_2; 1]$ identisch, so daß die Firmengruppe indifferent ist bezüglich der Gleichgewichte.[160] Wenn die Gruppe jedoch keines der unendlich vielen Gleichgewichte vorzieht, so ist es zulässig anzunehmen, daß sie sich „nett", also im Sinne der Gemeinschaft, verhält, da dies für sie mit keinerlei Opportunitätskosten verbunden ist. Ich gehe also im folgenden davon aus, daß die Firmengruppe immer dann, wenn sie indifferent ist, das höchste erreichbare Complianceniveau γ^* wählt. Im Fall der Gleichgewichte der Menge GG2 ist dies das Complianceniveau $\gamma^* = 1$.

In Zeile 2 der Abbildung 3.13 sind die Gleichgewichte GG3 und GG4 abgebildet. Das Gleichgewicht GG3 lautet

$$\text{GG3} \quad = \quad (1, \beta_1; \mu_1; \tfrac{1}{2}; \gamma_2). \tag{3.25}$$

Die Kommission stellt alle angemeldeten Vereinbarungen frei, über die sie sich eine positive Meinung gebildet hat, und sie stellt mit Wahrscheinlichkeit β_1 eine angemeldete Vereinbarung frei, über die sie ein negatives Urteil gefällt hat. Ihre gleichgewichtigen Beliefs lauten $\mu^*(\gamma_2) = \mu_1$ und $\nu^*(\gamma_2) = \tfrac{1}{2}$.[161] Die optimale Reaktion der Firmengruppe auf dieses Verhalten ist es, mit Wahrscheinlichkeit γ_2 eine freistellungsfähige Vereinbarung anzumelden. Je nach der exakten Belegung der exogenen Parameter kann sich das Gleichgewicht $(1, \beta_1; \mu_1, \tfrac{1}{2}; \gamma_2)$ nahezu überall auf der vorderen Wand des Einheitswürfels befinden.[162] Die Bedingung für das Gleichgewicht GG3 lautet $A_1^G < A < A_2^G$ (Parameterkonstellation PK3). GG4 ist

---

[160] Die Herleitung der gleichgewichtigen erwarteten Payoffs erfolgt erst in Abschnitt 3.3.2.5. Anhang B.1.25 ist jedoch zu entnehmen, daß der gleichgewichtige Firmenpayoff in der Gleichgewichtsmenge GG2 für alle zulässigen x-Werte G beträgt.

[161] Herleitung siehe Anhang B.1.17.

[162] Ausgeschlossen sind lediglich die obere und die untere Würfelkante, da γ_2 niemals den Wert Null oder Eins annehmen kann. γ_2 kann nur Null werden für $\varphi = 1$,

wieder eine Menge von unendlich vielen Gleichgewichten mit der Form $(1,0;m,n;x)$:

$$\text{GG4} = \{(1,0;m,n;x)|m \in [\tfrac{1}{2};\mu_1];n \in [\nu_1;\tfrac{1}{2}];x \in [\gamma_1;\gamma_2]\}. \quad (3.26)$$

Jedes einzelne dieser Gleichgewichte beinhaltet folgende optimale Strategien: Die Kommission stellt eine Vereinbarung nach der Bildung einer positiven Meinung mit Sicherheit frei ($\alpha^* = 1$) und tut dies mit Sicherheit nicht ($\beta^* = 0$), wenn sie zu einer negativen Meinung gefunden hat; die Firmengruppe meldet mit Wahrscheinlichkeit $\gamma^* \in [\gamma_1;\gamma_2]$ eine freistellungsfähige Vereinbarung an. Die mit diesem Verhalten korrespondierenden Beliefs m und n liegen in den Intervallen $[\tfrac{1}{2};\mu_1]$ bzw. $[\nu_1;\tfrac{1}{2}]$. An dieser Gleichgewichtsmenge wird deutlich, daß die EU-Kommission erst dann mit strikter Ablehnung einer Vereinbarung ($\beta^* = 0$) reagiert, wenn ihre A-Posteriori-Einschätzung ν, daß sie trotz guten Verhaltens der Firmengruppe zu einer negativen Meinung gelangt ist, weniger als 50 % beträgt.[163] Solange ihre A-Posteriori-Einschätzung dafür mindestens 50 % beträgt, so z.B. im Gleichgewicht GG 3, stellt sie die entsprechende Vereinbarung immerhin mit positiver Wahrscheinlichkeit frei ($\beta^* = \beta_1 \in (0;1)$). Die Gleichgewichte der Gleichgewichtsmenge GG4 treten ein, wenn die Parameterkonstellation PK4 gegeben, also die Bedingung $A = A_2^G$ erfüllt ist. Auf diese unendlich vielen Gleichgewichte trifft dieselbe Gleichgewichtsselektionsproblematik zu, wie sie in Zusammenhang mit den Gleichgewichten der Menge GG2 beschrieben wurde. Aber auch hier läßt sich zeigen, daß die erwarteten Auszahlungen der Firmengruppe für jedes der möglichen Gleichgewichte unabhängig von x identisch ist, so daß auch hier vereinfachend angenommen werden kann, daß sich die Firmengruppe aufgrund ihrer Indifferenz für das höchste mögliche Complianceniveau $\gamma^* = \gamma_2$ entscheidet.[164]

In der letzten Zeile von Abbildung 3.13 schließlich ist noch das Gleichgewicht GG5 dargestellt:

$$\text{GG5} = (\alpha_1,0;\tfrac{1}{2};\nu_1;\gamma_1). \quad (3.27)$$

---

wohingegen $\gamma_2 = 1$ $\rho = 1$ voraussetzt; beides ist annahmegemäß ausgeschlossen ($0 < \varphi < \rho < 1$.)

[163] Der Beweis $\nu_1 < 0,5$ findet sich in Anhang B.1.19.

[164] Die Bestimmung der gleichgewichtigen erwarteten Payoffs erfolgt erst in Abschnitt 3.3.2.5. Anhang B.1.28 ist jedoch zu entnehmen, daß der gleichgewichtige Firmenpayoff in der Gleichgewichtsmenge GG4 für alle zulässigen x-Werte $[\rho + (1 - \rho)\chi]G$ beträgt.

Das gleichgewichtige Beliefs-Tupel lautet $(\frac{1}{2}, \nu_1)$. Weil ihre A-Posteriori-Einschätzung, daß ihrer positiven Meinung auch tatsächlich positives Firmenverhalten vorausgegangen ist, immer noch 50 % beträgt, erfolgt die Freistellung in diesem Fall noch mit positiver Wahrscheinlichkeit $\alpha^* = \alpha_1 \in (0;1)$. Wie bereits für Gleichgewichtsmenge GG4 beschrieben, folgt aus dem Belief $\nu^* = \nu_1$ die strikte Ablehnung jeglicher Vereinbarung, über die sich die Kommission eine negative Meinung gebildet hat ($\beta^* = 0$). Die optimale Reaktion der Firmengruppe auf dieses Verhalten ist es, mit Wahrscheinlichkeit γ_1 eine freistellungsfähige Vereinbarung anzumelden. Die Bedingung für das Gleichgewicht GG5 lautet $A > A_2^G$ (Parameterkonstellation PK5). Es ist wieder offensichtlich, daß die genaue Lage des Gleichgewichts auf der linken Wand des Einheitswürfels von der Belegung der exogenen Parameter abhängt. Tabelle 3.7 faßt die bisherigen Ergebnisse nochmals zusammen.

Tabelle 3.7: Die Gleichgewichte im Anmelde-Teilspiel

PK	GG-Bed.	Gleichgewicht
PK1	$A < A_1^G$	GG1: $(1, 1; 1, 1; 1)$
PK2	$A = A_1^G$	GG2: $\{(1, 1; m, n; x)\,\|\,m \in [\mu_1; 1]; n \in [\frac{1}{2}; 1]; x \in [\gamma_2; 1]\}$
PK3	$A_1^G < A < A_2^G$	GG3: $(1, \beta_1; \mu_1; \frac{1}{2}; \gamma_2)$
PK4	$A = A_2^G$	GG4: $\{(1, 0; m, n; x)\,\|\,m \in [\frac{1}{2}; \mu_1]; n \in [\nu_1; \frac{1}{2}]; x \in [\gamma_1; \gamma_2]\}$
PK5	$A > A_2^G$	GG5: $(\alpha_1, 0; \frac{1}{2}; \nu_1; \gamma_1)$

mit $A_1^G := \frac{\chi}{1-\chi}G, \quad A_2^G := \frac{\chi + (\rho - \varphi)(1-\chi)}{\varphi(1-\chi)}G;$

$\gamma_1 := \frac{\varphi}{\rho + \varphi}, \quad \gamma_2 := \frac{1-\varphi}{1-\rho+1-\varphi},$

$\mu_1 := \frac{\rho(1-\varphi)}{\rho(1-\varphi)+(1-\rho)\varphi}, \quad \nu_1 := \frac{(1-\rho)\varphi}{\rho(1-\varphi)+(1-\rho)\varphi};$

$\alpha_1 := -\frac{Z}{\Theta} = \frac{\chi G}{(1-\chi)[(\rho-\varphi)G-\varphi A]} \quad$ und

$\beta_1 := Z + \Theta = \frac{[\chi+(1-\chi)(\rho-\varphi)]G - \varphi(1-\chi)A}{(1-\chi)[(\rho-\varphi)G+(1-\varphi)A]}.$

Als Zwischenergebnis läßt sich festhalten, daß es kein Gleichgewicht gibt, in dem die Kommission eine Vereinbarung mit Sicherheit ablehnt, obwohl sie sich eine positive Meinung gebildet hat; formal: $\alpha^* > 0 \quad \forall \quad A \in (0;\infty)$.[165]

Abbildung 3.14: Die Abfolge der Gleichgewichte im Anmelde-Teilspiel für zunehmenden Kartellaufschlag A

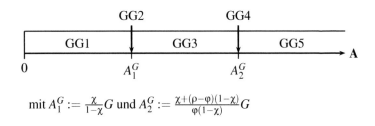

mit $A_1^G := \frac{\chi}{1-\chi}G$ und $A_2^G := \frac{\chi+(\rho-\varphi)(1-\chi)}{\varphi(1-\chi)}G$

Abbildung 3.14 zeigt die Abfolge der Gleichgewichte im Anmelde-Teilspiel in Abhängigkeit des Kartellaufschlags A. In Verbindung mit Tabelle 3.7 läßt sich deutlich erkennen, daß das Complianceniveau γ^* mit zunehmendem Kartellaufschlag A von Eins auf zuletzt $\gamma_1 > 0$ sinkt. Dies ist plausibel, weil sich ein durch das Schließen einer freistellungsfähigen Vereinbarung nicht realisierter Kartellaufschlag als *Kosten des guten Verhaltens* interpretieren läßt. Je höher die Kosten sind ($A \to \infty$), desto niedriger wird die Wahrscheinlichkeit, daß die Firmengruppe sich entschließt, ihre Vereinbarung freistellungsfähig auszugestalten ($\gamma^* \to 0$).

3.3.2.5 Die Optimalwahl der Firmengruppe im Genehmigungsspiel

In Abschnitt 3.3.2.1 wurde der Teilspielwert des Illegal-Teilspiels bestimmt, und in Abschnitt 3.3.2.4 wurden die Gleichgewichte des Anmelde-Teilspiels hergeleitet. Unter Zuhilfenahme dieser Teilergebnisse kann nun die Optimahlwahl der Firmengruppe im Entscheidungsknoten F_0 bestimmt werden. Abbildung 3.15 zeigt das Genehmigungsspiel in reduzierter Form, die erreicht wurde, indem sowohl das Anmelde-Teilspiel als auch das Illegal-Teilspiel durch seinen Teilspielwert ersetzt wurden.

---

[165] Eine (vernachlässigbare) Ausnahme bildet lediglich der Grenzfall, wenn der Kartellaufschlag A gegen unendlich geht.

Wählt die Firmengruppe *ill* oder *out*, existiert jeweils nur ein erwarteter Payoff für alle denkbaren Parameterkonstellationen, nämlich $EP_{ill}^F = G + A - \tau B$ für die Entscheidung *ill* und $EP_{out}^F = 0$ für die Entscheidung *out*. Für das Anmelde-Teilspiel existieren jedoch unendlich viele Teilspielwerte, abhängig von der jeweiligen Parameterkonstellation. Tabelle 3.8 listet die erwarteten Auszahlungen der Firmengruppe für die fünf identifizierten Parameterkonstellationsklassen PK1 bis PK5 auf.[166]

Abbildung 3.15: Das Genehmigungsspiel mit Teilspielwerten

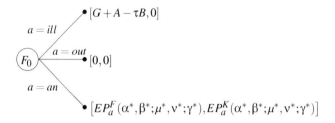

Die gleichgewichtigen Payoffs der Firmengruppe sind in den Parameterkonstellationen PK1, PK2 und PK4 vergleichsweise einfach zu bestimmen. In der Parameterkonstellation PK1 meldet die Firmengruppe mit Sicherheit eine freistellungsfähige Vereinbarung an, welche die Kommission ebenfalls mit Sicherheit (meinungsunabhängig) freistellt. Der Payoff der Firmengruppe in Gleichgewicht beläuft sich damit auf

$$EP_{a1}^F = G \tag{3.28}$$

Auch in der Parameterkonstellation PK2 erhält die Firmengruppe eine Auszahlung von G. Sie meldet mit der Wahrscheinlichkeit $x \in [\gamma_2; 1]$ eine freistellungsfähige Vereinbarung an; die Kommission stellt jede angemeldete Vereinbarung meinungsunabhängig frei. Damit ergibt sich für die Firmengruppe der gleichgewichtige Payoff $xG + (1-x)(1-\chi)(G+A)$. Dies

---

[166] Nur auf diese kommt es an. Die Auszahlung der Kommission im Anmelde-Teilspiel ist bestenfalls Null, sonst negativ. Da die Firmengruppe aber allein darüber entscheidet (in Entscheidungsknoten F_0), welches Teilspiel gespielt wird, sind die Auszahlungen der Kommission für die weitere Analyse unerheblich.

läßt sich durch Einsetzen der Gleichgewichtsbedingung $A = A_1^G = \frac{\chi}{1-\chi}G$ auf

$$EP_{a2}^F \quad = \quad G \tag{3.29}$$

reduzieren.[167] Dies ist insofern ein interessantes Ergebnis, als der gleichgewichtige Payoff G unabhängig von F's konkret gewähltem Compliance-niveau $x \in [\gamma_2; 1]$ ist.

Tabelle 3.8: Die gleichgewichtigen erwarteten Auszahlungen der Firmengruppe in den fünf Parameterkonstellation-Intervallen des Anmelde-Teilspiels

Intervall	Payoff $EP_a^F(\alpha^*, \beta^*; \mu^*, \nu^*; \gamma^*)$
PK1: $A < A_1^G$	$EP_{a1}^F(1,1;1,1;1) \quad = \quad G$
PK2: $A = A_1^G$	$EP_{a2}^F(1,1;m,n;x) \quad = \quad G$ $\forall \quad x \in [\gamma_2;1], m \in [\mu_1;1], n \in [\frac{1}{2};1]$
PK3: $A_1^G < A < A_2^G$	$EP_{a3}^F(1,\beta_1;\mu_1,\frac{1}{2};\gamma_2) \quad = \quad \frac{[\rho-\varphi+\chi(1-\rho)]G}{(\rho-\varphi)G+(1-\varphi)A}(G+A)$
PK4: $A = A_2^G$	$EP_{a4}^F(1,0;m,n;x) \quad = \quad [\chi+(1-\chi)\rho]G$ $\forall \quad x \in [\gamma_1;\gamma_2], m \in [\frac{1}{2};\mu_1], n \in [\nu_1;\frac{1}{2}]$
PK5: $A > A_2^G$	$EP_{a5}^F(\alpha_1,0;\frac{1}{2},\nu_1;\gamma_1) \quad = \quad \frac{\varphi\chi G}{\varphi A-(\rho-\varphi)G}(G+A)$

mit $A_1^G := \frac{\chi}{1-\chi}G, \quad A_2^G := \frac{\chi+(\rho-\varphi)(1-\chi)}{\varphi(1-\chi)}G;$

$\gamma_1 := \frac{\varphi}{\rho+\varphi}, \quad \gamma_2 := \frac{1-\varphi}{1-\rho+1-\varphi},$

$\mu_1 := \frac{\rho(1-\varphi)}{\rho(1-\varphi)+(1-\rho)\varphi}, \quad \nu_1 := \frac{(1-\rho)\varphi}{\rho(1-\varphi)+(1-\rho)\varphi};$

$\alpha_1 := -\frac{Z}{\Theta} = -\frac{\chi G}{(1-\chi)[(\rho-\varphi)G-\varphi A]}$ und

$\beta_1 := Z + \Theta = \frac{[\chi+(1-\chi)(\rho-\varphi)]G-\varphi(1-\chi)A}{(1-\chi)[(\rho-\varphi)G+(1-\varphi)A]}.$

---

[167] Herleitung siehe Anhang B.1.25.

In Parameterkonstellation PK4 meldet die Firmengruppe mit Wahrscheinlichkeit x eine freistellungsfähige Vereinbarung an; diese wird nur, dann aber mit Sicherheit, freigestellt, wenn die Kommission zu einer positiven Meinung über die Vereinbarung gelangt ist. Daraus resultiert für die Firmengruppe der gleichgewichtige Payoff $x(\rho + (1-\rho)\chi)G + (1-x)\varphi(1-\chi)(G+A)$. Durch Einsetzen der Gleichgewichtsbedingung $A = A_2^G = \frac{\chi + (1-\chi)(\rho-\varphi)}{\varphi(1-\chi)}G$, reduziert sich dieser Ausdruck zu

$$EP_{a4}^F \quad = \quad [\chi + (1-\chi)\rho]G. \tag{3.30}$$

Damit ist auch der Payoff der Firmengruppe im Gleichgewicht GG4 unabhängig von ihrem tatsächlich gewählten Complianceniveau $x \in [\gamma_1; \gamma_2]$.[168]

Die gleichgewichtigen Auszahlungen der übrigen beiden Parameterkonstellationen sind strukturell etwas komplizierter, da sie von den gleichgewichtigen Verhaltensstrategien $\alpha^* = \alpha_1$ bzw. $\beta^* = \beta_1$ der Kommission abhängen. Damit sind die Gleichgewichte GG3 und GG5 die einzigen Gleichgewichte des Anmelde-Teilspiels, die eine gemischte Strategie der EU-Kommission aufweisen. α_1 und β_1 können je nach Belegung der exogenen Variablen χ, ρ, φ, G und A alle Werte zwischen Null und Eins annehmen. In der Parameterkonstellation PK3 meldet die Firmengruppe mit Wahrscheinlichkeit γ_2 eine freistellungsfähige Vereinbarung an; die EU-Kommission genehmigt diese mit Sicherheit, nachdem sie sich eine positive Meinung gebildet hat, und sie tut dies mit Wahrscheinlichkeit $\beta_1 \in [0;1]$, wenn sie zu einer negativen Einschätzung gekommen ist. Dabei nimmt β_1 gerade am linken Intervallrand $A = A_1^G$ den Wert Eins, und am rechten Intervallrand $A = A_2^G$ den Wert Null an und verläuft ansonsten streng monoton fallend in A.[169] Dies entspricht der Intuition: Je kleiner der Kartellaufschlag A ist, desto unattraktiver ist es für die Firmengruppe, überhaupt eine nicht-freistellungsfähige Vereinbarung einzugehen, und desto eher kann man die angemeldete Vereinbarung trotz negativer Meinung bezüglich derselben freistellen. Oder umgekehrt: Je größer der Kartellaufschlag A ist, desto attraktiver ist eine verbotene Vereinbarung und desto niedriger sollte die Freistellungswahrscheinlichkeit ausfallen, nachdem man sich aufgrund

---

[168] Herleitung siehe Anhang B.1.28. Vgl. zur Unabhängigkeit der Auszahlung vom Complianceniveau auch die Ausführungen zur Gleichgewichtsselektion in Abschnitt 3.3.2.4.

[169] Herleitung siehe Anhänge B.1.23 und B.1.24.

eines Signals eine negative Meinung gebildet hat. Der aus diesem Verhalten resultierende Payoff beträgt $\gamma_2[\rho G + (1-\rho)(\beta_1 G + (1-\beta_1)\chi G)] + (1-\gamma_2)[\varphi(1-\chi)(G+A) + (1-\varphi)\beta_1(1-\chi)(G+A)]$. Er läßt sich durch Einsetzen von $\beta_1 := \frac{(\chi+(1-\chi)(\rho-\varphi))G - \varphi(1-\chi)A}{(1-\chi)[(\rho-\varphi)G+(1-\varphi)A]}$ reduzieren zu

$$EP_{a3}^F = \frac{[\rho - \varphi + \chi(1-\rho)]G}{(\rho-\varphi)G + (1-\varphi)A}(G+A).^{170} \tag{3.31}$$

In der Parameterkonstellation PK5 dagegen meldet die Firmengruppe lediglich mit Wahrscheinlichkeit γ_1 eine freistellungsfähige Vereinbarung an. Auf dieses niedrigere Compliance-Verhalten der Firmengruppe reagiert die EU-Kommission mit einer grundsätzlichen Ablehnung des Antrags, wann immer sie sich eine negative Meinung gebildet hat, während sie die angemeldete Vereinbarung mit Wahrscheinlichkeit $\alpha_1 \in [0;1]$ genehmigt, sofern sie zu einer positiven Einschätzung gelangt ist. Dabei zeigt die gleichgewichtige Verhaltensstrategie α_1 ein ähnliches Verhalten wie β_1 in der Parameterkonstellation PK3: α_1 ist streng monoton fallend in A und konvergiert an der linken Intervallgrenze $A = A_2^G$ gegen Eins, während sie für $A \to \infty$ gegen Null konvergiert.[171] Die Auszahlung der Firmengruppe, die sich aus diesem Verhalten ergibt, beträgt $\gamma_1[\rho(\alpha_1 G + (1-\alpha_1)\chi G) + (1-\rho)\chi G] + (1-\gamma_1)\varphi\alpha_1(1-\chi)(G+A)$ und läßt sich durch Einsetzen von $\alpha_1 := -\frac{\chi G}{(1-\chi)[(\rho-\varphi)G-\varphi A]}$ reduzieren zu

$$EP_{a5}^F = \frac{\varphi\chi G}{\varphi A - (\rho-\varphi)G}(G+A).^{172} \tag{3.32}$$

Im nächsten Schritt sind nun für die Firmengruppe Payoff-Vergleiche zwischen den Teilspielen anzustellen, um zu sehen, welche Aktion – *an, ill* oder *out* – sie wählen wird. Dies ist für jede der fünf identifizierten Parameterkonstellationsklassen zu tun. Allen gemeinsam ist, daß die erwarte Auszahlung nach einer Anmeldung (aufgrund der getroffenen Annahmen und

---

[170] Herleitung siehe Anhang B.1.26. Dieser Ausdruck konvergiert für $A \to A_1^G$ gegen EP_{a2}^F und für $A \to A_2^G$ gegen EP_{a4}^F, so daß keine Sprungstellen vorliegen, vgl. Anhang B.1.27.

[171] Herleitung siehe Anhänge B.1.21 und B.1.22, Plausibilisierung wie oben.

[172] Herleitung siehe Anhang B.1.29. Dieser Ausdruck konvergiert für $A \to A_2^G$ gegen EP_{a4}^F und für $A \to \infty$ gegen χG, so daß auch hier keine Sprungstellen vorliegen, vgl. Anhang B.1.30.

der bisher abgeleiteten Ergebnisse) immer positiv ist, so daß die Firmengruppe eine Anmeldung dem Nicht-Schließen einer Vereinbarung (Payoff von Null) immer vorziehen wird.[173] Daher ist lediglich zu prüfen, ob die Firmengruppe die Anmeldung der illegalen Durchführung (schwach) vorzieht. Dies ist immer dann der Fall, wenn die Auszahlung bei Anmeldung mindestens so groß ist wie die Auszahlung bei einer illegalen Durchführung.[174] An der Payoff-Struktur läßt sich sofort ablesen, daß die Firmengruppe prinzipiell immer dazu gebracht werden kann, ihre Vereinbarung anzumelden. Dazu muß „nur" die Geldbuße B hoch genug angesetzt werden, so daß die Auszahlung aus einer illegalen Durchführung negativ wird. Die Firmengruppe würde sich dann immer für die Anmeldung entscheiden, da diese einen positiven Payoff garantiert. Die Präferenzreihung der Firmengruppe wäre dann $an \succ out \succ ill$. Wenn man die Unternehmen zur Anmeldung anreizen möchte,[175] ist es jedoch nicht zwingend notwendig, die Geldbuße so hoch anzusetzen, daß der erwarte Payoff aus der illegalen Durchführung negativ wird. Im folgenden werden Bedingungen für die Präferenzreihung $an \sim ill$ hergeleitet; es wird also für jede der identifizierten Gleichgewichtsklassen die Geldbuße B^* gesucht, die den Payoff der Firmengruppe bei illegaler Durchführung gerade auf die Auszahlung bei Anmeldung hebt. Eine höhere Geldbuße $B \geq B^*$ induziert dann eine Anmeldung der Vereinbarung, eine niedrigere Geldbuße $B < B^*$ die illegale Durchführung.[176]

In den Gleichgewichten GG1 und GG2 des Anmelde-Teilspiels lautet die gleichgewichtige Auszahlung der Firmengruppe im Anmelde-Teilspiel $EP_{a1}^F = EP_{a2}^F = G$, wohingegen sie sich mit der Aktion ill die Auszahlung

---

[173] Beweis siehe Anhänge B.1.31, B.1.32 und B.1.33.

[174] Die Festlegung, daß die Firmengruppe bei Indifferenz anmeldet, ist willkürlich.

[175] Ob es sinnvoll ist, eine Anmeldung der Firmen zu induzieren, kann ohne nähere Analyse der mit einer Anmeldung oder einer illegalen Durchführung verbundenen Complianceniveaus und Fehlerwahrscheinlichkeiten nicht a priori festgelegt werden. Eine Berechnung dieser Größen erfolgt in Abschnitt 3.3.3.

[176] Dieses Vorgehen entspricht dem von Becker (1968) eingeführten ökonomischen Kalkül beim Begehen einer Straftat. Analog lautet hier der Kalkül der Firmengruppe: Melde die Vereinbarung nicht an, wenn der erwartete Nettoertrag daraus (Tatertrag minus erwartete Sanktion) größer ist als der alternative Nettoertrag, also der Gewinn aus einer Anmeldung. Die optimale Geldbuße B^* ist also der Betrag, der vom illegalen Schließen einer Vereinbarung abschreckt.

$EP_{ill}^F = G + A - \tau B$ sichern kann. Sie ist indifferent zwischen beiden Optionen, falls die Geldbuße B den Wert

$$B_{a1}^* = B_{a2}^* = \frac{1}{\tau}A \tag{3.33}$$

annimmt.[177]

Im Gleichgewicht GG3 erhält die Firmengruppe die gleichgewichtige Auszahlung $EP_{a3}^F = \frac{[\rho - \varphi + \chi(1-\rho)]G}{(\rho - \varphi)G + (1-\varphi)A}(G+A)$ und vergleicht diese mit der Auszahlung, falls sie die Aktion *ill* wählt, $EP_{ill}^F = G + A - \tau B$. Sie ist genau dann indifferent zwischen anmelden und nicht anmelden, wenn die Geldbuße B den Wert

$$B_{a3}^* = -\frac{1}{\tau} \cdot \frac{\chi(1-\rho)G - (1-\varphi)A}{(\rho - \varphi)G + (1-\varphi)A}(G+A) \tag{3.34}$$

annimmt.[178]

Im Gleichgewicht GG4 kann die Firmengruppe im Anmelde-Teilspiel eine gleichgewichtige Auszahlung von $EP_{a4}^F = [\chi + (1-\chi)\rho]G$ realisieren. Sie ist genau dann indifferent zwischen dieser und der erwarteten Auszahlung bei Nichtanmeldung $EP_{ill}^F = G + A - \tau B$, wenn die Geldbuße B eine Höhe von

$$B_{a4}^* = \frac{1}{\tau}[(1-\chi)(1-\rho)G + A] \tag{3.35}$$

erreicht.[179]

Im Gleichgewicht GG5 schließlich erwartet die Firmengruppe im Anmelde-Teilspiel einen Payoff von $EP_{a5}^F = \frac{\varphi\chi G}{\varphi A - (\rho - \varphi)G}(G+A)$ und vergleicht diesen mit der erwarteten Auszahlung bei Nichtanmeldung in Höhe von $EP_{ill}^F = G + A - \tau B$. Sie ist genau dann indifferent zwischen einer Anmeldung und dem illegalen Betreiben der Vereinbarung, wenn die Geldbuße B den Wert

$$B_{a5}^* = \frac{1}{\tau}\left[1 - \frac{\varphi\chi G}{\varphi A - (\rho - \varphi)G}\right](G+A) \tag{3.36}$$

annimmt.[180]

---

[177] B^* ergibt sich durch Auflösen der Ungleichung $G \geq G + A - \tau B$.

[178] Herleitung siehe Anhang B.1.34.

[179] Herleitung siege Anhang B.1.35.

[180] Herleitung siehe Anhang B.1.36.

3.3.2.6 Die Gleichgewichte im Genehmigungsspiel

Mit den im vorhergehenden Abschnitt 3.3.2.5 hergeleiteten optimalen Geldbußen lassen sich für jede der fünf im Anmelde-Teilspiel hergeleiteten Parameterkonstellationsklassen zwei Gleichgewichte identifizieren. Jedes dieser zehn Gleichgewichte tritt nur ein, wenn *beide* Gleichgewichtsbedingungen erfüllt sind. Die erste Gleichgewichtsbedingung bestimmt, welches Gleichgewicht im Anmelde-Teilspiel realisiert wird. Dies ist abhängig davon, wie sich der Kartellaufschlag A zu den kritischen Schwellen A_1^G und A_2^G verhält. Die zweite Bedingung bestimmt, ob das Anmelde-Teilspiel überhaupt erreicht wird, oder ob statt dessen *ill* gewählt wird.[181] Dies hängt von der Höhe der Geldbuße B ab.

Die Gleichgewichte des Genehmigungsspiels sind in der Form $(a^*, \delta^*, \gamma^*; \alpha^*, \beta^*; \mu^*, \nu^*)$ notiert. Damit geben die ersten drei Einträge das gleichgewichtige Verhalten der Firmengruppe an: Vereinbarung anmelden, illegal betreiben oder nicht eingehen, Complianceniveau bei illegaler Durchführung, Complianceniveau nach Anmeldung. Zur Erinnerung: $\delta^* = 1$ bzw. $\gamma^* = 1$ stehen für gutes Verhalten der Firmengruppe, wenn sie also eine freistellungsfähige Vereinbarung eingeht, wohingegen Werte von Null bedeuten, daß sie eine nicht-freistellungsfähige Vereinbarung betreibt. Werte dazwischen geben die Wahrscheinlichkeit an, mit der gutes Verhalten gewählt wird. Die nächsten beiden Einträge im Gleichgewichts-Septupel bezeichnen das Verhalten der EU-Kommission: Freistellungsentscheidung nach positiver Einschätzung ($m = f$), Freistellungsentscheidung nach negativer Einschätzung ($m = \neg f$). Auch hier sei daran erinnert, daß $\alpha^* = 1$ bzw. $\beta^* = 1$ eine sichere Genehmigung, Werte von Null hingegen eine sichere Abweisung des Anmeldeantrags bezeichnen, und Werte zwischen Null und Eins die Wahrscheinlichkeit einer Genehmigung wiedergeben. Die letzten beiden Einträge im Gleichgewichts-Septupel stellen die gleichgewichtigen Posterior Beliefs der EU-Kommission dar.

In Parameterkonstellation PK1 gibt es folgende zwei Gleichgewichte: Wenn die Bedingungen $A < A_1^G$ und $B \geq B_{a1}^*$ erfüllt sind, wird das Full-Compliance-Gleichgewicht

$$\text{GG an-1} \quad = \quad (an, 0, 1; 1, 1; 1, 1) \tag{3.37}$$

---

[181] In einem solchen Fall liegt das komplette Anmelde-Teilspiel abseits des Gleichgewichtspfades.

realisiert, d.h. die Firmengruppe meldet an, und im Anmelde-Teilspiel wird Gleichgewicht GG1 erreicht. Im anderen Fall $(A < A_1^G \wedge B < B_{a1}^*)$ ergibt sich das Null-Compliance-Gleichgewicht

$$\text{GG ill-1} \quad = \quad (ill, 0, 1; 1, 1; 1, 1), \tag{3.38}$$

d.h. die Firmengruppe meldet nicht an und geht eine nicht-freistellungsfähige Vereinbarung ein.

In Parameterkonstellation PK2 gibt es folgende zwei Gleichgewichtstypen: Wenn die Bedingungen $A = A_1^G$ und $B \geq B_{a2}^*$ erfüllt sind, wird ein Gleichgewicht der Gleichgewichtsmenge

$$\text{GG an-2} \quad = \quad \{(an, 0, x; 1, 1; m, n)$$
$$\mid m \in [\mu_1; 1]; n \in [\tfrac{1}{2}; 1]; x \in [\gamma_2; 1]\} \tag{3.39}$$

realisiert, d.h. die Firmengruppe meldet an, und im Anmelde-Teilspiel wird die Gleichgewichtsmenge GG2 erreicht. Im anderen Fall $(A = A_1^G \wedge B < B_{a2}^*)$ ergibt sich ein Null-Compliance-Gleichgewicht der Gleichgewichtsmenge

$$\text{GG ill-2} \quad = \quad \{(ill, 0, x; 1, 1; m, n)$$
$$\mid m \in [\mu_1; 1]; n \in [\tfrac{1}{2}; 1]; x \in [\gamma_2; 1]\}, \tag{3.40}$$

d.h. die Firmengruppe meldet nicht an und geht eine nicht-freistellungsfähige Vereinbarung ein.

In Parameterkonstellation PK3 gibt es folgende zwei Gleichgewichte: Wenn die Bedingungen $A_1^G < A < A_2^G$ und $B \geq B_{a3}^*$ erfüllt sind, wird das Gleichgewicht

$$\text{GG an-3} \quad = \quad (an, 0, \gamma_2; 1, \beta_1; \mu_1, \tfrac{1}{2}) \tag{3.41}$$

realisiert, d.h. die Firmengruppe meldet an, und im Anmelde-Teilspiel wird Gleichgewicht GG3 erreicht. Im anderen Fall $(A_1^G < A < A_2^G \wedge B < B_{a3}^*)$ ergibt sich das Null-Compliance-Gleichgewicht

$$\text{GG ill-3} \quad = \quad (ill, 0, \gamma_2; 1, \beta_1; \mu_1, \tfrac{1}{2}), \tag{3.42}$$

d.h. die Firmengruppe meldet nicht an und betreibt eine nicht-freistellungsfähige Vereinbarung.

In Parameterkonstellation PK4 gibt es folgende zwei Gleichgewichtstypen: Wenn die Bedingungen $A = A_2^G$ und $B \geq B_{a4}^*$ erfüllt sind, wird ein Gleichgewicht der Gleichgewichtsmenge

$$\text{GG an-4} \quad = \quad \{(an, 0, x; 1, 0; m, n)$$

$$|m \in [\tfrac{1}{2};\mu_1];n \in [\nu_1;\tfrac{1}{2}];x \in [\gamma_1;\gamma_2]\} \qquad (3.43)$$

realisiert, d.h. die Firmengruppe meldet an, und im Anmelde-Teilspiel wird die Gleichgewichtsmenge GG4 erreicht. Im anderen Fall ($A = A_2^G \wedge B < B_{a4}^*$) ergibt sich ein Null-Compliance-Gleichgewicht der Gleichgewichtsmenge

$$\text{GG ill-4} \;=\; \{(ill,0,x;1,0;m,n)$$

$$|m \in [\tfrac{1}{2};\mu_1];n \in [\nu_1;\tfrac{1}{2}];x \in [\gamma_1;\gamma_2]\}, \qquad (3.44)$$

d.h. die Firmengruppe meldet nicht an und betreibt eine nicht-freistellungsfähige Vereinbarung.

In Parameterkonstellation PK5 gibt es folgende zwei Gleichgewichte: Wenn die Bedingungen $A > A_2^G$ und $B \geq B_{a5}^*$ erfüllt sind, wird das Gleichgewicht

$$\text{GG an-5} \;=\; (an,0,\gamma_1;\alpha_1,0;\tfrac{1}{2},\nu_1) \qquad (3.45)$$

realisiert, d.h. die Firmengruppe meldet an, und im Anmelde-Teilspiel wird Gleichgewicht GG5 erreicht. Im anderen Fall ($A > A_2^G \wedge B < B_{a5}^*$) ergibt sich das Null-Compliance-Gleichgewicht

$$\text{GG ill-5} \;=\; (ill,0,\gamma_1;\alpha_1,0;\tfrac{1}{2},\nu_1), \qquad (3.46)$$

d.h. die Firmengruppe meldet nicht an und geht eine nicht-freistellungsfähige Vereinbarung ein. Tabelle 3.9 stellt die Ergebnisse nochmals übersichtlich zusammen.

3.3.3 Bewertung der Gleichgewichte

Um in Kapitel 4 einen Institutionenvergleich zwischen den Durchführungsverordnungen VO 17/62 und VO 1/2003 durchführen zu können, ist es sinnvoll, bereits an dieser Stelle erste Zwischenergebnisse für das Genehmigungsspiel abzuleiten. Zu diesem Zweck werden im folgenden die im vorhergehenden Abschnitt hergeleiteten Gleichgewichte anhand der in Abschnitt 3.1.1 definierten Kriterien *Complianceniveau* und *Fehlerwahrscheinlichkeiten* bewertet.

3.3.3.1 Das Complianceniveau im Genehmigungsspiel

In Abschnitt 3.3.2.6 wurden die zehn möglichen Gleichgewichte $(a^*,\delta^*,\gamma^*;\alpha^*,\beta^*;\mu^*,\nu^*)$ des Genehmigungsspiels bestimmt. Jedes von

Tabelle 3.9: Die Gleichgewichte im Genehmigungsspiel

1. GG-Bed.	2. GG-Bed.	Gleichgewicht
$A < A_1^G$	$B \geq B_{a1}^*$	GG an-1: $\quad (an, 0, 1; 1, 1; 1, 1)$
	$B < B_{a1}^*$	GG ill-1: $\quad (ill, 0, 1; 1, 1; 1, 1)$
$A = A_1^G$	$B \geq B_{a2}^*$	GG an-2: $\quad \{(an, 0, x; 1, 1; m, n)$ $\mid m \in [\mu_1; 1]; n \in [\frac{1}{2}; 1]; x \in [\gamma_2; 1]\}$
	$B < B_{a2}^*$	GG ill-2: $\quad \{(ill, 0, x; 1, 1; m, n)$ $\mid m \in [\mu_1; 1]; n \in [\frac{1}{2}; 1]; x \in [\gamma_2; 1]\}$
$A_1^G < A < A_2^G$	$B \geq B_{a3}^*$	GG an-3: $\quad (an, 0, \gamma_2; 1, \beta_1; \mu_1, \frac{1}{2})$
	$B < B_{a3}^*$	GG ill-3: $\quad (ill, 0, \gamma_2; 1, \beta_1; \mu_1, \frac{1}{2})$
$A = A_2^G$	$B \geq B_{a4}^*$	GG an-4: $\quad \{(an, 0, x; 1, 0; m, n)$ $\mid m \in [\frac{1}{2}; \mu_1]; n \in [\nu_1; \frac{1}{2}]; x \in [\gamma_1; \gamma_2]\}$
	$B < B_{a4}^*$	GG ill-4: $\quad \{(ill, 0, x; 1, 0; m, n)$ $\mid m \in [\frac{1}{2}; \mu_1]; n \in [\nu_1; \frac{1}{2}]; x \in [\gamma_1; \gamma_2]\}$
$A > A_2^G$	$B \geq B_{a5}^*$	GG an-5: $\quad (an, 0, \gamma_1; \alpha_1, 0; \frac{1}{2}, \nu_1)$
	$B < B_{a5}^*$	GG ill-5: $\quad (ill, 0, \gamma_1; \alpha_1, 0; \frac{1}{2}, \nu_1)$

mit $A_1^G := \frac{\chi}{1-\chi} G, \quad A_2^G := \frac{\chi + (\rho - \varphi)(1-\chi)}{\varphi(1-\chi)} G;$

$\gamma_1 := \frac{\varphi}{\rho + \varphi}, \quad \gamma_2 := \frac{1-\varphi}{1-\rho + 1 - \varphi},$

$\mu_1 := \frac{\rho(1-\varphi)}{\rho(1-\varphi) + (1-\rho)\varphi}, \quad \nu_1 := \frac{(1-\rho)\varphi}{\rho(1-\varphi) + (1-\rho)\varphi};$

$\alpha_1 := -\frac{Z}{\Theta} = -\frac{\chi G}{(1-\chi)[(\rho - \varphi)G - \varphi A]} \quad$ und

$\beta_1 := Z + \Theta = \frac{[\chi + (1-\chi)(\rho - \varphi)]G - \varphi(1-\chi)A}{(1-\chi)[(\rho - \varphi)G + (1-\varphi)A]}.$

ihnen ist ein-eindeutig einer bestimmten Klasse von Parameterkonstellationen zugeordnet. Wie unterscheiden sich nun diese Gleichgewichte voneinander bezüglich des Complianceniveaus?

Jedes der zehn Gleichgewichte beinhaltet die vollständige Strategie der Firmengruppe, die aus drei Entscheidungen besteht: a^* bezeichnet die gleichgewichtige Entscheidung in F_0, eine Vereinbarung anzumelden, sie illegal zu betreiben oder keine Vereinbarung einzugehen; δ^* bezeichnet das Complianceniveau der Firmengruppe, wenn sie die Vereinbarung unangemeldet durchführt, und γ^* das Complianceniveau bei Anmeldung. Obwohl die gleichgewichtige Strategie der Firmengruppe eine Handlungsentscheidung für jeden Entscheidungsknoten des Spiels und damit *zwei* Complianceniveaus beinhaltet, realisiert sich natürlich nur *eines* der beiden Complianceniveaus, δ^* oder γ^*, in Abhängigkeit davon, wie die Anmeldeentscheidung der Firmengruppe ausfällt.

Das tatsächliche Complianceniveau beträgt in allen Gleichgewichten, die die Aktion $a^* = ill$ beinhalten, Null: $\delta^* = 0$.[182] Die Compliancefunktion $\delta^*(A)$ ist in Abbildung 3.16 als graue Linie eingezeichnet. In allen übrigen Gleichgewichten ist das tatsächliche Complianceniveau γ^* durchweg höher: In allen Gleichgewichten mit der gleichgewichtigen Aktion $a^* = an$ liegt es mindestens bei γ_1. Im Full-Compliance-Gleichgewicht GG an-1 beträgt es Eins, in Gleichgewicht GG an-2 $x \in [\gamma_2; 1]$, in Gleichgewicht GG an-3 γ_2, in Gleichgewicht GG an-4 $x \in [\gamma_1; \gamma_2]$ und in Gleichgewicht GG an-5 γ_1.[183] Das Complianceniveau der Firmengruppe ist also umso niedriger, je höher der Kartellaufschlag A ist. Der treppenförmige Verlauf der Compliancefunktion $\gamma^*(A)$ ist in Abbildung 3.16 in schwarzer Farbe dargestellt.[184] In Klammern ist jeweils angegeben, zu welchem Gleichgewicht der entsprechende Funktionsabschnitt gehört.[185]

---

[182] Vgl. Abschnitt 3.3.2.1.

[183] Zur Erinnerung: $\gamma_2 > \gamma_1$, vgl. Anhang B.1.5.

[184] Exakt gesprochen handelt es sich bei $\gamma^*(A)$ nicht um eine Funktion, sondern um eine Relation, da manchen A-Werten nicht nur *ein* sondern *mehrere* Funktionswerte γ^* zugeordnet werden. Die Abbildung ist somit nicht ein-eindeutig.

[185] Zum Zeichnen wurde folgende Parameterspezifikation verwendet: $\rho = 0,6$, $\varphi = 0,4$, $\tau = 0,6$, $\chi = 0,3$, $G = 1$, $B = 10$. Eine andere Parameterbelegung hätte lediglich eine Verlagerung der kritischen Schwellen A_1^G und A_2^G und eine Vertikalverschiebung der γ_1- und γ_2-Werte zur Folge; eine qualitative Änderung träte nicht ein: Die Compliancefunktion $\gamma^*(A)$ wäre nach wie vor treppenförmig, während $\delta^*(A)$ nach wie vor auf der Abszisse verliefe.

Dieses Ergebnis für die Gleichgewichte, in denen das Anmelde-Teilspiel auf dem Gleichgewichtspfad liegt, überrascht insofern nicht, als ein hoher Kartellaufschlag einen Anreiz darstellt, eine nicht-freistellungsfähige Vereinbarung einzugehen. Oder aus dem entgegengesetzten Blickwinkel formuliert: Je höher die Kosten des guten Verhaltens sind, gemessen durch den Kartellaufschlag A, der nicht realisiert wird, wenn eine Vereinbarung freistellungsfähig ausgestaltet wird ($A \to \infty$), um so niedriger ist die Wahrscheinlichkeit für Rechtsgehorsam seitens der Firmengruppe ($\gamma^* \to \gamma_1$).

Abbildung 3.16: Die Complianceniveaus δ^* und γ^* im Genehmigungsspiel in Abhängigkeit vom Kartellaufschlag A

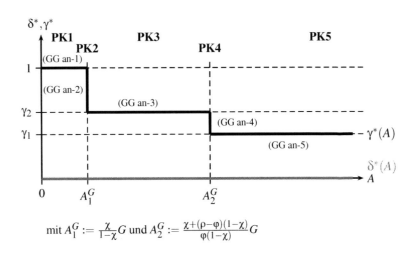

mit $A_1^G := \frac{\chi}{1-\chi} G$ und $A_2^G := \frac{\chi+(\rho-\varphi)(1-\chi)}{\varphi(1-\chi)} G$

Eine mögliche Interpretation dieses Zwischenergebnisses ist die folgende: Die unterschiedlichen Werte für den Kartellaufschlag A könnten die unterschiedlichen Gewinnmöglichkeiten aus nicht-freistellungsfähigen Vereinbarungen in unterschiedlichen Sektoren darstellen. Es ist denkbar, daß sich z.B. im Energiesektor aufgrund der hohen Konzentration und der vergleichsweise unelastischen Nachfrage höhere Kartellgewinne erreichen lassen als in einem anderen Wirtschaftssektor, beispielsweise im Kaffeehandel, bei welchem die Kunden empfindlicher auf Preisunterschiede reagieren: $A_{Energie} > A_{Kaffee}$. Aus dem Modell könnte dann abgelesen werden, daß zu erwarten ist, daß das Complianceniveau im Energiesektor niedriger ausfallen wird als das im Kaffeehandel: $\gamma^*_{Energie} < \gamma^*_{Kaffee}$.[186]

3.3.3.2 Die Fehlerwahrscheinlichkeiten im Genehmigungsspiel

Als zweites Kriterium zur Beurteilung der Wirksamkeit einer Rechtsdurchsetzungsinstitution wurden neben dem Complianceniveau die institutionenspezifischen Fehlerwahrscheinlichkeiten definiert. In diesem Abschnitt sollen daher die mit den zehn Gleichgewichten des Genehmigungsspiels verbundenen Fehlerwahrscheinlichkeiten berechnet werden. Es bietet sich an, vorab die beiden Fehlerwahrscheinlichkeiten p_I und p_{II} allgemein für jedes mögliche Gleichgewicht zu bestimmen. Zur Erinnerung: Ein Fehler erster Ordnung, oder auch Type-I-Error, (p_I) besagt, daß eine in Wahrheit freistellungsfähige Vereinbarung untersagt wird; ein Fehler zweiter Ordnung, oder auch Type-II-Error, (p_{II}) bedeutet, daß eine in Wahrheit nicht-freistellungsfähige Vereinbarung genehmigt oder, falls sie illegal (unangemeldet) geschlossen wurde, nicht untersagt wird. p_I und p_{II} lassen sich unter Rückgriff auf den Spielbaum (vgl. Abbildung 3.4 auf S. 140) leicht berechnen: Dazu müssen nur die Äste des Baums „abgelaufen" werden, die zu einem fehlerbehafteten Ergebnis führen. Es gibt kein Gleichgewicht, in dem die Firmengruppe *out* wählt, so daß dieser Ast des Baumes bereits vernachlässigt werden kann. Statt dessen müssen die beiden Teilspiele betrachtet werden, die auf die Aktionen *ill* und *an* folgen.

Meldet die Firmengruppe die Vereinbarung nicht an (gleichgewichtige Aktion $a^* = ill$), wählt sie immer ein Complianceniveau von Null: $\delta^* = 0$.[187] Fehler erster Ordnung sind daher ausgeschlossen: Unangemeldet werden nur nicht-freistellungsfähige Vereinbarungen geschlossen. Fehler zweiter Ordnung ergeben sich hingegen immer dann, wenn die Vereinbarung nicht entdeckt wird und deswegen weder untersagt noch bestraft

---

[186] Ein solches Ergebnis impliziert, daß es in beiden Sektoren möglich ist, die Geldbuße *B* für illegale Vereinbarungen so zu setzen, daß die Unternehmen zur Anmeldung ihrer Vereinbarung angereizt werden. Noch realistischer ist es jedoch wohl davon auszugehen, daß in einem Sektor mit hohen potentiellen Kartellgewinnen diese Kartelle unangemeldet betrieben werden. In meiner Modellsprache lautet ein solches Ergebnis $\gamma^*_{Kaffee} > \delta^*_{Energie} = 0$.

[187] Vgl. Abschnitt 3.3.2.1.

werden kann. Eine Entdeckung erfolgt mit der Entdeckungswahrscheinlichkeit τ, so daß die Fehlerwahrscheinlichkeiten in diesem Fall definiert
sind als

$$p_I(ill) \quad = \quad 0 \tag{3.47}$$

und

$$p_{II}(ill) \quad = \quad 1 - \tau. \tag{3.48}$$

Meldet die Firmengruppe ihre Vereinbarung hingegen an, hängen die
Fehlerwahrscheinlichkeiten nicht nur davon ab, wie die Gruppe die Vereinbarung ausgestaltet, sondern auch von der Freistellungsentscheidung der
Kommission und der Klagewahrscheinlichkeit vor dem EuGeI. Eine freistellungsfähige Vereinbarung wird mit Wahrscheinlichkeit γ^* geschlossen;
die Kommission lehnt den Anmeldeantrag mit Wahrscheinlichkeit $1 - \alpha^*$
ab, wenn sie sich eine positive Meinung gebildet hat, und mit Wahrscheinlichkeit $1 - \beta^*$, wenn sie zu einer negativen Einschätzung gelangt ist. Diese
Fehlentscheidung der Kommission bleibt mit Wahrscheinlichkeit $1 - \chi$ bestehen, weil mit genau dieser Wahrscheinlichkeit kein Einspruch gegen die
Kommissionsentscheidung erhoben wird. Damit ist die Wahrscheinlichkeit
für einen Fehler erster Ordnung nach Anmeldung definiert als

$$p_I(an) \quad = \quad \gamma^*(1-\chi)[\rho(1-\alpha^*)+(1-\rho)(1-\beta^*)]$$
$$= \quad \gamma^*(1-\chi)[1-\beta^*-\rho(\alpha^*-\beta^*)]. \tag{3.49}$$

Analog ist die Wahrscheinlichkeit, einen Fehler zweiter Ordnung zu begehen, bestimmt als

$$p_{II}(an) \quad = \quad (1-\gamma^*)(1-\chi)[\varphi\alpha^*+(1-\varphi)\beta^*]$$
$$= \quad (1-\gamma^*)(1-\chi)[\beta^*+\varphi(\alpha^*-\beta^*)], \tag{3.50}$$

wobei α^* und β^* die Wahrscheinlichkeiten bezeichnen, mit denen die Kommission die Vereinbarung genehmigt, φ die Wahrscheinlichkeit beschreibt,
daß sich die Kommission eine positive Meinung über die Vereinbarung
bildet, und γ^* das Complianceniveau der Firmengruppe angibt.

Damit können die gleichgewichtigen Fehlerwahrscheinlichkeiten des
Genehmigungsspiels auch als abschnittsweise definierte Funktionen geschrieben werden:

$$p_I(\cdot) = \begin{cases} 0, & a^* = ill; \\ \gamma^*(1-\chi)[1-\beta^*-\rho(\alpha^*-\beta^*)], & a^* = an; \end{cases}$$

$$p_{II}(\cdot) = \begin{cases} 1 - \tau & a^* = ill; \\ (1 - \gamma^*)(1 - \chi)[\beta^* + \varphi(\alpha^* - \beta^*)], & a^* = an. \end{cases}$$

Nachdem diese Vorarbeit geleistet ist, können nun die konkreten Fehlerwahrscheinlichkeiten der einzelnen Gleichgewichte des Genehmigungsspiels bestimmt werden.

Fehlerwahrscheinlichkeiten in Gleichgewichten, die die Aktion ill beinhalten

Hat sich die Firmengruppe gegen eine Anmeldung entschieden, wählt sie das Complianceniveau $\delta^* = 0$, unabhängig von der Konstellation der exogenen Variablen, d.h. eine illegal betriebene Vereinbarung ist mit Sicherheit nicht-freistellungsfähig.[188] Daher können in allen Gleichgewichten, die die Aktion *ill* der Firmengruppe beinhalten – das sind die Gleichgewichte GG ill-1, GG ill-2, GG ill-3, GG ill-4 und GG ill-5 – nur Fehler zweiter Ordnung auftreten, nämlich dann, wenn eine Vereinbarung unentdeckt bleibt.

Abbildung 3.17: Die Fehlerwahrscheinlichkeit $p_I(ill)$ im Genehmigungsspiel in Abhängigkeit vom Kartellaufschlag A

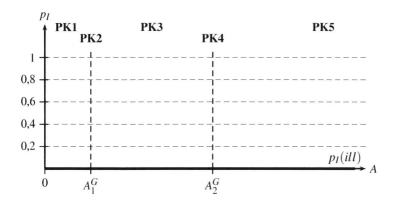

Wie bereits oben hergeleitet betragen die Fehlerwahrscheinlichkeit bei Nichtanmeldung $p_I(ill) = 0$ und $p_{II}(ill) = 1 - \tau$.[189] Die Abbildungen 3.17

---

[188] Vgl. nochmals die Abschnitte 3.2.1 sowie 3.3.3.1.
[189] Siehe Definitionsgleichungen 3.47 und 3.48.

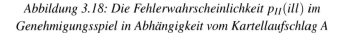

Abbildung 3.18: Die Fehlerwahrscheinlichkeit $p_{II}(ill)$ im Genehmigungsspiel in Abhängigkeit vom Kartellaufschlag A

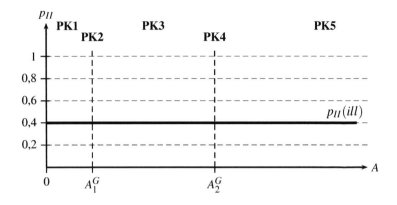

und 3.18 zeigen jeweils einen möglichen Verlauf der Type-I- und Type-II-Fehlerwahrscheinlichkeit, wenn die Firmengruppe *ill* wählt.[190] Beide Fehlerwahrscheinlichkeiten weisen einen horizontalen Verlauf auf, weil sie unabhängig vom Kartellaufschlag A sind.

Fehlerwahrscheinlichkeiten in Gleichgewichten, die die Aktion an beinhalten

Im Anmelde-Teilspiel hängt das Complianceniveau der Firmengruppe vom Freistellungsverhalten der EU-Kommission ab und umgekehrt. Je nach Belegung der exogenen Parameter realisiert sich eines der fünf Gleichgewichte GG 1 bis GG 5 und damit ein bestimmtes Complianceniveau γ^* und ein bestimmtes Freistellungsverhalten (α^*, β^*). Abhängig von diesem Verhalten der Spieler treten daher in den Gleichgewichten, die die Aktion *an* beinhalten – das sind die Gleichgewichte GG an-1, GG an-2, GG an-3, GG an-4 und GG an-5 – keine, nur eine oder alle beiden Fehlerarten auf.

---

[190] Zum Zeichnen des Graphen wurde dieselbe Parameterspezifikation gewählt wie in der Complianceniveau-Abbildung: $\rho = 0,6$, $\varphi = 0,4$, $\tau = 0,6$, $\chi = 0,3$, $G = 1$, $B = 10$. Andere Werte hätten lediglich eine Vertikalverschiebung von $p_{II}(ill)$ sowie eine andere Lage der kritischen Schwellen A_1^G und A_2^G zur Folge; die qualitative Aussage bliebe jedoch dieselbe.

Das Gleichgewicht GG an-1 beinhaltet das Anmelde-Teilspiel-Gleichgewicht GG1. Die Firmengruppe meldet mit Sicherheit eine freistellungsfähige Vereinbarung an, und die EU-Kommission genehmigt diese unabhängig von der gebildeten Meinung. In einer solchen Situation können weder nicht-freistellungsfähige Vereinbarungen genehmigt werden, da es keine solchen gibt, noch können freistellungsfähige Vereinbarungen nicht genehmigt werden, da alle genehmigt werden. Die Fehlerwahrscheinlichkeiten in der Parameterkonstellation PK1 betragen deswegen

$$p_I(an,0,1;1,1;1,1) \quad = \quad p_{II}(an,0,1;1,1;1,1) \quad = \quad 0. \qquad (3.51)$$

In Parameterkonstellation PK2 gibt es die Gleichgewichtsmenge GG2 mit unendlich vielen Gleichgewichten. Die Firmengruppe meldet mit der Wahrscheinlichkeit $x \in [\gamma_2, 1]$ eine freistellungsfähige Vereinbarung an, mit der Gegenwahrscheinlichkeit $1 - x$ eine nicht-freistellungsfähige Vereinbarung, und die Kommission reagiert darauf mit einer bedingungslosen Freistellung.[191] In dieser Situation kann es also nur zu Fehlern zweiter Ordnung kommen, weil alle angemeldeten Vereinbarungen genehmigt werden. Die Fehlerwahrscheinlichkeit ist deshalb gerade gleich der Wahrscheinlichkeit, mit der eine nicht-freistellungsfähige Vereinbarung eingegangen wird, multipliziert mit der Wahrscheinlichkeit, daß diese Fehlentscheidung der Kommission nicht vor dem EuGeI landet: $(1-x)(1-\chi)$. Damit ergibt sich für die Type-II-Fehlerwahrscheinlichkeit

$$p_{II}(an,0,x;1,1;m,n) \quad \in \quad [0;(1-\gamma_2)(1-\chi)], \qquad (3.52)$$

während die Wahrscheinlichkeit, einen Fehler 1. Ordnung zu begehen, weiterhin Null beträgt:

$$p_I(an,0,x;1,1;m,n) \quad = \quad 0 \qquad (3.53)$$

Wie hoch die Fehlerwahrscheinlichkeit tatsächlich ist, hängt einzig und allein vom Verhalten der Firmengruppe und der Klagewahrscheinlichkeit, nicht jedoch vom Verhalten der EU-Kommission ab. Mit der – im übrigen Payoff-neutralen – Auswahl eines $x \in [\gamma_2; 1]$ legt sie fest, welches der unendlich vielen Gleichgewichte und damit eben auch welche Fehlerwahrscheinlichkeit realisiert wird. Im schlimmsten Fall entscheidet sie sich für $x = \gamma_2$, also das niedrigst mögliche Complianceniveau, und bewirkt so eine Fehlerwahrscheinlichkeit in Höhe von $p_{II}(an,0,x;1,1;m,n) = (1-\gamma_2)(1-$

---

[191] Zur Erinnerung: $\gamma_2 := \frac{1-\varphi}{1-\rho+1-\varphi}$, vgl. Abschnitt 3.3.2.2.

χ). Im besten Fall entscheidet sie sich für volle Compliance, $x = 1$, was zu einer Fehlerwahrscheinlichkeit von $p_{II}(an, 0, x; 1, 1; m, n) = 0$ führt.

Die Fehlerwahrscheinlichkeiten der übrigen drei Gleichgewichte sind etwas aufwendiger zu berechnen.[192] Sobald die Firmengruppe ein Complianceniveau verschieden von Null oder Eins und die EU-Kommission unterschiedliche Verhaltensstrategien für ihre unterschiedlichen Meinungen $m = f$ und $m = \neg f$ wählt ($\alpha^* \neq \beta^*$), können beide Fehlerarten auftreten. In Parameterkonstellation PK3 meldet die Firmengruppe mit Wahrscheinlichkeit γ_2 eine freistellungsfähige Vereinbarung an; die Kommission stellt die Vereinbarung mit Sicherheit frei, wenn sie sich eine positive Meinung gebildet hat, kommt sie jedoch zu einer negativen Einschätzung, tut sie dies nur mit Wahrscheinlichkeit β_1.[193] Damit treten beide Fehlerarten auf.[194] Die Wahrscheinlichkeit, einen Fehler erster Ordnung zu begehen, beträgt

$$p_I(an, 0, \gamma_2; 1, \beta_1; \mu_1, \tfrac{1}{2}) \quad = \quad (1 - \chi)\gamma_2(1 - \rho)(1 - \beta_1), \qquad (3.54)$$

die Wahrscheinlichkeit, einen Fehler zweiter Ordnung zu begehen dagegen

$$p_{II}(an, 0, \gamma_2; 1, \beta_1; \mu_1, \tfrac{1}{2}) \quad = \quad (1 - \chi)(1 - \gamma_2)[\varphi + \beta_1(1 - \varphi)]. \; (3.55)$$

Die Parameterkonstellation PK4 stellt wieder eine ähnliche Besonderheit wie Parameterkonstellation PK2 dar. Auch hier existieren unendlich viele Gleichgewichte und damit ein Gleichgewichtsselektionsproblem, das allerdings wieder allein bei der Firmengruppe liegt und zudem ihren Payoff nicht beeinflußt. Sie meldet mit Wahrscheinlichkeit $x \in [\gamma_1, \gamma_2]$ eine freistellungsfähige Vereinbarung an und mit der Gegenwahrscheinlichkeit $1 - x$

---

[192] Die Herleitung der konkreten Fehlerwahrscheinlichkeiten für die Parameterkonstellationen PK3, PK4 und PK5 auf Basis der oben bestimmten allgemeinen Form finden sich in den Anhängen B.1.37, B.1.38 und B.1.39.

[193] Zur Erinnerung: $\gamma_2 := \frac{1-\varphi}{1-\rho+1-\varphi}$, vgl. Abschnitt 3.3.2.2, und $\beta_1 := \frac{[\chi+(1-\chi)(\rho-\varphi)]G-\varphi(1-\chi)A}{(1-\chi)[(\rho-\varphi)G+(1-\varphi)A]}$, vgl. Abschnitt 3.3.2.3.

[194] Die in den den Gleichungen 3.54 und 3.55 definierten Fehlerwahrscheinlichkeiten des Gleichgewichts GG an-3 lassen sich durch Einsetzen von γ_2 und β_1 auch schreiben als:

$$p_I(an, 0, \gamma_2; 1, \beta_1; \mu_1, \tfrac{1}{2}) \quad = \quad \frac{(1-\varphi)(1-\rho)[A - \chi(G+A)]}{(1-\rho+1-\varphi)[(\rho-\varphi)G+(1-\varphi)A]}$$

$$p_{II}(an, 0, \gamma_2; 1, \beta_1; \mu_1, \tfrac{1}{2}) \quad = \quad \frac{(1-\rho)[\rho - \varphi + \chi(1-\rho)]G}{(1-\rho+1-\varphi)[(\rho-\varphi)G+(1-\varphi)A]}.$$

eine nicht-freistellungsfähige.[195] Die EU-Kommission handelt strikt nach der Meinung, die sie sich aufgrund des empfangenenen Signals gebildet hat: Ist diese positiv, stellt sie die Vereinbarung mit Sicherheit frei, und sie verbietet die Vereinbarung mit Sicherheit, wenn sie negativ ist. Aufgrund dieser Gleichgewichtsstrategie gibt es auch beide Fehlertypen mit positiver Wahrscheinlichkeit. Die Wahrscheinlichkeit, einen Fehler erster Ordnung zu begehen beträgt $p_I(an,0,x;1,0;m,n) = (1-\chi)x(1-\rho)$, die Wahrscheinlichkeit, einen Fehler zweiter Ordnung zu begehen, dagegen $p_{II}(an,0,x;1,0;m,n) = (1-\chi)(1-x)\varphi$, jeweils mit $x \in [\gamma_1;\gamma_2]$. Damit ergeben sich für die Fehlerwahrscheinlichkeiten folgende Intervalle:[196]

$$p_I(an,0,x;1,0;m,n) \in [(1-\chi)\gamma_1(1-\rho);(1-\chi)\gamma_2(1-\rho)] \quad (3.56)$$

und

$$p_{II}(an,0,x;1,0;m,n) \in [(1-\chi)(1-\gamma_2)\varphi;(1-\chi)(1-\gamma_1)\varphi] \quad (3.57)$$

Im Gleichgewicht GG an-5 meldet die Firmengruppe mit Wahrscheinlichkeit γ_1 eine freistellungsfähige Vereinbarung an, mit der Gegenwahrscheinlichkeit $1-\gamma_1$ meldet sie eine nicht-freistellungsfähige Vereinbarung an. Die EU-Kommission reagiert auf dieses Verhalten mit einer sicheren Ablehnung des Antrags, wenn sie sich aufgrund der Unterlagen eine negative Meinung gebildet hat, und damit, daß sie lediglich mit Wahrscheinlichkeit α_1 genehmigt, wenn sie zu einer positiven Einschätzung gelangt ist.[197] Erneut sind beide Fehlerarten möglich. Die Wahrscheinlichkeit, einen Fehler erster Ordnung zu begehen, beträgt

$$p_I(an,0,\gamma_1;\alpha_1,0;\tfrac{1}{2},v_1) = (1-\chi)\gamma_1(1-\rho\alpha_1), \quad (3.58)$$

---

[195] Zur Erinnerung: $\gamma_1 := \frac{\varphi}{\rho+\varphi}$, $\gamma_2 := -\frac{1-\varphi}{1-\rho+1-\varphi}$, beides vgl. Abschnitt 3.3.2.2.

[196] Durch Einsetzen von γ_1 bzw. γ_2 lassen sich die Fehlerwahrscheinlichkeiten im Gleichgewicht GG an-4 auch schreiben als:

$$p_I(an,0,x;1,0;m,n) \in \left[\frac{(1-\chi)\varphi(1-\rho)}{\rho+\varphi};\frac{(1-\chi)(1-\varphi)(1-\rho)}{1-\rho+1-\varphi}\right]$$

$$p_{II}(an,0,x;1,0;m,n) \in \left[\frac{(1-\chi)(1-\rho)\varphi}{1-\rho+1-\varphi};\frac{(1-\chi)\rho\varphi}{\rho+\varphi}\right].$$

[197] Zur Erinnerung: $\gamma_1 := \frac{\varphi}{\rho+\varphi}$, vgl. Abschnitt 3.3.2.2, und $\alpha_1 := -\frac{\chi G}{(1-\chi)[(\rho-\varphi)G-\varphi A]}$, vgl. Abschnitt 3.3.2.3.

wohingegen die Wahrscheinlichkeit, einen Fehler zweiter Ordnung zu begehen,

$$p_{II}(an, 0, \gamma_1; \alpha_1, 0; \tfrac{1}{2}, \nu_1) = (1 - \chi)(1 - \gamma_1)\varphi\alpha_1 \qquad (3.59)$$

beträgt.[198]

Abbildung 3.19: Die Fehlerwahrscheinlichkeit $p_I(an)$ im Genehmigungsspiel in Abhängigkeit vom Kartellaufschlag A

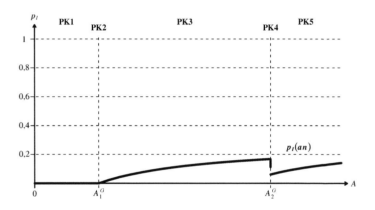

In den Abbildungen 3.19 und 3.20 sind beispielhafte Verläufe für die Fehlerwahrscheinlichkeiten erster und zweiter Ordnung in Abhängigkeit vom Kartellaufschlag A eingezeichnet, wenn die Firmengruppe *an* wählt.[199]

---

[198] Durch Einsetzen von γ_1 und α_1 lassen sich die Fehlerwahrscheinlichkeiten im Gleichgewicht GG an-5 auch schreiben als:

$$p_I(an, 0, \gamma_1; \alpha_1, 0; \tfrac{1}{2}, \nu_1) = \frac{\varphi}{\rho + \varphi} \cdot \left[1 + \frac{\varphi\chi(G + A)}{(\rho - \varphi)G - \varphi A} \right]$$

$$p_{II}(an, 0, \gamma_1; \alpha_1, 0; \tfrac{1}{2}, \nu_1) = \frac{\varphi}{\rho + \varphi} \cdot \frac{\chi\rho G}{\varphi A - (\rho - \varphi)G}.$$

[199] Zum Zeichnen der Graphen wurde dieselbe Parameterbelegung wie im *ill*-Fall gewählt: $\rho = 0,6$, $\varphi = 0,4$, $\tau = 0,6$, $\chi = 0,3$, $G = 1$, $B = 10$. Auch hier gilt: Eine andere Parameterspezifikation würde zwar die Lage der kritischen Schwellen A_1^G und

Die Fehlerwahrscheinlichkeit erster Ordnung in Abhängigkeit von A (Abbildung 3.19) ist keine Funktion, sondern eine Relation, weil dem Wert $A = A_2^G$ (Parameterkonstellation PK4) mehrere p_I-Werte zugeordnet sind. Im Intervall PK1 bis einschließlich PK2 verläuft die Relation $p_I(an)$ auf der Querachse, im Intervall PK3 steigt sie monoton, wird jedoch mit zunehmendem A flacher, im Intervall PK4 verläuft sie senkrecht und nimmt Werte zwischen $(1 - \chi)\gamma_1(1 - \rho)$ und $(1 - \chi)\gamma_2(1 - \rho)$ an, und im letzten Intervall schließlich verläuft sie wieder monoton steigend und ist ebenfalls konkav.[200]

Abbildung 3.20: Die Fehlerwahrscheinlichkeit $p_{II}(an)$ im Genehmigungsspiel in Abhängigkeit vom Kartellaufschlag A

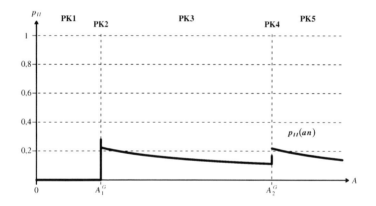

Auch die Fehlerwahrscheinlichkeit zweiter Ordnung in Abhängigkeit von A (Abbildung 3.20) ist keine Funktion, sondern eine Relation, weil den Werten $A = A_1^G$ und $A = A_2^G$ (Parameterkonstellationen PK2 und PK4) mehrere p_{II}-Werte zugeordnet sind. Im Intervall PK1 verläuft die Relation

A_2^G sowie die konkreten p_I- und p_{II}-Werte verändern, nicht jedoch den grundsätzlichen Verlauf der Kurven (vgl. hierzu auch die in den Anhängen B.1.40 und B.1.41 allgemein hergeleiteten Monotonie- und Krümmungseigenschaften). Damit bleiben die qualitativen Aussagen auch für andere Parameterspezifikationen erhalten.

[200] Eine allgemeine Herleitung der Monotonie- und Krümmungseigenschaften von $p_I(an)$ findet sich in Anhang B.1.40.

$p_{II}(an)$ auf der Querachse, im Intervall PK2 verläuft sie senkrecht und nimmt Werte zwischen Null und $(1-\chi)(1-\gamma_2)$ an, im Intervall PK3 fällt sie monoton, wird jedoch mit zunehmendem A flacher, im Intervall PK4 verläuft sie senkrecht und nimmt Werte zwischen $(1-\chi)(1-\gamma_2)\varphi$ und $(1-\chi)(1-\gamma_1)\varphi$ an, und im letzten Intervall schließlich verläuft sie wieder monoton fallend und ist ebenfalls wieder konvex.[201]

Obwohl die Relationen beider Fehlerwahrscheinlichkeiten Sprungstellen aufweisen und über den gesamten Definitionsbereich nicht monoton verlaufen, können dennoch einige grundsätzliche Beobachtungen festgehalten werden: (1) Nur in Parameterkonstellation PK1 ist die Wahrscheinlichkeit beider Fehler Null. (2) Die Wahrscheinlichkeit, einen Fehler erster Ordnung zu begehen, steigt tendenziell mit zunehmendem Kartellaufschlag A, wohingegen die Wahrscheinlichkeit, einen Fehler zweiter Ordnung zu begehen, mit zunehmendem A tendenziell sinkt. Könnte der Kartellaufschlag A direkt beeinflußt werden, was allerdings eine unrealistische Annahme ist, da davon ausgegangen werden kann, daß sich A aus den Gegebenheiten am Markt ergibt,[202] müßte eine Senkung der Fehlerwahrscheinlichkeit $p_I(an)$ durch eine Anhebung der Fehlerwahrscheinlichkeit $p_{II}(an)$ erkauft werden und umgekehrt. Dies ergibt sich unmittelbar aus der Gegenläufigkeit der Kurven.

Eine analoge Aussage läßt sich jedoch auch unter realistischeren Annahmen treffen. Man betrachte die Fehlerwahrscheinlichkeiten in unmittelbarer Nähe der kritischen Schwelle A_2^G. Diese ist laut Gleichung 3.18 definiert als $\frac{\chi+(\rho-\varphi)(1-\chi)}{\varphi(1-\chi)}G$. Man stelle sich weiterhin vor, der Kartellaufschlag A liege in unmittelbarer Nähe rechts dieser Schwelle: $A = A_2^G + \varepsilon$. Investiert nun die EU-Kommission beispielsweise in ihre Assessment-Skills, so daß sich der Assessment-Skill-Parameter ρ auf $\hat{\rho}$ erhöht, so verschiebt sich ceteris paribus die kritische Schwelle A_2^G nach rechts. Die durch die Verbesserung der Assessment-Skills erlangte neue kritische Schwelle bezeichne ich mit $\hat{A}_2^G$; sie komme rechts von A zu liegen. Durch diese Verschiebung der Schwelle nach rechts gilt nun $A = A_2^G + \varepsilon < \hat{A}_2^G$; in anderen Worten, es liegt nicht mehr Parameterkonstellation PK5 vor, sondern Parameterkonstellation PK3. Dadurch sinkt die Wahrscheinlichkeit, einen Fehler zweiter Ordnung zu begehen von $p_{II}(GG\ an\text{-}5)$ auf $p_{II}(GG\ an\text{-}3)$,

---

[201] Eine allgemeine Herleitung der Monotonie- und Krümmungseigenschaften von $p_{II}(an)$ findet sich in Anhang B.1.41.

[202] Vgl. hierzu die Ausführungen in den Abschnitten 3.2.1.2 und 3.2.3.2.

während die Wahrscheinlichkeit, einen Fehler erster Ordnung zu begehen, von p_I(GG an-5) auf p_I(GG an-3) steigt; der Trade-Off zwischen den unterschiedlichen Fehlerwahrscheinlichkeiten, der sich durch den Wechsel von einem Gleichgewicht in ein anderes ergibt, wird dadurch deutlich.[203]

3.3.3.3 Die Zwischenergebnisse des Genehmigungsspiels

Zur Vorbereitung des in Kapitel 4 durchgeführten Institutionenvergleichs werden in diesem Abschnitt die bisher für das Genehmigungsspiel erzielten Ergebnisse nochmals übersichtlich in tabellarischer Form zusammengefaßt. Daraus ist sofort ersichtlich, welche Gleichgewichte ein hohes Complianceniveau und/oder niedrige Fehlerwahrscheinlichkeiten aufweisen. Tabelle 3.10 gibt alle Gleichgewichte des Genehmigungsspiels mit ihren jeweiligen Complianceniveaus und Fehlerwahrscheinlichkeiten wieder.

Der Tabelle ist zu entnehmen, daß fünf der Gleichgewichte zu denselben Fehlerwahrscheinlichkeiten führen. Dies sind gerade die Null-Compliance-Gleichgewichte, die die Aktion *ill* beinhalten. Sie bewirken eine Type-I-Fehlerwahrscheinlichkeit von Null und eine Type-II-Fehlerwahrscheinlichkeit vom $1 - \tau$. Diese Gleichgewichte werden immer dann realisiert, wenn die Parameter zwar so belegt sind, daß sich im Anmelde-Teilspiel ein bestimmtes Gleichgewicht ergeben würde, die Geldbuße B aber nicht hinreichend hoch ist, um die Firmengruppe zu einer Anmeldung zu bewegen. Insofern stellen die Gleichgewichte GG ill-1, GG ill-2, GG ill-3, GG ill-4 und GG ill-5 eine Art Rückfallposition dar. Das Complianceniveau beträgt in all diesen Gleichgewichten $\delta^* = 0$.

Das einzige Gleichgewicht, das sicher zu einer Situation ohne Fehlerkosten führt, ist das Full-Compliance-Gleichgewicht GG an-1. Dieses wird erreicht, wenn der Kartellaufschlag hinreichend klein ist ($A < A_1^G$) und die Geldbuße B hinreichend hoch gesetzt werden kann ($B \geq B_{a1}^*$). Das Complianceniveau beträgt hier $\gamma^* = 1$.

---

[203] Eine Erhöhung von ρ hat auch ein unmittelbare Auswirkung auf die Fehlerwahrscheinlichkeiten innerhalb einer Parameterkonstellation. Diese Effekte bewirken jedoch nur eine Verstärkung des hier geschilderten Trade-Offs.

Tabelle 3.10: Die Fehlerwahrscheinlichkeiten und Complianceniveaus im Genehmigungsspiel

Gleichgewicht	Fehlerwahrscheinlichkeiten		Compliance
	$p_I(a^*,\delta^*,\gamma^*;\alpha^*,\beta^*,\mu^*,\nu^*)$	$p_{II}(a^*,\delta^*,\gamma^*;\alpha^*,\beta^*;\mu^*,\nu^*)$	δ^* bzw. γ^*
GG an-1	0	0	1
GG an-2	0	$(1-\chi)(1-x)$	$x \in [\gamma_2;1]$
GG an-3	$(1-\chi)\gamma_2(1-\rho)(1-\beta_1)$	$(1-\chi)(1-\gamma_2)[\varphi+\beta_1(1-\varphi)]$	γ_2
GG an-4	$(1-\chi)x(1-\rho)$	$(1-\chi)(1-x)\varphi$	$x \in [\gamma_1;\gamma_2]$
GG an-5	$(1-\chi)\gamma_1(1-\rho\alpha_1)$	$(1-\chi)(1-\gamma_1)\varphi\alpha_1$	γ_1
GG ill-1	0	$1-\tau$	0
GG ill-2	0	$1-\tau$	0
GG ill-3	0	$1-\tau$	0
GG ill-4	0	$1-\tau$	0
GG ill-5	0	$1-\tau$	0

mit $\gamma_1 := \frac{\varphi}{\rho+\varphi}$, $\gamma_2 := \frac{1-\varphi}{1-\rho+1-\varphi}$ und $\alpha_1 := \frac{-\chi G}{(1-\chi)[(\rho-\varphi)G-\varphi A]}$, $\beta_1 := \frac{[\chi+(1-\chi)(\rho-\varphi)]G-\varphi(1-\chi)A}{(1-\chi)[(\rho-\varphi)G+(1-\chi)A]}$.

Ein solches Gleichgewicht kann als sozial wünschenswert angesehen werden: Wenn die Parameter ρ, φ, τ, χ, G, A und B so eingerichtet sind, daß sich dieses Gleichgewicht realisiert, ist das Genehmigungssystem im Sinne des in dieser Arbeit definierten Begriffs als *wirksam* zu bezeichnen.[204]

Ebenfalls niedrige Fehlerwahrscheinlichkeiten weisen die Gleichgewichte der Gleichgewichtsmenge GG an-2 auf. Ein solches Gleichgewicht tritt ein, wenn der Kartellaufschlag exakt A_1^G beträgt und die Geldbuße hoch genug gesetzt ist ($B \geq B_{a2}^*$), um die Firmengruppe zum Anmelden zu bewegen. Die Wahrscheinlichkeit für einen Fehler erster Ordnung ist hier immer Null und die Wahrscheinlichkeit für einen Fehler zweiter Ordnung beträgt im schlechtesten Fall $(1-\chi)(1-\gamma_2)$, im besten Fall jedoch ebenfalls Null, da das Complianceniveau der Firmengruppe jeden Wert zwischen $\gamma^* = \gamma_2$ und $\gamma^* = 1$ annehmen kann. Jedes dieser unendlich vielen Gleichgewichte bringt der Firmengruppe jedoch dieselbe Auszahlung, nämlich G, ein; sie ist daher indifferent zwischen den Gleichgewichten. Mit der Annahme, daß sich die Firmengruppe immer dann, wenn sie indifferent ist, im Sinne der Gesellschaft verhält, was in dieser Situation gleichbedeutend ist mit der Wahl des höchstmöglichen Complianceniveaus $\gamma^* = 1$, gehört auch das Full-Compliance-Gleichgewicht $(an, 0, 1; 1, 1; 1, 1)$ der Gleichgewichtsmenge GG an-2[205] zu denjenigen Gleichgewichten, bei deren Realisierung das Genehmigungssystem als wirksam eingeschätzt werden kann.

Die restlichen drei Gleichgewichte GG an-3, GG an-4 und GG an-5 führen durchweg zu niedrigeren Complianceniveaus ($\gamma^* < 1$) und positiven Fehlerwahrscheinlichkeiten sowohl für Fehler erster als auch für Fehler zweiter Ordnung ($p_I, p_{II} > 0$), und sind daher per se wenig wünschenswert.

Nochmals zur Erinnerung: Die Parameterkonstellationen PK1 bis PK5 ergeben sich durch das Verhältnis vom Kartellaufschlag A zum Basisgewinn G, oder anders ausgedrückt in der Lage von A zu den kritischen Schwellen $A_1^G := \frac{\chi}{1-\chi}G$ und $A_2^G := \frac{\chi+(1-\chi)(\rho-\varphi)}{\varphi(1-\chi)}G$. Je größer A relativ zu G wird, umso mehr sinkt das Complianceniveau, weil man in eine „höhere" Parameterkonstellation und damit in ein „schlechteres" Gleichgewicht im Anmelde-Teilspiel rutscht. Es ist plausibel anzunehmen, daß weder der Basisgewinn G einer guten Vereinbarung, noch der zusätzliche Kartellaufschlag A direkt beeinflußt werden können; beide ergeben sich aus der Situation am relevanten Markt und der Kostenfunktion der Unternehmen.

---

[204] Vgl. zur *Wirksamkeit* einer Rechtsdurchsetzungsinstitution Abschnitt 3.1.1.

[205] Es ist identisch mit dem Gleichgewicht GG an-1.

Bereits in Abschnitt 3.3.3.1 wurde eine mögliche Interpretation für unterschiedliche A-Werte geliefert. Aber auch eine direkte Beeinflussung der Klagewahrscheinlichkeit χ dürfte sich eher schwierig gestalten. Damit wird deutlich, daß die kritische Schwelle A_1^G kurzfristig überhaupt nicht beeinflußt werden kann, und die kritische Schwelle A_2^G nur über die Assessment-Skill-Parameter der Kommission ρ und φ. Die Schwelle A_2^G liegt umso höher, je besser die Assessment-Skills sind, d.h. je weiter ρ und φ auseinander liegen, und je kleiner φ selbst ist.

Innerhalb der Parameterkonstellationen PK1 bis PK5 läßt sich durch das Setzen der Geldbuße B bewirken, daß sich entweder ein Anmeldegleichgewicht realisiert oder eines, bei dem die Vereinbarung illegal unangemeldet durchgeführt wird. Wird B groß genug gewählt, ist eine illegale Vereinbarung für die Firmengruppe unattraktiv und sie meldet statt dessen an.

Das Full-Compliance-Gleichgewicht GG an-1 mit seinem Complianceniveau von Eins und seinen Fehlerwahrscheinlichkeiten von Null stellt gewissermaßen die First-Best-Lösung innerhalb des Genehmigungsspiels dar. Wenn dieses Gleichgewicht jedoch nicht realisiert werden kann, weil entweder der Kartellaufschlag A in Relation zum Basisgewinn G zu hoch ist oder die Geldbuße B nicht hoch genug gesetzt werden kann, um die Firmengruppe zur Anmeldung zu bringen, muß nach der Second-Best-Lösung gefragt werden. Welches der übrigen acht Gleichgewichte dafür in Frage kommt, kann nicht pauschal beantwortet werden, sondern ist von der Belegung der Parameter abhängig. Ist die Wahrscheinlichkeit, eine unangemeldet durchgeführte Vereinbarung zu entdecken, τ, vergleichsweise hoch, so kann bei entsprechend schlechter Belegung der übrigen Parameter der Fall eintreten, daß die Type-II-Fehlerwahrscheinlichkeit, wenn die Firmengruppe *ill* zieht, bedeutend niedriger ist als diejenige, wenn die Firmengruppe *an* zieht. Aus gesellschaftlicher Sicht wäre es dann wünschenswert, Unternehmen von der Anmeldung einer Vereinbarung abzuhalten, zumal eine illegale Vereinbarung auch niemals zu Type-I-Fehlerkosten führt. Um dies zu erreichen müßte die Geldbuße B hinreichend niedrig angesetzt werden (je nach Parameterkonstellation $B < B_{a3}^*$ oder $B < B_{a4}^*$ oder $B < B_{a5}^*$).

Ist im Gegenzug die Entdeckungswahrscheinlichkeit τ niedrig, so ist nicht gesagt, daß die Gleichgewichte, die seitens der Firmengruppe die Aktion *an* beinhalten, besser abschneiden. Ist die Fehlerwahrscheinlichkeit zweiter Ordnung, die aus einer Anmeldung resultiert, niedriger als die Fehlerwahrscheinlichkeit zweiter Ordnung, die sich ohne Anmeldung ergibt, so ist dies notwendig, aber noch nicht hinreichend dafür, daß die gesamten erwarteten Fehlerkosten niedriger sind. Fallen nämlich die Kosten aus dem Begehen eines Fehlers erster Ordnung stark ins Gewicht – das sind die entgangenen Wohlfahrtsgewinne einer guten Vereinbarung – kann es sein, daß die niedrigen Kosten des Begehens eines Fehlers zweiter Ordnung – das sind die Netto-Wohlfahrtsverluste aus einer schlechten Vereinbarung – nicht ausreichen, um diesen Mangel auszugleichen. Ist es statt dessen genau umgekehrt und fallen die Kosten eines Fehlers erster Ordnung weniger stark ins Gewicht als die eines Fehlers zweiter Ordnung, so mag die Anmeldung auch in den Parameterkonstellationen PK3, PK4 und PK5 besser sein als die Nichtanmeldung. In einem solchen Fall müßte die Geldbuße B dann entsprechend hoch gesetzt werden, um die Firmen zum Anmelden zu bewegen.

Als Hauptergebnisse bleiben festzuhalten:

Ergebnis G1: Einzig das Gleichgewicht GG an-1 $= (an, 0, 1; 1, 1; 1, 1)$ führt zu voller Compliance seitens der Firmengruppe und zu Fehlerkosten von Null. Es stellt die First-Best-Lösung innerhalb des Genehmigungsspiels dar und tritt ein, wenn der Kartellaufschlag A hinreichend niedrig ist im Vergleich zum Basisgewinn G und wenn die Geldbuße B so hoch ist, daß die Firmengruppe von einer unangemeldeten Durchführung absieht.

Formal:
$$\gamma^* = 1 \quad \wedge \quad p_I = p_{II} = 0 \quad \Leftrightarrow \quad A < A_1^G = \frac{\chi}{1-\chi}G \quad \wedge \quad B \geq B_{a1}^* = \frac{1}{\tau}A.$$

Ergebnis G2: Unter der Annahme, daß die Firmengruppe sich bei Indifferenz „freundlich" verhält und innerhalb der gegebenen Möglichkeiten das höchste Complianceniveau wählt ($x = 1 \in [\gamma_2; 1]$), kann das Full-Compliance-Gleichgewicht GG an-1 $= (an, 0, 1; 1, 1; 1, 1) \in$ GG an-2 $=$
$\{(an, 0, x; 1, 1; m, n) | m \in [\mu_1; 1]; n \in [\frac{1}{2}; 1]; x \in [\gamma_2; 1]\}$ auch in Parameterkonstellation PK2 erreicht werden.

Formal:
$$\gamma^* = 1 \quad \wedge \quad p_I = p_{II} = 0$$
$$\Leftrightarrow \quad A = A_1^G = \frac{\chi}{1-\chi}G \quad \wedge \quad B \geq B_{a2}^* = \frac{1}{\tau}A \quad | \quad x = 1.$$

Ergebnis G3: Alle anderen Gleichgewichte führen zu niedrigeren Complianceniveaus und höheren Fehlerwahrscheinlichkeiten.

Formal:
$$\gamma^* < 1 \quad \wedge \quad p_I \geq 0 \quad \wedge \quad p_{II} > 0 \quad \Leftrightarrow \quad A \leq A_1^G \quad \wedge \quad B \leq B_{a1}^*$$

$$\vee \quad A > A_1^G.^{206}$$

Dennoch können diese Gleichgewichte eine Second-Best-Lösung darstellen, wenn die Bedingungen des Gleichgewichts GG an-1 nicht erfüllbar sind. Welches Gleichgewicht dann das bestmögliche in dem Sinne ist, daß es zu einer möglichst wirksamen Durchsetzung des Europäischen Kartellrechts führt, kann pauschal nicht entschieden werden, sondern hängt von der konkreten Parameterbelegung ab.

Ergebnis G4: Nur, wenn die Geldbuße nicht hoch genug gesetzt werden kann, um die Firmengruppe zur Anmeldung zu bewegen, kommt es zu Null-Compliance-Gleichgewichten.

Formal:

$$\delta^* = 0 \quad \wedge \quad p_I = 0 \quad \wedge \quad p_{II} = 1 - \tau \quad \Leftrightarrow \quad a^* = ill.^{207}$$

Ergebnis G5: Das Genehmigungssystem kann aufgrund der Ergebnisse G1 bis G3 nicht als perfekt bezeichnet werden. Nur in einem Bruchteil der möglichen Parameterkonstellationen, nämlich immer dann, wenn gilt $A \leq \frac{\chi}{1-\chi}A$ und $B \geq \frac{1}{\tau}A$, werden ein Complianceniveau von Eins erzielt und Fehlerkosten vermieden. Nur in diesen wenigen Parameterkonstellationen, die zudem kaum politisch beeinflußbar sind, da die notwendige erste Bedingung allein von den Marktgrößen A und G sowie der Klagewahrscheinlichkeit χ abhängt, kann das Genehmigungssystem als wirksam angesehen werden. Welches Ausmaß die Unwirksamkeit des Genehmigungssystems im konkreten Einzelfall annimmt, falls sich das Gleichgewicht GG an-1 nicht einstellt, hängt von der konkreten Parameterbelegung ab; eine Pauschalaussage ist nicht möglich.

3.4 Das Legalausnahmespiel (VO 1/2003)

Basierend auf den in Abschnitt 3.2 getroffenen Annahmen kann nun auch das Legalausnahmespiel als Abstraktion der Durchführungsverordnung

---

[206] Die Bedingung $B \leq B_{a1}^*$ deckt auch die Parameterkonstellationen PK2 des Genehmigungsspiels ab, da $B_{a1}^* = B_{a2}^*$, vgl. Abschnitt 3.3.2.5.

[207] Die Schreibweise $a^* = ill$ ist eine Zusammenfassung der zweiten Gleichgewichtsbedingungen in den Parameterkonstellationen PK1 bis PK5. Die einzelnen Bedingungen können in Tabelle 3.9 nachgeschlagen werden.

VO 1/2003 vollständig dargestellt und auf seine Gleichgewichte hin untersucht werden. Abschnitt 3.4.1 erläutert den Spielbaum des Legalausnahmespiels, in Abschnitt 3.4.2 werden die Gleichgewichte hergeleitet und in Abschnitt 3.4.3 werden diese anhand der in Abschnitt 3.1.1 bestimmten Kriterien bewertet. Die Bewertung der Gleichgewichte dient der Vorbereitung des in Kapitel 4 durchgeführten Institutionenvergleichs.

3.4.1 Beschreibung des Spielbaums

Auch im Legalausnahmespiel hat die Firmengruppe F die Möglichkeit, eine wettbewerbsbeschränkende Vereinbarung zu schließen. Im Entscheidungsknoten F_0 kann sie entscheiden, ob sie dies tut (Aktion $e = in$) oder nicht (Aktion $e = out$). Falls sie sich entscheidet, die Vereinbarung nicht zu schließen, endet das Spiel, der Status Quo bleibt erhalten, und die Auszahlungen für die Firmengruppe und die Kommission K sind jeweils Null. Entscheidet sich F jedoch dafür, die Vereinbarung durchzuführen, beginnt in Entscheidungsknoten F_1 das Kontroll-Teilspiel. Eine weitere Option wie im Genehmigungsspiel hat sie nicht, da die Anmeldung im Legalausnahmesystem entfällt. Abbildung 3.21 zeigt das Legalausnahmespiel.

Das Kontroll-Teilspiel ähnelt dem Anmelde-Teilspiel des Genehmigungsspiels. Die Folge der Aktionen ist dieselbe, nur die Auszahlungen für die Firmengruppe sind andere.[208] In anderen Worten: Die Spielform ist dieselbe. Wie im Anmelde-Teilspiel trifft die Firmengruppe in Entscheidungsknoten F_1 ihre Entscheidung darüber, wie sie die Vereinbarung ausgestaltet. Auch hier steht die Aktion $v = f$ für ein gesetzeskonformes Verhalten mit der entsprechenden Verhaltensstrategie $\gamma = pr\{v = f\} \in [0;1]$. Mit $1 - \gamma = pr\{v = \neg f\} \in [0;1]$ ist dagegen die Verhaltensstrategie, eine nicht-freistellungsfähige Vereinbarung einzugehen, bezeichnet.

Nachdem F sich für die Ausgestaltungsform der Vereinbarung entschieden hat, entscheidet ein Wahrscheinlichkeitsautomat (ξ), ob die EU-Kommission die Vereinbarung kontrolliert. Dieser Zug der Natur ist nicht explizit im Spielbaum abgebildet, wurde jedoch bei der Berechnung der Auszahlungen der Spieler berücksichtigt.[209]

---

[208] Vgl. dazu die Ausführungen in Abschnitt 3.2.3.2.

[209] Vgl. Abschnitte 3.2.3.1 und 3.2.3.1. Eine explizite Abbildung des Wahrscheinlichkeitsautomaten im Spielbaum würde denselben unnötig verkomplizieren, ohne zu anderen Ergebnissen zu führen.

Abbildung 3.21: Das Legalausnahmespiel

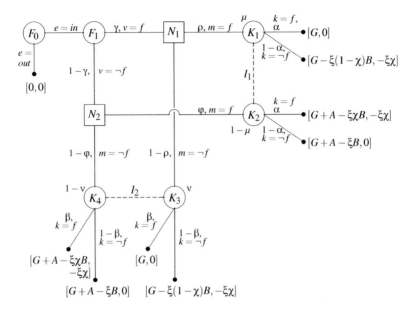

Die Kommission kontrolliert eine Vereinbarung mit Wahrscheinlichkeit ξ. Sobald sie dies tut, erhält sie ein Signal über die Ausgestaltungsform der Vereinbarung, aufgrund dessen sie sich eine Meinung $m \in \{f, \neg f\}$ über die kontrollierte Vereinbarung bildet. Dabei bedeutet $m = f$, daß die Kommission die untersuchte Vereinbarung für freistellungsfähig hält, wohingegen $m = \neg f$ für eine negative Einschätzung steht. Im Kontroll-Teilspiel erhält die Kommission das Signal aber nicht wie im Anmelde-Teilspiel durch das Studium von Antragsunterlagen, sondern durch die Auswertung von Marktdaten. Dieser Diagnoseprozeß ist wieder als Zug der Natur modelliert, dargestellt durch die Wahrscheinlichkeitsknoten N_1 und N_2. Hat sich F für eine freistellungsfähige Vereinbarung entschieden, bildet sich die Kommission in Wahrscheinlichkeitsknoten N_1 mit Wahrscheinlichkeit ρ die Meinung $m = f$ und mit der Gegenwahrscheinlichkeit $1 - \rho$ die Meinung $m = \neg f$. Hat sich F dagegen für eine nicht-freistellungsfähige Vereinbarung entschieden, gelangt die EU-Kommission in Wahrscheinlichkeitsknoten N_2 mit Wahrscheinlichkeit φ zu der Meinung $m = f$ und mit der

Gegenwahrscheinlichkeit $1 - \varphi$ zu der Meinung $m = \neg f$. Es sei nochmals daran erinnert, daß das Signal zwar perfekt mit dem tatsächlichen Verhalten der Firmengruppe korreliert ist, die Kommission das Signal aber nicht perfekt empfangen und/oder verarbeiten kann, weswegen ihre Meinung m nur imperfekt mit dem tatsächlichen Firmenverhalten korreliert ist. Wegen der Annahme $1 > \rho > \varphi > 0$ ist die Kommission aufgrund dieses Diagnoseprozesses jedoch in der Lage, besser als rein zufällig zwischen freistellungsfähigen und nicht-freistellungsfähigen Vereinbarungen zu unterscheiden.[210]

Je nachdem, zu welcher Meinung m die Kommission gelangt, befindet sie sich in Informationsbezirk I_1 oder I_2, dargestellt durch die gestrichelte Linie zwischen den relevanten Entscheidungsknoten K_1 und K_2 bzw. K_3 und K_4. Wie schon im Anmelde-Teilspiel verhilft die Bayes-Rule der Kommission zu einer Einschätzung darüber, mit welcher Wahrscheinlichkeit sie sich in einem bestimmten Knoten befindet:

$$\mu \quad := \quad pr\{v = f | m = f\} \quad = \quad \frac{\gamma\rho}{\gamma\rho + (1 - \gamma)\varphi} \tag{3.60}$$

bezeichnet die Wahrscheinlichkeit, sich in Entscheidungsknoten K_1 zu befinden, und

$$\nu \quad := \quad pr\{v = f | m = \neg f\} \quad = \quad \frac{\gamma(1 - \rho)}{\gamma(1 - \rho) + (1 - \gamma)(1 - \varphi)} \tag{3.61}$$

die Wahrscheinlichkeit, sich in Entscheidungsknoten K_3 zu befinden. Die Gegenwahrscheinlichkeiten $1 - \mu$ und $1 - \nu$ geben an, mit welcher Wahrscheinlichkeit K sich in den Knoten K_2 bzw. K_4 befindet:

$$1 - \mu \quad := \quad pr\{v = \neg f | m = f\} \quad = \quad \frac{(1 - \gamma)\varphi}{\gamma\rho + (1 - \gamma)\varphi} \text{ und} \tag{3.62}$$

$$1 - \nu \quad := \quad pr\{v = \neg f | m = \neg f\}$$
$$= \quad \frac{(1 - \gamma)(1 - \varphi)}{\gamma(1 - \rho) + (1 - \gamma)(1 - \varphi)}. \tag{3.63}$$

In beiden Informationsbezirken hat K nun die Möglichkeit, die Vereinbarung gemäß Artikel 81(3) EG-Vertrag unbeanstandet zu lassen (Aktion $k = f$) oder aber sie in Anwendung des Artikel 81(1) EG-Vertrag

---

[210] Vgl. hierzu auch die entsprechenden Ausführungen in den Abschnitten 3.2.1.1 und 3.2.4.

zu untersagen und mit einer Geldbuße zu belegen (Aktion $k = \neg f$). Für die Freistellung ist in Informationsbezirk I_1 die Verhaltensstrategie $\alpha = pr\{k = f | m = f\} \in [0; 1]$, in Informationsbezirk I_2 die Verhaltensstrategie $\beta = pr\{k = f | m = \neg f\} \in [0; 1]$ definiert. Die Gegenwahrscheinlichkeiten $1 - \alpha$ und $1 - \beta$ geben jeweils die Wahrscheinlichkeiten für die Untersagung an. Nach der Freistellungsentscheidung der Kommission endet das Spiel, und die Spieler erhalten die in eckigen Klammern an den Endknoten angegebenen Auszahlungen. Diese wurden bereits in Abschnitt 3.2.3 bestimmt.

Vergleicht man die Spielbäume der beiden Modellvarianten Genehmigungsspiel und Legalausnahmespiel, so wird erneut deutlich, wie viele Gemeinsamkeiten die beiden Durchsetzungsinstitutionen besitzen, aber auch die Unterschiede treten deutlich zutage. Sowohl die Gemeinsamkeiten als auch die Unterschiede wurden bereits in Abschnitt 3.1.2 herausgearbeitet.[211] Dennoch soll hier nochmals auf einige Punkte hingewiesen werden.

Das Legalausnahmespiel verfügt nur über ein (echtes) Teilspiel, das Kontroll-Teilspiel, wohingegen das Genehmigungsspiel zwei (echte) Teilspiele, das Illegal- und das Anmelde-Teilspiel, aufzuweisen hat.[212] Auf den ersten Blick scheint es, als ob der einzige Unterschied zwischen den Spielvarianten darin läge, daß der Ast, der im Genehmigungsspiel mit $a = ill$ bezeichnet ist, im Legalausnahmespiel abgeschnitten wurde. Dies ist jedoch nicht der Fall. Vielmehr zeichnet sich das Legalausnahmespiel dadurch aus, daß es in gewisser Weise die beiden Teilspiele des Genehmigungsspiels zu einem Teilspiel integriert: Aus dem Anmelde-Teilspiel wird der Diagnoseprozeß in das Kontroll-Teilspiel übernommen, aus dem Illegal-Teilspiel die Ex-post-Kontrolle. In anderen Worten: Vereinbarungen können nicht mehr angemeldet werden, sondern unterliegen der Ex-post-Kontrolle, in der eine Beurteilung der Freistellungsfähigkeit vorgenommen wird. Diese Synthese der beiden Teilspiele im Legalausnahmespiel ist verantwortlich für die veränderte Struktur der Firmenpayoffs und damit für die gänzlich ande-

---

[211] Vgl. hierzu vor allem die schematische Darstellung der Rechtsdurchsetzungsinstitutionen in Abbildung 3.1.

[212] Unter einem *echten* Teilspiel wird ein Teilspiel verstanden, das nicht identisch mit dem Gesamtspiel ist. Genaugenommen verfügt das Genehmigungsspiel sogar über vier echte Teilspiele, da die Teilspiele, die in den Wahrscheinlichkeitsknoten N_{11} und N_{12} beginnen, auch gezählt werden müssen.

ren Anreize, die die Legalausnahme für die Unternehmen setzt.[213] Es kann deswegen schon an dieser Stelle prognostiziert werden, daß das Legalausnahmespiel über andere Gleichgewichte verfügen wird als das Genehmigungsspiel, weil die Firmen sich aufgrund der veränderten Anreizstruktur anders verhalten werden.

Für die EU-Kommission ändert sich hingegen wenig. Sie hat nach wie vor eine Freistellungsentscheidung aufgrund der Meinung zu treffen, die sie sich in einem Diagnoseprozeß gebildet hat. Wie gut – im Sinne von wenig fehlerbehaftet – ihre Entscheidungen ausfallen, hängt von ihren Assessment-Skills ρ und ϕ sowie von ihren Anreizen, richtig zu entscheiden, ab.[214] Die Anreize basieren wie im Genehmigungsspiel auf der Wahrscheinlichkeit, mit der gegen eine Kommissionsentscheidung geklagt wird (χ); zusätzlich spielt jedoch noch die Kontrollwahrscheinlichkeit (ξ) eine Rolle: Nur wenn eine Vereinbarung tatsächlich kontrolliert wird, kommt die EU-Kommission überhaupt in die Verlegenheit, Fehler bei der Beurteilung der Vereinbarung begehen zu können.[215] Da die Berücksichtigung der Kontrollwahrscheinlichkeit ξ jedoch nur zu einer linearen Transformation der Auszahlungen der EU-Kommission im Vergleich zum Genehmigungsspiel führt, ist bereits an dieser Stelle klar, daß sich das Verhalten der EU-Kommission im Legalausnahmespiel strukturell nicht von dem im Genehmigungsspiel unterscheiden wird. Eine Änderung des Verhaltens der Kommission ist nur durch eine Änderung der Parameterbelegung erklärbar.

3.4.2 Bestimmung der Gleichgewichte

Im folgenden werden die Gleichgewichte des Legalausnahmespiels bestimmt. Das Vorgehen ist analog zu dem bei der Ermittlung der Gleichgewichte des Genehmigungsspiels: Zunächst wird die Optimalwahl der Akteure im Kontroll-Teilspiel berechnet, um erst dann den Augenmerk auf das Gesamtspiel zu richten. Da das Kontroll-Teilspiel strukturgleich mit dem Anmelde-Teilspiel des Genehmigungsspiels ist, werden auch hier

---

[213] Vgl. zur Payoffstruktur nochmals Abschnitt 3.2.3.2.

[214] Die Assessment-Skills können so gut sein wie im Genehmigungsspiel, vielleicht aber auch besser oder schlechter. Die Simulation in Abschnitt 4.3 wird unterschiedliche Szenarien durchspielen.

[215] Vgl. hierzu auch nochmals die Ausführungen in den Abschnitten 3.2.2.2 und 3.2.3.1.

Perfekt Bayesianische Gleichgewichte bestimmt. Die Betrachtung des Gesamtspiels kann dann mittels einfacher Rückwärtsinduktion erfolgen.

3.4.2.1 Die Optimalwahl der EU-Kommission im Legalausnahmespiel

An den Auszahlungen der Kommission hat sich gegenüber dem Genehmigungsspiel kaum etwas verändert: Die Kommission ist nach wie vor aufhebungsavers, aber alle ihre Auszahlungen wurden mit dem Faktor ξ, der Kontrollwahrscheinlichkeit, multipliziert, weil die Auszahlungen nur anfallen, wenn tatsächlich kontrolliert wird.[216] Die Multiplikation der Auszahlungen mit einem positiven Faktor ändert jedoch nichts an den Reaktionsfunktionen $\alpha^*(\gamma)$ und $\beta^*(\gamma)$. Aus diesem Grund können die Teilergebnisse für die Optimalwahl der Kommission im Genehmigungsspiel für das Legalausnahmespiel übernommen werden.[217]

Die Reaktionsfunktionen der EU-Kommission lauten:

$$\alpha^*(\gamma) = \begin{cases} 0 & \forall \quad \gamma < \gamma_1; \\ x \in [0;1] & \text{für } \gamma = \gamma_1; \\ 1 & \forall \quad \gamma > \gamma_1. \end{cases} \qquad (3.64)$$

---

[216] Wenn die EU-Kommission nicht kontrolliert, erhält sie eine Auszahlung von Null, vgl. Abschnitt 3.2.3.1.

[217] Vgl. zur Herleitung der Reaktionsfunktionen $\alpha^*(\gamma)$ und $\beta^*(\gamma)$ der EU-Kommission Abschnitt 3.3.2.2. Die Auszahlungsfunktionen der EU-Kommission in den Informationsbezirken I_1 und I_2 des Legalausnahmespiels lauten $EP_{I_1}^K = [(2\mu - 1)\alpha - \mu]\xi\chi$ und $EP_{I_1}^K = [(2\nu - 1)\beta - \mu]\xi\chi$. Weil der Faktor ξ positiv ist, erreichen diese Funktionen ihre Maxima an denselben Stellen wie die Auszahlungsfunktionen $EP_{I_1}^K = [(2\mu - 1)\alpha - \mu]\chi$ und $EP_{I_1}^K = [(2\nu - 1)\beta - \mu]\chi$ im Genehmigungsspiel. Die Einführung eines Reputationsverlustes bei Nichttätigwerden der Kommission, also bei einer mit Wahrscheinlichkiet $1 - \xi$ nicht erfolgten Ex-post-Kontrolle einer Vereinbarungen, wie sie in Abschnitt 3.2.3.1 (Fußnote 111) angesprochen wurde, würde dieses Ergebnis nicht beeinflussen: Statt mit dem Disnutzen $-\xi\chi$ wäre dann mit dem Term $-\xi\chi - (1 - \xi)\sigma$ zu rechnen, wobei $-\sigma \in (0;1)$ den Reputationsverlust bei Nicht-Kontrolle bezeichnet. In Abschnitt 3.3.2.2 wurde gezeigt, daß im Anmelde-Teilspiel die Auszahlung der Kommission, $-\chi$, für ihr gleichgewichtige Verhalten irrelevant ist, solange $\chi > 0$ gegeben ist. Analog kann argumentiert werden, daß die Auszahlung der Kommission auch im Kontroll-Teilspiel für ihr gleichgewichtiges Verhalten irrelevant ist, solange sie positiv ist. Dies ist jedoch wegen $0 < \xi < 1, \chi > 0$ und $\sigma > 0$ immer der Fall.

$$\beta^*(\gamma) \;=\; \begin{cases} 0 & \forall \quad \gamma < \gamma_2; \\ x \in [0;1] & \text{für } \gamma = \gamma_2; \\ 1 & \forall \quad \gamma > \gamma_2. \end{cases} \qquad (3.65)$$

Für eine graphische Darstellung sei auf die Abbildungen 3.7 und 3.8 (auf den S. 149 und 150) des Abschnitts 3.3.2.2 verwiesen.

3.4.2.2 Die Optimalwahl der Firmengruppe im Kontroll-Teilspiel

Die Bestimmung der Optimalwahl der Firmengruppe im Kontroll-Teilspiel erfolgt analog zu derjenigen im Anmelde-Teilspiel. Die Firmengruppe maximiert ihre erwartete Auszahlung

$$\begin{aligned} EP_k^F \;=\;\; & G + (1-\gamma)\,A \\ & - \gamma[\rho(1-\alpha) + (1-\rho)(1-\beta)]\,\xi(1-\chi)B \\ & - (1-\gamma)[\varphi\alpha + (1-\varphi)\beta]\,\xi\chi B \\ & - (1-\gamma)[\varphi(1-\alpha) + (1-\varphi)(1-\beta)]\,\xi B. \end{aligned}$$

Die ersten beiden Summanden bezeichnen die sichere Auszahlung der Firmengruppe G, die sie auf jeden Fall erhält, und den – sofern sie sich für eine nicht-freistellungsfähige Vereinbarung entscheidet – ebenso sicheren Kartellaufschlag A. Davon ist die mit ihrer Eintrittswahrscheinlichkeit gewichtete Geldbuße B abzuziehen. In Zeile 2 findet sich der Fall, daß sich die Firmengruppe „gut" verhält, die Kommission aber einen Fehler erster Ordnung begeht und die freistellungsfähige Vereinbarung verbietet, und dieser Fehlentscheid Bestand hat, da nicht geklagt wird. In Zeile 3 verhält sich die Firmengruppe „schlecht", die Kommission begeht einen Fehler zweiter Ordnung und läßt die nicht-freistellungsfähige Vereinbarung unbeanstandet; diese Fehlentscheidung wird jedoch vom EuGH aufgehoben. Zeile 4 schließlich bildet den Fall ab, in welchem die Firmengruppe sich wiederum „schlecht" verhält, die Kommission dies aber richtig erkennt und die Vereinbarung untersagt, und die Kommissionsentscheidung nicht vor dem EuGH angezweifelt wird bzw. dort nicht revidiert wird. Der erwarteter Payoff der Firmengruppe ist eine affin-lineare Funktion in ihrer Verhaltensstrategie γ. Um ihre erwartete Auszahlung zu maximieren, genügt es deswegen, wie auch schon im Fall des Optimierungskalküls der EU-Kommission, die erste Ableitung nach γ zu betrachten; die zweite Ableitung lautet Null für alle γ-Werte.

$$\frac{dEP_k^F}{d\gamma} = -A - [\rho(1-\alpha) + (1-\rho)(1-\beta)]\,\xi(1-\chi)B$$

$$+ [\varphi\alpha + (1-\varphi)\beta]\,\xi\chi B$$

$$+ [\varphi(1-\alpha) + (1-\varphi)(1-\beta)]\,\xi B.$$

Auch hier ist es sinnvoll für die weitere Analyse, Umformungen vorzunehmen, die eine Separierung nach den Verhaltensstrategien der Kommission, α und β, zuläßt:[218]

$$\frac{dEP_k^F}{d\gamma} = (\rho - \varphi)(1-\chi)\xi B\,(\alpha - \beta) \quad + \quad \chi\xi B - A.$$

Ist die erste Ableitung gleich Null, ist F's erwartete Auszahlung konstant in γ und sie ist indifferent bezüglich ihrer optimalen Verhaltensstrategie, $\gamma^* \in [0;1]$. Die Ableitung ist dann und nur dann gleich Null, wenn folgende Gleichung erfüllt ist:[219]

$$\beta = \frac{\xi\chi B - A}{(1-\chi)(\rho - \varphi)\xi B} + \alpha. \tag{3.66}$$

Zur Vereinfachung der weiteren Gleichgewichtsanalyse bezeichne ich in Gleichung 3.66 den von α und β unabhängigen Term mit Y. Im Gegensatz zum Genehmigungsspiel ist hier α nicht näher durch einen Term bestimmt. Interpretiert man Gleichung 3.66 wieder als Geradengleichung im α-β-Einheitsquadrat, bedeutet dies, daß diese Gerade eine konstante Steigung von $\Delta = 1$ aufweist, unabhängig von der konkreten Parameterbelegung:

$$\beta = Y + \Delta\,\alpha = Y + \alpha.$$

Ist die erste Ableitung des erwarteten Payoffs jedoch positiv, steigt F's erwartete Auszahlung in γ und die Firmengruppe wird ihr optimales γ^* so groß wie möglich wählen: $\gamma^* = 1$, d.h. in einem solchen Fall wird sie mit Sicherheit eine freistellungsfähige Vereinbarung eingehen. Ist die erste Ableitung negativ, ist das Gegenteil der Fall: F wählt dann ihr γ^* so niedrig wie möglich, also $\gamma^* = 0$, und geht damit mit Sicherheit eine nicht-freistellungsfähige Vereinbarung ein.

---

[218] Herleitung siehe Anhang B.2.1.
[219] Herleitung siehe Anhang B.2.2.

Der Zusammenhang zwischen den Verhaltensstrategien der EU-Kommission, α und β, und der optimalen Wahl γ^* der Firmengruppe läßt sich wieder durch eine Reaktionsfunktion $\gamma^* = \gamma^*(\alpha, \beta)$ darstellen:

$$\gamma^*(\alpha, \beta) = \begin{cases} 0 & \forall \quad \beta > Y + \alpha; \\ x \in [0;1] & \text{für } \beta = Y + \alpha; \\ 1 & \forall \quad \beta < Y + \alpha. \end{cases} \qquad (3.67)$$

Wie auch schon im Anmelde-Teilspiel des Genehmigungsspiels kann die Reaktionsfunktion $\gamma^*(\alpha, \beta)$ der Firmengruppe als stufenförmige Funktion im Einheitswürfel graphisch dargestellt werden. Die genaue Lage ist abhängig von den Werten, die der Parameter Y (Achsenabschnitt der $\beta(\alpha)$-Geraden im α-β-Einheitsquadrat) annehmen kann. Diese wiederum hängen von der Konstellation der Parameter χ (Klagewahrscheinlichkeit), ρ und φ (Assessment-Skills), ξ (Kontrollwahrscheinlichkeit), B (Geldbuße) und A (Kartellaufschlag) ab. Aus diesem Grund ist wieder eine Reihe von Fallunterscheidungen nötig.

Abbildung 3.22: Eine mögliche Reaktionsfunktion $\gamma^*(\alpha, \beta)$ der Firmengruppe im Kontroll-Teilspiel

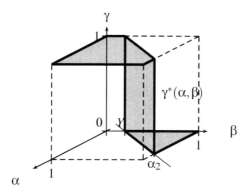

Grundsätzlich läßt sich aber bereits folgendes festhalten: Oberhalb der $\beta(\alpha)$-Geraden (die im Einheitswürfel eine senkrechte Ebene darstellt) befinden sich diejenigen α-β-Kombinationen, bei welchen die Firmengruppe $\gamma^* = 0$ wählt, sich also für eine nicht-freistellungsfähige Vereinbarung entscheidet. Unterhalb der Geraden liegen diejenigen α-β-Kombinationen, bei denen die Firmengruppe $\gamma^* = 1$ wählt, also eine freistellungsfähige Vereinbarung eingeht. Auf der Geraden ist die Firmengruppe indifferent und sie wählt $\gamma^* \in [0;1]$. Abbildung 3.22 zeigt den möglichen Verlauf der Reaktionsfunktion der Firmengruppe als schwarz-umrandete und grau-schraffierte Flächen.

Abbildung 3.23: Mögliche Verläufe von $\beta(\alpha)$ im Kontroll-Teilspiel

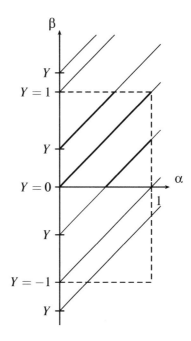

Die Steigung der $\alpha(\beta)$-Geraden ist immer gleich Eins. Welche Werte kann nun der Achsenabschnitt Y annehmen? Gemäß Gleichung 3.66 ist Y definiert als

$$Y := \frac{\xi \chi B - A}{(1 - \chi)(\rho - \varphi)\xi B}. \tag{3.68}$$

Wegen der getroffenen Annahmen $\chi < 1$, $\rho - \varphi > 0$, $\xi > 0$ sowie $B > 0$ ist der Nenner positiv. Der Zähler jedoch kann alle Werte (in $\mathbb{R}$) annehmen, so daß der Gesamtausdruck Y ebenfalls positiv, negativ oder auch gleich Null sein kann:

$$-\infty < Y < \infty. \tag{3.69}$$

Weil die Reaktionsfunktion der Firmengruppe nur im α-β-γ-Einheitswürfel definiert ist, ist neben dem Vorzeichen des Achsenabschnitts Y auch noch interessant, ob der Abstand vom Nullpunkt größer oder kleiner Eins ist. Davon nämlich ist abhängig, welche der senkrechten Würfelwände an welcher Stelle von der Reaktionsfunktion geschnitten werden. Drei Schwellenwerte sind damit von Bedeutung: $Y = 1$, $Y = 0$ und $Y = -1$, wie auch Abbildung 3.23 zeigt. In diesen Fällen trifft die $\beta(\alpha)$-Gerade exakt auf die Ecken des α-β-Einheitsquadrates, welches die Basis des α-β-γ-Einheitswürfels darstellt.

Damit Y den Wert Eins annimmt, muß folgende Ungleichung erfüllt sein:[220]

$$A \;=\; [\chi - (1-\chi)(\rho-\varphi)]\xi B \;=:\; A_0^L. \tag{3.70}$$

Zur Vereinfachung der folgenden Analyse bezeichne ich die rechte Seite von Gleichung 3.70 mit A_0^L. Der Achsenabschnitt Y ist größer Eins, wenn die Ungleichung $A < A_0^L$ erfüllt ist, und er ist kleiner Eins, wenn die Ungleichung $A > A_0^L$ erfüllt ist. Y nimmt den Wert Null an, wenn folgende Gleichung erfüllt ist:[221]

$$A \;=\; \xi\chi B \;=:\; A_1^L. \tag{3.71}$$

Ich bezeichne die rechte Seite dieser Gleichung mit A_1^L. Y ist positiv, wenn gilt $A < A_1^L$, und negativ, wenn gilt $A > A_1^L$.

Y nimmt dagegen den Wert minus Eins an, wenn folgende Gleichung erfüllt ist:[222]

$$A \;=\; [\chi + (1-\chi)(\rho-\varphi)]\xi B \;:=\; A_2^L. \tag{3.72}$$

Die rechte Seite von Gleichung 3.72 nenne ich A_2^L. Der Achsenabschnitt Y ist kleiner minus Eins, wenn die Ungleichung $A > A_2^L$ erfüllt ist, und er ist größer minus Eins, wenn die Ungleichung $A < A_2^L$ erfüllt ist. Aufgrund der getroffenen Annahmen $\xi > 0$, $0 < \chi < 1$ sowie $0 < \varphi < \rho < 1$ ergibt sich

---

[220] Herleitung siehe Anhang B.2.3.

[221] Herleitung siehe Anhang B.2.4.

[222] Herleitung siehe Anhang B.2.5.

die Reihung $A_0^L < A_1^L < A_2^L$, so daß für Y die in Tabelle 3.11 angegebenen Wertebereiche gelten.[223]

Tabelle 3.11: Kritische Schwellen für Y und Parameterkonstellationen (Kontroll-Teilspiel)

Bedingung	Y-Wert	Parameterkonstellation
$A < A_0^L$	$Y > 1$	
$A = A_0^L$	$Y = 1$	PK1
$A_0^L < A < A_1^L$	$0 < Y < 1$	
$A = A_1^L$	$Y = 0$	PK2
$A_1^L < A < A_2^L$	$-1 < Y < 0$	PK3
$A = A_2^L$	$Y = -1$	PK4
$A > A_2^L$	$Y < -1$	PK5
mit $A_0^L := [\chi - (1-\chi)(\rho - \varphi)]\xi B$, $A_1^L := \xi \chi B$, $A_2^L := [\chi + (1-\chi)(\rho - \varphi)]\xi B$, sowie $Y := \frac{\xi \chi B - A}{(1-\chi)(\rho-\varphi)\xi B}$.		

Wie auch im Anmelde-Teilspiel lassen sich die Fälle $A < A_0^L$, $A = A_0^L$ und $A_0^L < A < A_1^L$ zu einem einzigen Fall und damit zu Parameterkonstellation PK1 zusammenfassen, da die Unterschiede im Verlauf der zugehörigen Reaktionsfunktion $\gamma^*(\alpha, \beta)$ für die Gleichgewichtsanalyse unerheblich sind.[224]

---

[223] Der Beweis folgt direkt aus den getroffenen Annahmen. Diese stellen sicher, daß die Terme $a := (1-\chi)(\rho - \varphi)$ und $b := \xi B$ positiv sind, so daß sich die kritischen Schwellen reformulieren lassen als: $A_0^L = (\chi - a)b$, $A_1^L = (\chi - 0)b$ und $A_2^L = (\chi + a)b$. Die Reihung $A_0^L < A_1^L < A_2^L$ ist dann offensichtlich wegen $-a < 0 < a$.

[224] In allen drei Fällen ergibt sich außer im Punkt $(1,1,1)$ kein Schnittpunkt mit den Reaktionsfunktionen der Kommission $\alpha^*(\gamma)$ und $\beta^*(\gamma)$.

Abbildung 3.24 zeigt beispielhafte Verläufe für die aus den unterschiedlichen Parameterkonstellationen resultierenden sieben Reaktionsfunktionstypen. Auf eine detaillierte Beschreibung wird hier verzichtet; statt dessen sei auf die weiter oben erfolgte beispielhafte Beschreibung einer Reaktionsfunktion $\gamma^*(\alpha, \beta)$ (Abbildung 3.22 auf S. 205) verwiesen. Wie dort ist $\gamma^*(\alpha, \beta)$ durch die schwarz-umrandeten und grau-schraffierten Flächen dargestellt. Analog zum Anmelde-Teilspiel nenne ich die α-Koordinate der Schnittgeraden der $\beta(\alpha)$-Ebene mit der linken Würfelwand α_1 (in PK3), die der Schnittgeraden mit der rechten Würfelwand α_2 (in PK1.3), und die β-Koordinate der Schnittgeraden der $\beta(\alpha)$-Ebene mit der vorderen Würfelwand β_1 (in PK3). Diese sind wie folgt definiert:[225]

$$\beta_1 \quad := \quad Y+1 \quad = \quad 1 + \frac{\xi\chi B - A}{(1-\chi)(\rho-\varphi)\xi B} \, , \tag{3.73}$$

$$\alpha_1 \quad := \quad -Y \quad = \quad \frac{A - \xi\chi B}{(1-\chi)(\rho-\varphi)\xi B} \, , \tag{3.74}$$

$$\alpha_2 \quad := \quad 1-Y \quad = \quad 1 - \frac{\xi\chi B - A}{(1-\chi)(\rho-\varphi)\xi B} \, . \tag{3.75}$$

Ein Vergleich der Abbildungen 3.24 und 3.11 (auf den S. 210 und 158) zeigt, daß die Reaktionsfunktion $\gamma^*(\alpha, \beta)$ der Firmengruppe im Kontroll-Teilspiel des Legalausnahmespiel zum Teil andere Formen als im Anmelde-Teilspiel des Genehmigungsspiels annehmen kann. Die Reaktionsfunktionstypen in den Parameterkonstellationen PK1.1, PK1.2 und PK1.3 sind identisch. Die übrigen vier Reaktionsfunktionstypen des Kontroll-Teilspiels kommen jedoch so im Anmelde-Teilspiel nicht vor. Sie sind Folge der geänderten Payoffstruktur im Legalausnahmespiel und zeigen, daß das Verhalten der Firmengruppe in den beiden Rechtsdurchsetzungsinstitutionen nicht identisch ist. Die Frage, welches Firmenverhalten – das durch VO 17/62 oder das durch VO 1/2003 induzierte – im Zusammenspiel mit dem Kommissionsverhalten zu einem höheren Complianceniveau und/oder niedrigeren Fehlerwahrscheinlichkeiten führt, kann durch Betrachtung der Reaktionsfunktion der Firmengruppe allein nicht beantwortet werden. Da-

---

[225] Herleitung siehe Anhänge B.2.6, B.2.7 und B.2.8.

Abbildung 3.24: Die Reaktionsfunktion $\gamma^*(\alpha,\beta)$ im Kontroll-Teilspiel für unterschiedliche Parameterkonstellationen

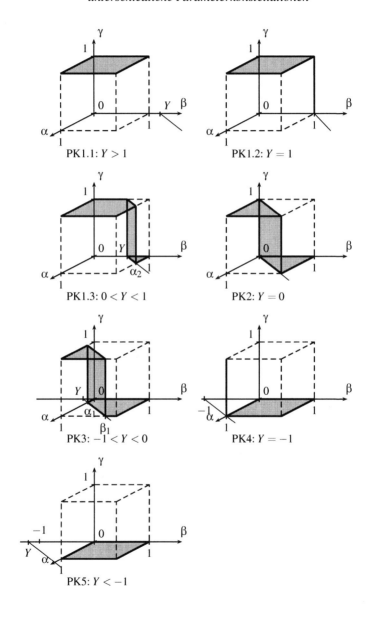

zu müssen die Gleichgewichte der beiden Spiele miteinander verglichen werden.[226]

3.4.2.3 Die Gleichgewichte im Kontroll-Teilspiel

In den beiden vorausgehenden Abschnitten habe ich die Reaktionsfunktionen $\alpha^*(\gamma)$ und $\beta^*(\gamma)$ der EU-Kommission sowie die Reaktionsfunktion $\gamma^*(\alpha,\beta)$ der Firmengruppe hergeleitet. Die Perfekt Bayesianischen Gleichgewichte des Kontroll-Teilspiels haben wieder die Form $(\alpha^*,\beta^*;\mu^*,\nu^*;\gamma^*)$ und können graphisch bestimmt werden, indem die Schnittpunkte der drei Reaktionsstrategien gesucht werden. Die Schnittlinie der Reaktionsfunktionen $\alpha^*(\gamma)$ und $\beta^*(\gamma)$ der EU-Kommission wurde bereits für das Anmelde-Teilspiel ermittelt; sie trifft auch für das Kontroll-Teilspiel zu (siehe Abbildung 3.8 auf S. 150). Es muß also nur noch überprüft werden, wo die Reaktionsfunktion $\gamma^*(\alpha,\beta)$ diese Linie schneidet.

Abbildung 3.25 zeigt die Gleichgewichte für die fünf identifizierten Parameterkonstellationen. Wie schon im Anmelde-Teilspiel sind eindeutige Gleichgewichte durch eine schwarze Kreisfläche, unendlich viele Gleichgewichte durch ein Rechteck auf der entsprechenden Strecke gekennzeichnet.

In Zeile 1 der Abbildung sind die Gleichgewichte der Parameterkonstellationen PK1 und PK2 eingezeichnet. Das Gleichgewicht GG1 kommt zustande, wenn Parameterkonstellation PK1 gegeben, also die Bedingung $A < A_1^L$ erfüllt ist. Formal lautet dieses Gleichgewicht

$$\text{GG1} \quad = \quad (1,1;1,1;1) \tag{3.76}$$

und entspricht damit dem Gleichgewicht GG1 des Anmelde-Teilspiels im Genehmigungsspiel: Die Firmengruppe wählt ein Complianceniveau in Höhe von Eins ($\gamma^* = 1$), und die EU-Kommission läßt die Vereinbarung unbeanstandet ($\alpha^* = \beta^* = 1$), unabhängig von der Meinung $m \in \{f, \neg f\}$, die sie sich aufgrund des empfangenen Signals gebildet hat. Dies ist konsistent mit ihren Beliefs $\mu^* = \nu^* = 1$: Sie weiß, daß sie sich mit Sicherheit in den Entscheidungsknoten K_1 bzw. K_3 befindet, die nur erreicht werden,

---

[226] Die Berechnung der Gleichgewichte im Genehmigungsspiel erfolgte in Abschnitt 3.3.2.6; die Gleichgewichte des Legalausnahmespiels werden in Abschnitt 3.4.2.5 präsentiert; ein Vergleich folgt in Kapitel 4.

Abbildung 3.25: Die Gleichgewichte $(\alpha^*,\beta^*;\gamma^*)$ im Kontroll-Teilspiel für unterschiedliche Parameterkonstellationen

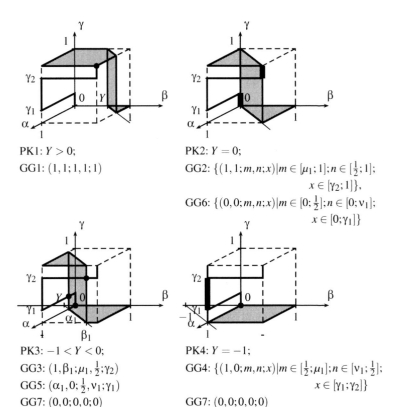

PK1: $Y > 0$;
GG1: $(1,1;1,1;1)$

PK2: $Y = 0$;
GG2: $\{(1,1;m,n;x)|m \in [\mu_1;1]; n \in [\frac{1}{2};1];$
$x \in [\gamma_2;1]\},$
GG6: $\{(0,0;m,n;x)|m \in [0;\frac{1}{2}]; n \in [0;\nu_1];$
$x \in [0;\gamma_1]\}$

PK3: $-1 < Y < 0$;
GG3: $(1,\beta_1;\mu_1,\frac{1}{2};\gamma_2)$
GG5: $(\alpha_1,0;\frac{1}{2},\nu_1;\gamma_1)$
GG7: $(0,0;0,0;0)$

PK4: $Y = -1$;
GG4: $\{(1,0;m,n;x)|m \in [\frac{1}{2};\mu_1]; n \in [\nu_1;\frac{1}{2}];$
$x \in [\gamma_1;\gamma_2]\}$
GG7: $(0,0;0,0;0)$

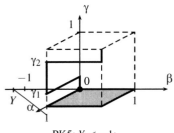

PK5: $Y < -1$;
GG7: $(0,0;0,0;0)$

wenn die Firmengruppe sich gut verhalten hat. Ein solches Gleichgewicht bezeichne ich auch als Full-Compliance-Gleichgewicht.[227]

Ist die Bedingung $A = A_1^L$ erfüllt und somit die Parameterkonstellation PK2 gegeben, gibt es unendlich viele Gleichgewichte, die sich in zwei Arten unterscheiden lassen. Die erste Menge von Gleichgewichten in PK2 lautet

$$\text{GG2} \quad = \quad \{(1,1;m,n;x)|m \in [\mu_1;1];n \in [\tfrac{1}{2};1];x \in [\gamma_2;1]\} \qquad (3.77)$$

und entspricht der Gleichgewichtsmenge GG2 des Anmelde-Teilspiels: Die Firmengruppe geht mit Wahrscheinlichkeit $\gamma^* \in [\gamma_2;1]$ eine freistellungsfähige Vereinbarung ein, und die Kommission beanstandet eine solche Vereinbarung niemals ($\alpha^* = \beta^* = 1$). Die Beliefs der EU-Kommission liegen konsistenterweise mindestens bei 0,5.[228] Allerdings existiert noch eine zweite, quasi spiegelverkehrte Gleichgewichtsmenge GG6:[229]

$$\text{GG6} \quad = \quad \{(0,0;m,n;x)|m \in [0;\tfrac{1}{2}];n \in [0;\nu_1];x \in [0;\gamma_1]\}. \qquad (3.78)$$

Diese Gleichgewichte sind durch ein vergleichsweise niedriges Complianceniveau $\gamma^* \in [0;\gamma_1]$ gekennzeichnet, worauf die Kommission mit strikter Untersagung im Kontrollfall ($\alpha^* = \beta^* = 0$) reagiert. Konsistent damit liegen die Beliefs maximal bei 0,5.[230] Welches dieser unendlich vielen Gleichgewichte sich realisieren wird, ist wieder eine Frage der Gleichgewichtsselektion, wie wir sie bereits aus der Gleichgewichtsanalyse des Anmelde-Teilspiels im Genehmigungsspiel kennen. Hier kann zunächst analog argumentiert werden:[231] Das Full-Compliance-Gleichgewicht $(1,1;1,1;1)$ und Null-Compliance-Gleichgewicht $(0,0;0,0;0)$ wei-

---

[227] Einsetzen von $\gamma^* = 1$ in die Definitionsgleichungen 3.60 und 3.61 liefert sofort $\mu^* = \frac{1 \cdot \rho}{1 \cdot \rho + (1-1)\varphi} = 1$ und $\nu^* = \frac{1 \cdot (1-\rho)}{1 \cdot (1-\rho) + (1-1)(1-\varphi)} = 1$.

[228] Die gleichgewichtigen Beliefs für die Gleichgewichtsmenge GG2 wurden bereits für das Anmelde-Teilspiel ermittelt, vgl. Anhänge B.1.15 und B.1.16.

[229] Die Bezeichnung als Gleichgewicht Nr. 6 ist nicht etwa willkürlich gewählt, sondern in der Absicht, die Gleichgewichtsbezeichnungen der beiden Spiele konsistent zu halten. Es erhält die Nr. 6, weil es das erste „neue" Gleichgewicht nach den fünf bereits bekannten Gleichgewichten des Anmelde-Teilspiels ist.

[230] Einsetzen von $\gamma^* = 0$ liefert sofort die unteren Schranken: $\mu^* = \frac{0 \cdot \rho}{0 \cdot \rho + (1-0)\varphi} = 1$ und $\nu^* = \frac{0 \cdot (1-\rho)}{0 \cdot (1-\rho) + (1-0)(1-\varphi)} = 1$. Die oberen Schranken für $\gamma^* = \gamma_1$ wurden bereits im Rahmen der Gleichgewichtsanalyse des Anmelde-Teilspiels hergeleitet, vgl. Anhang B.1.20; für $\nu_1 < \frac{1}{2}$ vgl. Anhang B.1.19.

[231] Vgl. den entsprechenden Abschnitt in 3.3.2.4.

sen Fokalpunkteigenschaften auf, da sie sich von den übrigen Gleichgewichten deutlich unterscheiden, weil sie die einzigen Gleichgewichte in reinen Strategien in dieser Parameterkonstellation darstellen. Diese Feststellung hat das Selektionsproblem jedoch nur auf zwei Gleichgewichte eingeschränkt und nicht eliminiert, wie dies im Anmelde-Teilspiel der Fall war. Beide Strategien-Beliefs-Quintupel geben konsistente Kombinationen von gleichgewichtigen Aktionen und Beliefs wieder und sind damit „gleichberechtigte" Gleichgewichte. Dennoch weist eins der beiden Gleichgewichte eine Eigenschaft auf, die es womöglich geeigneter als Fokalpunkt erscheinen läßt als das andere: Der gleichgewichtige erwartete Payoff der Firmengruppe im Full-Compliance-Gleichgewicht $(1, 1; 1, 1; 1)$ beträgt wie auch in allen anderen Gleichgewichten der Gleichgewichtsmenge GG2 exakt G, während er im Null-Compliance-Gleichgewicht $(0, 0; 0, 0; 0)$ und allen anderen Gleichgewichten der Gleichgewichtsmenge GG6 nur $G - \xi(1 - \chi)B$ beträgt, was wegen $\xi > 0$ und $\chi < 1$ kleiner als G ist.[232] Das Kontroll-Teilspiel ist aufgrund des imperfekt empfangenen und/oder verarbeiteten Signals kein sequentielles Spiel, sondern ein simultanes Spiel.[233] Die Firmengruppe ist daher, obwohl sie vor der Kommission am Zug ist, im spieltheoretischen Sinne nicht als *First-Mover* zu bezeichnen. Es ist dennoch nicht abwegig anzunehmen, daß sich dasjenige Gleichgewicht realisieren wird, das die Firmengruppe präferiert, also das Full-Compliance-Gleichgewicht $(1, 1; 1, 1; 1) \in$ GG2, das ihr eine höhere erwartete Auszahlung bringt als das Null-Compliance-Gleichgewicht $(0, 0; 0, 0; 0) \in$ GG6. Der Grund hierfür ist, daß einerseits die Firmengruppe versuchen wird, bei mehreren Gleichgewichten innerhalb einer Parameterkonstellation dasjenige anzustreben, das ihre erwartete Auszahlung maximiert, und daß andererseits die Kommission genau dieses Verhalten antizipieren wird. Die EU-Kommission bildet sich eine Art *Meta-Beliefs* bezüglich des Verhaltens der Firmengruppe aufgrund ihres Wissens, *nach* der Firmengruppe am Zug zu sein. Die Spieler handeln, als ob die Zü-

---

[232] Die Herleitung der gleichgewichtigen erwarteten Auszahlungen erfolgt in Abschnitt 3.4.2.4.

[233] Vgl. hierzu die Ausführungen in Abschnitt 3.2.4. Dies ist eine Standard-Annahme der Spieltheorie, die vernachlässigt, daß Unbeobachtbarkeit und Gleichzeitigkeit keine deckungsgleichen Konzepte sind: Gleichzeitigkeit schließt Unbeobachtbarkeit mit ein, aber nicht umgekehrt, vgl. Weber/Camerer/Knez (2004, S. 26f.).

ge beobachtbar wären und ein sequentielles Spiel vorläge.[234] Diese Form der Gleichgewichtsselektion ist nicht nur intuitiv einsichtig, sondern wurde auch in zahlreichen Experimenten nachgewiesen.[235]

In Zeile 2 der Abbildung 3.25 sind die Gleichgewichte der Parameterkonstellationen PK3 und PK4 abgebildet. In der Parameterkonstellation PK3, wenn also die Bedingung $A_1^L < A < A_2^L$ erfüllt ist, gibt es drei Gleichgewichte:

$$GG3 = (1, \beta_1; \mu_1, \tfrac{1}{2}; \gamma_2), \tag{3.79}$$

$$GG5 = (\alpha_1, 0\tfrac{1}{2}, \nu_1; \gamma_1), \tag{3.80}$$

$$GG7 = (0, 0; 0, 0; 0). \tag{3.81}$$

Im ersten dieser Gleichgewichte, GG3, das bereits aus dem Anmelde-Teilspiel bekannt ist, geht die Firmengruppe eine freistellungsfähige Vereinbarung mit Wahrscheinlichkeit γ_2 ein, während die Kommission die Vereinbarung mit Sicherheit nicht beanstandet ($\alpha^* = 1$), wenn sie sich eine positive Meinung gebildet hat, und mit Wahrscheinlichkeit $1 - \beta_1$ untersagt ($\beta^* = \beta_1$), wenn sie zu einer negativen Meinung gelangt ist. Ihre gleichgewichtigen Beliefs lauten $\mu^*(\gamma_2) = \mu_1$ und $\nu^*(\gamma_2) = \tfrac{1}{2}$.[236] Im zweiten Gleichgewicht, GG5, das ebenfalls schon aus dem Anmelde-Teilspiel bekannt ist, dort jedoch erst in der dortigen Parameterkonstellation PK5 auftrat, wählt die Firmengruppe ein niedrigeres Complianceniveau: Sie geht nur mit Wahrscheinlichkeit γ_1 eine freistellungsfähige Vereinbarung ein. Auf dieses Verhalten reagiert die Kommission mit strikter Untersagung ($\beta^* = 0$), wenn sie sich eine negative Meinung bezüglich der Vereinbarung gebildet hat; damit konsistent liegt die A-posteriori-Einschätzung der EU-Kommission, daß tatsächlich gutes Verhalten der Firmengruppe vorlag, bei

[234] Diese Vorgehen ist in der Spieltheorie bekannt als *Virtuelle Beobachtbarkeit*, vgl. Weber/Camerer/Knez (2004, S. 25-31). Amershi/Sadanand/Sadanand (1989) haben dafür eine Verfeinerung des Nash-Gleichgewichts, das *manipulated Nash equilibrium (MAPNASH)*, entwickelt. Der Name leitet sich daraus ab, daß der Pseudo-First-Mover dem Gegenspieler sein präferiertes Gleichgewicht „aufdrücken" kann. Eine instruktive Darstellung des *MAPNASH* findet sich bei Weber/Camerer/Knez (2004, S. 29).

[235] Experimente zur *Virtual Observability* finden sich beispielsweise bei Abele/Ehrhart (2005), Rapoport (1997) und Weber/Camerer/Knez (2004).

[236] Die Beliefs für Gleichgewicht GG3 wurden bereits im Rahmen der Gleichgewichtsanalyse des Anmelde-Teilspiels hergeleitet, vgl. Anhang B.1.17.

$v^*(\gamma_1) = v_1 < \frac{1}{2}$.[237] Ist sie dagegen zu einer positiven Einschätzung gelangt, läßt sie die Vereinbarung mit Wahrscheinlichkeit α_1 unbeanstandet; ihre A-posteriori-Einschätzung beläuft sich entsprechend auf $\mu^*(\gamma_1) = \frac{1}{2}$. Das dritte Gleichgewicht, GG7, könnte auch als Null-Compliance-Gleichgewicht bezeichnet werden: Die Firmengruppe entscheidet sich immer für eine nicht-freistellungsfähige Vereinbarung ($\gamma^* = 0$), und die Kommission untersagt jede Vereinbarung, die sie kontrolliert ($\alpha^* = \beta^* = 0$). Die gleichgewichtigen Beliefs lauten konsistenterweise $\mu^*(0) = v^*(0) = 0$.[238] Mit der Existenz dreier Gleichgewichte stellt sich erneut die Frage nach der Gleichgewichtsselektion. Es läßt sich zeigen, daß das Gleichgewicht GG3 immer zu einem höheren Payoff für die Firmengruppe führt als die beiden anderen Gleichgewichte.[239] Damit kann analog zu den Überlegungen bezüglich der Parameterkonstellation PK2 dem Gleichgewicht GG3 Fokalpunkteigenschaften zuerkannt werden.

Parameterkonstellation PK4 verfügt wieder über unendlich viele Gleichgewichte. Die Gleichgewichtsmenge GG4 entspricht der gleichnamigen Gleichgewichtsmenge im Anmelde-Teilspiel des Genehmigungsspiels und lautet

$$\text{GG4} \quad = \quad \{(1,0;m,n;x)|m \in [\tfrac{1}{2};\mu_1]; n \in [v_1;\tfrac{1}{2}]; x \in [\gamma_1;\gamma_2]\}. \quad (3.82)$$

Die Firmengruppe schließt also eine freistellungsfähige Vereinbarung mit Wahrscheinlichkeit $x \in [\gamma_1;\gamma_2]$, und die Kommission beanstandet die Vereinbarung niemals ($\alpha^* = 1$), wenn sie sich eine positive Meinung gebildet hat, und immer ($\beta^* = 0$), wenn sie zu einer negativen Einschätzung gelangt ist. Die damit korrespondierenden gleichgewichtigen Beliefs lauten $\mu^* = m \in [\tfrac{1}{2};\mu_1]$ und $v^* = n \in [v_1;\tfrac{1}{2}]$.[240] In der Parameterkonstellation PK4 existiert jedoch noch ein weiteres Gleichgewicht, das bereits aus Parameterkonstellation PK3 bekannte Null-Compliance-Gleichgewicht GG7 (siehe Gleichung 3.81). Auch hier kann man Gleichgewicht GG4 Fokalpunkt-

---

[237] Die Beliefs für Gleichgewicht GG5 wurden bereits im Rahmen der Gleichgewichtsanalyse des Anmelde-Teilspiels hergeleitet, vgl. Anhang B.1.20. Zu $v_1 < \frac{1}{2}$ vgl. Anhang B.1.19.

[238] Dieses Ergebnis wurde bereits für den Grenzfall $\gamma^* = 0$ in der Gleichgewichtsmenge GG6 hergeleitet, vgl. Fußnote 230.

[239] Eine differenzierte Herleitung findet sich in Abschnitt 3.4.2.5 und den dort bezeichneten Anhängen.

[240] Zur Herleitung vgl. wieder den entsprechenden Anhang zum Anmelde-Teilspiel, Anhang B.1.18.

eigenschaften zuerkennen, da dieses der Firmengruppe wieder die höhere erwartete Auszahlung verschafft.

In der dritten Zeile schließlich ist noch das einzige Gleichgewicht der Parameterkonstellation PK5 eingezeichnet. Es handelt sich erneut um das Null-Compliance-Gleichgewicht GG7, $(0,0;0,0;0)$, vgl. nochmals Gleichung 3.81.

Tabelle 3.12: Die Gleichgewichte im Kontroll-Teilspiel

PK	GG-Bed.	Gleichgewicht
PK1	$A < A_1^L$	GG1: $(1,1;1,1;1)$
PK2	$A = A_1^L$	GG2: $\{(1,1;m,n;x)|m \in [\mu_1;1];n \in [\frac{1}{2};1];x \in [\gamma_2;1]\}$
		GG6: $\{(0,0;m,n;x)|m \in [0;\frac{1}{2}];n \in [0;\nu_1];x \in [0;\gamma_1]\}$
PK3	$A_1^L < A < A_2^L$	GG3: $(1,\beta_1;\mu_1,\frac{1}{2};\gamma_2)$
		GG5: $(\alpha_1,0\frac{1}{2},\nu_1;\gamma_1)$
		GG7: $(0,0;0,0;0)$
PK4	$A = A_2^L$	GG4: $\{(1,0;m,n;x)|m \in [\frac{1}{2};\mu_1];n \in [\nu_1;\frac{1}{2}];x \in [\gamma_1;\gamma_2]\}$
		GG7: $(0,0;0,0;0)$
PK5	$A > A_2^L$	GG7: $(0,0;0,0;0)$

mit $A_1^L := \xi\chi B$, $A_2^L := [\chi + (1-\chi)(\rho - \varphi)]\xi B$;

$\gamma_1 := \frac{\varphi}{\rho+\varphi}$, $\gamma_2 := \frac{1-\varphi}{1-\rho+1-\varphi}$,

$\mu_1 := \frac{\rho(1-\varphi)}{\rho(1-\varphi)+(1-\rho)\varphi}$, $\nu_1 := \frac{(1-\rho)\varphi}{\rho(1-\varphi)+(1-\rho)\varphi}$;

$\alpha_1 := -Y = -\frac{\xi\chi B - A}{(1-\chi)(\rho-\varphi)\xi B}$ und $\beta_1 := Y + 1 = \frac{\xi\chi B - A}{(1-\chi)(\rho-\varphi)\xi B} + 1$.

Tabelle 3.12 faßt die bisherigen Ergebnisse übersichtlich zusammen. Ein Vergleich mit der entsprechenden Ergebnistabelle des Anmelde-Teilspiels, Tabelle 3.7, macht deutlich, daß ein wesentlicher Unterschied zwischen den Spielen, die das Genehmigungs- und das Legalausnahmesystem repräsentieren, in zusätzlichen Gleichgewichten im Kontroll-Teilspiel liegt: Die Gleichgewichte GG1 bis GG5 kommen in beiden Spielvarianten vor, während die Gleichgewichte GG6 und GG7 nur im Legalausnahmespiel auftreten.

Abbildung 3.26: Die Abfolge der Gleichgewichte im Kontroll-Teilspiel für zunehmenden Kartellaufschlag A

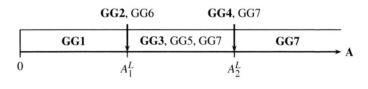

mit $A_1^L := \xi\chi B$ und $A_2^L := [\chi + (1-\chi)(\rho - \varphi)]\xi B$

Abbildung 3.26 zeigt die Abfolge der Gleichgewichte im Kontroll-Teilspiel in Abhängigkeit des Kartellaufschlags A. Für den Fall multipler Gleichgewichte sind diejenigen fett gedruckt, die sich aufgrund des definierten Kriteriums, daß sie vom Pseudo-First-Mover F präferiert werden, als dominant erwiesen haben. Im Vergleich mit der entsprechenden Abbildung des Anmelde-Teilspiels, Abb. 3.14, wird deutlich, daß das Gleichgewicht GG5, obwohl es in beiden Spielen auftritt, in unterschiedlichen Parameterkonstellationen zustandekommt: im Anmelde-Teilspiel in Parameterkonstellation PK5 ($A > A_2^G$), im Legalausnahmespiel bereits in Parameterkonstellation PK3 ($A_1^L < A < A_2^L$). Es darf jedoch nicht übersehen werden, daß die kritischen Schwellen A_i^G bzw. A_i^L nicht identisch sind, so daß ein direkter Vergleich nicht ohne weiteres möglich ist.

3.4.2.4 Die Optimalwahl der Firmengruppe im Legalausnahmespiel

Im vorangehenden Abschnitt wurden die Gleichgewichte des Kontroll-Teilspiels hergeleitet, so daß nun die Optimalwahl der Firmengruppe in Entscheidungsknoten F_0 bestimmt werden kann. Abbildung 3.27 zeigt das Legalausnahmespiel in reduzierter Form, d.h. das Kontroll-Teilspiel wurde durch seinen Teilspielwert ersetzt. Es ist allerdings zu beachten, daß dieser Teilspielwert je nach Belegung der exogenen Parameter variiert. Daher werden nun in einem ersten Schritt die erwarteten Auszahlungen der

Firmengruppe im Kontroll-Teilspiel für alle denkbaren Parameterkonstellationen und Gleichgewichte ermittelt.[241]

Abbildung 3.27: Das Legalausnahmespiel mit Teilspielwerten

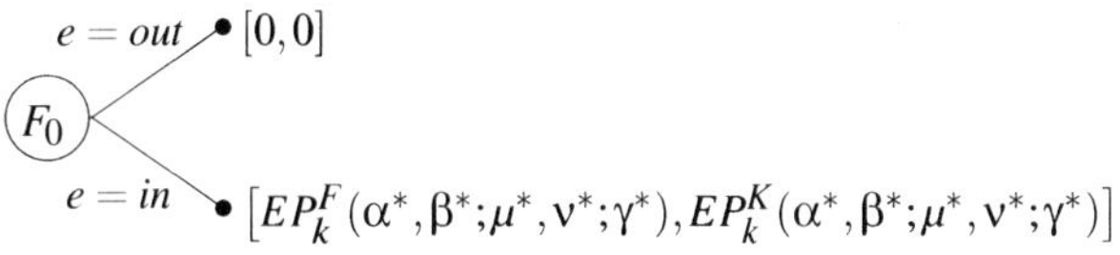

$$e = out \quad [0,0]$$

$$F_0$$

$$e = in \quad \left[EP_k^F(\alpha^*,\beta^*;\mu^*,\nu^*;\gamma^*), EP_k^K(\alpha^*,\beta^*;\mu^*,\nu^*;\gamma^*) \right]$$

Wählt die Firmengruppe *out*, existiert nur ein erwarteter Payoff für alle denkbaren Parameterkonstellationen, nämlich $EP_{out}^F = 0$. Im Kontroll-Teilspiel gibt es jedoch wie im Anmelde-Teilspiel unendlich viele Teilspielwerte, abhängig von der jeweiligen Parameterkonstellation. In Tabelle 3.13 sind die aus den unterschiedlichen Gleichgewichten resultierenden erwarteten Auszahlungen aufgelistet.

In der Parameterkonstellation PK1 geht die Firmengruppe mit Sicherheit eine freistellungsfähige Vereinbarung ein, welche die Kommission ebenfalls mit Sicherheit unabhängig von der Meinung, die sie sich gebildet hat, ex post freistellt. Der Payoff der Firmengruppe im Full-Compliance-Gleichgewicht GG1 beläuft sich damit auf

$$EP_{k1.1}^F \quad = \quad G. \tag{3.83}$$

Auch in der Gleichgewichtsmenge GG2 (in Parameterkonstellation PK2) erhält die Firmengruppe eine Auszahlung von G. Sie schließt mit der Wahrscheinlichkeit $x \in [\gamma_2;1]$ eine freistellungsfähige Vereinbarung; die Kommission läßt jede kontrollierte Vereinbarung unabhängig von der gebildeten Meinung unbeanstandet. Damit ergibt sich für die Firmengruppe der gleichgewichtige Payoff $xG + (1-x)(G + A - \xi\chi B)$. Dies läßt sich durch Einsetzen der Gleichgewichtsbedingung $A = A_1^L := \xi\chi B$ auf

$$EP_{k2.2}^F \quad = \quad G \tag{3.84}$$

---

[241] Wie schon im Anmelde-Teilspiel des Genehmigungsspiels ist der erwartete Payoff der EU-Kommission irrelevant für die weitere Analyse, da sie nicht nochmals am Zug ist.

Tabelle 3.13: Die gleichgewichtigen erwarteten Auszahlungen der Firmengruppe in den fünf Parameterkonstellation-Intervallen des Kontroll-Teilspiels

Intervall	Payoff $EP_k^F(\alpha^*,\beta^*;\mu^*,\nu^*;\gamma^*)$
PK1: $A < A_1^L$	$EP_{k1.1}^F(1,1;1,1;1) \quad = \quad G$
PK2: $A = A_1^L$	$EP_{k2.2}^F(1,1;m,n;x) \quad = \quad G$ $\forall \quad x \in [\gamma_2;1], m \in [\mu_1;1], n \in [\frac{1}{2};1]$ $EP_{k2.6}^F(0,0;m,n;x) \quad = \quad G-(1-\chi)\xi B$ $\forall \quad x \in [0;\gamma_1], m \in [0;\frac{1}{2}], n \in [0;\nu_1]$
PK3: $A_1^L < A < A_2^L$	$EP_{k3.3}^F(1,\beta_1;\mu_1,\frac{1}{2};\gamma_2) \quad = \quad G-\frac{1-\rho}{\rho-\varphi}(A-\xi\chi B)$ $EP_{k3.5}^F(\alpha_1,0;\frac{1}{2},\nu_1;\gamma_1) \quad = \quad G+A-\xi B-\frac{\varphi}{\rho-\varphi}(\xi\chi B-A)$ $EP_{k3.7}^F(0,0;0,0;0) \quad = \quad G+A-\xi B$
PK4: $A = A_2^L$	$EP_{k4.4}^F(1,0;m,n;x) \quad = \quad G-(1-\rho)(1-\chi)\xi B$ $\forall \quad x \in [\gamma_1;\gamma_2], m \in [\frac{1}{2};\mu_1], n \in [\nu_1;\frac{1}{2}]$ $EP_{k4.7}^F(0,0;0,0;0) \quad = \quad G-(1-\chi)[1-(\rho-\varphi)]\xi B$
PK5: $A > A_2^L$	$EP_{k5.7}^F(0,0;0,0;0) \quad = \quad G+A-\xi B$

mit $A_1^L := \xi\chi B, \quad A_2^L := [\chi+(1-\chi)(\rho-\varphi)]\xi B;$

$\gamma_1 := \frac{\varphi}{\rho+\varphi}, \quad \gamma_2 := \frac{1-\varphi}{1-\rho+1-\varphi},$

$\mu_1 := \frac{\rho(1-\varphi)}{\rho(1-\varphi)+(1-\rho)\varphi}, \quad \nu_1 := \frac{(1-\rho)\varphi}{\rho(1-\varphi)+(1-\rho)\varphi};$

$\alpha_1 := -Y = -\frac{\xi\chi B-A}{(1-\chi)(\rho-\varphi)\xi B} \quad$ und $\quad \beta_1 := Y+1 = \frac{\xi\chi B-A}{(1-\chi)(\rho-\varphi)\xi B}+1.$

reduzieren.[242] Dies ist insofern ein interessantes Ergebnis, als der gleichgewichtige Payoff G unabhängig von F's konkret gewähltem Complianceniveau $x \in [\gamma_2; 1]$ ist. Gleiches gilt für den erwarteten Payoff in der Gleichgewichtsmenge GG6 in dieser Parameterkonstellation. Wenn die Firmengruppe mit Wahrscheinlichkeit $x \in [0; \gamma_1]$ eine freistellungsfähige Vereinbarung eingeht und die EU-Kommission eine solche Vereinbarung im-
mer und unabhängig von der gebildeten Meinung ex post untersagt, ergibt sich als erwartete Auszahlung der Firmengruppe $x[G - \xi(1-\chi)B] +
(1-x)(G+A-\xi B)$. Dies läßt sich durch Einsetzen der Gleichgewichtsbe-
dingung $A = A_1^L := \xi\chi B$ ebenfalls zu einem von x unabhängigen Ausdruck
reduzieren:[243]

$$EP_{k2.6}^F \;=\; G - (1-\chi)\xi B. \tag{3.85}$$

Es ist ohne weiteres ersichtlich, daß diese Auszahlung aufgrund der getroffenen Annahmen ($\xi > 0$, $B > 0$ und $\chi < 1$) kleiner ist als die Auszahlung,
die sich bei Realisierung eines Gleichgewichts aus der Gleichgewichtsmenge GG2 ergibt:

$$EP_{k2.2}^F \;>\; EP_{k2.6}^F.$$

Die drei Gleichgewichte in Parameterkonstellation PK3 führen zu sehr
unterschiedlichen erwarteten Auszahlungen für die Firmengruppe. Die
Gleichgewichte GG3 und GG5 weisen als einzige im ganzen Legalausnahmespiel gemischte Strategien für die Kommission auf: Im Gleichgewicht GG3 läßt die Kommission eine Vereinbarung nur mit Wahrscheinlichkeit β_1 unbeanstandet, wenn sie sich eine negative Meinung gebildet hat, im Gleichgewicht GG5 nur mit Wahrscheinlichkeit α_1 und nur
dann, wenn sie zu einer positiven Meinung gelangt ist. Je nach der Bele-
gung der Parameter ρ, φ, ξ, χ, A und B können beide gleichgewichtigen
Verhaltensstrategien alle Werte zwischen Null und Eins annehmen. Dabei
nimmt β_1 gerade am linken Intervallrand $A = A_1^L$ den Wert Eins, und am
rechten Intervallrand $A = A_2^L$ den Wert Null an und verläuft dazwischen
streng monoton fallend.[244] Der Verlauf von α_1 ist genau umgekehrt: An
der linken Intervallgrenze $A = A_1^L$ nimmt α_1 den Wert Null, und an der
rechten Intervallgrenze $A = A_2^L$ den Wert Eins an und verläuft dazwischen

---

[242] Herleitung siehe Anhang B.2.13.

[243] Herleitung siehe Anhang B.2.14.

[244] Herleitung siehe Anhänge B.2.11 und B.2.12; Plausibilisierung analog zum Anmelde-Teilspiel, vgl. Abschnitt 3.3.2.3.

streng monoton steigend.[245] In Gleichgewicht GG3 liegt F's Complianceniveau bei γ_2, die Kommission beanstandet Vereinbarungen mit Wahrscheinlichkeit $1 - \beta_1$ nur, wenn sie zu einer negativen Einschätzung gekommen ist. Dies führt zu einem erwarteten Payoff für F in Höhe von $\gamma_2[\rho G + (1 - \rho)(\beta_1 G + (1 - \beta_1)(G - \xi(1 - \chi)B))] + (1 - \gamma_2)[\varphi(G + A - \xi\chi B) + (1 - \varphi)(\beta_1(G + A - \xi\chi B) + (1 - \beta_1)(G + A - \xi B))]$. Durch Einsetzen von $\beta_1 := 1 + \frac{\xi\chi B - A}{(1-\chi)(\rho-\varphi)\xi B}$ läßt sich dieser Ausdruck reduzieren zu

$$EP^F_{k3.3} \quad = \quad G - \frac{1 - \rho}{\rho - \varphi}(A - \xi\chi B).^{246} \tag{3.86}$$

Im Gleichgewicht GG5 dieser Parameterkonstellation liegt das Complianceniveau nur bei γ_1, weswegen die Kommission eine Vereinbarung nur unbeanstandet läßt, wenn sie zu einer positive Meinung gelangt ist, und auch dann nur mit Wahrscheinlichkeit α_1. Dies resultiert in einer erwartete Auszahlung der Firmengruppe in Höhe von $\gamma_1[\rho(\alpha_1 G + (1 - \alpha_1)(G - \xi(1 - \chi)B)) + (1 - \rho)(G - \xi(1 - \chi)B)] + (1 - \gamma_1)[\varphi(\alpha_1(G + A - \xi\chi B) + (1 - \alpha_1)(G + A - \xi B)) + (1 - \varphi)(G + A - \xi B)]$. Dieser Ausdruck reduziert sich durch Einsetzen von $\alpha_1 := -\frac{\xi\chi B - A}{(1-\chi)(\rho-\varphi)\xi B}$ zu

$$EP^F_{k3.5} \quad = \quad G + A - \xi B - \frac{\varphi}{\rho - \varphi}(\xi\chi B - A).^{247} \tag{3.87}$$

Das letzte Gleichgewicht dieser Parameterkonstellation ist das Null-Compliance-Gleichgewicht mit einem Complianceniveau von Null und einer grundsätzlichen Ex-post-Untersagung jeder kontrollierten Vereinbarung. Dieses Gleichgewicht führt für F zu einer erwarteten Auszahlung von

$$EP^F_{k5.7} \quad = \quad G + A - \xi B.^{248} \tag{3.88}$$

Es ist sofort ersichtlich, daß der Payoff des Gleichgewichts GG5 sich nur um den Term $\frac{\varphi}{\rho-\varphi}(A - \xi\chi B)$ vom Payoff des Gleichgewichts GG7 unterscheidet. Dieser Term ist strikt positiv wegen der in Parameterkonstellation PK3 herrschenden Gleichgewichtsbedingung $A > A^L_1 := \xi\chi B$ und weil $\frac{\varphi}{\rho-\varphi}$

---

[245] Herleitung siehe Anhänge B.2.9 und B.2.10; Plausibilisierung analog zum Anmelde-Teilspiel, vgl. Abschnitt 3.3.2.3.

[246] Herleitung siehe Anhang B.2.15. Dieser Ausdruck konvergiert für $A \to A^L_1$ gegen $EP^F_{k2.2}$ und für $A \to A^L_2$ gegen $EP^F_{k4.4}$, vgl. Anhang B.2.16.

[247] Herleitung siehe Anhang B.2.17. Dieser Ausdruck konvergiert für $A \to A^L_1$ gegen $EP^F_{k2.6}$ und für $A \to A^L_2$ gegen $EP^F_{k4.4}$, vgl. Anhang B.2.18.

[248] Dieser Ausdruck konvergiert für $A \to A^L_1$ gegen $EP^F_{k2.6}$ und für $A \to A^L_2$ gegen $EP^F_{k4.7}$, vgl. Anhang B.2.19.

ebenfalls positiv ist. Damit gilt $EP^F_{k3.5} > EP^F_{k3.7}$. Durch etwas aufwendigere algebraische Umformungen läßt sich zeigen, daß der erwartete Payoff
in Gleichgewicht GG3 in Parameterkonstellation PK3 immer größer ist
als der des Gleichgewichts GG5, so daß sich folgende Reihung festhalten
läßt:[249]

$$EP^F_{k3.3} \quad > \quad EP^F_{k3.5} \quad > \quad EP^F_{k3.7}.$$

Die erwarteten Auszahlungen in den beiden Gleichgewichtstypen der
Parameterkonstellation PK4 sind ähnlich wie in Parameterkonstellation
PK2 wieder unabhängig vom tatsächlich gewählten Complianceniveau.
Die Gleichgewichtsmenge GG4 impliziert ein Complianceniveau in Höhe
von $x \in [\gamma_1; \gamma_2]$ und eine positive Freistellungsentscheidung der Kommission bei positiver Einschätzung sowie eine negative Freistellungsentscheidung bei schlechter Einschätzung. Dies führt zu einem erwarteten Payoff
für die Firmengruppe in Höhe von $x[\rho G + (1-\rho)(G - \xi(1-\chi)B)] + (1 -
x)[\varphi(G + A - \xi\chi B) + (1-\varphi)(G + A - \xi B)]$. Durch Einsetzen der Gleich-
gewichtsbedingung $A = A^L_2 := [\chi - (1-\chi)(\rho - \varphi)]\xi B$ reduziert sich dieser
Ausdruck zu

$$EP^F_{k4.4} \quad = \quad G - (1-\rho)(1-\chi)\xi B \tag{3.89}$$

für alle $x \in [\gamma; \gamma_2]$.[250] Das weitere Gleichgewicht dieser Parameterkonstellation, GG7, ist das bekannte Null-Compliance-Gleichgewicht. Ihm ist die
gleichgewichtige erwartete Auszahlung der Firmengruppe $G + A - \xi B$ zugeordnet. Wird auch hier die Gleichgewichtsbedingung $A = A^L_2 := [\chi -
(1-\chi)(\rho - \varphi)]\xi B$ eingesetzt, ergibt sich als Payoff

$$EP^F_{k4.7} \quad = \quad G - (1-\chi)[1 - (\rho - \varphi)]\xi B.^{251} \tag{3.90}$$

Es ist ohne weitere Umformungen ersichtlich, daß auch in diesem Fall die
getroffenen Annahmen $\varphi > 0$, $\chi < 1$, $\xi > 0$ sowie $B > 0$ sicherstellen, daß
der Payoff mit dem höheren Complianceniveau, GG4, die höhere erwartete
Auszahlung bringt, so daß gilt:

$$EP^F_{k4.4}(1,0;m,n;x) \quad > \quad EP^F_{k4.7}(0,0;0,0;0).$$

---

[249] Vgl. Anhang B.2.20.
[250] Herleitung siehe Anhang B.2.21.
[251] Herleitung siehe Anhang B.2.22.

Schließlich ist noch der erwartete Payoff in Parameterkonstellation PK5 zu betrachten. Das einzige Gleichgewicht ist GG7, das Null-Compliance-Gleichgewicht. Der Payoff für die Firmengruppe beträgt

$$EP_{k5.7}^{F} \quad = \quad G + A - \xi B.^{252} \tag{3.91}$$

Im nächsten Schritt sind nun für die Firmengruppe Payoff-Vergleiche zwischen den Optionen *in* und *out* durchzuführen, um zu sehen, unter welchen Bedingungen sie sich für welche Aktion entscheidet. Anders als im Genehmigungsspiel steht sie im Legalausnahmepiel nur vor dieser binären Entscheidung; eine Unterscheidung danach, ob sie ihre Vereinbarung anmeldet oder nicht, existiert nicht mehr, da im System der Legalausnahme keine Anmeldung vorgesehen ist. Damit ist die Mechanik des neuen Systems eine andere als im Genehmigungsspiel. Dort war der erwartete Payoff aus einer Anmeldung immer größer als der Status-Quo-Payoff von Null, so daß über die Stellschraube Geldbuße beeinflußt werden konnte, ob die Firmengruppe die Vereinbarung anmeldet oder unangemeldet ein Kartell betreibt. Das Beibehalten des Status Quo, also die Aktion *out*, war für die Firmengruppe niemals attraktiv. Im Legalausnahmespiel beeinflußt die Stellschraube Geldbuße jedoch die Entscheidung der Firmengruppe, ob sie überhaupt eine Vereinbarung unterzeichnen soll. Damit kann durch eine extrem hohe Geldbuße prinzipiell die Situation geschaffen werden, daß die Firmengruppe von jeglicher Vereinbarung abgeschreckt wird. Eine solche Abschreckung im Sinne von Becker (1968) war im Genehmigungsspiel nicht möglich. Der Grund hierfür liegt in der fundamental anderen Payoff-struktur des Legalausnahmespiels, die durch die Integration von Elementen des Illegal- und des Anmelde-Teilspiels in *ein* Teilspiel, das Kontroll-Teilspiel, entstanden ist.[253]

Im folgenden wird für jedes der identifizierten Gleichgewichte die Geldbuße B^{*} gesucht, die die Auszahlung aus der Aktion *in* auf Null drückt. In einer solchen Situation ist die Firmengruppe indifferent zwischen den ihr zur Verfügung stehenden Alternativen. Übersteigt die Geldbuße den Wert B^{*}, wird die Firmengruppe keine Vereinbarung eingehen. Wird die Geldbuße niedriger als oder gleich B^{*} gesetzt, wird die Firmengruppe eine Verein-

---

[252] Dieser Ausdruck konvergiert für $A \rightarrow A_{2}^{L}$ gegen $EP_{k4.7}^{F}$ und für $A \rightarrow \infty$ gegen ∞, vgl. Anhang B.2.23.

[253] Vgl. hierzu auch die Ausführungen in Abschnitt 3.4.1.

barung unterzeichnen.[254] Welche der Alternativen unter dem Aspekt der *Wirksamkeit* der Rechtsdurchsetzungsinstitution[255] mit Hilfe der richtig gewählten Geldbuße herbeigeführt werden sollte, wird in Abschnitt 3.4.3 behandelt. Ein weitere Folge der veränderten Anreize im Unterschied zum Genehmigungsspiel liegt darin, daß die kritischen Schwellen A_1^L und A_2^L, die dafür verantwortlich sind, welches Gleichgewicht im Kontroll-Teilspiel realisiert wird, nicht vom Basisgewinn G, sondern von der Geldbuße B abhängen. Damit sind die Gleichgewichtsbedingungen nicht mehr unabhängig voneinander. Wird also eine Geldbuße so festgelegt, daß im Kontroll-Teilspiel ein bestimmtes Gleichgewicht erreicht wird, ist – gegeben die Belegung der übrigen Parameter ρ, φ, ξ, χ, G und A – auch bereits entschieden, ob die Firmengruppe damit zum Eingehen einer Vereinbarung angeregt wird. Und umgekehrt: Wird die Geldbuße B so festgelegt, daß damit die Firmengruppe zum Eingehen einer Vereinbarung angereizt wird, ist damit – wieder gegeben die übrigen Parameter – bereits implizit festgelegt, welches Gleichgewicht sich im Kontroll-Teilspiel realisiert.

In den Gleichgewichten GG1 und GG2 des Kontroll-Teilspiels erhält die Firmengruppe eine sichere Auszahlung von G. Sie wird sich daher immer für das Eingehen einer Vereinbarung entscheiden; die Höhe der Geldbuße spielt keine Rolle:

$$B \;\in\; (0;\infty). \tag{3.92}$$

In der zweiten Gleichgewichtsmenge der Parameterkonstellation PK2, GG6, lautet die gleichgewichtige Auszahlung der Firmengruppe $EP_{k2.6}^F = G - (1-\chi)\xi B$. F ist genau dann indifferent zwischen dem Eingehen einer Vereinbarung und der Beibehaltung des Status Quo, wenn die Geldbuße den Wert

$$B_{k2.6}^* \;=\; \frac{1}{\xi(1-\chi)}\,G \tag{3.93}$$

annimmt.[256] Parameterkonstellation PK3 verfügt im Kontroll-Teilspiel über drei Gleichgewichte, GG3, GG5 und GG7, und damit auch über drei kritische

---

[254] Die Festlegung, daß die Firmengruppe bei Indifferenz eine Vereinbarung eingeht, ist willkürlich.

[255] Vgl. nochmals zur Operationalisierung des Begriffs Wirksamkeit Abschnitt 3.1.1.

[256] Herleitung siehe Anhang B.2.24.

Bußgeldhöhen. Gleichgewicht GG3 führt zu einer gleichgewichtigen erwarteten Auszahlung von $EP^F_{k3.3} = G - \frac{1-\rho}{\rho-\varphi}(A - \xi\chi B)$. Die Firmengruppe ist indifferent zwischen den Aktionen *in* und *out*, wenn die Geldbuße B genau

$$B^*_{k3.3} = \frac{1}{\xi\chi}A - \frac{\rho-\varphi}{\xi\chi(1-\rho)}G \qquad (3.94)$$

beträgt.[257] Gleichgewicht GG5 sichert der Firmengruppe einen erwarteten Payoff in Höhe von $EP^F_{k3.5} = G + A - \xi B - \frac{\varphi}{\rho-\varphi}(\xi\chi B - A)$. Sie ist indifferent zwischen dem Schließen einer Vereinbarung und dem Nichtstun, wenn die Geldbuße B eine Höhe von

$$B^*_{k3.5} = \frac{\rho-\varphi}{\xi(\rho-(1-\chi)\varphi)}G + \frac{\rho}{\xi(\rho-(1-\chi)\varphi)}A \qquad (3.95)$$

erreicht.[258] Im Null-Compliance-Gleichgewicht GG7 beträgt der erwartete Payoff dagegen nur $EP^F_{k3.7} = G + A - \xi B$, so daß die Firmengruppe genau dann indifferent ist, wenn die Geldbuße B den Wert

$$B^*_{k3.7} = \frac{1}{\xi}(G + A) \qquad (3.96)$$

annimmt.[259]

In Parameterkonstellation PK4 können sich im Kontroll-Teilspiel eines der Gleichgewichte der Gleichgewichtsmenge GG4 oder das Null-Compliance-Gleichgewicht GG7 realisieren. Die Gleichgewichte der Gleichgewichtsmenge GG4 führen zu einer gleichgewichtigen Auszahlung im Kontroll-Teilspiel von $EP^F_{k4.4} = G - (1-\rho)(1-\chi)\xi B$. Die Firmengruppe ist genau dann indifferent zwischen den Aktionen *in* und *out*, wenn die Geldbuße B exakt

$$B^*_{k4.4} = \frac{1}{\xi(1-\rho)(1-\chi)}G \qquad (3.97)$$

beträgt.[260] Wegen eines erwarteten Payoffs in Höhe von $EP^F_{k4.7} = G - (1-\chi)[1-(\rho-\varphi)]\xi B$ ist die Firmengruppe dagegen im Null-Compliance-

---

[257] Herleitung siehe Anhang B.2.25.

[258] Herleitung siehe Anhang B.2.26.

[259] Herleitung siehe Anhang B.2.27.

[260] Herleitung siehe Anhang B.2.28.

Gleichgewicht GG7 des Kontroll-Teilspiels bei einer genauen Geldbuße in Höhe von

$$B_{k4.7}^* = \frac{1}{\xi(1-\chi)[1-(\rho-\varphi)]} G \tag{3.98}$$

indifferent bezüglich ihrer Entscheidung, eine Vereinbarung einzugehen.[261]

Die kritische Höhe der Geldbuße in Parameterkonstellation PK5 beträgt

$$B_{k5.7}^* = \frac{1}{\xi}(G+A) \tag{3.99}$$

und leitet sich aus dem einzigen Kontroll-Teilspiel-Gleichgewicht GG7, $EP_{k5.7}^F = G + A - \xi B$, ab.[262]

3.4.2.5 Die Gleichgewichte im Legalausnahmespiel

Mit den im vorhergehenden Abschnitt hergeleiteten optimalen Geldbußen können nun die Gleichgewichte des Legalausnahmespiels bestimmt werden. Wie schon im Genehmigungsspiel tritt ein Gleichgewicht nur ein, wenn *beide* dazugehörenden Bedingungen erfüllt sind. Die erste Gleichgewichtsbedingung bestimmt, welches Gleichgewicht im Kontroll-Teilspiel realisiert wird. Dies ist abhängig davon, wie sich der Kartellaufschlag A zu den kritischen Schwellen A_1^L und A_2^L verhält. Die zweite Bedingung bestimmt, ob das Kontroll-Teilspiel überhaupt erreicht wird, oder ob statt dessen *out* gewählt wird.[263] Dies hängt von der Höhe der Geldbuße B ab.

Die Gleichgewichte des Legalausnahmespiels sind in der Form $(e^*, \gamma^*; \alpha^*, \beta^*; \mu^*, \nu^*)$ notiert. Damit geben die ersten beiden Einträge das gleichgewichtige Verhalten der Firmengruppe an: Vereinbarung eingehen oder nicht ($e^* \in \{in; out\}$), Verhalten im Kontroll-Teilspiel ($\gamma^* \in [0;1]$). Zur Erinnerung: $\gamma^* = 1$ steht für gutes Verhalten der Firmengruppe, wenn sie also eine freistellungsfähige Vereinbarung eingeht, wohingegen Werte von Null bedeuten, daß sie eine nicht-freistellungsfähige Vereinbarung betreibt. Die nächsten beiden Einträge im Gleichgewichts-Quartupel bezeichnen das Verhalten der EU-Kommission: Freistellungsentscheidung

---

[261] Herleitung siehe Anhang B.2.29.

[262] Herleitung identisch zur Herleitung von $B_{k3.7}^*$, vgl. Anhang B.2.27.

[263] In einem solchen Fall liegt das komplette Kontroll-Teilspiel abseits des Gleichgewichtspfades.

(α^*) bei positiver Meinung ($m = f$), Freistellungsentscheidung (β^*) bei negativer Meinung ($m = \neg f$). Auch hier sei daran erinnert, daß $\alpha^* = 1$ bzw. $\beta^* = 1$ eine sichere Nichtbeanstandung, Werte von Null hingegen ein sicheres Ex-post-Verbot der Vereinbarung bezeichnen, und Werte zwischen Null und Eins die Wahrscheinlichkeit einer Ex-post-Freistellung wiedergeben. Die letzten beiden Einträge im Gleichgewichts-Sextupel stellen die gleichgewichtigen Posterior Beliefs der EU-Kommission dar.

In der Parameterkonstellation PK1 existiert nur ein Gleichgewicht: Wenn die Bedingungen $A < A_1^L$ und $B \in (0;\infty)$ erfüllt sind, wird das Full-Compliance-Gleichgewicht

$$\text{GG in-1} \quad = \quad (in, 1; 1, 1; 1, 1) \tag{3.100}$$

realisiert, d.h. die Firmengruppe schließt eine Vereinbarung, und im Kontroll-Teilspiel wird Gleichgewicht GG1 erreicht.

In der Parameterkonstellation PK2 sind drei Gleichgewichtstypen möglich: Wenn die Bedingungen $A = A_1^L$ und $B \in (0;\infty)$ erfüllt sind, wird die Gleichgewichtsmenge

$$\text{GG in-2} \quad = \quad \{(in, x; 1, 1; m, n)$$
$$|m \in [\mu_1; 1]; n \in [\tfrac{1}{2}; 1]; x \in [\gamma_2; 1]\} \tag{3.101}$$

realisiert, d.h. die Firmengruppe schließt eine Vereinbarung, und im Kontroll-Teilspiel wird ein Gleichgewicht der Gleichgewichtsmenge GG2 erreicht. Sind dagegen die Bedingungen $A = A_1^L$ und $B \leq B_{k2.6}^*$, wird die Gleichgewichtsmenge

$$\text{GG in-6} \quad = \quad \{(in, x; 0, 0; m, n)$$
$$|m \in [0; \tfrac{1}{2}]; n \in [0; \nu_1]; x \in [0; \gamma_1]\} \tag{3.102}$$

realisiert, d.h. die Firmengruppe schließt eine Vereinbarung, und im Kontroll-Teilspiel wird ein Gleichgewicht der Gleichgewichtsmenge GG6 erreicht. Im dritten Fall ($A = A_1^L \wedge B > B_{k2.6}^*$) ergibt sich die Gleichgewichtsmenge

$$\text{GG out-6} \quad = \quad \{(out, x; 0, 0; m, n)$$
$$|m \in [0; \tfrac{1}{2}]; n \in [0; \nu_1]; x \in [0; \gamma_1]\}, \tag{3.103}$$

d.h. die Firmengruppe geht keine Vereinbarung ein. Eine hinreichend hohe Geldbuße in Parameterkonstellation PK2 kann damit zwei unterschiedliche Folgen haben: Entweder es wird im Kontroll-Teilspiel GG2 realisiert oder es kommt zu einem Gleichgewicht, in dem die Firmengruppe keine Vereinbarung eingeht. Eine entsprechend niedrige Geldbuße bewirkt dagegen in jedem Fall, daß die Firmengruppe eine Vereinbarung eingeht; allerdings ist dann nicht klar, welches der Gleichgewichte, GG2 oder GG6, sich im Kontroll-Teilspiel realisiert.

In der Parameterkonstellation PK3 sind sechs Gleichgewichte möglich: drei, die die Firmengruppe zum Schließen einer Vereinbarung bewegen, und drei, die die Firmengruppe davon abhalten. Diese lauten:

$$\text{GG in-3} \quad = \quad (in, \gamma_2; 1, \beta_1; \mu_1, \tfrac{1}{2}), \tag{3.104}$$

falls die Bedingungen $A_1^L < A < A_2^L$ und $B \geq B_{3.3}^*$ erfüllt sind. Die Firmengruppe schließt in diesem Fall eine Vereinbarung, und im Kontroll-Teilspiel wird Gleichgewicht GG3 realisiert.

$$\text{GG in-5} \quad = \quad (in, \gamma_1; \alpha_1, 0; \tfrac{1}{2}, \nu_1), \tag{3.105}$$

falls die Bedingungen $A_1^L < A < A_2^L$ und $B \leq B_{3.5}^*$ erfüllt sind. Die Firmengruppe schließt in diesem Fall eine Vereinbarung, und im Kontroll-Teilspiel wird Gleichgewicht GG5 realisiert.

$$\text{GG in-7} \quad = \quad (in, 0; 0, 0; 0, 0), \tag{3.106}$$

falls die Bedingungen $A_1^L < A < A_2^L$ und $B \leq B_{3.7}^*$ erfüllt sind. Dann schließt die Firmengruppe eine Vereinbarung, und im Kontroll-Teilspiel wird das Null-Compliance-Gleichgewicht GG7 realisiert. Die übrigen drei Gleichgewichte der Parameterkonstellation PK3 haben gemeinsam, daß die Firmengruppe keine Vereinbarung eingeht:

$$\text{GG out-3} \quad = \quad (out, \gamma_2; 1, \beta_1; \mu_1, \tfrac{1}{2}), \tag{3.107}$$

falls die Bedingungen $A_1^L < A < A_2^L$ und $B < B_{3.3}^*$ erfüllt sind;

$$\text{GG out-5} \quad = \quad (out, \gamma_1; \alpha_1, 0; \tfrac{1}{2}, \nu_1), \tag{3.108}$$

falls die Bedingungen $A_1^L < A < A_2^L$ und $B > B_{3.5}^*$ erfüllt sind;

$$\text{GG out-7} \quad = \quad (out, 0; 0, 0; 0, 0), \tag{3.109}$$

falls schließlich die Bedingungen $A_1^L < A < A_2^L$ und $B > B_{3.7}^*$ erfüllt sind. Die Gleichgewichtsbedingungen für die Gleichgewichte GG in-3 und GG out-3 wirken auf den ersten Blick ungewöhnlich: Entgegen der Intuition und entgegen den bisher betrachteten Fällen lautet die Bedingung dafür, daß die Firmengruppe in Parameterkonstellation PK3 eine Vereinbarung eingeht, $B \geq B_{k3.3}^*$, die Geldbuße muß also größer als der Schwellenwert

B^* sein, um die Firmengruppe zum Schließen einer Vereinbarung zu bewegen. Dies liegt jedoch nur an einer mathematischen Besonderheit. Die
allgemeine Formel für die optimale Geldbuße, $B^*_{k3.3} = \frac{1}{\xi\chi} A - \frac{\rho-\varphi}{\xi\chi(1-\rho)} G$, ist
auf die Parameterkonstellation PK3 und damit auf den Definitionsbereich
$A \in [A^L_1; A^L_2]$ beschränkt. Einsetzen der Intervallgrenzen A^L_1 und A^L_2 zeigt,
daß die Gleichgewichtsbedingungen der Gleichgewichte GG in-3 und GG
out-3 für konkrete A-Werte die gewohnte Form annehmen: Für niedrige
A-Werte ist, wie schon in den Gleichgewichten GG in-1 und GG in-2, die
Höhe der Geldbuße ohne Belang ($B^* \in (0;\infty)$), während sich für hohe A-
Werte das Ungleichheitszeichen umkehrt, so daß die Gleichgewichtsbedingung auch für Gleichgewicht GG in-3 wieder die gewohnte Form $B \leq B^*$
hat.[264]

In der Parameterkonstellation PK4 sind vier Gleichgewichtstypen möglich, von denen wieder jeweils die Hälfte die Aktion *in* und die andere
Hälfte die Aktion *out* beinhalten: Die Gleichgewichte der Gleichgewichtsmenge

$$\text{GG in-4} = \{(in, x; 1, 0; m, n)$$

$$| m \in [\frac{1}{2}; \mu_1]; n \in [\nu_1; \frac{1}{2}]; x \in [\gamma_1; \gamma_2]\} \qquad (3.110)$$

treten ein, wenn die Bedingungen $A = A^L_2$ und $B \leq B^*_{4.4}$ erfüllt sind. Die
Firmengruppe schließt in diesem Fall eine Vereinbarung, und im Kontroll-
Teilspiel wird ein Gleichgewicht der Gleichgewichtsmenge GG4 realisiert.

Wenn die Bedingungen $A = A^L_2$ und $B \leq B^*_{4.7}$ erfüllt sind, tritt das bereits aus Parameterkonstellation PK3 bekannte Gleichgewicht GG in-7,
$(in, 0; 0, 0; 0, 0)$, ein, d.h. die Firmengruppe schließt eine Vereinbarung, und
im Kontroll-Teilspiel wird das Null-Compliance-Gleichgewicht GG7 realisiert. Die beiden übrigen Gleichgewichtstypen zeichnen sich dadurch aus,
daß in ihnen keine Vereinbarung geschlossen wird. Die Gleichgewichte der
Gleichgewichtsmenge

$$\text{GG out-4} = \{(in, x; 1, 0; m, n)$$

$$| m \in [\frac{1}{2}; \mu_1]; n \in [\nu_1; \frac{1}{2}]; x \in [\gamma_1; \gamma_2]\} \qquad (3.111)$$

---

[264] Herleitung der Grenzwerte von $B^*_{k3.3}$ für $A \to A^L_1$ und $A \to A^L_2$ siehe Anhang
B.2.30. Für den Beweis siehe Anhang B.2.31.

treten ein, sobald die Bedingungen $A = A_2^L$ und $B > B_{4.4}^*$ erfüllt sind, das ebenfalls bereits aus PK3 bekannte Gleichgewicht GG out-7, $(out, 0; 0, 0; 0, 0)$, dagegen, wenn die Bedingungen $A = A_2^L$ und $B > B_{4.7}^*$ erfüllt sind.

In der letzten Parameterkonstellation schließlich, PK5, sind nur zwei Gleichgewichte möglich, nämlich die Gleichgewichte GG in-7 und GG out-7, die beide bereits aus den Parameterkonstellationen PK3 und PK4 bekannt sind. Gleichgewicht GG in-7, $(in, 0; 0, 0; 0, 0)$, tritt ein, wenn die Bedingungen $A > A_2^L$ und $B \leq B_{5.7}^*$ erfüllt sind. Es wird in diesem Fall eine Vereinbarung geschlossen, und im Kontroll-Teilspiel wird das Null-Compliance-Gleichgewicht GG7 realisiert. Im anderen Fall $(A > A_2^L \wedge B > B_{5.7}^*)$ realisiert sich Gleichgewicht GG out-7, $(out, 0; 0, 0; 0, 0)$, d.h. die Vereinbarung wird nicht geschlossen. Es ist lohnenswert zu fragen, was passiert, wenn der Kartellaufschlag A sehr hohe Werte annimmt und gegen ∞ geht. In diesem Fall konvergiert auch die optimale Geldbuße $B_{k5.7}^*$ gegen *unendlich*.[265] Die Gleichgewichtsbedingung, die über die Entscheidung der Firmengruppe bestimmt, eine Vereinbarung zu schließen, muß dann reformuliert werden als $B \leq \infty$ was äquivalent ist zu $B \in (0; \infty)$. Was bedeutet dies? Wenn der Kartellaufschlag A sehr hoch ist, wird die Firmengruppe immer eine Vereinbarung eingehen. Es ist nicht möglich, durch Setzen einer wie auch immer gearteten Geldbuße B die Unternehmen davon abzubringen, eine schlechte Vereinbarung zu schließen. Jede kontrollierte Vereinbarung wird zwar auch ex post untersagt ($\alpha^* = \beta^* = 0$), aber der Anteil an Vereinbarungen, der nicht kontrolliert wird ($1 - \xi$), wird realisiert, und zwar mit einem Complianceniveau von Null ($\gamma^* = 0$).

Tabelle 3.14 faßt die Ergebnisse nochmals übersichtlich zusammen. Aufgrund der zusätzlichen Gleichgewichte im Kontroll-Teilspiel verfügt das Legalausnahmespiel auch im Gesamtspiel über mehr Gleichgewichtstypen als das Genehmigungsspiel, nämlich insgesamt über zwölf statt zehn. Die Tabelle ist so aufgebaut, daß sie die Gleichgewichte für jede Parameterkonstellation auflistet. Daher hat sie sechzehn Eintragungen, obwohl es nur zwölf unterschiedliche Gleichgewichte gibt. Die Gleichgewicht GG in-7 und GG out-7 sind jeweils dreimal aufgelistet, da sie in den Parameterkonstellationen PK1, PK2 und PK3 auftreten.

---

[265] Herleitung der Grenzwerte siehe Anhang B.2.32.

Tabelle 3.14: Die Gleichgewichte im Legalausnahmespiel

1. GG-Bed.	2. GG-Bed.	Gleichgewicht
$A < A_1^L$	$B \in (0; \infty)$	GG in-1: $\quad (in, 1; 1, 1; 1, 1)$
$A = A_1^L$	$B \in (0; \infty)$	GG in-2: $\quad \{(in, x; 1, 1; m, n)$ $\mid m \in [\mu_1; 1]; n \in [\frac{1}{2}; 1]; x \in [\gamma_2; 1]\}$
	$B \leq B_{k2.6}^*$	GG in-6: $\quad \{(in, x; 0, 0; m, n)$ $\mid m \in [0; \frac{1}{2}]; n \in [0; \nu_1]; x \in [0; \gamma_1]\}$
	$B > B_{k2.6}^*$	GG out-6: $\quad \{(out, x; 0, 0; m, n)$ $\mid m \in [0; \frac{1}{2}]; n \in [0; \nu_1]; x \in [0; \gamma_1]\}$
$A_1^L < A < A_2^L$	$B \geq B_{k3.3}^*$	GG in-3: $\quad (in, \gamma_2; 1, \beta_1; \mu_1, \frac{1}{2})$
	$B < B_{k3.3}^*$	GG out-3: $\quad (out, \gamma_2; 1, \beta_1; \mu_1, \frac{1}{2})$
	$B \leq B_{k3.5}^*$	GG in-5: $\quad (in, \gamma_1; \alpha_1, 0; \frac{1}{2}, \nu_1)$
	$B > B_{k3.5}^*$	GG out-5: $\quad (out, \gamma_1; \alpha_1, 0; \frac{1}{2}, \nu_1)$
	$B \leq B_{k3.7}^*$	GG in-7: $\quad (in, 0; 0, 0; 0, 0)$
	$B > B_{k3.7}^*$	GG out-7: $\quad (out, 0; 0, 0; 0, 0)$
$A = A_2^L$	$B \leq B_{k4.4}^*$	GG in-4: $\quad \{(in, x; 1, 0; m, n)$ $\mid m \in [\frac{1}{2}; \mu_1]; n \in [\nu_1; \frac{1}{2}]; x \in [\gamma_1; \gamma_2]\}$
	$B > B_{k4.4}^*$	GG out-4: $\quad \{(in, x; 1, 0; m, n)$ $\mid m \in [\frac{1}{2}; \mu_1]; n \in [\nu_1; \frac{1}{2}]; x \in [\gamma_1; \gamma_2]\}$
	$B \leq B_{k4.7}^*$	GG in-7: $\quad (in, 0; 0, 0; 0, 0)$
	$B > B_{k4.7}^*$	GG out-7: $\quad (out, 0; 0, 0; 0, 0)$
$A > A_2^L$	$B \leq B_{k5.7}^*$	GG in-7: $\quad (in, 0; 0, 0; 0, 0)$
	$B > B_{k5.7}^*$	GG out-7: $\quad (out, 0; 0, 0; 0, 0)$

3.4.3 Bewertung der Gleichgewichte

Wie auch in Abschnitt 3.3.3 für das Genehmigungsspiel geschehen, werden in diesem Abschnitt erste Zwischenergebnisse für das Legalausnahmespiel hergeleitet, die den in Kapitel 4 durchgeführten Institutionenvergleich vorbereiten. Zu diesem Zweck werden im folgenden die im vorhergehenden Abschnitt hergeleiteten Gleichgewichte anhand der in Abschnitt 3.1.1 definierten Kriterien *Complianceniveau* und *Fehlerwahrscheinlichkeiten* bewertet.

3.4.3.1 Das Complianceniveau im Legalausnahmespiel

In Abschnitt 3.4.2.5 wurden die zwölf möglichen Gleichgewichte $(e^*, \gamma^*; \alpha^*, \beta^*; \mu^*, \nu^*)$ des Legalausnahmespiels hergeleitet. Anders als im Genehmigungsspiel sind diese nicht mehr ein-eindeutig einer bestimmten Parameterkonstellation zugeordnet; einige von ihnen treten in mehreren Parameterkonstellationen auf, und manche Parameterkonstellationen verfügen über mehrere Gleichgewichte. Wie unterscheiden sich nun diese Gleichgewichte voneinander bezüglich des Complianceniveaus?

Jedes der zwölf Gleichgewichte beinhaltet die vollständige Strategie der Firmengruppe, die im Legalausnahmespiel nur aus zwei Entscheidungen besteht: e^* bezeichnet die gleichgewichtige Entscheidung in F_0, eine Vereinbarung einzugehen oder nicht; γ^* bezeichnet das Complianceniveau bei der Ausgestaltung der Vereinbarung. Ähnlich wie im Genehmigungsspiel ist das tatsächliche Complianceniveau vom gleichgewichtigen Complianceniveau zu unterscheiden. Die gleichgewichtige Strategie der Firmengruppe enthält das Complianceniveau γ^*; dieses kommt jedoch nicht zum Tragen, wenn die Firmengruppe sich in F_0 für die Aktion $e = out$ entscheidet. Dann gibt es kein Complianceniveau, weil keine Vereinbarung eingegangen wird; das Kontroll-Teilspiel liegt abseits des Gleichgewichtspfades. Dies ist in insgesamt fünf Gleichgewichten der Fall: GG out-3, GG out-4, GG out-5, GG out-6 und GG out-7.

Das tatsächliche Complianceniveau in den restlichen sieben Gleichgewichten kann alle Werte zwischen Null und Eins annehmen. Die Compliancefunktion $\gamma^*(A)$ gibt das gleichgewichtige Complianceniveau für un-

Abbildung 3.28: Das Complianceniveau γ^* im Legalausnahmespiel in Abhängigkeit vom Kartellaufschlag A

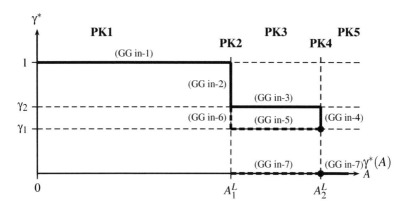

mit $A_1^L := \xi\chi B$ und $A_2^L := [\chi + (1-\chi)(\rho - \varphi)]\xi B$

terschiedliche Werte des Kartellaufschlags A an.[266] Läßt man zunächst die (im Sinne einer Gleichgewichtsselektion) dominierten Gleichgewichte GG in-6 in Parameterkonstellation PK2, GG in-5 in Parameterkonstellation PK3 und in den Parameterkonstellationen PK3 und PK4 auch das Gleichgewicht GG in-7 außer Acht, so läßt sich wieder ein im Kartellaufschlag A monoton sinkendes Complianceniveau feststellen. Die Compliancefunktion $\gamma^*(A)$ ist für die dominanten Gleichgewichte GG in-1, GG in-2, GG in-3, GG in-4 und GG in-7 als durchgezogene schwarze Linie in Abbildung 3.28 eingezeichnet. Die Compliancefunktion für die dominierten Gleichgewichte dagegen ist als gestrichelte schwarze Linie in Abbildung 3.28 eingezeichnet. In Klammern ist jeweils angegeben, zu welchem Gleichgewicht der entsprechende Funktionsabschnitt gehört.[267] Die Compliance-

---

[266] Exakt gesprochen handelt es sich bei $\gamma^*(A)$ nicht um eine Funktion, sondern um eine Relation, da manchen A-Werten nicht nur *ein* sondern *mehrere* Funktionswerte γ^* zugeordnet werden. Die Abbildung ist somit nicht ein-eindeutig.

[267] Zum Zeichnen wurde die bereits aus dem Genehmigungsspiel bekannte Parameterspezifikation verwendet: $\rho = 0,6$, $\varphi = 0,4$, $\tau = 0,6$, $\chi = 0,3$, $G = 1$, $B = 10$. Eine andere Parameterbelegung hätte lediglich eine Verlagerung der kritischen Schwellen A_1^L und A_2^L und eine Vertikalverschiebung der γ_1- und γ_2-Werte zur Folge; eine qua-

funktion weist Sprungstellen auf; trotzdem gilt die allgemeine Tendenz: Je höher der Kartellaufschlag A, umso niedriger das Complianceniveau γ^*.

Dieses Ergebnis entspricht im wesentlichen dem im Genehmigungsspiel. Ein hoher Kartellaufschlag stellt einen Anreiz dar, eine nicht-freistellungsfähige Vereinbarung einzugehen. Oder aus dem entgegengesetzten Blickwinkel formuliert: Je höher die Kosten des guten Verhaltens sind, gemessen durch den Kartellaufschlag A, der nicht realisiert wird, wenn eine Vereinbarung freistellungsfähig ausgestaltet wird ($A \rightarrow \infty$), um so niedriger ist die Wahrscheinlichkeit für Rechtsgehorsam seitens der Firmengruppe ($\gamma^* \rightarrow 0$).[268]

3.4.3.2 Die Fehlerwahrscheinlichkeiten im Legalausnahmespiel

Als zweites Kriterium zur Beurteilung der Wirksamkeit einer Rechtsdurchsetzungsinstitution wurden in Abschnitt 3.1.1 neben dem Complianceniveau die institutionenspezifischen Fehlerwahrscheinlichkeiten definiert. In diesem Abschnitt werden daher die mit den zwölf Gleichgewichten des Legalausnahmespiels verbundenen Fehlerwahrscheinlichkeiten berechnet. Es bietet sich an, vorab die beiden Fehlerwahrscheinlichkeiten p_I und p_{II} allgemein für jedes mögliche Gleichgewicht des Legalausnahmespiels zu bestimmen. Nochmals zur Erinnerung: Ein Fehler erster Ordnung, oder auch Type-I-Error, (p_I) besagt, daß eine in Wahrheit freistellungsfähige Vereinbarung untersagt wird; ein Fehler zweiter Ordnung, oder auch Type-II-Error, (p_{II}) bedeutet, daß eine in Wahrheit nicht-freistellungsfähige Vereinbarung nicht untersagt wird.

Die Fehlerwahrscheinlichkeiten des Legalausnahmespiels p_I und p_{II} berechnen sich ähnlich wie im Fall der Anmeldung im Genehmigungsspiel. Sie lassen sich unter Rückgriff auf den Spielbaum (vgl. Abbildung 3.21 auf S. 198) leicht bestimmen: Dazu müssen nur die Äste des Baums „abgelaufen" werden, die zu einem fehlerbehafteten Ergebnis führen. Im Kontroll-Teilspiel ist nur zweierlei zusätzlich zu beachten: Eine Kontrolle findet nur mit Wahrscheinlichkeit ξ statt. In den Fällen, in denen keine Kontrolle stattfindet, treten nur Fehler zweiter Ordnung auf und zwar mit

---

litative Änderung träte nicht ein: Die Compliancefunktion $\gamma^*(A)$ wäre nach wie vor treppenförmig.

[268] Zur Interpretation der unterschiedlichen A-Werte vgl. die entsprechenden Ausführungen in Abschnitt 3.3.3.1.

der Wahrscheinlichkeit, mit der nicht-freistellungsfähige Vereinbarungen durchgeführt werden, also $1 - \gamma^*$. Damit lassen sich die Fehlerwahrscheinlichkeiten wie folgt schreiben:

$$\begin{aligned} p_I(in) &= \xi\gamma^*(1-\chi)[\rho(1-\alpha^*)+(1-\rho)(1-\beta^*)] \\ &= \xi\gamma^*(1-\chi)[1-\beta^*-\rho(\alpha^*-\beta^*)] \end{aligned} \tag{3.112}$$

und

$$\begin{aligned} p_{II}(in) &= \xi(1-\gamma^*)(1-\chi)[\varphi\alpha^*+(1-\varphi)\beta^*]+(1-\xi)(1-\gamma^*) \\ &= (1-\gamma^*)[1-\xi[1-(1-\chi)(\beta^*+\varphi(\alpha^*-\beta^*))]]. \end{aligned} \tag{3.113}$$

Per definitionem ist die Fehlerwahrscheinlichkeit, wann immer sich die Firmengruppe gegen eine Vereinbarung entscheidet und *out* wählt, Null; ein Zustand, der mit dem Status Quo identisch ist, kann nicht fehlerbehaftet sein. Formal:

$$p_I(out) = p_{II}(out) = 0. \tag{3.114}$$

Damit können die gleichgewichtigen Fehlerwahrscheinlichkeiten des Genehmigungsspiels auch als abschnittsweise definierte Funktionen geschrieben werden:

$$p_I(\cdot) = \begin{cases} 0, & e^* = out; \\ \xi\gamma^*(1-\chi)[1-\beta^*-\rho(\alpha^*-\beta^*)], & e^* = in; \end{cases}$$

$$p_{II}(\cdot) = \begin{cases} 0, & e^* = out; \\ (1-\gamma^*)[1-\xi[1-(1-\chi)(\beta^*+\varphi \\ \cdot(\alpha^*-\beta^*))]], & e^* = in. \end{cases}$$

Nachdem diese Vorarbeit geleistet ist, können nun die konkreten Fehlerwahrscheinlichkeiten der einzelnen Gleichgewichte des Legalausnahmespiels bestimmt werden.

Fehlerwahrscheinlichkeiten in Gleichgewichten, die die Aktion out beinhalten

Gleichgewichte, die die Aktion *out* beinhalten – das sind die Gleichgewichte GG out-3, GG out-4, GG out-5, GG out-6 und GG out-7 – führen per Definition zu Fehlerkosten von Null. Wenn eine Gruppe von Unternehmen keinerlei Vereinbarung eingeht, kann auch keine Vereinbarung falsch beurteilt werden.

Abbildung 3.29: Die Fehlerwahrscheinlichkeiten $p_I(out)$ und $p_{II}(out)$ im Legalausnahmespiel in Abhängigkeit vom Kartellaufschlag A

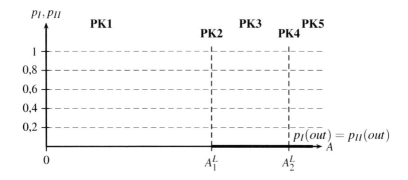

Abbildung 3.29 stellt den Verlauf der Fehlerwahrscheinlichkeiten $p_I(out) = p_{II}(out) = 0$ graphisch dar.[269] Es handelt sich bei beiden Funktionen um Horizontalen auf der Querachse, da sie beide unabhängig vom Kartellaufschlag A sind. Sie sind allerdings nur im Intervall $(A_1^L; \infty)$ definiert; bei niedrigerem Kartellaufschlag A wählt die Firmengruppe niemals *out*, sondern immer *in*.

Fehlerwahrscheinlichkeiten in Gleichgewichten, die die Aktion in beinhalten

Im Kontroll-Teilspiel hängt es von der konkreten Parameterbelegung ab, welches Gleichgewicht realisiert wird. Ein Gleichgewicht im Kontroll-Teilspiel besteht aus dem Complianceniveau γ^* der Firmengruppe und den meinungsabhängigen Freistellungsentscheidungen α^* und β^* der EU-Kommission, sowie deren gleichgewichtigen Beliefs μ^* und ν^*. Abhängig vom Verhalten der Akteure treten beide Fehlerarten, nur eine oder keine von beiden auf. Die Gleichgewichte, in denen das Kontroll-Teilspiel Teil des Gleichgewichtspfades ist, sind GG in-1, GG in-2, GG in-3, GG in-4, GG in-5, GG in-6 und GG in-7. Die allgemeine Formel zur Berechnung

---

[269] Zum Zeichnen der Funktion wurde wieder die Parameterbelegung $\rho = 0,6$; $\varphi = 0,4$; $\xi = 0,6$; $\chi = 0,3$; $G = 1$; $B = 10$ gewählt. Eine andere Parameterspezifikation hätte lediglich eine Verschiebung der kritischen Schwellen A_1^L und A_2^L zur Folge; die qualitative Aussage ändert sich nicht.

der Fehlerwahrscheinlichkeiten $p_I(in)$ und $p_{II}(in)$ wurde bereits oben bestimmt.[270]

Das Gleichgewicht GG in-1 beinhaltet das Kontroll-Teilspiel-Gleichgewicht GG1. Die Firmengruppe wählt bei der Ausgestaltung der Vereinbarung ein Complianceniveau von Eins und die EU-Kommission läßt alle kontrollierten Vereinbarungen unbeanstandet, unabhängig von der Meinung, die sie sich gebildet hat. Es werden also nur freistellungsfähige Vereinbarungen geschlossen, und so können – mit oder ohne Ex-post-Kontrolle – keine Einschätzungsfehler begangen werden. Die Fehlerwahrscheinlichkeiten in Parameterkonstellation PK1 betragen deswegen

$$p_I(in, 1; 1, 1; 1, 1) \quad = \quad p_{II}(in, 1; 1, 1; 1, 1) \quad = \quad 0. \qquad (3.115)$$

In Parameterkonstellation PK2 gibt es im Kontroll-Teilspiel zwei Gleichgewichtsmengen mit jeweils unendlich vielen Gleichgewichten. Die Gleichgewichte der Gleichgewichtsmenge GG in-2 sind durch folgendes Verhalten gekennzeichnet: Die Firmengruppe geht mit Wahrscheinlichkeit $x \in [\gamma_2; 1]$ eine freistellungsfähige Vereinbarung ein, die EU-Kommission beanstandet niemals eine kontrollierte Vereinbarung.[271] Wegen der bedingungslosen Freistellung kann ein Fehler erster Ordnung nicht auftreten; die Fehlerwahrscheinlichkeit beträgt daher

$$p_I(in, x; 1, 1; m, n) \quad = \quad 0. \qquad (3.116)$$

Weil die Firmengruppe jedoch mit Wahrscheinlichkeit $1 - x$ eine nicht-freistellungsfähige Vereinbarung schließt, ist die Wahrscheinlichkeit, einen Fehler zweiter Ordnung zu begehen, positiv. Sie beträgt $p_{II}(in, x; 1, 1; m, n) = (1 - x)(1 - \xi\chi)$ und kann Werte zwischen Null, falls F das Complianceniveau Eins wählt, und $(1 - \gamma_2)(1 - \xi\chi)$ beim Complianceniveau γ_2 annehmen:[272]

$$p_{II}(in, x; 1, 1; m, n) \quad \in \quad [0; (1 - \gamma_2)(1 - \xi\chi)]. \qquad (3.117)$$

---

[270] Vgl. Definitionsgleichungen 3.112 und 3.113.

[271] Zur Erinnerung: $\gamma_2 := \frac{1-\varphi}{1-\rho+1-\varphi}$, vgl. Abschnitt 3.4.2.1.

[272] Herleitung siehe Anhang B.2.33. Substituiert man $\gamma_2 := \frac{1-\varphi}{1-\rho+1-\varphi}$, erhält man:

$$p_{II}(in, x; 1, 1; m, n) \quad \in \quad [0; \frac{(1-\rho)(1-\xi\chi)}{1-\rho+1-\varphi}].$$

Wie hoch die Fehlerwahrscheinlichkeit tatsächlich ist, hängt nicht vom Verhalten der EU-Kommission, sondern lediglich vom gewählten Complianceniveau und den Klage- und Kontrollwahrscheinlichkeiten ab. In den Gleichgewichten der Gleichgewichtsmenge GG in-6 liegt das Complianceniveau bei $x \in [0; \gamma_1]$, während die Kommission jede kontrollierte Vereinbarung untersagt und mit einer Geldbuße belegt.[273] Damit können wieder beide Fehler auftreten. Im Fall des Fehlers erster Ordnung ist dies offensichtlich: Jede, wenn auch mit geringer Wahrscheinlichkeit ($\gamma^* \leq \gamma_1$) geschlossene, Vereinbarung wird untersagt. Im Falle des Fehlers zweiter Ordnung entsteht eine positive Fehlerwahrscheinlichkeit dadurch, daß zwar alle kontrollierten Vereinbarungen untersagt, jedoch nicht alle Vereinbarungen kontrolliert werden. Die Fehlerwahrscheinlichkeiten betragen $p_I(in, x; 0, 0; m, n) = x\xi(1 - \chi)$ und $p_{II}(in, x; 0, 0; m, n) = (1 - x)(1 - \xi)$. Durch Einsetzen von $x \in [0; \gamma_1]$ erhält man folgende Wahrscheinlichkeitsintervalle:[274]

$$p_I(in, x; 0, 0; m, n) \in [0; \gamma_1 \xi(1 - \chi)] \tag{3.118}$$

und

$$p_{II}(in, x; 0, 0; m, n) \in [(1 - \gamma_1)(1 - \xi); 1 - \xi]. \tag{3.119}$$

An dieser Stelle sei nochmals auf die Gleichgewichtsselektionsproblematik verwiesen, wie sie auch schon in Abschnitt 3.4.2.3 besprochen wurde. Innerhalb der Gleichgewichtsmengen GG in-2 und GG in-6 erhält die Firmengruppe denselben Payoff, so daß entweder angenommen werden kann, daß sie sich nett verhält und das höchste erreichbare Complianceniveau wählt ($\gamma^* = 1$ in GG in-2 und $\gamma^* = \gamma_1$ in GG in-6), oder daß das Gleichgewicht realisiert wird, das Fokalpunkteigenschaften aufweist in dem Sinne, daß es nur aus reinen Strategien besteht ($\gamma^* = 1$ in GG in-2 und $\gamma^* = 0$ in GG in-6). Egal, welcher Annahme gefolgt wird, ergibt sich

---

[273] Zur Erinnerung: $\gamma_1 := \frac{\varphi}{\rho + \varphi}$, vgl. Abschnitt 3.4.2.1.

[274] Herleitung siehe Anhang B.2.34. Substituiert man $\gamma_1 := \frac{\varphi}{\rho + \varphi}$, erhält man:

$$p_I(in, x; 0, 0; m, n) \in [0; \frac{\xi(1 - \chi)\varphi}{\rho + \varphi}] \text{ und}$$

$$p_{II}(in, x; 0, 0; m, n) \subset [(1 - \xi)\rho\rho + \varphi; 1 - \xi].$$

ein weiteres Selektionsproblem: Welches der beiden verbliebenen Gleichgewichte wird gewählt, $(in, 1; 1, 1; 1, 1)$ oder $(in, \gamma_1; 0, 0; 0, 0)$ [Nettigkeit] bzw. $(in, 0; 0, 0; 0, 0)$ [Fokalpunkt]? Zur Beantwortung dieser Frage wurde in Abschnitt 3.4.2.3 die Idee eingeführt, daß die Firmengruppe zwar nicht in bezug auf ihr Wissen, wohl aber in bezug auf die Reihenfolge der Ereignisse als Pseudo-First-Mover bezeichnet werden kann, so daß es nicht unplausibel ist anzunehmen, daß dasjenige Gleichgewicht realisiert wird, das die Firmengruppe präferiert. Im Fall der Parameterkonstellation PK2 ist dieses *dominante* Gleichgewicht das Full-Compliance-Gleichgewicht $(in, 1; 1, 1; 1, 1)$,[275] das dem Gleichgewicht GG in-1 in Parameterkonstellation PK1 entspricht.[276]

In Parameterkonstellation PK3 gibt es drei *in*-Gleichgewichte: GG in-3, GG in-5 und GG in-7. Das dominante Gleichgewicht ist GG in-3, weil es zur höchsten gleichgewichtigen Auszahlung für F führt.[277] Im Gleichgewicht GG in-3 geht die Firmengruppe eine freistellungsfähige Vereinbarung mit Wahrscheinlichkeit γ_2 ein, die Kommission stellt eine kontrollierte Vereinbarung immer ex post frei, wenn sie zu einer positiven Einschätzung gelangt ist, und sie tut dies nur mit Wahrscheinlichkeit β_1, wenn sie sich eine negative Meinung gebildet hat.[278] Die Fehlerwahrscheinlichkeiten belaufen sich damit auf

$$p_I(in, \gamma_2; 1, \beta_1; \mu_1, \tfrac{1}{2}) = \gamma_2 \xi (1 - \chi)(1 - \rho)(1 - \beta_1) \qquad (3.120)$$

und

$$p_{II}(in, \gamma_2; 1, \beta_1; \mu_1, \tfrac{1}{2}) = (1 - \gamma_2)[1 - \xi[1 - (1 - \chi)$$
$$\cdot (\varphi + (1 - \varphi)\beta_1)]].^{[279]} \qquad (3.121)$$

[275] Zum Payoffvergleich vgl. Abschnitt 3.4.2.4.

[276] Der Vollständigkeit halber werden im weiteren jedoch auch die Fehlerwahrscheinlichkeiten der in diesem Sinne dominierten Gleichgewichte aufgeführt.

[277] Zum Payoffvergleich vgl. Abschnitt 3.4.2.4.

[278] Zur Erinnerung: $\gamma_2 := \frac{1-\varphi}{1-\rho+1-\varphi}$, vgl. Abschnitt 3.4.2.1, und $\beta_1 := 1 + \frac{\xi \chi B - A}{(1-\chi)(\rho-\varphi)\xi B}$, vgl. Abschnitt 3.4.2.2.

Im Gleichgewicht GG in-5 wählt die Firmengruppe ein Complianceniveau von γ_1, die Kommission stellt ex post nur nach der Bildung einer positiven Meinung und dann auch nur mit Wahrscheinlichkeit α_1 frei.[280] Die Fehlerwahrscheinlichkeiten betragen

$$p_I(in,\gamma_1;\alpha_1,0;\tfrac{1}{2},\nu_1) \; = \; \gamma_1\xi(1-\chi)(1-\rho\alpha_1) \tag{3.122}$$

und

$$p_{II}(in,\gamma_1;\alpha_1,0;\tfrac{1}{2},\nu_1) \; = \; (1-\gamma_1)[1-\xi$$
$$\cdot[1-(1-\chi)\varphi\alpha_1]].^{281} \tag{3.123}$$

Gleichgewicht GG in-7 ist das Null-Compliance-Gleichgewicht: Die Firmengruppe wählt mit Sicherheit eine nicht-freistellungsfähige Vereinbarung, und die Kommission untersagt jede kontrollierte Vereinbarung und belegt sie mit einer Geldbuße. Weil es in diesem Gleichgewicht keine freistellungsfähigen Vereinbarungen gibt, ist die Type-I-Fehlerwahrscheinlichkeit Null. Die Wahrscheinlichkeit, einen Fehler zweiter Ordnug zu begehen, beträgt dagegen $1-\xi$, also die Wahrscheinlichkeit, mit der eine geschlossene Vereinbarung im Legalausnahmesystem nicht kontrolliert wird.

$$p_I(in,0;0,0;0,0) \; = \; 0 \tag{3.124}$$

---

[279] Herleitung siehe Anhang B.2.35. Durch Einsetzen von γ_2 und β_1 lassen sich die Fehlerwahrscheinlichkeiten in Gleichgewicht GG in-3 auch schreiben als:

$$p_I(in,\gamma_2;1,\beta_1;\mu_1,\tfrac{1}{2}) \; = \; \frac{(1-\rho)(1-\varphi)[A-\xi\chi B]}{(1-\rho+1-\varphi)(\rho-\varphi)B} \text{ und}$$

$$p_{II}(in,\gamma_2;1,\beta_1;\mu_1,\tfrac{1}{2}) \; = \; \frac{1-\rho}{1-\rho+1-\varphi}\left[1+\frac{1-\rho}{\rho-\varphi}\xi\chi-\frac{(1-\varphi)A}{(\rho-\varphi)B}\right].$$

[280] Zur Erinnerung: $\gamma_1 := \frac{\varphi}{\rho+\varphi}$, vgl. Abschnitt 3.4.2.1, und $\alpha_1 := -\frac{\xi\chi B-A}{(1-\chi)(\rho-\varphi)\xi B}$, vgl. Abschnitt 3.4.2.2.

[281] Herleitung siehe Anhang B.2.36. Durch Einsetzen von γ_1 und α_1 lassen sich die Fehlerwahrscheinlichkeiten in Gleichgewicht GG in-5 auch schreiben als:

$$p_I(in,\gamma_1;\alpha_1,0;\tfrac{1}{2},\nu_1) \; = \; \frac{\varphi}{\rho+\varphi}\left[\xi+\frac{\varphi}{\rho-\varphi}\xi\chi-\frac{\rho A}{(\rho-\varphi)B}\right] \text{ und}$$

$$p_{II}(in,\gamma_1;\alpha_1,0;\tfrac{1}{2},\nu_1) \; = \; \frac{\rho}{\rho+\varphi}\left[1-\frac{\rho-(1-\chi)\varphi}{\rho-\varphi}\xi+\frac{\varphi A}{(\rho-\varphi)B}\right].$$

und

$$p_{II}(in, 0; 0, 0; 0, 0) \; = \; 1 - \xi. \tag{3.125}$$

In Parameterkonstellation PK4 gibt es neben dem bereits besprochenen Null-Compliance-Gleichgewicht GG in-7 auch noch die Gleichgewichtsmenge GG in-4, deren Gleichgewichte alle zu höheren gleichgewichtigen Auszahlungen für die Firmengruppe führen als das Null-Compliance-Gleichgewicht.[282] Zusammen mit der Annahme, daß sich die Firmengruppe bei Indifferenz nett verhält, kann als dominantes Gleichgewicht das Gleichgewicht $(in, \gamma_2; 1, 0; \mu_1; \frac{1}{2})$ identifiziert werden. In jedem der Gleichgewichte der Gleichgewichtsmenge GG in-4 wählt die Firmengruppe ein mittleres Complianceniveau $x \in [\gamma_1; \gamma_2]$, und die Kommission stellt eine kontrollierte Vereinbarung lediglich dann, dann aber auch mit Sicherheit, ex post frei, wenn sie sich eine positive Meinung über sie gebildet hat. Die Wahrscheinlichkeiten, einen Fehler erster Ordnung zu begehen, beläuft sich auf $p_I(in, x; 1, 0; m, n) = x\xi(1 - \chi)(1 - \rho)$ und liegt in folgendem Intervall:

$$p_I(in, x; 1, 0; m, n) \; \in \; [\gamma_1 \xi(1 - \chi)(1 - \rho); \gamma_2 \xi(1 - \chi)(1 - \rho)] \tag{3.126}$$

Die Wahrscheinlichkeiten, einen Fehler zweiter Ordnung zu begehen, beträgt dagegen $p_{II}(in, x; 1, 0; m, n) = (1 - x)[1 - \xi[1 - (1 - \chi)\varphi]]$, so daß sich folgendes Wahrscheinlichkeitsintervall ergibt:[283]

$$p_{II}(in, x; 1, 0; m, n) \; \in \; [(1 - \gamma_2)[1 - \xi[1 - (1 - \chi)\varphi]];$$
$$(1 - \gamma_1)[1 - \xi[1 - (1 - \chi)\varphi]]] \tag{3.127}$$

In Parameterkonstellation PK5 gibt es nur das in-Gleichgewicht GG in-7, dessen Fehlerwahrscheinlichkeit sich, wie bereits hergeleitet, auf $p_I(in, 0; 0, 0; 0, 0) = 0$ sowie $p_{II}(in, 0; 0, 0; 0, 0) = 1 - \xi$ belaufen.

---

[282] Zum Payoffvergleich vgl. Abschnitt 3.4.2.4.

[283] Herleitung für beide Fehlerwahrscheinlichkeiten siehe Anhang B.2.37. Substituiert man $\gamma_1 := \frac{\varphi}{\rho + \varphi}$ und $\gamma_1 := \frac{1 - \varphi}{1 - \rho + 1 - \varphi}$, erhält man:

$$p_I(in, x; 1, 0; m, n) \; \in \; \left[\frac{\xi(1 - \chi)(1 - \rho)\varphi}{\rho + \varphi}; \frac{\xi(1 - \chi)(1 - \rho)(1 - \varphi)}{1 - \rho + 1 - \varphi} \right] \text{ und}$$

$$p_{II}(in, x; 1, 0; m, n) \; \in \; \left[\frac{(1 - \rho)[1 - \xi[1 - (1 - \chi)\varphi]]}{\rho + \varphi}; \frac{\rho[1 - \xi[1 - (1 - \chi)\varphi]]}{1 - \rho + 1 - \varphi} \right].$$

In den Abbildungen 3.30 und 3.31 sind die Fehlerwahrscheinlichkeiten für die fünf unterschiedlichen Parameterkonstellationen PK1 bis PK5 eingezeichnet, wenn die Firmengruppe *in* wählt. Dazu wurden der Kartellaufschlag A als unabhängige Variable interpretiert und die übrigen Parameter auf einem bestimmten Niveau festgehalten.[284]

Abbildung 3.30: Die Fehlerwahrscheinlichkeit $p_I(in)$ im Legalausnahmespiel in Abhängigkeit vom Kartellaufschlag A

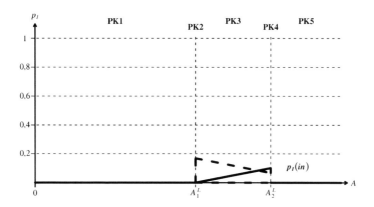

Die Fehlerwahrscheinlichkeit erster Ordnung in Abhängigkeit von A (Abb. 3.30) ist keine Funktion, sondern eine Relation, weil den Werten zwischen A_1^L und A_2^L mehr als ein Funktionswert zugeordnet ist. Die durchgezogene schwarze Linie gibt die Fehlerwahrscheinlichkeit erster Ordnung an, die sich ergibt, wenn in den Parameterkonstellationen mit mehreren Gleichgewichten das dominate Gleichgewicht realisiert wird, das der Firmengruppe den höchsten Payoff bringt. Die aus den übrigen, dominierten,

[284] Es wurde wieder die Parameterkonstellation $\rho = 0,6$; $\varphi = 0,4$; $\xi = 0,6$; $\chi = 0,3$, $G = 1$; $B = 10$ gewählt. Auch hier gilt: Eine andere Parameterspezifikation würde zwar die Lage der kritischen Schwellen A_1^L und A_2^L sowie die konkreten p_I- und p_{II}-Werte verändern, nicht jedoch den grundsätzlichen Verlauf der Kurven (vgl. hierzu auch die in den Anhängen B.2.38 und B.2.39 allgemein hergeleiteten Monotonie- und Krümmungseigenschaften). Damit bleiben die qualitativen Aussagen auch für andere Parameterspezifikationen erhalten.

Gleichgewichten resultierenden Fehlerwahrscheinlichkeiten sind schwarz-gestrichelt eingezeichnet. Im Intervall PK1 verläuft die Relation $p_I(in)$ auf der Querachse. Für $A = A_1^L$ (PK2) stellt sie für das dominante Gleichgewicht GG in-2 einen Punkt auf der Querachse dar, für das dominierte Gleichgewicht GG in-6 eine senkrechte Linie von Null bis $\gamma_1\xi(1-\chi)$. Im Intervall PK3 verläuft die Fehlerwahrscheinlichkeit erster Ordnung für das dominante Gleichgewicht GG in-3 streng monoton steigend, für das dominierte Gleichgewicht GG in-5 streng monoton fallend und für das ebenfalls dominierte Gleichgewicht GG in-7 auf der Querachse. Für $A = A_2^L$ (PK4) stellt $p_I(in)$ für das dominante Gleichgewicht GG in-4 eine Senkrechte von $\gamma_1\xi(1-\chi)(1-\rho)$ bis $\gamma_2\xi(1-\chi)(1-\rho)$ dar, für das dominierte Gleichgewicht GG in-7 einen Punkt auf der Querachse. Im Intervall PK5 schließlich verläuft die Relation wieder komplett auf der Querachse. Sämtliche Relationsabschnitte weisen keine Krümmung auf. [285]

Abbildung 3.31: Die Fehlerwahrscheinlichkeit $p_{II}(in)$ im Legalausnahmespiel in Abhängigkeit vom Kartellaufschlag A

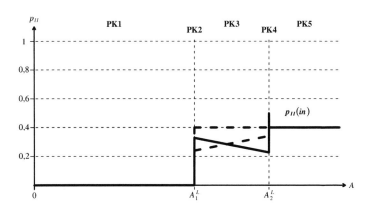

Auch die Fehlerwahrscheinlichkeit zweiter Ordnung in Abhängigkeit von A (Abb. 3.31) ist keine Funktion, sondern eine Relation, weil auch hier allen A-Werten zwischen A_1^L und A_2^L mehr als ein Funktionswert zugeordnet

---

[285] Eine allgemeine Herleitung der Monotonie- und Krümmungseigenschaften von $p_I(in)$ findet sich in Anhang B.2.38.

ist. Die durchgezogene schwarze Linie gibt erneut die Fehlerwahrscheinlichkeit zweiter Ordnung für die dominaten Gleichgewichte an, während die aus den übrigen, dominierten, Gleichgewichten resultierenden Fehlerwahrscheinlichkeiten schwarz-gestrichelt eingezeichnet sind. Im Intervall PK1 verläuft die Relation $p_{II}(in)$ auf der Querachse. Für $A = A_1^L$ (PK2) stellt sie für das dominante Gleichgewicht GG in-2 eine senkrechte Linie von Null bis $(1 - \gamma_2)(1 - \xi\chi)$ dar, für das dominierte Gleichgewicht GG in-6 eine senkrechte Linie von $(1 - \gamma_1)(1 - \xi)$ bis $(1 - \xi)$. Im Intervall PK3 verläuft die Fehlerwahrscheinlichkeit zweiter Ordnung für das dominante Gleichgewicht GG in-3 streng monoton fallend, für das dominierte Gleichgewicht GG in-5 streng monoton steigend und für das ebenfalls dominierte Gleichgewicht GG in-7 horizontal zur Querachse in Höhe von $1 - \xi$. Für $A = A_2^L$ (PK4) stellt $p_{II}(in)$ für das dominante Gleichgewicht GG in-4 eine Senkrechte von $(1 - \gamma_2)[1 - \xi[1 - (1 - \chi)\varphi]]$ bis $(1 - \gamma_1)[1 - \xi[1 - (1 - \chi)\varphi]]$ dar, für das dominierte Gleichgewicht GG in-7 einen Punkt mit den Koordinaten $(A_2^L, 1 - \xi)$. Im Intervall PK5 schließlich verläuft die Relation horizontal zur Querachse in Höhe von $1 - \xi$. Sämtliche Relationsabschnitte weisen keine Krümmung auf.[286]

Obwohl die Relationen beider Fehlerwahrscheinlichkeiten Sprungstellen aufweisen und über den gesamten Definitionsbereich nicht monoton verlaufen, lassen sich dennoch einige grundsätzliche Beobachtungen festhalten: (1) Nur in Parameterkonstellation PK1 ist die Wahrscheinlichkeit beider Fehler Null. (2) Die Wahrscheinlichkeit, einen Fehler erster Ordnung zu begehen, bewegt sich in den Parameterkonstellationen PK2 bis PK4 im Bereich 0 bis $\gamma_1\xi(1 - \chi)$ und ist davor und danach Null. Betrachtet man nur die Fehlerwahrscheinlichkeit der jeweils dominanten Gleichgewichte, so ist diese auch in Parameterkonstellation PK2 Null und steigt im Intervall PK3 monoton. (3) Die Wahrscheinlichkeit, einen Fehler zweiter Ordnung zu begehen, bewegt sich in den Parameterkonstellationen PK2 bis PK4 im Bereich 0 bis $(1 - \gamma_1)[1 - \xi[1 - (1 - \chi)\varphi]]$ und hat danach einen Wert von $1 - \xi$. Betrachtet man nur die Fehlerwahrscheinlichkeit der jeweils dominanten Gleichgewichte, so weist sie einen zickzackförmigen Verlauf auf. (4) Bemerkenswert ist der fallende Verlauf im Intervall PK3. Im zugehörigen Gleichgewicht GG in-3 erfolgt die Ex-post-Freistellung mit Wahrscheinlichkeit Eins bei positiver und mit Wahrschein

---

[286] Eine allgemeine Herleitung der Monotonie- und Krümmungseigenschaften von $p_{II}(in)$ findet sich in Anhang B.2.39.

lichkeit β_1 bei negativer Meinung. K's gleichgewichtige Verhaltensstrategie β_1 bei negativer Meinung sinkt mit zunehmendem A, was nicht nur der Mathematik geschuldet ist, sondern auch der Intuition entspricht: Je höher der Kartellaufschlag A ist, umso mehr lohnt sich eine schlechte Vereinbarung für die Firmengruppe und umso eher sollte der negativen Meinung, die man sich aufgrund des empfangenen Signals gebildet hat, gefolgt und die Ex-post-Freistellung verweigert werden. Sinkt jedoch die Freistellungswahrscheinlichkeit bei einer negativen Einschätzung, sinkt dadurch die Wahrscheinlichkeit, einen Fehler zweiter Ordnung zu begehen, weil mehr schlechte Vereinbarungen bereits von der EU-Kommission untersagt werden. (5) Interessant ist weiterhin, daß ab dem Intervall PK2 die Fehlerwahrscheinlichkeiten tendenziell gegenläufig verlaufen. Würde beispielsweise die Schwelle $A_2^L := (\chi + (1 - \chi)(\rho - \varphi))\xi B$ durch Verbesserung der Assessment Skills, z.B. über eine Anhebung des Assessment-Skill-Parameters ρ auf $\hat{\rho}$, oder die Einführung einer höheren Geldbuße $\hat{B}$ nach rechts verschoben (auf $\hat{A}_2^L$), wäre in unmittelbarer Umgebung folgendes zu beobachten: Man stelle sich vor, der Kartellaufschlag A liege in unmittelbarer Nähe rechts dieser Schwelle: $A = A_2^G + \varepsilon$. Die neue kritische Schwelle $\hat{A}_2^L$ komme rechts von A zu liegen. Durch diese Verschiebung der Schwelle nach rechts gilt nun $A = A_2^G + \varepsilon < \hat{A}_2^G$; in anderen Worten es liegt nicht mehr Parameterkonstellation PK5 vor, sondern Parameterkonstellation PK3. Dadurch sinkt die in Parameterkonstellation PK5 vergleichsweise hohe Wahrscheinlichkeit, einen Fehler zweiter Ordnung zu begehen, von $p_{II}(\text{GG in-5}) = 1 - \xi$ auf $p_{II}(\text{GG in-3})$, während die Wahrscheinlichkeit, einen Fehler erster Ordnung zu begehen, von $p_I(\text{GG in-5}) = 0$ auf $p_I(\text{GG an-3})$ steigt; der Trade-Off zwischen den unterschiedlichen Fehlerwahrscheinlichkeiten, der sich durch den Wechsel von einem Gleichgewicht in ein anderes ergibt, wird dadurch deutlich.[287]

3.4.3.3 Die Zwischenergebnisse des Legalausnahmespiels

Zur Vorbereitung des in Kapitel 4 durchgeführten Institutionenvergleichs werden in diesem Abschnitt die bisher für das Legalausnahmespiel er-

---

[287] Eine Erhöhung von ρ hätte auch ein unmittelbare Auswirkung auf die Fehlerwahrscheinlichkeiten innerhalb einer Parameterkonstellation. Diese Effekte bewirken jedoch nur eine Verstärkung des hier geschilderten Trade-Offs.

zielten Ergebnisse nochmals übersichtlich in tabellarischer Form zusammengefaßt. Es ist dort sofort ersichtlich, welche Gleichgewichte ein hohes Complianceniveau und/oder niedrige Fehlerwahrscheinlichkeiten aufweisen. Tabelle 3.15 gibt alle zwölf Gleichgewichte des Legalausnahmespiels mit ihren jeweiligen Complianceniveaus und Fehlerwahrscheinlichkeiten wieder.

Der Tabelle ist zu entnehmen, daß sechs der Gleichgewichte zu denselben Fehlerwahrscheinlichkeiten führen, nämlich zu Null sowohl für Fehler erster, als auch für Fehler zweiter Ordnung. Dies sind alle Gleichgewichte, die die Aktion *out* beinhalten, sowie das Gleichgewicht GG in-1. Daß die *out*-Gleichgewichte zu Fehlerwahrscheinlichkeiten von Null führen, ist nicht weiter verwunderlich, da dies definitionsgemäß so ist. In einer Situation, die den Status Quo aufrecht erhält, können keine Fehler begangen werden, weil schlicht *nichts* geschieht: Es werden keine Vereinbarungen geschlossen; daher kann die EU-Kommission auch keine Fehleinschätzungen treffen. Aus demselben Grund ist auch das Complianceniveau für die *out*-Gleichgewichte nicht definiert: Wo keine Vereinbarung geschlossen wird, kann auch keine Vereinbarung gesetzeskonform oder gesetzeswidrig ausgestaltet werden. Im Gleichgewicht GG in-1 ist dies anders. Hier resultieren die Fehlerwahrscheinlichkeiten in Höhe von Null aus dem Umstand, daß auf Seiten der Firmengruppe volle Compliance erreicht wird ($\gamma^* = 1$), während die EU-Kommission alle kontrollierten Vereinbarungen unbeanstandet läßt ($\alpha^* = \beta^* = 1$). Damit können weder Fehler erster Ordnung entstehen, da keine Vereinbarung untersagt wird, noch können Fehler zweiter Ordnung auftreten, da es keine schlechten Vereinbarungen gibt. Das Gleichgewicht GG in-1 wird erreicht wenn der Kartellaufschlag hinreichend klein ist ($A < A_1^L$).

Würde die Wirksamkeit einer Rechtsdurchsetzungsinstitution allein an den Fehlerwahrscheinlichkeiten p_I und p_{II} gemessen, wären die *out*-Gleichgewichte und das Gleichgewicht GG in-1 als gleich gut zu bewerten. Hier zeigt sich, daß es sinnvoll ist, auch das Complianceniveau, definiert als Wahrscheinlichkeit, eine geschlossene Vereinbarung freistellungsfähig auszugestalten, als Bewertungskriterium zu verwenden. Das Gleichgewicht GG in-1 weist im Unterschied zu den *out*-Gleichgewichten ein tatsächliches Complianceniveau von Eins auf, d.h. es werden realiter freistellungsfähige Vereinbarungen geschlossen, die eine positive Wohlfahrtsänderung implizieren, während in den *out*-Gleichgewichten lediglich der Status Quo, d.h. eine Wohlfahrtsänderung von Null, zementiert wird.

Tabelle 3.15: Die Fehlerwahrscheinlichkeiten und Complianceniveaus im Legalausnahmespiel

Gleichgewicht	Fehlerwahrscheinlichkeiten		Compliance
	$p_I(e^*, \gamma^*, \alpha^*, \beta^*; \mu^*, \nu^*)$	$p_{II}(e^*, \gamma^*, \alpha^*, \beta^*; \mu^*, \nu^*)$	γ^*
GG in-1	0	0	1
GG in-2	0	$(1-x)(1-\xi\chi)$	$x \in [\gamma_2; 1]$
GG in-3	$\gamma_2\xi(1-\chi)(1-\rho)(1-\beta_1)$	$(1-\gamma_2)[1-\xi[1-(1-\chi)(\phi+\beta_1(1-\phi))]]$	γ_2
GG in-4	$x\xi(1-\chi)(1-\rho)$	$(1-x)[1-\xi[1-(1-\chi)\phi]]$	$x \in [\gamma_1; \gamma_2]$
GG in-5	$\gamma_1\xi(1-\chi)(1-\rho\alpha_1)$	$(1-\gamma_1)[1-\xi[1-(1-\chi)\phi\alpha_1]]$	γ_1
GG in-6	$x\xi(1-\chi)$	$(1-x)(1-\xi)\phi$	$x \in [0; \gamma_1]$
GG in-7	0	$1-\xi$	0
GG out-3 bis GG out-7	0	0	nicht definiert

mit $\gamma_1 := \frac{\phi}{\rho+\phi}$, $\gamma_2 := \frac{1-\phi}{1-\rho+1-\phi}$, $\alpha_1 := -Y = -\frac{\xi\chi B - A}{(1-\chi)(\rho-\phi)\xi B}$ und $\beta_1 := Y + 1 = \frac{\xi\chi B - A}{(1-\chi)(\rho-\phi)\xi B} + 1$.

Die Implementation wohlfahrtssteigernder Vereinbarungen (mit der Einschränkung auf solche, die die Konsumenten bevorzugen) ist – neben der Abschreckung wohlfahrtsschädigender Kartelle – erklärtes Ziel des Europäischen Kartellrechts.[288] Insofern ist das Gleichgewicht GG in-1 in Hinblick auf die Wirksamkeit positiver zu bewerten.

Ebenfalls attraktiv ist die Gleichgewichtsmenge GG in-2. Ein solches Gleichgewicht tritt ein, wenn der Kartellaufschlag exakt A_1^L beträgt. Die Wahrscheinlichkeit für einen Fehler erster Ordnung ist hier immer Null und die Wahrscheinlichkeit für einen Fehler zweiter Ordnung beträgt unter realistischen Annahmen ebenfalls Null, da erwartet werden kann, daß im Rahmen des Gleichgewichtsselektionsprozesses das Gleichgewicht $(in, 1; 1, 1; 1, 1;) \in$ GG in-2 gewählt wird.[289] Das Complianceniveau beträgt dann auch Eins.

Die restlichen fünf Gleichgewichte führen durchweg zu niedrigeren Complianceniveaus ($\gamma^* < 1$) und positiven Fehlerwahrscheinlichkeiten, sowohl für Fehler erster als auch für Fehler zweiter Ordnung ($p_I, p_{II} > 0$), und sind daher per se wenig wünschenswert.

Nochmals zur Erinnerung: Die Parameterkonstellationen PK1 bis PK5 ergeben sich durch das Verhältnis vom Kartellaufschlag A zur Geldbuße B, oder anders ausgedrückt in der Lage von A zu den kritischen Schwellen $A_1^L := \xi\chi B$ und $A_2^L := (\chi + (1 - \chi)(\rho - \phi))\xi B$. Je größer A relativ zu B wird, umso mehr sinkt das Complianceniveau und umso größer wird zumindest eine der beiden Fehlerwahrscheinlichkeiten, weil man in eine „höhere" Parameterkonstellation und damit in ein „schlechteres" Gleichgewicht im Kontroll-Teilspiel rutscht. Das Gleichgewicht GG in-1, das in den Parameterkonstellationen PK1 und unter den oben getroffenen Gleichgewichtsselektionsannahmen auch in PK2 erreicht wird, kann als *First-Best-Lösung* interpretiert werden: Alle geschlossenen Vereinbarungen sind freistellungsfähig (Complianceniveau $\gamma^* = 1$) und es entstehen weder Fehler erster noch zweiter Ordnung ($p_I = p_{II} = 0$). Ein solches Gleichgewicht existiert auch im Genehmigungsspiel: GG an-1. Dennoch besteht wischen dem Genehmigungsspiel und dem Legalausnahmespiel hier ein fundamentaler Unterschied. Das Erreichen des Gleichgewichts GG an-1 im Genehmigungsspiel hängt nicht nur davon ab, daß die Geldbuße ausreichend hoch gesetzt wird, um die Unternehmen zur Anmeldung zu veran-

---

[288] Vgl. hierzu die Ausführungen in Kapitel 2 und Abschnitt 3.1.
[289] Vgl. zur Gleichgewichtsselektion die Abschnitte 3.4.2.3 und 3.4.3.2.

lassen. Gleichzeitig muß im Genehmigungsspiel auch die Bedingung für das Vorliegen von Parameterkonstellation PK1 oder PK2 erfüllt sein, nämlich $A \leq A_1^G := \frac{\chi}{1-\chi}G$. Diese Bedingung kann politisch so gut wie nicht beeinflußt werden, da sich die Gewinne aus einer Vereinbarung G und A aus dem Markt ergeben und auch die Klagewahrscheinlichkeit χ nicht ohne weiteres direkt beeinflußt werden kann.[290] Im Legalausnahmespiel dagegen lautet die entsprechende Bedingung $A \leq A_1^L := \xi\chi B$. Diese kritische Schwelle läßt sich vergleichsweise leicht beeinflussen: Der Gesetzgeber kann die Geldbuße B grundsätzlich so festlegen, daß immer Gleichgewicht GG in-1 realisiert wird. Dazu muß nur B hinreichend hoch gewählt werden, so daß die Ungleichung $B \geq \frac{1}{\xi\chi}A =: B_{k1}^{**}$ erfüllt ist. Dieser Effekt kann durch eine Investition in die Kontrollwahrscheinlichkeit ξ, einer Variable, die direkt im Einflußbereich der EU-Kommission liegt, noch verstärkt werden. In anderen Worten: „Schlechtes" Firmenverhalten kann im Beckerschen Sinne über die Wahl der optimalen erwarteten „Strafe" (hier: Geldbuße) abgeschreckt werden. Damit ist das Erreichen der First-Best-Lösung im Legalausnahmespiel prinzipiell möglich. Das von den Reformkritikern immer wieder beschworene Schreckenszenario, daß in einem System ohne Anmeldung eine Zunahme an Hardcore-Kartellen zu verzeichnen sein wird, die unkontrolliert und ungestraft ihre wettbewerbsschädigenden Ziele verfolgen können, verliert mit einem solchen Ergebnis allerdings jeden Schrecken. Ein solches Szenario entspräche im Modell dem Null-Compliance-Gleichgewicht GG in-7 in Parameterkonstellation PK5: Das Complianceniveau liegt hier bei Null, und die Wahrscheinlichkeit, einen Fehler zweiter Ordnung zu begehen, beträgt $1 - \xi$, was bei einer entsprechenden Parameterbelegung relativ hoch sein kann.[291] Die Analyse zeigt jedoch, daß ein solches Gleichgewicht zwar *möglich* ist, sich jedoch durch das Setzen der Geldbuße auf dem optimalen Niveau *verhindern* läßt.

Gesetzt den Fall, daß es aus rechtlichen oder anderen Gründen nicht möglich (oder nicht gewollt) sein sollte, die Geldbuße B auf die erforderliche Höhe B_{k1}^{**} festzusetzen, um das Full-Compliancegleichgewicht zu erreichen, z.B. weil in der VO 01/2003 eine maximale Geldbuße von 10%

---

[290] Vgl. hierzu die Ausführungen in Abschnitt 3.3.3.3.

[291] In Abbildung 3.31 ist mit $\xi = 0,6$ ein p_{II}-Wert von 0,4 gegeben, der die Type-II-Fehlerwahrscheinlichkeiten in den Parameterkonstellationen PK1 und PK3 deutlich übertrifft.

des Vorjahresumsatzes festgeschrieben ist, welches der übrigen Gleichgewichte ist dann erstrebenswert im Sinne einer wirksamen Kartellrechtsdurchsetzung? Alle übrigen *in*-Gleichgewichte führen zu positiven Fehlerkosten und Complianceniveaus von kleiner Eins, wohingegen in den *out*-Gleichgewichten der Status Quo gewahrt bleibt. Diese wären in einem solchen Fall also vorzuziehen und die Geldbuße – falls möglich – entsprechend hoch anzusetzen. Das Null-Compliance-Gleichgewicht GG in-7 mit einer Fehlerwahrscheinlichkeit für Fehler erster Ordnung von Null und einer Fehlerwahrscheinlichkeit für Fehler zweiter Ordnung von $1 - \xi$ ist genau dann noch eine attraktive Alternative zu den *out*-Gleichgewichten, wenn entweder die Kosten aus Fehlern zweiter Ordnung bedeutend niedriger sind als die Kosten aus Fehlern erster Ordnung, so daß die Fehler zweiter Ordnung kaum ins Gewicht fallen, oder wenn die Kontrollwahrscheinlichkeit gegen Eins geht ($\Rightarrow p_{II} \rightarrow 0$).

Als Hauptergebnisse bleiben festzuhalten:

Ergebnis L1: Einzig das Gleichgewicht GG in-1 $= (in, 1; 1, 1; 1, 1)$ führt zu voller Compliance seitens der Firmengruppe und zu Fehlerkosten von Null. Es stellt die First-Best-Lösung innerhalb des Legalausnahmespiels dar und tritt ein, wenn der Kartellaufschlag A hinreichend niedrig ist im Vergleich zur Geldbuße B.

Formal:
$$\gamma^* = 1 \quad \wedge \quad p_I = p_{II} = 0 \quad \Leftrightarrow \quad A < A_1^L = \xi \chi B.$$

Ergebnis L2: Unter den Annahmen, daß die Firmengruppe sich bei Indifferenz „nett" verhält, d.h. innerhalb der gegebenen Möglichkeiten das höchste Complianceniveau wählt ($x = 1 \in [\gamma_2; 1]$), und daß der Pseudo-First-Mover seinem Gegenspieler das Gleichgewicht aufnötigen kann, das ihm den höheren Payoff bringt, kann das Full-Compliance-Gleichgewicht GG in-1 $= (in, 1; 1, 1; 1, 1) \in$ GG in-2 $= \{(in, x; 1, 1; m, n) | m \in [\mu_1; 1]; n \in [\frac{1}{2}; 1]; x \in [\gamma_2; 1]\}$ auch in Parameterkonstellation PK2 erreicht werden.

Formal:
$$\gamma^* = 1 \quad \wedge \quad p_I = p_{II} = 0 \quad \Leftrightarrow \quad A = A_1^L = \xi \chi B \quad | \quad x = 1.$$

Ergebnis L3: Die Gleichgewichte GG out-3, GG out-4, GG out-5, GG out-6 und GG out-7 führen ebenfalls zu Fehlerwahrscheinlichkeiten von Null; sie sind jedoch unter dem Aspekt der Wirksamkeit insofern weniger erstrebenswert, als sie lediglich zu einer Beibehaltung des Status Quo führen.

Formal:

$$p_I = p_{II} = 0 \quad \Leftrightarrow \quad A > A_1^L = \xi \chi B \quad \wedge \quad e^* = out.^{292}$$

Ergebnis L4: Alle anderen Gleichgewichte führen zu niedrigeren Complianceniveaus und höheren Fehlerwahrscheinlichkeiten.

Formal:

$$\gamma^* < 1 \quad \wedge \quad p_I \geq 0 \quad \wedge \quad p_{II} > 0 \quad \Leftrightarrow \quad A > A_1^L = \xi \chi B \quad \wedge \quad e^* = in.^{293}$$

Ergebnis L5: Unter den getroffenen Gleichgewichtsselektionsannahmen tritt das Null-Compliance-Gleichgewicht nur ein, wenn der Kartellaufschlag sehr groß ist und die Firmengruppe nicht mittels einer entsprechend hohen Geldbuße vom Schließen der Vereinbarung abgehalten werden kann.

Formal:

$$\gamma^* = 0 \quad \wedge p_I = 0 \quad \wedge \quad p_{II} = 1 - \xi$$

$$\Leftrightarrow \quad A > A_2^L = [\chi + (1 - \chi)(\rho - \varphi)]\xi B \quad \wedge \quad B \leq B_{k5.7}^* = \tfrac{1}{\xi}(G + A).$$

Ergebnis L6: Anders als im Genehmigungsspiel ist es im Legalausnahmespiel immer möglich, die First-Best-Lösung zu erreichen, da die (einzige) Gleichgewichtsbedingung für das Full-Compliance-Gleichgewicht GG in-1 über die Höhe der Geldbuße B direkt beeinflußbar ist.

---

[292] Die Schreibweise $e^* = out$ ist eine Zusammenfassung der zweiten Gleichgewichtsbedingungen in den Parameterkonstellationen PK3, PK4 und PK5. Die einzelnen Bedingungen können in Tabelle 3.14 nachgeschlagen werden.

[293] Die Schreibweise $e^* = in$ ist eine Zusammenfassung der zweiten Gleichgewichtsbedingungen in den Parameterkonstellationen PK3, PK4 und PK5. Die einzelnen Bedingungen können in Tabelle 3.14 nachgeschlagen werden.

Kapitel 4

Institutionenvergleich: VO 17/62 vs. VO 1/2003

In diesem Kapitel werden die Ergebnisse des Genehmigungsspiels und des Legalausnahmespiels miteinander verglichen, um auf diese Weise die Kernfrage dieser Arbeit zu beantworten: Ist das Legalausnahmesystem tatsächlich kein wirksames Instrument zur Durchsetzung des europäischen Kartellrechts? Diese Frage wurde in Abschnitt 3.1.1 in zwei Teilfragen operationalisiert. Teilfrage (1): Sinkt durch die Einführung des Legalausnahmesystems das Complianceniveau der Unternehmen? Teilfrage (2): Steigen durch die Einführung des Legalausnahmesystems die Wahrscheinlichkeiten, einen Fehler erster oder zweiter Ordnung zu begehen? Sollten diese Fragen verneint werden können, kann damit den Einwänden der vornehmlich deutschen Kritiker an der Modernisierung des europäischen Kartellrechts begegnet werden, das Legalausnahmesystem begünstige Hardcore-Kartelle oder vermindere auf andere Art und Weise die Wirksamkeit des europäischen Kartellrechts. Die Analyse in Kapitel 3 hat allerdings gezeigt, daß die beiden Spiele trotz des recht hohen Abstraktionsgrades der Modellierung reichlich komplex sind. Welche der durch die beiden Spiele repräsentierten Institutionen zu einer wirksameren Rechtsdurchsetzung führt in dem Sinn, daß im Gleichgewicht ein höheres Complianceniveau und/oder niedrigere Fehlerwahrscheinlichkeiten erreicht werden, ist daher nicht ohne genauere Untersuchung zu beantworten. Die Frage wird vor allem durch die Tatsache erschwert, daß beide Spiele über eine Vielzahl von Gleichgewichten und entsprechenden Gleichgewichtsbedingungen verfügt, so daß ein Vergleich der Ergebnisse der beiden Spiele nur mit Hilfe zahlreicher und mühsamer Fallunterscheidungen zu bewerkstelligen wäre. Von einem solchen Vergleich wird in dieser Arbeit abgesehen. Statt dessen wird in Abschnitt 4.1 das Augenmerk zunächst auf allgemeine Eigenschaften der Gleichgewichte und Gleichgewichtsbedingungen der beiden Spiele gelegt. Zu diesem Zweck werden die Zwischenergebnisse der Abschnitte 3.3 und 3.4 zusammengefaßt und zueinander in Beziehung gesetzt. Daran anschließend werden in Abschnitt 4.2 anhand eines konkreten Zahlenbeispiels die grundsätzlichen Wirkzusammenhänge erklärt. Abschnitt 4.3 bildet das Herzstück des Institutionenvergleichs: Die Gleichgewichtsberechnungen des Kapitels 3 wurden als Grundlage zur Erstellung eines Algorithmus benutzt, der in der Lage ist, für jede denkbare Parameterbelegung die Gleichgewichte in beiden Spielen, die daraus resultierenden Complianceniveaus, sowie die gleichgewichtigen Fehlerwahrscheinlichkeiten zu bestimmen und miteinander zu vergleichen. Dieser Algorithmus wurde in der Programmiersprache Java implementiert, so daß ein Computerprogramm zur Verfügung steht, das den Wechsel vom Genehmigungssystem zum Legalausnahmesystem *simulieren* kann. Mit Hilfe dieser Simulation kann für jede gewünschte Parameterspezifikation entschieden werden, welche der beiden Institutionen zu besseren Ergebnissen im Sinne der Wirksamkeit der Rechtsdurchsetzung führt. Abschnitt 4.4 schließt den Institutionenvergleich ab, indem konkrete Antworten auf die Reformkritik gegeben und aus der Analyse abgeleitete Empfehlungen ausgesprochen werden, mit welchen Maßnahmen der Systemwechsel begleitet werden sollte.

4.1 Die bisherigen Zwischenergebnisse zusammengeführt

In den Abschnitten 3.3.3.3 und 3.4.3.3 wurden insgesamt elf Zwischenergebnisse hergeleitet, wovon sich fünf auf das Genehmigungsspiel (G1 bis G5) und sechs auf das Legalausnahmespiel bezogen (L1 bis L6). Diese Zwischenergebnisse werden in diesem spielvergleichenden Abschnitt zusammengeführt. Die Zwischenergebnisse G1 und L1 lassen sich wie folgt zusammenfassen:

Ergebnis V1: In beiden Spielen existiert ein Full-Compliance-Gleichgewicht, das dadurch gekennzeichnet ist, daß die geschlossene Vereinbarung mit Wahrscheinlichkeit Eins freistellungsfähig ausgestaltet und von der EU-Kommission mit Sicherheit (ex ante oder ex post) freigestellt wird. Im Genehmigungsspiel beinhaltet dieses Gleichgewicht zusätzlich die Anmeldung der Vereinbarung (und – abseits vom Gleichgewichtspfad – die Entscheidung, eine illegale Vereinbarung nicht-freistellungsfähig auszugestalten):

GG an-1 $= (an, 0, 1; 1, 1; 1, 1)$ und GG in-1 $= (in, 1; 1, 1; 1, 1)$.

Die Gleichgewichtsbedingungen lauten:

$A < A_1^G = \frac{\chi}{1-\chi} G$ (1. GG-Bed.) $\wedge$ $B \geq B_{a1}^* = \frac{1}{\tau} A$ (2. GG-Bed.) im Genehmigungsspiel und

$A < A_1^L = \xi \chi B$ (1. GG-Bed.) $\wedge$ $B \in (0; \infty)$ (2. GG-Bed.) im Legalausnahmespiel.

In beiden Gleichgewichten betragen die Fehlerwahrscheinlichkeiten aufgrund der vollen Compliance seitens der Firmengruppe Null:

$p_I^G(\text{GG an-1}) = p_I^L(\text{GG in-1}) = p_{II}^G(\text{GG an-1}) = p_{II}^L(\text{GG in-1}) = 0.$[1]

Wie bereits in Kapitel 3 ausführlich dargelegt, ist die erste Gleichgewichtsbedingung dafür verantwortlich, welches Gleichgewicht im Anmelde- bzw. Kontroll-Teilspiel erreicht wird, während die zweite Gleichgewichtsbedingung bestimmt, ob dieses Teilspiel überhaupt auf dem Gleichgewichtspfad liegt.

Ein wesentlicher Unterschied zwischen den beiden Spielen besteht darin, daß die erste Gleichgewichtsbedingung im Genehmigungsspiel vom Basisgewinn G, im Legalausnahmespiel jedoch von der Geldbuße B abhängt. Es wurde in dieser Arbeit schon mehrfach argumentiert, daß sowohl die Gewinne G und A, die aus einer Vereinbarung erzielt werden können, als auch die Klagewahrscheinlichkeit χ selbst auf Meta-Ebene als unveränderbar angesehen werden müssen.[2] Beim Basisgewinn G und dem Kartellaufschlag A liegt dies daran, daß sich diese Größen aus dem Markt ergeben; um sie zu beeinflussen, müßten die am Markt herrschenden Rahmenbedingungen verändert werden. Dies erscheint zumindest kurz- und mittelfristig unmöglich (und womöglich auch langfristig nicht wünschenswert). Auf die Klagewahrscheinlichkeit χ trifft eine ähnliche Argumentation zu: Die Klagewahrscheinlichkeit Dritter oder auch der Firmengruppe gegen Kommissionsentscheidungen kann nicht direkt von der EU-Kommission beeinflußt werden. Auch hier wären zusätzliche, vom Modell nicht erfaßte Änderungen der Rahmenbedingungen nötig.

Damit ist sofort einsichtig, daß die kritische Schwelle $A_1^G := \frac{\chi}{1-\chi} G$ im Genehmigungsspiel von der EU-Kommission nicht beeinflußbar ist. Vol-

---

[1] Das hier neu eingeführte Superscript G bzw. L bezeichnet die Zugehörigkeit zum *Genehmigungs-* bzw. *Legalausnahmespiel.*

[2] Vgl. die Abschnitte 3.2.1.2, 3.2.3.2, 3.3.3.3 und 3.4.3.3.

le Compliance seitens der Firmengruppe und Fehlerwahrscheinlichkeiten von Null sind jedoch nur zu erreichen, wenn der Kartellaufschlag A die Schwelle A_1^G nicht überschreitet. Anders sieht es im Legalausnahmespiel aus: Die Schwelle $A_1^L := \xi\chi B$ ist von der EU-Kommission direkt beeinflußbar, da sie nicht nur von der Klagewahrscheinlichkeit, sondern auch von der Kontrollwahrscheinlichkeit ξ und der Geldbuße B abhängt. Beide Größen sind zwar im Modell exogen angenommen, entziehen sich jedoch anders als die Gewinngrößen und die Klagewahrscheinlichkeit auf Meta-Ebene nicht der Beeinflussung. Die Höhe der Geldbuße wird (innerhalb des gesetzlichen Rahmens) von der EU-Kommission festgesetzt; eine Festlegung auf dem optimalen Niveau ist damit grundsätzlich möglich.[3] Die Kontrollwahrscheinlichkeit liegt ebenfalls im Entscheidungsbereich der EU-Kommission. Durch Umschichten oder Neuinvestition von Ressourcen kann sie die Wahrscheinlichkeit, mit der eine Vereinbarung ex post überprüft wird, erhöhen oder durch Abzug von Ressourcen vermindern.

In beiden Spielen ist die erste Gleichgewichtsbedingung, $A < A_1^G$ bzw. $A < A_1^L$ eine notwendige Bedingung für volle Compliance und Fehlerwahrscheinlichkeiten von Null. Im Genehmigungsspiel muß zusätzlich noch die zweite Gleichgewichtsbedingung $B \geq B_{a1}^* = \frac{1}{\tau}A$ erfüllt sein. Weil diese nur von der Geldbuße B und der Entdeckungswahrscheinlichkeit τ abhängt, kann diese aus den oben geschilderten Gründen leicht erfüllt werden, so daß die Entscheidung der Firmengruppe, die Vereinbarung anzumelden, vergleichsweise einfach zu manipulieren ist. Dazu muß nur entweder die Geldbuße oder die Entdeckungswahrscheinlichkeit ausreichend erhöht werden.[4] Anders im Legalausnahmespiel: Hier ist die zweite Gleichgewichtsbedingung $B \in (0; \infty)$ trivialerweise immer erfüllt, so daß die erste Gleichgewichtsbedingung nicht nur notwendig, sondern auch hinreichend ist. Diese Feststellungen führen zum nächsten Ergebnis, das den Inhalt der Zwischenergebnisse G5 und L6 erfaßt:

Ergebnis V2: Im Legalausnahmespiel ist es auf Meta-Ebene möglich, die unmittelbar beeinflußbaren Parameter ξ und B so einzustellen, daß sich

---

[3] Solange ein etwaig auf Seiten der Unternehmen bestehender Wealth-Constraint nicht gebrochen wird.

[4] Für die Erhöhung/Verminderung der Entdeckungswahrscheinlichkeit gelten dieselben Aussagen, wie sie bezüglich der Kontrollwahrscheinlichkeit getroffen wurden.

das Full-Compliance-Gleichgewicht GG in-1 realisiert. Diese First-best-Lösung kann also grundsätzlich durch entsprechende wirtschaftspolitische Maßnahmen, wie das Anheben der Geldbußen oder eine Investition in die Kontrolltätigkeit der EU-Kommission, erreicht werden. Im Genehmigungsspiel kann das entsprechende Gleichgewicht GG an-1 prinzipiell nur dann realisiert werden, wenn die nicht direkt beeinflußbaren Größen χ und G im Vergleich zum Kartellaufschlag A groß genug sind.

Die Ergebnisse V1 und V2 beziehen sich auf die Full-Compliance-Gleichgewichte in den jeweiligen Parameterkonstellationen PK1 der beiden Spiele ($A < A_1^G$ bzw. $A < A_1^L$). Es konnte jedoch gezeigt werden, daß unter nicht unvernünftigen Gleichgewichtsselektionsannahmen das Full-Compliance-Gleichgewicht auch in den jeweiligen Parameterkonstellationen PK2 der beiden Spiele ($A = A_1^G$ bzw. $A = A_1^L$) erreicht werden kann. Die Zwischenergebnisse G2 und L2 lassen sich daher wie folgt zusammenfassen:

Ergebnis V3: Unter den Gleichgewichtsselektionsannahmen, daß bei Existenz mehrerer Gleichgewichte

(a) sich dasjenige realisiert, das der Firmengruppe als Pseudo-First-Mover den höchsten Payoff garantiert, und daß

(b) sich die Firmengruppe, bei Indifferenz „nett" verhält, so daß bei identischen gleichgewichtigen Payoffs dasjenige Gleichgewicht selektiert wird, das das höchste Complianceniveau aufweist,

wird in beiden Spielen auch in Parameterkonstellation PK2 das Full-Compliance-Gleichgewicht erreicht.

Die ersten Gleichgewichtsbedingungen können unter dieser Maßgabe erweitert werden zu:

$A \leq A_1^G = \frac{\chi}{1-\chi} G$ im Genehmigungsspiel und

$A \leq A_1^L = \xi\chi B$ im Legalausnahmespiel.

Neben dem Full-Compliance-Gleichgewicht weisen beide Spiele noch eine Reihe anderer Gleichgewichte auf. Einzig das Legalausnahmespiel verfügt jedoch über Gleichgewichte, in denen die Firmengruppe *out* wählt. Das folgende Ergebnis gibt Zwischenergebnis L3 wieder:

Ergebnis V4: Einzig im Legalausnahmespiel existieren Gleichgewichte, in denen die Firmengruppe vom Eingehen einer Vereinbarung im Becker-schen Sinn abgeschreckt wird. Diese lauten:

GG out-3 $= (out, \gamma_2; 1, \beta_1; \mu_1, \frac{1}{2})$,
GG out-4 $= \{(out, x; 1, 0; m, n) | m \in [\frac{1}{2}; \mu_1]; n \in [\nu_1; \frac{1}{2}]; x \in [\gamma_1; \gamma_2]\}$,
GG out-5 $= (out, \gamma_1; \alpha_1, 0; \frac{1}{2}, \nu_1)$,
GG out-6 $= \{(out, x; 0, 0; m, n) | m \in [0; \frac{1}{2}]; n \in [0; \nu_1]; x \in [0; \gamma_1]\}$ und
GG out-7 $= (out, 0; 0, 0; 0, 0)$.

Damit diese out-Gleichgewichte eintreten, müssen jeweils die entsprechenden beiden Gleichgewichtsbedingungen erfüllt sein:

$$A > A_1^L = \xi\chi B \quad \wedge \quad e^* = out.^5$$

Die out-Gleichgewichte führen wie das Full-Compliance-Gleichgewicht zu Fehlerwahrscheinlichkeiten von Null; sie sind jedoch unter dem Aspekt der Wirksamkeit insofern weniger erstrebenswert als das Full-Compliance-Gleichgewicht, als sie lediglich zu einer Beibehaltung des Status Quo führen.

$$p_I^L(out) = p_{II}^L(out) = 0.$$

Die Zwischenergebnisse G3 und L4 lassen sich zu folgendem Ergebnis zusammenfassen:

Ergebnis V5: Alle anderen Gleichgewichte der beiden Spiele führen zu niedrigeren Complianceniveaus und höheren Fehlerwahrscheinlichkeiten:

$$\hat{\gamma} < 1 \quad \wedge \quad p_I \geq 0 \quad \wedge \quad p_{II} > 0.$$

Die Gleichgewichtsbedingungen hierfür lauten:

$$A \leq A_1^G \quad \wedge \quad B \leq B_{a1}^* \quad \vee \quad A > A_1^G \quad \text{im Genehmigungsspiel und}$$
$$A > A_1^L \quad \wedge \quad e^* = in \quad \text{im Legalausnahmespiel.}^6$$

Diese Gleichgewichte stellen im Genehmigungsspiel möglicherweise eine Second-best-Lösung dar, wann immer die First-best-Lösung – das

---

[5] Die Schreibweise $e^* = out$ ist eine Zusammenfassung der zweiten Gleichgewichtsbedingungen in den Parameterkonstellationen PK3, PK4 und PK5. Die einzelnen Bedingungen können in Tabelle 3.14 nachgeschlagen werden.

[6] Die Bedingung $B \leq B_{a1}^*$ deckt auch die Parameterkonstellationen PK2 des Genehmigungsspiels ab, da $B_{a1}^* = B_{a2}^*$, vgl. Abschnitt 3.3.2.5. Die Schreibweise $e^* = in$ ist eine Zusammenfassung der zweiten Gleichgewichtsbedingungen in den Parameterkonstellationen PK3, PK4 und PK5 des Legalausnahmespiels. Die einzelnen Bedingungen können in Tabelle 3.14 nachgeschlagen werden.

Full-Compliance-Gleichgewicht – nicht erreicht werden kann. Im Legalausnahmespiel dagegen ist die First-best-Lösung grundsätzlich induzierbar (vgl. Ergebnis V2).

Ergebnis V5 hält fest, daß das Complianceniveau in beiden Spielen in jedem Gleichgewicht niedriger ist als im Full-Compliance-Gleichgewicht. Darüber hinaus ist ein Vergleich der einzelnen Complianceniveaus in allgemeiner Form jedoch schwierig zu bewerkstelligen, da es die zehn Gleichgewichte des Genehmigungsspiels mit den zwölf Gleichgewichten des Legalausnahmespiels zu vergleichen gälte. Dennoch lassen sich einige Eigenschaften des gleichgewichtigen tatsächlichen Complianceniveaus festhalten:[7]

Ergebnis V6: Für zunehmende Werte des Kartellaufschlags A sinkt das Complianceniveau in beiden Spielen, sofern das Anmelde- bzw. Kontroll-Teilspiel auf dem Gleichgewichtspfad liegt.

$$A \uparrow \quad \Rightarrow \quad \gamma^{G*} \downarrow, \quad \gamma^{L*} \downarrow \quad | \quad a^* = an \text{ bzw. } e^* = in.[8]$$

Liegen diese Teilspiele nicht auf dem Gleichgewichtspfad, beträgt das Complianceniveau im Genehmigungsspiel konstant Null und ist im Legalausnahmespiel nicht definiert.

$$\delta^* = 0 \quad | \quad a^* = ill.[9]$$

Allerdings sinkt das Complianceniveau im Legalausnahmespiel insofern „langsamer", als die Parameterkonstellation $PK1^L$, in der das

---

[7] Die bereits aus den Abschnitten 3.3.3.1 und 3.4.3.1 bekannte Formulierung „gleichgewichtiges tatsächliches Complianceniveau" bringt zum Ausdruck, daß in beiden Spielen ein von der Firmengruppe gewähltes Complianceniveau auch abseits des Gleichgewichtspfades liegen kann. Dies ist im Genehmigungsspiel für alle *ill*-Gleichgewichte der Fall: γ^* wird dann nicht realisiert, sondern $\delta^* = 0$. Im Genehmigungsspiel geschieht dies bei allen *out*-Gleichgewichten: Eine Vereinbarung wird nicht geschlossen, es gibt kein tatsächliches Complianceniveau.

[8] Die Schreibweise $a^* = an$ bzw. $e^* = in$ ist eine Zusammenfassung der zweiten Gleichgewichtsbedingungen in den Parameterkonstellationen PK1 bis PK5 des Genehmigungs- bzw. des Legalausnahmespiels. Die einzelnen Bedingungen können in den Tabellen 3.9 und 3.14 nachgeschlagen werden.

[9] Die Schreibweise $a^* = ill$ ist eine Zusammenfassung der zweiten Gleichgewichtsbedingungen in den Parameterkonstellationen PK1 bis PK5 des Genehmigungsspiels. Die einzelnen Bedingungen können in Tabelle 3.9 nachgeschlagen werden.

Complianceniveau Eins beträgt, beliebig ausgedehnt werden kann, indem die Geldbuße ausreichend hoch gesetzt ($B \geq \frac{1}{\xi\chi}A$) oder in ausreichendem Maße in die Erhöhung der Kontrollwahrscheinlichkeit investiert wird ($\xi \geq \frac{A}{\chi B}$).

Ergebnis V5 hält außerdem fest, daß die Fehlerwahrscheinlichkeiten in beiden Spielen in keinem Gleichgewicht niedriger sind als im Full-Compliance-Gleichgewicht. Darüber hinaus ist ein Vergleich der einzelnen Fehlerwahrscheinlichkeiten in allgemeiner Form jedoch kaum anzustellen, da es auch hier die zehn Gleichgewichte des Genehmigungsspiels mit den zwölf Gleichgewichten des Legalausnahmespiels zu vergleichen gälte. Dennoch lassen sich einige Eigenschaften der gleichgewichtigen Fehlerwahrscheinlichkeiten festhalten:

Ergebnis V7: Für zunehmende Werte des Kartellaufschlags A steigt im Genehmigungsspiel, sofern das Anmelde-Teilspiel auf dem Gleichgewichtspfad liegt, die Wahrscheinlichkeit tendenziell, einen Fehler erster Ordnung zu begehen, während die Wahrscheinlichkeit, einen Fehler zweiter Ordnung zu begehen, tendenziell sinkt.[10]

$$A \uparrow \quad \Rightarrow \quad p_I^G \uparrow \quad \wedge \quad p_{II}^G \downarrow \quad | \quad a^* = an.^{11}$$

Liegt das Anmelde-Teilspiel nicht auf dem Gleichgewichtspfad, sind die Fehlerwahrscheinlichkeiten konstant.

$$p_I^G = 0 \quad \wedge \quad p_{II}^G = 1 - \tau \quad | \quad a^* = ill.^{12}$$

Im Legalausnahmespiel verlaufen die Fehlerwahrscheinlichkeiten für zunehmende Werte des Kartellaufschlags A komplizierter, sofern das Kontroll-Teilspiel auf dem Gleichgewichtspfad liegt und alle Gleichgewichte berücksichtigt werden.[13] Unter Weglassung der dominier-

---

[10] Der Ausdruck „tendenziell" soll beschreiben, daß an der Stelle $A = A_2^G$ eine Sprungstelle existiert, vgl. die Abbildungen 3.19 und 3.20.

[11] Die Schreibweise $a^* = an$ ist eine Zusammenfassung der zweiten Gleichgewichtsbedingungen in den Parameterkonstellationen PK1 bis PK5 des Genehmigungsspiels. Die einzelnen Bedingungen können in Tabelle 3.9 nachgeschlagen werden.

[12] Die Schreibweise $a^* = ill$ ist eine Zusammenfassung der zweiten Gleichgewichtsbedingungen in den Parameterkonstellationen PK1 bis PK5 des Genehmigungsspiels. Die einzelnen Bedingungen können in Tabelle 3.9 nachgeschlagen werden.

[13] Vgl. die Abbildungen 3.30 und 3.31.

ten Gleichgewichte[14] kann jedoch festgehalten werden, daß die Wahrscheinlichkeit, einen Fehler erster Ordnung zu begehen, für mittlere A-Werte steigt, während die Wahrscheinlichkeit, einen Fehler zweiter Ordnung zu begehen, im selben Intervall sinkt.

$$A \uparrow \quad \Rightarrow \quad p_I^L \uparrow \quad \wedge p_{II}^L \downarrow \quad | \quad e^* = in \quad \wedge \quad A \in (A_1^L; A_2^L].^{15}$$

Für niedrigere und höhere A-Werte, oder wenn das Kontroll-Teilspiel nicht auf dem Gleichgewichtspfad liegt, sind die Fehlerwahrscheinlichkeiten konstant.

$$p_I^L = 0 \quad \wedge \quad p_{II}^L = 0 \quad | \quad e^* = in \quad \wedge \quad A \in (0; A_1^L],^{16}$$
$$p_I^L = 0 \quad \wedge \quad p_{II}^L = 1 - \xi \quad | \quad B \leq B_{k5.7}^* \quad \wedge \quad A > A_2^L.$$
$$p_I^L = 0 \quad \wedge \quad p_{II}^L = 0 \quad | \quad e^* = out.^{17}$$

Ergebnis V7 macht nochmals deutlich, daß eine allgemeine Aussage darüber, welche der beiden Rechtsdurchsetzungsinstitutionen aufgrund niedrigerer Fehlerwahrscheinlichkeiten vorzuziehen wäre, nicht möglich ist. Zu unterschiedlich verlaufen trotz einiger Gemeinsamkeiten die Funktionen der Fehlerwahrscheinlichkeiten in den beiden Spielen.[18] Nichtsdestotrotz ist es wichtig, den genauen Verlauf der Fehlerwahrscheinlichkeiten zu kennen. Denn selbst wenn man die absoluten Kosten der einen und der anderen Fehlentscheidung kennt, kann mit dieser Information kein Institutionenver-

---

[14] Das sind diejenigen Gleichgewichte, die nicht gewählt werden, wenn die bekannten Gleichgewichtsselektionsannahmen Anwendung finden.

[15] Die Schreibweise $e^* = in$ ist eine Zusammenfassung der zweiten Gleichgewichtsbedingungen in den Parameterkonstellationen PK3 und PK4 des Legalausnahmespiels. Die einzelnen Bedingungen können in Tabelle 3.14 nachgeschlagen werden.

[16] Die Schreibweise $e^* = in$ ist eine Zusammenfassung der zweiten Gleichgewichtsbedingungen in den Parameterkonstellationen PK1 und PK2 des Legalausnahmespiels. Die einzelnen Bedingungen können in Tabelle 3.14 nachgeschlagen werden.

[17] Die Schreibweise $e^* = out$ ist eine Zusammenfassung der zweiten Gleichgewichtsbedingungen in den Parameterkonstellationen PK1 bis PK5 des Legalausnahmespiels. Die einzelnen Bedingungen können in Tabelle 3.14 nachgeschlagen werden.

[18] Für mittlere A-Werte verlaufen die Fehlerwahrscheinlichkeiten beispielsweise in beiden Spielen ähnlich, sofern das Anmelde- bzw. das Kontroll-Teilspiel auf dem Gleichgewichtspfad liegt. In beiden Spielen ist derselbe Trade-Off zu erkennen: Wenn die Type-I-Fehlerwahrscheinlichkeit steigt, sinkt die Type-II-Fehlerwahrscheinlichkeit und umgekehrt.

gleich vorgenommen werden.[19] Um die beiden Rechtsdurchsetzungsinstitutionen für eine bestimmte gegebene Parameterbelegung miteinander vergleichen zu können, benötigt man die Information, wie wahrscheinlich es ist, daß ein Fehler erster oder zweiter Ordnung institutionenbedingt auftritt.

Außerdem können noch die Zwischenergebnisse G4 und L5 zu folgendem Ergebnis zusammengefaßt werden:

Ergebnis V8: In beiden Spielen existiert ein Null-Compliance-Gleichgewicht, das dadurch gekennzeichnet ist, daß die geschlossene Vereinbarung mit Wahrscheinlichkeit Eins nicht-freistellungsfähig ausgestaltet wird. Im Genehmigungsspiel sind dies alle Gleichgewichte, die die Firmen-Aktion *ill* beinhalten. Eine solche Vereinbarung wird mit Wahrscheinlichkeit τ entdeckt und ohne Überprüfung der Freistellungsfähigkeit untersagt:

GG ill-1 $= (ill, 0, 1; 1, 1; 1, 1)$,
GG ill-2 $= \{(ill, 0, x; 1, 1; m, n) | m \in [\mu; 1]; n \in [\frac{1}{2}; 1]; x \in [\gamma_2; 1]\}$,
GG ill-3 $= (ill, 0, \gamma_2; 1, \beta_1; \mu_1, \frac{1}{2})$,
GG ill-4 $= \{(ill, 0, x; 1, 0; m, n) | m \in [\frac{1}{2}; \mu_1]; n \in [\nu_1; \frac{1}{2}]; x \in [\gamma_1; \gamma_2]\}$ und
GG ill-5 $= (ill, 0, \gamma_1; \alpha_1, 0; \frac{1}{2}, \nu_1)$.

Im Legalausnahmespiel reagiert die EU-Kommission auf ein solches Firmenverhalten mit strikter Untersagung, sofern die Vereinbarung (mit Wahrscheinlichkeit ξ) kontrolliert wird:

GG in-7 $= (in, 0; 0, 0; 0, 0)$

Die Gleichgewichtsbedingungen lauten:

$A \in (0; \infty) \quad \wedge \quad a^* = ill \quad$ im Genehmigungsspiel [20] und

---

[19] Wie bereits in Abschnitt 3.1.1.2 angesprochen und in Abschnitt 3.2.1.2 vertieft, bestehen die Kosten eines Fehlers erster Ordnung darin, daß eine freistellungsfähige Vereinbarung, die durch Effizienzeffekte und (teilweise) Weitergabe derselben an die Konsumenten die gesamtgesellschaftliche Wohlfahrt gesteigert hätte, nicht realisiert wird. Die Kosten eines Fehlers zweiter Ordnung bestehen dagegen darin, daß eine wettbewerbsschädigende und nicht-freistellungsfähige Vereinbarung geschlossen und nicht untersagt wird, obwohl ihre Durchführung die Konsumenten schädigt.
[20] Die Schreibweise $a^* = ill$ ist eine Zusammenfassung der zweiten Gleichgewichtsbedingungen in den Parameterkonstellationen PK1 bis PK5. Die einzelnen Bedingungen können in Tabelle 3.9 nachgeschlagen werden.

$A > A_1^L = \xi \chi B \quad \wedge \quad B \leq B_{k3.7}^* = \frac{1}{\xi}(G+A)$ im Legalausnahmespiel.[21]

In den Null-Compliance-Gleichgewichten beider Spiele beträgt die Wahrscheinlichkeit, einen Fehler erster Ordnung zu begehen, Null. Die Wahrscheinlichkeit, einen Fehler zweiter Ordnung zu begehen, entspricht der Wahrscheinlichkeit, in der eine Vereinbarung nicht entdeckt bzw. nicht kontrolliert wird:

$p_I^G(ill) = p_I^L(\text{GG in-7}) = 0$ und
$p_{II}^G(ill) = 1 - \tau$ sowie $p_{II}^L(\text{GG in-7}) = 1 - \xi$.

Ergebnis V8 macht nochmals deutlich, daß es in *beiden* Rechtsdurchsetzungsinstitutionen zu Gleichgewichten kommen kann, in denen sich die Firmengruppe gegen ein gesetzeskonformes Verhalten entscheidet. Gemeinsam ist den beiden Institutionen weiter, daß ein solches Gleichgewicht immer dann eintritt, wenn die Geldbuße zu niedrig ist, um die Firma zum Anmelden zu bewegen (Genehmigungssystem) bzw. vom Eingehen der Vereinbarung abzuschrecken (Legalausnahmesystem).

Abschließend läßt sich folgendes Resümee ziehen:

Ergebnis V9: Beide Rechtsdurchsetzungsinstitutionen sind nicht unfehlbar. Je nach Belegung der exogenen Parameter

–   Assessment-Skills (ρ, φ),

–   Entdeckungs- bzw. Kontrollwahrscheinlichkeit (τ bzw. ξ),

–   Klagewahrscheinlichkeit (χ),

–   Geldbuße (*B*),

–   Basisgewinn einer guten Vereinbarung (*G*) und

–   Kartellaufschlag einer schlechten Vereinbarung (*A*),

können sich unterschiedliche Gleichgewichte realisieren, die zu unterschiedlichen Complianceniveaus und Fehlerwahrscheinlichkeiten führen.

Eine *Pauschalaussage* darüber, welche Institution das Europäische Kartellrecht *wirksamer* durchsetzt, ist ohne Kenntnis der zutreffenden Parameterbelegung *nicht möglich*.

---

[21] Diese Bedingung deckt auch die Parameterkonstellationen PK4 und PK5 des Legalausnahmespiels ab, da $B_{k3.7}^* = B_{k5.7}^*$, vgl. Abschnitt 3.4.2.4, und weil auch $B_{k3.7}^* = B_{k4.7}^*$, wenn $A = A_2^L = [\chi + (1-\chi)(\rho - \varphi)]$ substituiert wird.

Die Behauptung, daß das Legalausnahmesystem *grundsätzlich* zu schlechteren Ergebnissen im Sinne von niedrigerer Compliance und höheren Fehlerwahrscheinlichkeiten führt, ist daher *nicht haltbar*. Außerdem hat sich gezeigt (vgl. Ergebnis V2), daß das Legalausnahmesystem *leichter* durch wirtschaftspolitische Maßnahmen *justierbar* ist, was als eindeutiger *Vorteil* gewertet werden kann.

4.2 Die Wirksamkeit der Institutionen: ein Fallbeispiel

In Abschnitt 4.1 wurde deutlich, daß die Ableitung differenzierter allgemeiner Ergebnisse aufgrund der Komplexität des Modells schwierig ist. Daher wird in diesem Abschnitt ein Fallbeispiel präsentiert, das für eine repräsentative Parameterspezifikation die grundlegenden Zusammenhänge verdeutlicht. Die gewählte Parameterspezifikation ist dieselbe, die auch schon zum Zeichnen der gleichgewichtigen Complianceniveaus und Fehlerwahrscheinlichkeiten in den Abschnitten 3.3.3 und 3.4.3 verwendet wurde. Dabei bezeichnet κ das Parameter-Septupel des Genehmigungsspiels und λ dasjenige des Legalausnahmespiels.

$$\kappa := (\rho^G; \varphi^G; \tau; \chi^G; B^G; G^G; A^G)$$

$$\lambda := (\rho^L; \varphi^L; \xi; \chi^L; B^L; G^L; A^L)$$

$$\kappa = \lambda = (0,6; 0,4; 0,6; 0,3; 10; 1; A). \qquad (4.1)$$

Die Werte für ρ, φ, χ, G und B wurden auf einem für beide Spiele einheitlichen Niveau fixiert, τ wurde gleich ξ gesetzt, und A wurde als unabhängige Variable gewählt. Eine solche Festlegung der Parameter kommt einer *Ceteris-Paribus*-Annahme gleich: Es wird angenommen, daß außer dem Wechsel von der Genehmigung zur Legalausnahme keine Veränderung der Umwelt stattfindet. In anderen Worten: Der Institutionenwechsel hat weder einen Einfluß auf die Assessment-Skills der EU-Kommission (ρ, φ), noch auf die Interventionswahrscheinlichkeit ($\tau = \xi$), die Klagewahrscheinlichkeit (χ), die Geldbuße (B) oder die Gewinne, die mit Hilfe einer Vereinbarung erzielt werden können (G, A).

Zur Vereinfachung der Analyse wird im Fallbeispiel das in Kapitel 3 eingeführte Gleichgewichtsselektionskonzept angewendet. Bei mehreren

möglichen Gleichgewichten in einer Parameterkonstellation wird also dasjenige ausgewählt, welches der Firmengruppe als Pseudo-First-Mover den
höchsten Payoff garantiert. Bei identischen Payoffs wird angenommen,
daß sich die Firmengruppe „nett" verhält: Sie wählt dasjenige Gleichgewicht, welches das höchste Complianceniveau aufweist. Tabelle 4.1 gibt
nochmals einen Überblick über die unter diesen Annahmen existierenden
Gleichgewichte.

Im Genehmigungsspiel gibt es nach Beachtung der Gleichgewichtsselektionsannahmen nur noch sechs Gleichgewichte (GG an-1, GG an-3, GG
an-5, GG ill-1, GG ill-3, GG ill-5), im Legalausnahmespiel reduzieren sie
sich sogar auf fünf (GG in-1, GG in-3, GG in-7, GG out-3, GG out-7).
Wenn man davon absieht, daß die Gleichgewichte des Genehmigungsspiels
über eine zusätzliche Aktion für die Firmengruppe verfügen ($\delta^* = 0$ im
Illegal-Teilspiel) und daß im Genehmigungsspiel über die Anmeldung entschieden wird ($a^* = an$), während im Legalausnahmespiel nur das Schließen einer Vereinbarung ohne Anmeldung zur Wahl steht ($e^* = in$), kann
festgestellt werden, daß je zwei der Gleichgewichte zum selben Ergebnis
führen. Sowohl im Gleichgewicht GG an-1 als auch im Gleichgewicht GG
in-1 wird volle Compliance seitens der Firmengruppe erreicht ($\gamma^* = 1$),
während die EU-Kommission jede angemeldete bzw. kontrollierte Vereinbarung unabhängig von der Meinung, die sie sich aufgrund des empfangenen Signals gebildet hat, freistellt ($\alpha^* = \beta^* = 1$). Es handelt sich um die
Full-Compliance-Gleichgewichte.[22] Die anderen beiden Gleichgewichte,
die zum selben Ergebnis führen, sind die Gleichgewichte GG an-3 und GG
in-3. In beiden Gleichgewichten gestaltet die Firmengruppe ihr Vereinbarung mit Wahrscheinlichkeit $\gamma^* = \gamma_2 = 0,6$ freistellungsfähig aus, und die
EU-Kommission honoriert dieses Verhalten, indem sie alle Vereinbarungen
freistellt, über die sie sich eine positive Meinung gebildet hat ($\alpha^* = 1$). Sie
untersagt nur solche Vereinbarungen, und dies auch nur mit Wahrscheinlichkeit $1 - \beta^* = 1 - \beta_1$ mit $\beta_1 \in [0;1)$, wenn sie zu einem negativen Urteil
über die Vereinbarung gelangt ist.[23] Im Extremfall, nämlich dann, wenn der
Kartellaufschlag A exakt der kritischen Schwelle A_2^G bzw. A_2^L entspricht,
wird diese Wahrscheinlichkeit gleich Eins, so daß die EU-Kommission die
Vereinbarung mit Sicherheit untersagt.

---

[22] Vgl. die Ergebnisse V1 und V3.
[23] Die Variable β_1 ist abhängig vom Kartellaufschlag A. Für $A \to A_1^G$ bzw. A_1^L konvergiert sie gegen Eins.

Tabelle 4.1: Die Gleichgewichte des Genehmigungs- und des Legalausnahmespiel im Vergleich (nach Gleichgewichtsselektion)

Genehmigungsspiel			Legalausnahmespiel		
GG-Bedingungen		GG	GG-Bedingungen		GG
$A \leq A_1^G$	$B \geq B_{a1}^*$	GG an-1: $(an,0,1;1;1,1)$	$A \leq A_1^L$	$B \in (0;\infty)$	GG in-1: $(in,1;1;1;1,1)$
	$B < B_{a1}^*$	GG ill-1: $(ill,0,1;1;1,1)$		$\Leftrightarrow$ $B \geq B_{k1}^{**}$	
$A_1^G < A \leq A_2^G$	$B \geq B_{a3}^*$	GG an-3: $(an,0,\gamma_2;1,\beta_1;\mu_1,\frac{1}{2})$	$A_1^L < A \leq A_2^L$	$B \geq B_{k3.3}^*$	GG in-3: $(in,\gamma_2;1,\beta_1;\mu_1,\frac{1}{2})$
	$B < B_{a3}^*$	GG ill-3: $(ill,0,\gamma_2;1,\beta_1;\mu_1,\frac{1}{2})$		$B < B_{k3.3}^*$	GG out-3: $(out,\gamma_2;1,\beta_1;\mu_1,\frac{1}{2})$
$A > A_2^G$	$B \geq B_{a5}^*$	GG an-5: $(an,0;\gamma_1;\alpha_1,0;\frac{1}{2},\nu_1)$	$A > A_2^L$	$B \leq B_{k5.7}^*$	GG in-7: $(in,0;0;0;0,0)$
	$B < B_{a5}^*$	GG ill-5: $(ill,0;\gamma_1;\alpha_1,0;\frac{1}{2},\nu_1)$		$B > B_{k5.7}^*$	GG out-7: $(out,0;0;0;0,0)$

$A_1^G := \frac{\chi}{1-\chi}G$, $\quad A_2^G := \frac{\chi+(1-\chi)(\rho-\varphi)}{\varphi(1-\chi)}G$;

$B_{a1}^* := \frac{1}{\tau}A$, $\quad B_{a3}^* := -\frac{1}{\tau}\cdot\frac{\chi(1-\rho)G-(1-\varphi)A}{(\rho-\varphi)G+(1-\varphi)A}(G+A)$,

$B_{a5}^* := \frac{1}{\tau}\left[1-\frac{\varphi\chi G}{\varphi A-(\rho-\varphi)G}\right](G+A)$; $\quad \mu_1 := \frac{(1-\varphi)\rho}{(1-\varphi)\rho+(1-\rho)\varphi}$,

$\gamma_1 := \frac{\varphi}{\rho+\varphi}$, $\quad \gamma_2 := \frac{1-\varphi}{1-\rho+1-\varphi}$;

$A_1^L := \xi\chi B$, $\quad A_2^L := [\chi+(1-\chi)(\rho-\varphi)]\xi B$;

$B_{k1}^{**} := \frac{1}{\xi\chi}A$, $\quad B_{k3.3}^* := \frac{1}{\xi\chi}A-\frac{\rho-\varphi}{\xi\chi(1-\rho)}G$,

$B_{k5.7}^* := \frac{1}{\xi}(G+A)$; $\quad \nu_1 := \frac{(1-\rho)\varphi}{(1-\rho)\varphi+\rho(1-\varphi)}$.

Drei der Gleichgewichte des Genehmigungsspiels sind Null-Compliance-Gleichgewichte in dem Sinne, daß die Firmengruppe sich gegen eine Anmeldung entschließt ($a^* = ill$) und im Illegal-Teilspiel ein Complianceniveau von Null wählt ($\delta^* = 0$). Im Legalausnahmespiel gibt es nur ein Null-Compliance-Gleichgewicht, das Gleichgewicht GG in-7: Die Firmengruppe entscheidet sich, eine Vereinbarung zu schließen ($e^* = in$) und wählt ein Complianceniveau von Null ($\gamma^* = 0$), worauf die EU-Kommission, sofern sie die Vereinbarung kontrolliert, mit einer grundsätzlichen Untersagung reagiert, unabhängig von der gebildeten Meinung ($\alpha^* = \beta^* = 0$).

Im Genehmigungsspiel gibt es noch ein weiteres Anmelde-Gleichgewicht, das keine direkte Entsprechung im Legalausnahmespiel hat: GG an-5. Es zeichnet sich dadurch aus, daß die Firmengruppe nach der Anmeldung ($a^* = an$) ein relativ niedriges Complianceniveau von $\gamma^* = \gamma_1 = 0,4$ wählt, worauf die EU-Kommission mit einer grundsätzlichen Untersagung reagiert, wenn sie sich eine negative Meinung gebildet hat ($\beta^* = 0$). Dagegen stellt sie eine Vereinbarung, über die sie zu einer positiven Einschätzung gelangt ist, immerhin mit Wahrscheinlichkeit $\alpha^* = \alpha_1 \in (0;1)$ frei.[24]

Im Legalausnahmespiel gibt es ebenfalls zwei Gleichgewichte, die keine Entsprechung im Genehmigungsspiel finden. Das sind die Gleichgewichte GG out-3 und GG out-7. Beide sind dadurch gekennzeichnet, daß sich die Firmengruppe gegen den Abschluß einer Vereinbarung entscheidet ($e^* = out$), so daß der Status Quo erhalten bleibt. Im Genehmigungsspiel ist die Aktion out niemals ein Teil einer Gleichgewichtsstrategie.

Abbildung 4.1 stellt die im Fallbeispiel erreichten Complianceniveaus graphisch dar. Dabei bezeichnet $\hat{\gamma}^G(A)$, in schwarz eingezeichnet, das gleichgewichtige, tatsächlich realisierte Complianceniveau im Genehmigungsspiel für unterschiedliche A-Werte, wohingegen $\hat{\gamma}^L(A)$, in grau eingezeichnet, die entsprechenden Zusammenhänge im Legalausnahmespiel visualisiert.

Die Graphik enthält neben den aus den Abschnitten 3.3 und 3.4 wohlbekannten kritischen Schwellen A_1^G, A_2^G, A_1^L und A_2^L drei weitere Schwellen: A_{B5}^G, A_{B3}^L und A_{B5}^L. An diesen Schwellen schlägt das Verhalten der Firmengruppe innerhalb einer Parameterkonstellation um. Die Schwelle A_{B5}^G be-

---

[24] Die Variable α_1 ist abhängig vom Kartellaufschlag A. Für $A \to A_2^G$ konvergiert sie gegen Eins, für $A \to \infty$ gegen Null.

zeichnet in der Parameterkonstellation PK5^G ($A > A_2^G$) den Übergang von einem anmeldenden zu einem nicht-anmeldenden Verhalten. Entspricht der Kartellaufschlag A exakt diesem Schwellenwert, ist die Firmengruppe gerade indifferent zwischen einer Anmeldung der Vereinbarung und der Option, die Vereinbarung illegal zu betreiben. Für A-Werte darunter lohnt sich die Anmeldung für die Firmengruppe, darüber lohnt sich die Nicht-Anmeldung. Die Schwelle A_{B5}^G ist also folgendermaßen definiert:

$$B = 10 = B_{a5}^* \quad \Leftrightarrow \quad A = A_{B5}^G.^{25} \tag{4.2}$$

Abbildung 4.1: Die Complianceniveaus $\hat{\gamma}^G$ und $\hat{\gamma}^L$ in Abhängigkeit vom Kartellaufschlag A im Vergleich

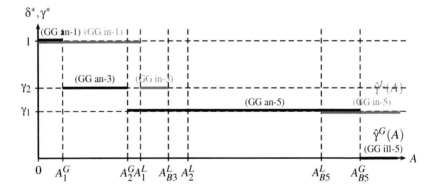

Eine solche Schwelle existiert im Genehmigungsspiel nur innerhalb der Parameterkonstellation PK5^G. In den anderen Parameterkonstellationen kann die jeweilige Gleichgewichtsbedingung, die die Firmengruppe dazu bewegen würde, die Aktion *ill* zu wählen, nicht erfüllt werden, d.h. mit der Annahme $B = 10$ sind in den ersten beiden Parameterkonstellationen jeweils die Bedingungen erfüllt, die die Firmengruppe zur Anmeldung

---

[25] Eine formelmäßige Herleitung von A_{B5}^G ist mühsam, da hierzu eine parametrisierte quadratische Gleichung gelöst werden müßte. Im Fallbeispiel beträgt A_{B5}^G ungefähr 5,69.

ihrer Vereinbarung anreizen ($B \geq B_{a1}^*$ [26] und $B \geq B_{a3}^*$ [27]). Die Gleichgewichte GG ill-3 und GG ill-5 werden daher im Fallbeispiel nicht realisiert.

Die Schwellen A_{B3}^L und A_{B5}^L bezeichnen in den Parameterkonstellationen PK3^L ($A_1^L < A \leq A_2^L$) und PK5^L ($A > A_2^L$) des Legalausnahmespiels den Übergang von einer *in*-Entscheidung zu einer *out*-Entscheidung. Entspricht der Kartellaufschlag A exakt dem Schwellenwert A_{B3}^L, ist die Firmengruppe gerade indifferent, ob sie die Vereinbarung schließen soll oder nicht. Für kleinere A-Werte entscheidet sie sich, die Vereinbarung zu schließen, für höhere A-Werte dafür, sie nicht zu schließen. Die Schwelle A_{B3}^L ist folgendermaßen definiert:

$$B = 10 = B_{k3.3}^* \quad \Leftrightarrow \quad A = A_{B3}^L. \text{[28]} \tag{4.3}$$

Entspricht der Kartellaufschlag A dagegen exakt dem Schwellenwert A_{B5}^L, ist die Firmengruppe zwar auch indifferent, ob sie die Vereinbarung schließen soll oder nicht. Allerdings entscheidet sie sich für niedrigere A-Werte, die Vereinbarung nicht zu schließen, wohingegen sie für höhere A-Werte eine Vereinbarung schließt. Die Schwelle A_{B5}^L ist folgendermaßen definiert:

$$B = 10 = B_{k5.7}^* \quad \Leftrightarrow \quad A = A_{B5}^L. \text{[29]} \tag{4.4}$$

Sooft die Firmengruppe sich gegen eine Vereinbarung entschließt, wird der Status Quo realisiert, und ein Complianceniveau ist nicht definiert. Aus diesem Grund existiert die $\hat{\gamma}^L(A)$-Funktion nicht für Werte zwischen A_{B3}^L und A_{B5}^L.

---

[26] Für B_{a1}^* ergibt sich im Fallbeispiel ein Wert von $\frac{5}{3}A$. Für alle $A \in (0; A_1^G]$ mit $A_1^G = \frac{3}{7}$ kann gezeigt werden $B = 10 > \frac{5}{3}A =: B_{a1}^*$.

[27] Für B_{a3}^* ergibt sich im Fallbeispiel ein Wert von $\frac{(10A-2)(A+1)}{6A+2}$. Für alle $A \in (A_1^G; A_2^G]$ mit $A_1^G = \frac{3}{7}$ und $A_2^G = \frac{11}{7}$ kann gezeigt werden $B = 10 > \frac{(10A-2)(A+1)}{6A+2} =: B_{a3}^*$.

[28] Für $B_{k3.3}^*$ ergibt sich im Fallbeispiel ein Wert von $\frac{25}{9}(2A - 1)$. Für $A = A_1^L = \frac{9}{5}$ ergibt sich $B = 10 > \frac{65}{9} = B_{k3.3}^*(A_1^L)$, d.h. die Firmengruppe wählt *in*; für $A = A_2^L = \frac{66}{25}$ dagegen $B = 10 < \frac{107}{9} = B_{k3.3}^*(A_2^L)$, d.h. die Firmengruppe wählt *out*; dazwischen fällt $B_{k3.3}^*$ monoton und die Funktion $B_{k3.3}^* - 10$ hat ihre Nullstelle in $A_{B3}^L = \frac{23}{10}$.

[29] Für $B_{k5.7}^*$ ergibt sich im Fallbeispiel ein Wert von $\frac{5}{3}(A + 1)$. Für $A = A_2^L = \frac{66}{25}$ ergibt sich $B = 10 > \frac{91}{15} = B_{k5.7}^*(A_2^L)$, d.h. die Firmengruppe wählt *out*; für $A \to \infty$ dagegen konvergiert $B_{k5.7}^*(A_2^L)$ gegen ∞, so daß gilt $B = 10 < B_{k5.7}^*(A)$, d.h. die Firmengruppe wählt *in*; dazwischen steigt $B_{k5.7}^*$ monoton und die Funktion $B_{k5.7}^* - 10$ hat ihre Nullstelle in $A_{B5}^L = 5$.

In der ersten Parameterkonstellation des Legalausnahmespiels ($A \leq A_1^L$) existiert ein solcher Schwellenwert nicht: Der gleichgewichtige Payoff lautet hier für alle A-Werte G, so daß sich die Vereinbarung gegenüber dem Status Quo immer lohnt. Im Fallbeispiel werden also alle denkbaren Gleichgewichte realisiert. Abbildung 4.2 visualisiert unter Berücksichtigung der im Fallbeispiel festgelegten Parameterspezifikation die Gleichgewichtsabfolge im Genehmigungs- und im Legalausnahmespiel für zunehmenden Kartellaufschlag A.

Abbildung 4.2: Die Abfolge der Gleichgewichte im Fallbeispiel für zunehmenden Kartellaufschlag A im Vergleich

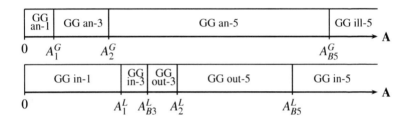

Zurück zu Abbildung 4.1: Ein Vergleich der beiden Compliance-Funktionen $\hat{\gamma}^G(A)$ und $\hat{\gamma}^L(A)$ zeigt, daß für die gewählte Parameterspezifikation das Complianceniveau im Legalausnahmespiel für alle A-Werte, in denen beide Compliance-Funktionen definiert sind, gleich hoch oder höher liegt als im Genehmigungsspiel. Unter diesem Gesichtspunkt kann also folgendes konstatiert werden:

Ergebnis F1: In der im Fallbeispiel gewählten Parameterspezifikation kann das Legalausnahmespiel im Hinblick auf das von der Firmengruppe gewählte Complianceniveau grundsätzlich als gleich gut oder sogar besser als das Genehmigungsspiel angesehen werden.

Die Frage, ob dieses Ergebnis für sämtliche denkbaren Parameterspezifikationen haltbar ist, läßt sich nicht ohne weiteres beantworten. Der Grund für das gute Abschneiden des Legalausnahmespiels liegt darin, daß im Fallbeispiel die Geldbuße ($B = 10$) so hoch gewählt wurde, daß die kritischen Schwellen A_1^L und A_2^L sehr viel weiter rechts zu liegen kommen als die entsprechenden Schwellen A_1^G und A_2^G des Genehmigungsspiels. Es ist anzunehmen, daß die beiden Spiele für niedrigere B-Werte zu ähnlicheren Ergebnisse führen. Eine exakte komparativ statische Analyse ist jedoch aufgrund der vielen Fallunterscheidungen zu aufwendig, weswegen zur Beantwortung dieser Frage auf die in Abschnitt 4.3 durchgeführte Simulation verwiesen werden muß.

Um die Wirksamkeit der beiden konkurrierenden Rechtsdurchsetzungsinstitutionen im Fallbeispiel abschließend beurteilen zu können, müssen neben dem Complianceniveau auch noch die gleichgewichtigen Fehlerwahrscheinlichkeiten betrachtet werden. Abbildung 4.3 zeigt die Wahrscheinlichkeiten, einen Fehler erster Ordnung zu begehen, für beide Rechtsdurchsetzungsinstitutionen. Die Type-I-Fehlerwahrscheinlichkeit des Genehmigungsspiels p_I^G ist in schwarzer Farbe, die des Legalausnahmespiels, p_I^L, in grauer Farbe eingezeichnet.[30]

Abbildung 4.3: Die Fehlerwahrscheinlichkeiten p_I^G und p_I^L in Abhängigkeit vom Kartellaufschlag A im Vergleich

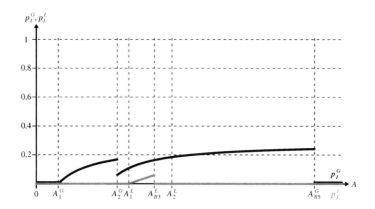

Man sieht sofort, daß die Fehlerwahrscheinlichkeit des Legalausnahmespiels für alle A-Werte auf derselben Höhe oder unterhalb der Fehlerwahrscheinlichkeit des Genehmigungsspiels verläuft. Damit läßt sich folgendes Ergebnis im Fallbeispiel festhalten:

---

[30] Abildung 4.3 faßt die Abbildungen 3.19, 3.17, 3.30 und 3.29 in einer Graphik zusammen.

Ergebnis F2: In der im Fallbeispiel gewählten Parameterspezifikation
kann das Legalausnahmespiel im Hinblick auf die Wahrscheinlichkeit,
daß ein Fehler erster Ordnung begangen wird, grundsätzlich als gleich
gut oder sogar besser als das Genehmigungsspiel angesehen werden.

Abbildung 4.4 zeigt für beide Spiele die Wahrscheinlichkeiten, einen
Fehler zweiter Ordnung zu begehen. Die Type-II-Fehlerwahrscheinlichkeit
des Genehmigungsspiels p_{II}^G ist in schwarzer Farbe, die des Legalausnahmespiels, p_{II}^L, in grauer Farbe eingezeichnet.[31]

*Abbildung 4.4: Die Fehlerwahrscheinlichkeiten p_{II}^G und p_{II}^L in
Abhängigkeit vom Kartellaufschlag A im Vergleich*

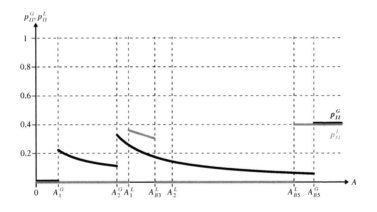

Der Vergleich der Wahrscheinlichkeiten für einen Fehler zweiter Ordnung fällt nicht mehr ganz so eindeutig aus. Für eine Reihe von A-Werten
liegt die Fehlerwahrscheinlichkeit des Legalausnahmespiels unterhalb der
des Genehmigungsspiels oder auf selber Höhe, für einige A-Werte dreht
sich dieses Verhältnis jedoch um: Im Bereich zwischen A_1^L und A_{B3}^L sowie im Intervall von A_{B5}^L bis A_{B5}^G liegt p_{II}^L über p_{II}^G. Beide Intervalle liegen rechts der im Genehmigungsspiel geltenden kritischen Schwelle A_2^G

---

[31] Abildung 4.4 faßt die Abbildungen 3.20, 3.18, 3.31 und 3.29 in einer Graphik
zusammen.

und links der ebenfalls dem Genehmigungsspiel zuzurechnenden Schwelle A_{B5}^G. Die p_{II}^G-Funktion des Genehmigungsspiels verläuft innerhalb dieser Grenzen streng monoton fallend. Es wird das Gleichgewicht GG an-5 realisiert, d.h. die Firmengruppe meldet ihre Vereinbarung an, gestaltet sie mit Wahrscheinlichkeit γ_1 freistellungsfähig aus, und die EU-Kommission untersagt die Vereinbarung, wann immer sie sich eine negative Meinung gebildet hat, und sie genehmigt sie mit Wahrscheinlichkeit α_1, wann immer sie zu einer positiven Einschätzung gelangt ist. Die Wahrscheinlichkeit, einen Fehler zweiter Ordnung zu begehen, ist daher auf die Fälle reduziert, in denen tatsächlich eine nicht-freistellungsfähige Vereinbarung vorliegt, und die EU-Kommission diese genehmigt, obwohl sie sich eine negative Meinung über die Vereinbarung gebildet hat.[32]

Im Intervall $(A_1^L; A_{B3}^L]$ liegt im Legalausnahmespiel dagegen Parameterkonstellation PK3^L vor, und die Firmengruppe wird nicht vom Schließen der Vereinbarung abgeschreckt, d.h. es realisiert sich das Gleichgewicht GG in-3: Die Firmengruppe gestaltet ihre Vereinbarung mit Wahrscheinlichkeit γ_2 freistellungsfähig aus, und die EU-Kommission läßt diese unbeanstandet, wann immer sie sich eine positive Meinung über sie gebildet hat, während sie sie mit Wahrscheinlichkeit $1 - \beta_1$ untersagt, wenn sie zu einer negativen Einschätzung gelangt ist. Das Complianceniveau der Firmengruppe ist in diesem Intervall im Legalausnahmespiel also höher als im Genehmigungsspiel ($\gamma_2^L > \gamma_1^G$), die Freistellungschancen liegen aber ebenfalls höher ($1 > \alpha_1^G$ und $\beta_1^L > 0$), so daß die EU-Kommission leichter Gefahr läuft, einen Fehler zweiter Ordnung zu begehen, indem sie eine nicht-freistellungsfähige Vereinbarung im Kontrollprozeß unbeanstandet läßt. Darüber hinaus wird die Vereinbarung mit Wahrscheinlichkeit $1 - \xi$ nicht kontrolliert, was ebenfalls zu einer Erhöhung der Wahrscheinlichkeit, einen Fehler zweiter Ordnung zu begehen, beiträgt. Dieser Anteil der nicht kontrollierten, aber nicht-freistellungsfähig ausgestalteten Vereinbarungen[33] ist es, zusammen mit der Möglichkeit einer Fehlentscheidung

---

[32] Die Wahrscheinlichkeit hierfür beträgt $(1 - \gamma_1)\varphi\alpha_1(1 - \chi)$. Der Ausdruck berücksichtigt, daß die Fehlentscheidung nur zum Tragen kommt, wenn das EuGeI nicht angerufen wird.

[33] Die Wahrscheinlichkeit hierfür beträgt $(1 - \xi)(1 - \gamma_2)$.

während der Kontrolle [34], der dazu führt, daß die Fehlerwahrscheinlichkeit
für einen Fehler zweiter Ordnung im Legalausnahmespiel höher ausfällt
als im Genehmigungsspiel, obwohl das Complianceniveau höher ist.

Im Intervall $[A_{B5}^L; A_{B5}^G)$ liegt im Legalausnahmespiel ebenfalls Parameterkonstellation $PK5^L$ vor, und die Firmengruppe wird wieder nicht vom
Eingehen einer Vereinbarung abgeschreckt. Im Legalausnahmespiel realisiert sich also das Gleichgewicht GG in-7, das ein Null-Compliance-
Gleichgewicht ist ($\gamma^* = \alpha^* = \beta^* = 0$). Weil die EU-Kommission auf ein solches Verhalten der Firmengruppe mit strikter Untersagung reagiert, kann
ein Fehler zweiter Ordnung in diesem Gleichgewicht nur dadurch entstehen, daß eine Vereinbarung nicht kontrolliert wird.[35] Weil die Kontrollwahrscheinlichkeit ξ im Fallbeispiel nur mit 0,6 angenommen wurde, liegt
damit die Type-II-Fehlerwahrscheinlichkeit im Legalausnahmespiel bei 0,4
und damit deutlich höher als die im Genehmigungsspiel.[36]

Damit läßt sich folgendes Ergebnis im Fallbeispiel festhalten:

Ergebnis F3: In der im Fallbeispiel gewählten Parameterspezifikation
kann das Legalausnahmespiel im Hinblick auf die Wahrscheinlichkeit,
daß ein Fehler zweiter Ordnung begangen wird, in vielen Fällen als
gleich gut oder sogar besser als das Genehmigungsspiel angesehen
werden. Nur in zwei klar definierten Intervallen, $A \in (A_1^L; A_{B3}^L]$ und
$A \in [A_{B5}^L; A_{B5}^G)$ schneidet das Genehmigungsspiel besser ab.

Wie schon in Zusammenhang mit Ergebnis F1 erwähnt, können die
hier herausgearbeiteten Ergebnisse keinen Allgemeingültigkeitsanspruch
begründen. Sie beziehen sich in ihrer Konkretheit nur auf die in diesem Abschnitt gewählte Parameterspezifikation. Für andere Parameterwerte mö-
gen die Kurvenverläufe anders aussehen und andere Ergebnisse zeitigen.
Auf eine exakte komparativ statische Analyse wird aufgrund der vielen
Fallunterscheidungen an dieser Stelle jedoch verzichtet. Zur Beantwortung

---

[34] Die Wahrscheinlichkeit hierfür beträgt $(1 - \gamma_2)\xi[\varphi + (1 - \varphi)\beta_1](1 - \chi)$. Der Ausdruck berücksichtigt, daß die Fehlentscheidung nur zum Tragen kommt, wenn das
EuGeI nicht angerufen wird.

[35] Die Wahrscheinlichkeit hierfür beträgt $1 - \xi$.

[36] Die Type-II-Fehlerwahrscheinlichkeit im Genehmigungsspiel beträgt im Bereich
$[A_{B5}^L; A_{B5}^G)$ $(1 - \gamma_1)\varphi\alpha_1(1 - \chi) = \frac{9}{25(2A-1)}$ und liegt im Intervall $(0,035; 0,04]$. (Der
Wert 0,035 ist gerundet.)

der Frage, inwiefern andere Parameterspezifikationen zu anderen Ergebnisse führen, wird deswegen auf die im folgenden Abschnitt 4.3 durchgeführte Simulation verwiesen. Dennoch kann auch ohne eine solche Analyse bereits hier ein wichtiger allgemeingültiger Schluß gezogen werden:

Ergebnis F4: Mit den in diesem konkreten Fallbeispiel gewonnenen Ergebnissen F1 bis F3 läßt sich die von den Reformkritikern aufgestellte Behauptung, das Legalausnahmesystem erweise sich grundsätzlich und systematisch als unwirksamer als das Genehmigungssystem, widerlegen. Zumindest in der hier gewählten Parameterspezifikation, die nicht unrealistisch ist in dem Sinne, daß sie keine extremen Parameterbelegungen vorgibt, ist das Legalausnahmesystem in den meisten Fällen als mindestens ebenbürtig anzusehen.

– Für sämtliche denkbaren Kartellaufschläge $A \in (0; \infty)$ führt das Legalausnahmesystem im Fallbeispiel zu höheren oder zumindest gleich hohen Complianceniveaus.

– Für sämtliche denkbaren Kartellaufschläge $A \in (0; \infty)$ führt das Legalausnahmesystem im Fallbeispiel zu niedrigeren oder zumindest gleich hohen Wahrscheinlichkeiten für einen Fehler erster Ordnung.

– Für einen Großteil der denkbaren Kartellaufschläge $A \in (0; \infty)$ führt das Legalausnahmesystem im Fallbeispiel zu niedrigeren oder zumindest gleich hohen Wahrscheinlichkeiten für einen Fehler zweiter Ordnung.

– Nur in wenigen Einzelfällen führt das Legalausnahmesystem im Fallbeispiel zu höheren Wahrscheinlichkeiten für einen Fehler zweiter Ordnung.

Daher kann im Fallbeispiel das Legalausnahmesystem nur in wenigen Einzelfällen und dann auch nur in bezug auf die Wahrscheinlichkeit, einen Fehler zweiter Ordnung zu begehen, als dem Genehmigungssystem unterlegen bezeichnet werden.

4.3 Die Simulation: Welche Institution ist wirksamer?

In Abschnitt 4.2 wurde ein Fallbeispiel verwendet, um einen Eindruck zu vermitteln, für welche A-Werte das Legalausnahmespiel zu bessern und für welche es zu schlechteren Ergebnissen führt. Es wurde gezeigt, daß das Legalausnahmesystem für die dort verwendete Parameterspezifikation fast immer zu Ergebnissen führt, die denen des Genehmigungssystems mindestens ebenbürtig sind. Aber es stellt sich die Frage, inwieweit ein solches Fallbeispiel repräsentativ ist. Sind die im Fallbeispiel hergeleiteten Ergebnisse auch für andere Parameterspezifikationen gültig? Wie ändern sich die Ergebnisse, wenn nicht nur der Kartellaufschlag A flexibel ist, sondern die anderen Parameter auch? Zur Beantwortung dieser Fragen wird in diesem Kapitel mit Hilfe eines Computerprogramms eine Simulation durchgeführt. Der verwendete Algorithmus ist in der Lage, für jede denkbare Parameterbelegung die Gleichgewichte in beiden Spielen, die daraus resultierenden Complianceniveaus, sowie die gleichgewichtigen Fehlerwahrscheinlichkeiten zu bestimmen und miteinander zu vergleichen. Durch das Einspeisen vieler unterschiedlicher Parameterbelegungen in das Computerprogramm können die relativen Häufigkeiten berechnet werden, mit denen das Legalausnahmesystem dem Genehmigungssystem überlegen oder zumindest gleichwertig ist. Auf Basis dieser relativen Häufigkeiten kann in Abschnitt 4.4 die Frage abschließend beantwortet werden, ob der von der EU-Kommission initiierte Systemwechsel im europäischen Kartellrecht sinnvoll oder – wie von den Reformkritikern behauptet wurde – ein großer Fehler war. Bevor in Abschnitt 4.3.2 die Simulationsergebnisse präsentiert werden, erläutert Abschnitt 4.3.1 das Design der Simulation.

4.3.1 Das Design

Die Simulation wird durch ein in der Programmiersprache Java implementiertes Computerprogramm ausgeführt.[37] Abschnitt 4.3.1.1 erläutert die Funktionsweise des Simulationsprogramms, während Abschnitt 4.3.1.2 die vorgenommenen allgemeinen Spezifikationen, nämlich die in der Simulation grundsätzlich gültigen Annahmen bezüglich der Gleichgewichtsselektion, der Definitionsbereiche und der Wahrscheinlichkeitsverteilung der Parameterkonstellationen, präzisiert. In Abschnitt 4.3.1.3 werden die Settings vorgestellt, für die die einzelnen Simulationsläufe unternommen

---

[37] Mein Dank gilt Judith Baur, Diplom-Computer-Linguistin, die die Java-Implementation des von mir auf Grundlage der Gleichgewichtsberechnungen der Abschnitte 3.3 und 3.4 entwickelten Algorithmus übernommen hat.

wurden. Dabei bezeichnet der Begriff *Setting* zusätzliche Annahmen, die bezüglich der Parameterspezifikationen innerhalb eines Simulationslaufes getroffen werden. Mit Hilfe dieser Settings können unterschiedliche Rahmenbedingungen beim Wechsel von einer Rechtsdurchsetzungsinstitution zur anderen simuliert werden.[38]

4.3.1.1 Funktionsweise des Simulationsprogramms

Der dem Programm zugrundeliegende Algorithmus berechnet parametrisiert die Gleichgewichte des Genehmigungs- und Legalausnahmespiels, sowie die dazugehörigen Complianceniveaus und Fehlerwahrscheinlichkeiten. In einem nächsten Schritt werden gemäß dem vorab spezifizierten Setting unterschiedliche Parameterbelegungen in das Programm eingespeist, für die jeweils die Ergebnisse, das Complianceniveau und die Fehlerwahrscheinlichkeiten des erreichten Gleichgewichts, berechnet werden. Für jede dieser Parameterbelegungen vergleicht das Programm die Ergebnisse der beiden Spiele, indem es feststellt, ob das Legalausnahmespiel

– ein mindestens so hohes Complianceniveau wie das Genehmigungsspiel,

– eine mindestens so niedrige Wahrscheinlichkeit, einen Fehler erster Ordnung zu begehen,

– und eine mindestens so niedrige Wahrscheinlichkeit, einen Fehler zweiter Ordnung zu begehen,

aufweist. Die Resultate des Vergleichs werden abgespeichert. Zusätzlich hält das Programm für jede Parameterbelegung fest,

– ob die Firmengruppe im Genehmigungsspiel die Anmeldung gewählt hat und ob sie im Legalausnahmespiel die Vereinbarung eingegangen ist,

– wie hoch das Complianceniveau im Anmelde- und im Kontroll-Teilspiel ist, und

---

[38] So kann ein Setting beispielsweise vorschreiben, daß – wie im Fallbeispiel – außer dem Systemwechsel keinerlei Umweltveränderungen stattfinden. In einem solchen „Ceteris-Paribus"-Setting entsprechen in jeder verwendeten Parameterkonstellation die Parameter des Genehmigungsspiels exakt den Parametern des Legalausnahmespiels.

– wie hoch das endgültig resultierende Complianceniveau im Genehmigungsspiel und im Legalausnahmespiel ist.

Die Trennung nach Teilspiel und Gesamtspiel bei der Berechnung der Complianceniveaus trägt dem Umstand Rechnung, daß das Anmelde- oder das Kontroll-Teilspiel auch abseits des Gleichgewichtspfades liegen können. Die für diese Teilspiele berechneten Complianceniveaus sind dann im Gleichgewicht für das Verhalten der Firmengruppe unerheblich. Dennoch ist es interessant zu sehen, welches Complianceniveau erreicht worden wäre, wenn es gelungen wäre, die Firmengruppe zur Anmeldung (im Genehmigungsspiel) bzw. zum Schließen einer Vereinbarung (im Legalausnahmespiel) anzureizen.

Im einzelnen berechnet das Programm hieraus folgende durchschnittlich erreichten Complianceniveaus:

– durchschnittliche Compliance im Anmelde-Teilspiel (DC_{an}),

– durchschnittliche Compliance im Genehmigungsspiel (DC^G),

– durchschnittliche Compliance im Kontroll-Teilspiel (DC_{in}),

– durchschnittliche Compliance im Legalausnahmespiel (DC^L).

Die durchschnittliche Compliance im Anmelde- bzw. Kontroll-Teilspiel (DC_{an} bzw. DC_{in}) berechnet sich als Summe der Complianceniveaus in diesem Teilspiel, geteilt durch die Anzahl der Anmeldungen bzw. geteilt durch die Anzahl der geschlossenen Vereinbarungen:

$$DC_{an} \quad := \quad \frac{\Sigma \gamma_{an}^*}{\# \text{ Anmeldungen}}; \tag{4.5}$$

$$DC_{in} \quad := \quad \frac{\Sigma \gamma_{in}^*}{\# \text{ Vereinbarungen}}. \tag{4.6}$$

Die durchschnittliche Gesamtcompliance im Genehmigungsspiel setzt sich aus zwei unterschiedlichen Teilwerten zusammen: Es werden jeweils die Complianceniveaus im Anmelde-Teilspiel und im Illegal-Teilspiel aufsummiert, und diese Summe wird dann durch die Anzahl der betrachteten Fälle dividiert:

$$DC^G \quad := \quad \frac{\Sigma \gamma_{an}^* + \Sigma \delta_{ill}^*}{\# \text{ Fälle}}. \tag{4.7}$$

Dabei ist klar, daß der Term $\sum \delta_{ill}^*$ immer Null beträgt, weil die Firmengruppe im Illegal-Teilspiel immer ein Complianceniveau von Null wählt.[39] Die durchschnittliche Gesamtcompliance kann daher zwingend niemals größer sein als die durchschnittliche Compliance im Anmelde-Teilspiel:

$$DC^G \leq DC_{an}.^{40} \tag{4.8}$$

Die durchschnittliche Gesamtcompliance im Legalausnahmespiel setzt sich ebenfalls aus zwei unterschiedlichen Teilwerten zusammen. Allerdings gibt es nur im Kontroll-Teilspiel ein Complianceniveau im engeren Sinn, da nur hier eine Vereinbarung geschlossen wird, die freistellungsfähig ausgestaltet werden kann. Liegt das Kontroll-Teilspiel abseits des Gleichgewichtspfades, wird keine Vereinbarung geschlossen. Um die durchschnittlichen Gesamtcomplianceniveaus der beiden Spiele dennoch vergleichbar zu machen, ordnet das Simulationsprogramm jeder *out*-Entscheidung der Firmengruppe den Compliancewert $\varepsilon_{out}^* = 1$ zu. Dieser Zuordnung liegt die Überlegung zugrunde, daß ein Nicht-Eingehen einer Vereinbarung als *Compliance im weiteren Sinne* interpretiert werden kann.[41] In anderen Worten: Das Abstandnehmen von einer wettbewerbsbeschränkenden Vereinbarung ist auch gesetzestreues Verhalten.[42] Das durchschnittliche Complianceniveau im Legalausnahmespiel berechnet sich unter Berücksichtigung dieser Annahme wie folgt:

$$DC^L := \frac{\sum \gamma_{in}^* + \sum \varepsilon_{out}^*}{\# \text{ Fälle}}. \tag{4.9}$$

Es ist offensichtlich, daß der Term $\sum \varepsilon_{out}^*$ der Anzahl der *out*-Entscheidungen entspricht, weil für jede *out*-Entscheidung Eins addiert wird. Die durchschnittliche Gesamtcompliance kann daher zwingend

---

[39] Vgl. Abschnitt 3.3.2.1.

[40] Der Grenzfall $DC^G = DC_{an}$ tritt nur ein, wenn die Anzahl der Anmeldungen der Anzahl der Fälle entspricht, wenn also jede Vereinbarung angemeldet wird. Es gilt dann $DC^G = \frac{\sum \gamma_{an}^* + 0}{\# \text{ Fälle}} = \frac{\sum \gamma_{an}^*}{\# \text{ Anmeldungen}} = DC_{an}$.

[41] Vgl. auch Abschnitt 3.1.1.1.

[42] Von dieser Interpretation wurde in des bisherigen Arbeit noch kein Gebrauch gemacht. In den Abschnitten 3.4, 4.1 und 4.2 wurde statt dessen argumentiert, daß das tatsächliche Complianceniveau für Gleichgewichte, die die Aktion *out* beinhalten, nicht definiert ist. Die hier eingeführte Interpretation steht dazu nicht im Widerspruch. Sie stellt nur ein technisches Hilfsmittel dar, um die Ergebnisse der beiden Spiele vergleichbar zu machen.

niemals kleiner sein als die durchschnittliche Compliance im Kontroll-Teilspiel:

$$DC^L \;\geq\; DC_{in}.^{43} \tag{4.10}$$

In einem letzten Schritt berechnet das Programm mit Hilfe der zuvor festgelegten Wahrscheinlichkeitsverteilung der einzelnen Parameterbelegungen die relativen Häufigkeiten folgender Ereignisse:[44]

– Das Legalausnahmespiel ist bezüglich der Wahrscheinlichkeit, einen Fehler erster Ordnung zu begehen, nicht schlechter als das Genehmigungsspiel ($p_I^L \leq p_I^G$).

– Das Legalausnahmespiel ist bezüglich der Wahrscheinlichkeit, einen Fehler zweiter Ordnung zu begehen, nicht schlechter als das Genehmigungsspiel ($p_{II}^L \leq p_{II}^G$).

– Das Legalausnahmespiel ist bezüglich beider Wahrscheinlichkeit nicht schlechter als das Genehmigungsspiel ($p_I^L \leq p_I^G \;\wedge\; p_{II}^L \leq p_{II}^G$).

– Im Genehmigungsspiel erfolgt eine Anmeldung ($EP_{an}^F \geq EP_{ill}^F$).

– Im Legalausnahmespiel wird eine Vereinbarung geschlossen ($EP_{in}^F \geq EP_{out}^F$).

– Das Legalausnahmespiel ist bezüglich des tatsächlich erreichten Complianceniveaus nicht schlechter als das Genehmigungsspiel ($\hat{\gamma}^L \geq \hat{\gamma}^G$).

4.3.1.2 Setting-übergreifende Spezifikationen

Die setting-übergreifenden Spezifikationen betreffen die zum Zwecke der Programmierung getroffenen Annahmen bezüglich der Gleichgewichtsse-

---

[43] Der Grenzfall $DC^L = DC_{in}$ tritt nur ein, wenn entweder alle geschlossenen Vereinbarungen ein Comlianceniveau von Eins aufweisen; es gilt dann $\sum \gamma_{in}^* = \#\,in$-Entscheidungen, so daß sich ergibt: $DC^L = \dfrac{\#\,in\text{-Entscheidungen} + \#\,out\text{-Entscheidungen}}{\#\,\text{Fälle}} = 1 = DC_{in}$. Der Grenzfall tritt auch ein, wenn alle Vereinbarungen geschlossen werden; dann ist die Anzahl der in-Entscheidungen gleich der Anzahl der Fälle, und es ergibt sich: $DC^L = \dfrac{\#\,in\text{-Entscheidungen} + 0}{\#\,\text{Fälle}} = 1 = DC_{in}$.

[44] Wie aus den Tabellen in Abschnitt 4.3.2 ersichtlich ist, gibt das Programm auch die relativen Häufigkeiten der Gegenereignisse an.

lektion, der Definitionsbereiche und der Wahrscheinlichkeitsverteilung der
Parameterbelegungen.

Bei der Gleichgewichtsselektion wird auf denselben Mechanismus zurückgegriffen, der in Abschnitt 3.4 eingeführt und bereits im Fallbeispiel
des Abschnitts 4.2 verwendet wurde: Bei mehreren möglichen Gleichgewichten innerhalb einer Parameterkonstellation wird dasjenige ausgewählt,
welches der Firmengruppe als Pseudo-First-Mover den höchsten Payoff
garantiert. Sind die gleichgewichtigen erwarteten Payoffs identisch, wird
angenommen, daß sich die Firmengruppe „nett" verhält: Sie wählt dasjenige Gleichgewicht, welches das höchste Complianceniveau aufweist. Damit
reduziert sich die Anzahl der möglichen Gleichgewichte in der Simulation
auf sechs im Genehmigungs- und fünf im Legalausnahmespiel.[45]

Die Fehlerwahrscheinlichkeiten und Complianceniveaus hängen in beiden Spielen von jeweils maximal sieben exogenen Parametern ab. Die
grundsätzlichen Definitionsbereiche dieser exogenen Parameter wurden in
Abschnitt 3.2 festgelegt: Die Parameter ρ, φ, χ und τ bzw. ξ sind jeweils
zwischen Null und Eins (beides exklusive) definiert, während die Para-
meter B, G und A alle Werte zwischen Null und unendlich (beides exklusive) annehmen können. Wie in Abschnitt 4.3.1.1 erläutert, berechnet
und vergleicht das Simulationsprogramm die Ergebnisse der beiden Spiele
für eine Reihe von unterschiedlichen Parameterbelegungen. Die im Modell
angenommenen kontinuierlichen Definitionsbereiche der Parameter führen
allerdings zu *unendlich vielen* möglichen Parameterbelegungen. Da auch
ein Computerprogramm nicht vermag, die Ergebnisse für eine unendliche
Anzahl von Fällen zu berechnen, müssen die Definitionsbereiche der Parameter bei der Programmierung beschränkt werden. Die Einschränkung
muß dabei unter der Maßgabe vorgenommen werden, daß möglichst keine
Information verloren geht (d.h. so viele Daten wie möglich), das Programm
aber lauffähig wird (d.h. nur so viele Daten, daß die Rechenzeit vertretbar
bleibt). Konkret wurden folgende Spezifikationen gewählt:

Die Parameter-Septupel der beiden Spiele lauten

$$\kappa \;=\; (\rho^G, \varphi^G, \tau, \chi^G, B^G, G, A) \text{ im Genehmigungsspiel und} \quad (4.11)$$

$$\lambda \;=\; (\rho^L, \varphi^L, \xi, \chi^L, B^L, G, A) \text{ im Legalausnahmespiel,} \quad (4.12)$$

---

[45] Vgl. hierzu die Ausführungen in Abschnitt 4.2, insbesondere Tabelle 4.1.

d.h. die Assessment-Skills (ρ^G, ρ^L, φ^G, φ^L), die Entdeckungs- bzw. Kontrollwahrscheinlichkeit (τ, ξ), die Klagewahrscheinlichkeit (χ^G, χ^L) und die Geldbuße (B^G, B^L) können in den beiden Spielen grundsätzlich verschiedene Werte annehmen; die Werte für den Basisgewinn und den Kartellaufschlag dagegen entsprechen sich jeweils in beiden Spielen ($G^G = G^L = G$, $A^G = A^L = A$). Der Grund hierfür liegt in der bereits mehrfach erläuterten Annahme, daß der Basisgewinn sowie der Kartellaufschlag fixe Marktgrößen darstellen, die nicht direkt beeinflußt werden können.

Die Definitionsbereiche der Parameter ρ^i, φ^i, τ, ξ und χ^i (mit $i = G, L$) wurden diskret gemacht: Die Parameter sind weiter zwischen Null und Eins (beides exklusive) definiert, laufen nun aber in Zehntel-Schritten von 0,1 bis 0,9.

$$\mathbb{D}_j^{kont.} = (0; 1)$$
$$\rightarrow \quad \mathbb{D}_j^{disk.} = \{0,1; 0,2; 0,3; 0,4; 0,5; 0,6; 0,7; 0,8; 0,9\} \quad (4.13)$$

mit $j = \rho^i, \varphi^i, \tau, \xi, \chi^i$ und $i = G, L$.

Diese Definitionsbereiche verfügen damit über jeweils neun Instanzen.[46] Das Programm stellt außerdem sicher, daß die Assessment-Skills in jeder Parameterbelegung imperfekt, aber positiv sind ($\rho^i > \varphi^i$ mit $i = G, L$). Bei den restlichen Parametern, die im Modell alle zwischen Null und unendlich (beides exklusive) definiert sind, erweist sich die Überführung in einen diskreten Definitionsbereich als schwieriger: Es muß nicht nur eine obere Grenze des theoretisch bis unendlich laufenden kontinuierlichen Definitionsbereichs gefunden, sondern auch statt 0,1 eine neue, größere Schrittlänge festgelegt werden. Beides dient dazu, die Zahl der Instanzen überschaubar zu halten, damit sich die Rechenzeit des Programms in einem vertretbaren Rahmen bewegt. Der neue diskrete Definitionsbereich der Parameter B^G, B^L, G und A verfügen nun jeweils über 30 Instanzen[47] und läuft in 50er-Schritten von 50 bis 1.500.

$$\mathbb{D}_j^{kont.} = (0; \infty)$$
$$\rightarrow \quad \mathbb{D}_j^{disk.} = \{50; 100; 150; ...; 1.450; 1.500\} \quad (4.14)$$

mit $j = B^i, G, A$ und $i = G, L$.

---

[46] Formal: $|\mathbb{D}_j^{disk.}| = 9$ mit $j = \rho^i, \varphi^i, \tau, \xi, \chi^i$ und $i = G, L$.
[47] Formal: $|\mathbb{D}_j^{disk.}| = 30$ mit $j = B^i, G, A$ und $i = G, L$.

Durch das Durchführen einer Testreihe mit variierenden anderen diskreten Definitionsbereichen wurde die Sensitivität der Simulationsergebnisse bezüglich dieser Annahme überprüft. Es konnte gezeigt werden, daß die Ergebnisse nur unwesentlich von der Wahl des Definitionsbereiches für die Parameter B^G, B^L, G und A abhängen.[48]

Schließlich müssen noch Annahmen über die Wahrscheinlichkeit des Eintretens der einzelnen Parameterbelegungen getroffen werden. Der Einfachheit halber wurde angenommen, daß jede Parameterbelegung mit derselben Wahrscheinlichkeit eintritt. Es herrscht also Gleichverteilung der Fälle.

4.3.1.3 Auswahl der Settings

Wenn keine weiteren Einschränkungen angegeben werden, berechnet das Programm für alle möglichen Parameterbelegungen – das sind bei Verwendung der in Abschnitt 4.3.1.2 festgelegten Definitionsbereiche fast 7 Billionen Fälle! – die aus dem jeweiligen Gleichgewicht resultierenden Fehlerwahrscheinlichkeiten und Complianceniveaus für beide Spiele und vergleicht diese miteinander. Ein solcher Simulationslauf mit *beliebigen Parametern* bildet eine Annahme über die Rahmenbedingungen des Systemwechsels ab, *Setting* genannt. Die Parameter ρ, φ, τ bzw. ξ, χ, B, G und A können nämlich als solche Rahmenbedingungen interpretiert werden. Je nachdem, welche konkreten Werte sie annehmen, kann sich der Wechsel vom Genehmigungs- zum Legalausnahmesystem vorteilhaft oder nachteilig auf die Fehlerwahrscheinlichkeiten und das Complianceniveau der Firmengruppe auswirken. Ein Simulationslauf mit beliebigen Parametern gibt die Annahme wieder, daß keine Aussage darüber gemacht werden kann, ob und in welche Richtung die Modellparameter durch den Systemwechsel beeinflußt werden. So können die Assessment-Skills im Legalausnahmespiel besser oder schlechter sein als im Genehmigungsspiel, die Kontrollwahrscheinlichkeit (Legalausnahmespiel) kann höher oder niedriger liegen als die Entdeckungswahrscheinlichkeit (Genehmigungsspiel), und auch die Klagewahrscheinlichkeit und die Geldbuße können vor und nach dem Systemwechsel höhere oder niedrigere Werte annehmen. Wie in Abschnitt

---

[48] Für die Ergebnisse der Testreihe siehe Anhang C.1.

4.3.1.2 für alle Simulationsläufe spezifiziert wurde, treten alle diese Möglichkeiten mit derselben Wahrscheinlichkeit ein. Einschränkend gilt nur, daß der Kartellaufschlag A und der Basisgewinn G in beiden Spielen jeweils denselben Wert annehmen ($A^G = A^L = A$ und $G^G = G^L = G$) und daß die Assessment-Skills zwar imperfekt, aber positiv sind ($\rho^i - \varphi^i > 0$ mit $i = G, L$).

Diese erste Annahme bezüglich der Rahmenbedingungen des Systemwechsels ist wohl die weiteste, die man treffen kann. Ich bezeichne sie mit *Setting 0*. Es stellt sich jedoch die Frage, ob dieses Setting das einzig sinnvolle ist, für das Simulationsläufe durchgeführt werden sollten. Die Antwort ist ein klares Nein. Ebenso interessant ist sicherlich die in der Wissenschaft so gern zitierte *Ceteris-Paribus*-Annahme, nach der die Rahmenbedingungen vor und nach dem Systemwechsel unverändert bleiben. Konkret für den Simulationslauf bedeutet dies, daß die einzelnen Parameter nacheinander alle gemäß Abschnitt 4.3.1.2 in ihren Definitionsbereichen festgelegten Werte annehmen können, in einem konkreten Fall – man könnte auch von Weltzustand sprechen – jedoch immer gilt $\kappa = \lambda$, also (ρ^G; φ^G; τ; χ^G; B^G; G^G; A^G) = (ρ^L; φ^L; ξ; χ^L; B^L; G^L; A^L). Dieses *Setting* trägt die Nummer *1*.

Um weitere sinnvolle Settings für die Simulation spezifizieren zu können, muß der Blick auf diejenigen Parameter gerichtet werden, die prinzipiell direkt durch wirtschaftspolitische Maßnahmen beeinflußt werden können. Diese sind die Assessment-Skill-Parameter ρ und φ, die Geldbuße B sowie die Parameter, die die Wahrscheinlichkeit angeben, ob eine Vereinbarung im Legalausnahmespiel kontrolliert oder im Genehmigungsspiel entdeckt wird, falls sie illegal geschlossen wurde, τ und ξ. Die letzten beiden Parameter können auch als *Interventionsparameter* bezeichnet werden, da sie angeben, mit welcher Wahrscheinlichkeit die EU-Kommission im Sinne einer Mißbrauchskontrolle in das Marktgeschehen *eingreift*.[49] Es gilt, eine begründete Vorstellung davon zu entwickeln, in welche Richtung sich diese drei Parameterarten durch den Systemwechsel verändern könnten.

Die Assessment-Skill-Parameter beschreiben die Fähigkeit der EU-Kommission, freistellungsfähige von nicht-freistellungsfähigen Vereinba-

---

[49] Die Aufdeckung und Verurteilung von Vereinbarung ohne Überprüfung ihrer Freistellungsfähigkeit wurde in Abschnitt 3.1.2 als Ex-post-Komponente des Genehmigungssystems klassifiziert.

rungen zu unterscheiden. Aufgrund der Annahme $0 < \varphi < \rho < 1$ tut sie dies weder perfekt ($\rho \neq 1$, $\varphi \neq 0$) noch rein zufällig ($\rho \neq \varphi$). Eine gute Beurteilungsfähigkeit ist durch eine große Differenz $\rho - \varphi$ gekennzeichnet, eine schlechte durch eine kleine.[50] Es ist nicht unplausibel anzunehmen, daß der Wechsel vom Genehmigungssystem zu einem System der Legalausnahme Einfluß auf die Assessment-Skill-Parameter der EU-Kommission hat. Wie im Kapitel 2 dargelegt, rechnet die Kommission durch den Systemwechsel mit einer niedrigeren Arbeitsbelastung. Wenn diese durch den Wegfall der Anmeldungen niedrigere Arbeitsbelastung dazu führt, daß sich die Kommission mit jedem einzelnen kontrollierten Fall ausführlicher beschäftigt, kann davon ausgegangen werden, daß ihre Beurteilungsfähigkeit im neuen System zumindest nicht schlechter sein wird als im alten.[51] Hinzu kommt, daß bei der Beurteilung im neuen System auf Marktdaten zurückgegriffen werden kann, weil die Vereinbarungen bereits durchgeführt werden, wohingegen im alten System lediglich Prognosen auf Basis der Antragsdaten erstellt werden konnten. Auch dieser Umstand spricht für eine Verbesserung der Assessment-Skills der Kommission im Legalausnahmesystem:

$$\rho^L - \varphi^L \;>\; \rho^G - \varphi^G. \tag{4.15}$$

Die Geldbuße, die einer Firmengruppe droht, wenn sie im Genehmigungsspiel eine unangemeldete Vereinbarung oder im Legalausnahmespiel eine nicht-freistellungsfähige Vereinbarung durchführt, ist in den Durchführungsverordnungen VO 17/62 und VO 1/2003 auf 10 % des Vorjahresumsatzes der kartellierenden Unternehmen beschränkt, innerhalb dieses Rahmens kann sie von der Kommission in tatangemessener Höhe verhängt werden.[52] Die Kommission hat die abschreckende Wirkung von Geldbußen und Zwangsgeldern erkannt.[53] Es ist daher nicht abwegig anzunehmen, daß die EU-Kommission künftig im Legalausnahmesystem trotz Beibehaltung der Höchstgrenze Geldbußen in abschreckender Höhe setzen wird. Das Finden der optimalen Geldbuße dürfte zudem erleichtert werden durch den Umstand, daß die Kommission bei der Einschätzung der Vereinbarung

---

[50] Vgl. hierzu auch die Abschnitte 3.2.1.1 und 3.2.4.

[51] Interne Weiterbildungsmaßnahmen der Kommission oder die Einstellung von Fachleuten (Stichwort Chefökonom) sollen hier nicht weiter betrachtet werden, da sie nicht systemspezifisch sind.

[52] Art. 15(2) VO 17/62 und Art. 23(2) VO 1/2003. Es ist zu beachten, daß Modell und Simulation nicht mit Umsätzen, sondern mit Gewinnen rechnen.

[53] Vgl. EU-Kommission (1999, Tz. 123-128).

nicht mehr nur auf eine Prognose, die lediglich auf den Antragsdaten basiert, zurückgreifen muß, sondern aktuelle Marktdaten über die bereits implementierte Vereinbarung zur Verfügung hat. Eine Annahme, die sich daher zur Bildung eines Settings anbietet, lautet: Im Legalausnahmesystem sind die Geldbußen höher als im Genehmigungssystem; oder formal:

$$B^L \; > \; B^G. \tag{4.16}$$

Die Parameter τ und ξ sind insofern institutionenspezifisch, als die Entdekkungswahrscheinlichkeit τ nur im Genehmigungssystem, die Kontrollwahrscheinlichkeit ξ dagegen nur im Legalausnahmesystem existiert. Die Veränderung eines dieser beiden Parameter durch den Institutionenwechsel ergibt daher keinen Sinn. Dennoch weisen sie eine enge inhaltliche Verwandtschaft auf, da beide Parameter angeben, mit welcher Wahrscheinlichkeit eine Mißbrauchskontrolle durchgeführt wird. Der einzige Unterschied bezieht sich auf den kontrollierten Tatbestand: Im Genehmigungsspiel ist dies die Anmeldung, im Legalausnahmespiel die freistellungsfähige Ausgestaltung der Vereinbarung. Aufgrund dieser Gemeinsamkeit wurden τ und ξ auch bereits beide als Interventionsparameter bezeichnet. Schenkt man den in Kapitel 2 ausgeführten Äußerungen der Kommission Glauben, so hatte sie aufgrund der starken Arbeitsbelastung durch die zahllosen Anmeldungen im Genehmigungssystem kaum Zeit und Ressourcen, um sich um die Hardcore-Kartelle zu kümmern, welche sich natürlich nicht um eine offizielle Freistellung bemühen, sondern ihre Vereinbarungen im Verborgenen ausführen. So gesehen dürfte die Entdeckungswahrscheinlichkeit von unangemeldeten Kartellen eher gering gewesen sein. Die EU-Kommission argumentiert weiter, daß sie sich im Legalausnahmesystem aufgrund der wiedergewonnen Ressourcen genau auf dieses ihr Kerngeschäft besser konzentrieren könne. Es ist daher plausibel anzunehmen, daß die Kontrollwahrscheinlichkeit ξ im Legalausnahmespiel höher ausfällt als die Entdeckungswahrscheinlichkeit τ im Genehmigungsspiel:

$$\xi \; > \; \tau. \tag{4.17}$$

Die drei durch die Ungleichungen 4.15, 4.16 und 4.17 definierten Annahmen bezüglich der Rahmenbedingungen des Systemwechsels können grundsätzlich alleine oder in beliebiger Kombination auftreten, während für die nicht betroffenen Parameter weiterhin die Ceteris-Paribus-Annahme aufrechterhalten wird; d.h. die übrigen Parameter werden ebenfalls permutiert, sie nehmen jedoch im Genehmigungsspiel immer denselben Wert an wie im Legalausnahmespiel. Damit ergeben sich die folgenden sieben neuen Settings: In *Setting 2* weist die EU-Kommission im Legalausnahmesystem bessere Assessment-Skills auf als im Genehmigungsspiel (Annahme 4.15). In *Setting 3* belegt sie die Firmengruppe im Legalausnahmesystem mit höheren Geldbußen als im Genehmigungsspiel (Annahme 4.16). In *Setting 4* interveniert sie im Legalausnahmesystem mit höherer Wahrscheinlichkeit als im Genehmigungsspiel (Annahme 4.17). *Setting 5* stellt eine Kombination der Ungleichungen 4.15 und 4.16 dar: Die Kommission verfügt im Legalausnahmespiel über bessere Assessment-Skills als im Genehmigungsspiel und verhängt hier auch höhere Geldbußen als dort. *Setting 6* ist eine Kombination der Annahmen 4.15 und 4.17: Im Legalausnahmespiel sind die Assessment-Skills besser und die Interventionswahrscheinlichkeit höher als im Genehmigungsspiel. *Setting 7* vereint die Annahmen 4.16 und 4.17: Die Geldbuße und die Interventionswahrscheinlichkeit fallen im Legalausnahmespiel höher aus als im Genehmigungsspiel. *Setting 8* schließlich stellt eine Kombination aller drei Annahmen dar. Tabelle 4.2 gibt einen zusammenfassenden Überblick über die neun definierten Settings.

4.3.2 Die Ergebnisse in den einzelnen Settings

Das Simulationsprogramm wurde für alle neun in Abschnitt 4.3.1.3 spezifizierten Settings ausgeführt. In den folgenden Abschnitten 4.3.2.1 bis 4.3.2.4 werden die Simulationsergebnisse eines jeden Settings präsentiert.

4.3.2.1 Setting 0: Beliebige Parameter

Setting 0 liegt die Annahme zugrunde, daß über die Veränderung der Parameter durch den Systemwechsel keinerlei Aussage getroffen werden kann, so daß die Modellparameter außer den settingübergreifenden Spezifikationen keiner weiteren Beschränkung unterworfen sind und jeden Wert innerhalb ihres Definitionsbereichs annehmen können.[54]

---

[54] Vgl. Abschnitt 4.3.1.2. Dies gilt insbesondere für die Annahme $\rho > \varphi$ in jedem Setting.

Tabelle 4.2: Die neun Settings für die Simulationsläufe

Setting	Annahme	Name
0	keine Beschränkung	beliebige Parameter
1	$\kappa = \lambda$	identische Parameter
2	$\rho^L - \varphi^L > \rho^G - \varphi^G$	bessere Assessment-Skills
3	$B^L > B^G$	höhere Geldbuße
4	$\xi > \tau$	höhere Interventionswahrscheinlichkeit
5	$\rho^L - \varphi^L > \rho^G - \varphi^G$ $\wedge \quad B^L > B^G$	bessere Assessment-Skills und höhere Geldbuße
6	$\rho^L - \varphi^L > \rho^G - \varphi^G$ $\wedge \quad \xi > \tau$	bessere Assessment-Skills und höhere Interventionswahrscheinlichkeit
7	$B^L > B^G$ $\wedge \quad \xi > \tau$	höhere Geldbuße und höhere Interventionswahrscheinlichkeit
8	$\rho^L - \varphi^L > \rho^G - \varphi^G$ $\wedge \quad B^L > B^G$ $\wedge \quad \xi > \tau$	bessere Assessment-Skills und höhere Geldbuße und höhere Interventionswahrscheinlichkeit

In allen Settings gelten die grundsätzlichen Spezifikationen:
$\rho^i > \varphi^i, \quad \rho^i, \varphi^i, \tau, \xi, \chi \in \{0,1; 0,2; 0,3; ...; 0,9\},$
$B^i, B^i, A, G \in \{50; 100; 150; ...; 1.450; 1.500\}$ mit $i = G, L$;
Gleichverteilung der Fälle (Permutationen).

In den Settings 2 bis 8 gilt als zusätzliche Annahme, daß die in der zweiten Spalte nicht genannten Parameter in beiden Spielen jeweils identisch sind.

Mit den in Abschnitt 4.3.1.2 getroffenen Annahmen muß das Simulationsprogramm etwa 6,9 Billionen unterschiedliche Fälle berücksichtigen.[55] Weil diese Vielzahl von Berechnungen mit den zur Verfügung stehenden Computern nicht zu leisten war, geben die Tabellen 4.3 und 4.4 die Simulationsergebnisse für das Setting 0 mit kleineren Definitionsbereichen für die Parameter B^G, B^L, G und A wieder.[56] Statt des in Abschnitt 4.3.1.2 genannten Definitionsbereiches wurde ein Definitionsbereich mit nur 10 Instanzen gewählt: $\mathbb{D}_j^{disk.} = \{50; 100; 150; ...; 450; 500\}$ mit $j = B^G, B^L, G, A$.[57]

Bei der Interpretation der Ergebnisse darf nicht vergessen werden, daß das Setting 0 alle (innerhalb der settingübergreifenden Spezifikationen möglichen) denkbaren Parameterbelegungen zuläßt. Damit berücksichtigt der Simulatuionslauf Weltzustände, in denen die Rahmenbedingungen im Legalausnahmesystem günstiger sind als im Genehmigungssystem (bessere Assessment-Skills, höhere Geldbuße, höhere Interventionswahrscheinlichkeit), genauso wie Weltzustände, in denen dies umgekehrt ist oder in denen die Rahmenbedingungen dieselben sind. Die Ergebnisse dieses Settings geben damit an, mit welchen Fehlerwahrscheinlichkeiten und Complianceniveaus in den beiden Rechtsdurchsetzungssystemen bei relativ *pessimistischer* Schätzung zu rechnen ist. Der Begriff pessimistisch bezeichnet dabei allerdings nicht eine *Worst-Case*-Annahme, in der alle Parameter im Legalausnahmesystem schlechter eingestellt sein müßten als im Genehmigungssystem, sondern ist ein Ausdruck der Unsicherheit bezüglich der Entwicklungsrichtung der Parameter: Es kann eben sein, daß sich die Rahmenbedingungen des Systemwechsels zum Schlechten hin entwickeln, dies muß jedoch nicht eintreten.

[55] Die Zahl kann leicht mittels Kombinatorik ermittelt werden: Die Parameter ρ^G, ρ^L, φ^G und φ^L haben unter der Maßgabe $\rho^i > \varphi^i$ genau 36^2 Wertanordnungsmöglichkeiten (exakt: $(1 \cdot 8 + 1 \cdot 7 + 1 \cdot 6 + ... + 1 \cdot 1)^2$), die Parameter τ, ξ, χ^G und χ^L jeweils 9, die Parameter B^G, B^L, G und A je 30 Möglichkeiten. Als Gesamtzahl ergibt sich daher $36^2 \cdot 9^4 \cdot 30^4 = 6.887.475.360.000$.

[56] Die geschätzte Rechenzeit für diesen Simulationslauf beträgt 57 Tage auf einem leistungsstarken Rechner des CIP-Pools der Wirtschaftswissenschaftlichen Abteilung der Fakultät 1 der Universität des Saarlandes. Ein störungsfreier Betrieb des Rechners für die Dauer der 57 Tage konnte jedoch nicht gewährleistet werden.

[57] Mit dieser Einschränkung konnte die zu berechnende Fallzahl auf $36^2 \cdot 81^4 \cdot 10^4 \approx$ 85 Mrd. vermindert und damit die Laufzeit auf einen Tag reduziert werden. Wie aus Anhang C.1 ersichtlich ist, verändert die Multiplikation der Instanzen eines Definitionsbereichs mit einem positiven Faktor (hier $\frac{1}{3}$) die Simulationsergebnisse nur unwesentlich.

Tabelle 4.3: Die Simulationsergebnisse (Fehlerwahrscheinlichkeiten) in Setting 0

Setting 0: beliebige Parameter		
Wirksamkeit: Kriterium Fehleranfälligkeit		**rel. Häufigkeit**
L-Spiel $\succeq$ G-Spiel bzgl. p_I	$p_I^L \leq p_I^G$	96,17 %
L-Spiel $\prec$ G-Spiel bzgl. p_I	$p_I^L > p_I^G$	3,83 %
L-Spiel $\succeq$ G-Spiel bzgl. p_{II}	$p_{II}^L \leq p_{II}^G$	53,79 %
L-Spiel $\prec$ G-Spiel bzgl. p_{II}	$p_{II}^L > p_{II}^G$	46,21 %
L-Spiel $\succeq$ G-Spiel bzgl. p_I und p_{II}	$p_I^L \leq p_I^G \wedge p_{II}^L \leq p_{II}^G$	51,72 %
L-Spiel $\prec$ G-Spiel bzgl. p_I oder p_{II}	$p_I^L > p_I^G \vee p_{II}^L > p_{II}^G$	48,28 %
L-Spiel $\prec$ G-Spiel bzgl. p_I und p_{II}	$p_I^L > p_I^G \wedge p_{II}^L > p_{II}^G$	1,76 %
L-Spiel $\succeq$ G-Spiel nur bzgl. p_{II}	$p_{II}^L \leq p_{II}^G \wedge p_I^L > p_I^G$	2,07 %
L-Spiel $\succeq$ G-Spiel nur bzgl. p_I	$p_I^L \leq p_I^G \wedge p_{II}^L > p_{II}^G$	44,45 %
Anzahl der berechneten Fälle	85.030.560.000 (85 Mrd.)	

Die in Tabelle 4.3 eingetragenen Simulationsergebnisse des Settings 0 spiegeln das Resultat wieder, das sich bereits nach Abschluß des Kapitels 3 herauskristallisierte und in Abschnitt 4.1 festgehalten wurde: Eine eindeutige Aussage zugunsten einer der beiden Institutionen ist ohne weiteres nicht möglich. Zwar zeigt der Simulationslauf mit beliebigen Parametern, daß das Legalausnahmesystem dem Genehmigungssystem bezüglich der Wahrscheinlichkeit, einen Fehler erster Ordnung zu begehen, deutlich überlegen ist: In 96,17 % der Fälle ist diese Fehlerwahrscheinlichkeit im Legalausnahmespiel mindestens so niedrig wie im Genehmigungsspiel. Aber bei der Wahrscheinlichkeit, einen Fehler zweiter Ordnung zu begehen, fällt das Simulationsergebnis bedeutend knapper aus: Nur in 53,79 % der Fälle weist das Legalausnahmespiel keine höheren p_{II}-Werte auf als das Genehmigungsspiel. Dieses Mißverhältnis zwischen den beiden Fehlerwahrscheinlichkeiten wird auch in den daran anschließenden drei Zeilen nochmals deutlich: Nur in 1,76 % der Fälle ist das Genehmigungsspiel dem Legalausnahmespiel strikt vorzuziehen, weil es zu niedrigeren Fehlerwahrscheinlichkeiten bei beiden Fehlerarten führt. Das bedeutet im Umkehrschluß, daß das Legalausnahmesystem in den restlichen 98,24 % der Fälle bezüglich mindestens einer der beiden Fehlerarten mindestens so gute Werte aufweist wie das Genehmigungsspiel. Aber in insgesamt 44,45 % der Fälle bezieht sich diese (schwache) Überlegenheit nur auf den Fehler erster Ordnung, während die Wahrscheinlichkeit eines Fehlers zweiter Ordnung höher liegt als im Genehmigungsspiel. In nur 2,07 % der Fälle dagegen resultiert die (schwache) Überlegenheit des Legalausnahmespiels allein aus den guten Werten der Fehlerwahrscheinlichkeit zweiter Ordnung.[58]

Das Simulationsergebnis bezüglich der Fehlerwahrscheinlichkeit zweiter Ordnung ist zu knapp (fast 50 : 50), um daraus eine höhere Wirksamkeit des Legalausnahmesystems mit Bezug auf die verursachten Fehlerwahrscheinlichkeiten seriös herauslesen zu können. Dennoch läßt sich auch bei beliebigen Parametern eine Tendenz zugunsten des Legalausnahmesystems ausmachen, zumindest was die Fehlerwahrscheinlichkeit erster Ordnung angeht: Fast in allen Fällen erweist sich das Legalausnahmesystem als genausogut oder gar besser geeignet, freistellungsfähige Vereinbarungen zu erkennen und zuzulassen.

Ergebnis S1: Selbst bei pessimistischer Schätzung ist das Legalausnahmesystem dem Genehmigungssystem in bezug auf die Wahrscheinlichkeit, zu Fehlern erster Ordnung zu führen, in den meisten Fällen (96,17 %) mindestens ebenbürtig.

Ergebnis S2: Bei pessimistischer Schätzung ist allerdings in Hinblick auf die Wahrscheinlichkeit eines Fehlers zweiter Ordnung keine klare Aussage zugunsten des Legalausnahmesystems zulässig. Die Fälle, in denen das Legalausnahmesystem mindestens so gut abschneidet wie das Genehmigungssystem, halten sich mit den Fällen, in denen dies nicht so ist, die Waage (53,79 % : 46,21 %).

---

[58] Eine Visualisierung der Unterteilung der Gesamtzahl der Fälle nach der Höhe der Fehlerwahrscheinlichkeiten findet sich in Anhang C.2.

Tabelle 4.4: Die Simulationsergebnisse (Complianceniveau) in Setting 0

Setting 0: beliebige Parameter		
Wirksamkeit: Kriterium Rechtsgehorsam		**rel. Häufigkeit**
Anmeldungen im G-Spiel	$EP_{an}^F \geq EP_{ill}^F$	21,39 %
illegalen Vereinbarungen im G-Spiel	$EP_{an}^F < EP_{ill}^F$	78,61 %
durchschn. Compliance im Anmelde-Teilspiel	$\dfrac{\sum \gamma_{an}^*}{\#\,\text{Anmeldungen}}$	91,34 %
durchschn. Compliance im G-Spiel	$\dfrac{\sum \gamma_{an}^* + \sum \delta_{ill}^*}{\#\,\text{Fälle}}$	19,54 %
eingegangenen Vereinbarungen im L-Spiel	$EP_{in}^F \geq 0$	99,44 %
nicht-eingeg. Vereinbarungen im L-Spiel	$EP_{in}^F < 0$	0,56 %
durchschn. Compliance im Kontroll-Teilspiel	$\dfrac{\sum \gamma_{in}^*}{\#\,\text{Vereinbarungen}}$	12,50 %
durchschn. Compliance im L-Spiel	$\dfrac{\sum \gamma_{in}^* + \sum \varepsilon_{out}^*}{\#\,\text{Fälle}}$	12,99 %
L-Spiel $\succeq$ G-Spiel bzgl. Compliance	$\hat{\gamma}^L \geq \hat{\gamma}^G$	84,25 %
Anzahl der berechneten Fälle	85.030.560.000 (85 Mrd.)	

Dieses Resultat wird noch durch die Simulationsergebnisse bezüglich des Complianceniveaus verstärkt. Aus Tabelle 4.4 geht hervor, daß in Setting 0 nur in 21,39 % der Fälle die Vereinbarung angemeldet wird. In den restlichen 78,61 % der Fälle wird die Vereinbarung illegal und damit mit einem Complianceniveau von Null durchgeführt.[59] Wenn also im Genehmigungsspiel eine Fehlerwahrscheinlichkeit erster Ordnung von Null erreicht wird, so ist dies in 78,61 % der Fälle dadurch begründet, daß die Vereinbarung nicht-freistellungsfähig ist und deswegen per definitionem nicht Gegenstand eines Fehlers erster Ordnung sein kann. Wegen der niedrigen Anmeldequote reduziert sich der im Anmelde-Teilspiel an sich sehr hohe Wert des durchschnittlichen Complianceniveaus im gesamten Genehmigungsspiel von 91,34 % auf 19,54 %. Im Legalausnahmespiel ist dies anders. Nur in 0,56 % der Fälle wird das Schließen einer Vereinbarung abgeschreckt, in allen übrigen Fällen (99,44 %) wird die Vereinbarung geschlossen. Das durchschnittliche Complianceniveau im Kontroll-Teilspiel ist verglichen mit dem Anmelde-Teilspiel sehr niedrig: nur 12,50 %. Dieser Wert erhöht sich durch die Betrachtung des gesamten Legalausnahmespiels auf 12,99 %.[60]

Obwohl das durchschnittliche Complianceniveau im Legalausnahmespiel mit knapp 13 % deutlich niedriger liegt als im Genehmigungsspiel mit fast 20 %, kann aus Tabelle 4.4 ebenfalls entnommen werden, daß das Legalausnahmespiel in 84,25 % der Fälle ein *höheres* oder zumindest *genauso hohes* Complianceniveau aufweist wie das Genehmigungsspiel. Dies erklärt sich zum Teil dadurch, daß, wann immer die Firmengruppe im Genehmigungsspiel *ill* wählt, das Complianceniveau im Legalausnahmespiel stets mindestens genauso hoch ist, weil für jedes $\hat{\gamma}^L \in [0; 1]$ gilt $\hat{\gamma}^L \geq \delta^* = 0$. Damit sind schon 78,61 Prozentpunkte der 84,25 % erklärt, selbst wenn das Complianceniveau im Legalausnahmespiel sehr niedrig liegt. Die restlichen 5,64 Prozentpunkte ergeben sich dadurch, daß das Legalausnahmespiel in den Fällen, in denen die Firmengruppe im Genehmigungsspiel *an* wählt, gelegentlich zu besseren Ergebnissen führt.

Ergebnis S3: Bei pessimistischen Annahmen bezüglich der Rahmenbedingungen des Systemwechsels liegt das durchschnittliche Complianceni-

---

[59] Zur Erinnerung: Im Illegal-Teilspiel wählt die Firmengruppe stets $\delta^* = 0$, vgl. Abschnitt 3.3.2.1.

[60] Zur Erinnerung: Die *out*-Entscheidung wird in der Simulation mit einem Compliancewert von Eins belegt, vgl. 4.3.1.1.

veau im Legalausnahmespiel (12,99 %) unter dem des Genehmigungs-spiels (19,54 %).

Ergebnis S4: Dennoch ist das konkrete Complianceniveau selbst bei pes-simistischen Annahmen in einem Großteil der Fälle (84,25 %) im Le-galausnahmespiel mindestens so hoch wie im Genehmigungsspiel.

Führt man diese Teilergebnisse zusammen, kann als Ergebnis in Setting 0 festgehalten werden, daß das Legalausnahmesystem bei beliebigen Pa-rametern zwar das Genehmigungssystem bezüglich beider Kriterien nicht überflügelt, jedoch auch nicht als unterlegen angesehen werden kann. Es muß jedoch konzediert werden, daß die Schwachstelle des Legalausnah-mesystems bei der Wahrscheinlichkeit eines Fehlers zweiter Ordnung zu sehen ist: Bezüglich dieses Kriteriums weist das Legalausnahmesystem in der Simulation die schwächsten Werte auf.

Ergebnis S5: Bei pessimistischer Einschätzung der Rahmenbedingungen des Systemwechsels offenbart sich die Anfälligkeit für Fehler zweiter Ordnung als Schwachstelle des Legalausnahmesystems.

4.3.2.2 Setting 1: Identische Parameter

Setting 1 liegt die Ceteris-Paribus-Annahme zugrunde, daß der System-wechsel zu keinerlei Veränderungen der Rahmenbedingungen führt. Die Parameterbelegungen sind in jedem berechneten Fall in beiden Spielen identisch ($\kappa = \lambda$). Damit sind nur ca. 79 Mio. Fälle zu berechnen.[61] Die Ergebnisse dieses Simulationslaufs sind in den Tabellen 4.5 und 4.6 einge-tragen.

Das Setting 1 kann als neutrale Benchmark für den Institutionenver-gleich angesehen werden.[62] Es isoliert gewissermaßen den Effekt, den al-lein der Systemwechsel auf die Höhe der resultierenden Fehlerwahrschein-lichkeiten und des Complianceniveaus hat.

---

[61] Exakt: $36 \cdot 9^2 \cdot 30^3 = 78.732.000$. Die Reduzierung gegenüber dem Setting 0 (ins-gesamt mit dem Faktor 87.480^{-1}) ergibt sich durch das Setzen von $\rho^G = \rho^L$ und $\varphi^G = \varphi^L$ (vermindert die Fallzahl mit dem Faktor $\frac{1}{36}$), $\tau = \xi$ und $\chi^G = \chi^L$ (Faktor $\frac{1}{81}$) sowie $B^G = B^L$ (Faktor $\frac{1}{30}$).

[62] Im weiteren Verlauf der Arbeit wird Setting 1 daher auch als Benchmark-Setting oder Referenz-Setting bezeichnet.

Tabelle 4.5: Die Simulationsergebnisse (Fehlerwahrscheinlichkeiten) in Setting 1

Setting 1: identische Parameter $\kappa = \lambda$		
Wirksamkeit: Kriterium Fehleranfälligkeit		**rel. Häufigkeit**
L-Spiel $\succeq$ G-Spiel bzgl. p_I	$p_I^L \leq p_I^G$	96,69 %
L-Spiel $\prec$ G-Spiel bzgl. p_I	$p_I^L > p_I^G$	3,31 %
L-Spiel $\succeq$ G-Spiel bzgl. p_{II}	$p_{II}^L \leq p_{II}^G$	90,44 %
L-Spiel $\prec$ G-Spiel bzgl. p_{II}	$p_{II}^L > p_{II}^G$	9,56 %
L-Spiel $\succeq$ G-Spiel bzgl. p_I und p_{II}	$p_I^L \leq p_I^G \wedge p_{II}^L \leq p_{II}^G$	89,82 %
L-Spiel $\prec$ G-Spiel bzgl. p_I oder p_{II}	$p_I^L > p_I^G \vee p_{II}^L > p_{II}^G$	10,18 %
L-Spiel $\prec$ G-Spiel bzgl. p_I und p_{II}	$p_I^L > p_I^G \wedge p_{II}^L > p_{II}^G$	2,69 %
L-Spiel $\succeq$ G-Spiel nur bzgl. p_{II}	$p_{II}^L \leq p_{II}^G \wedge p_I^L > p_I^G$	0,62 %
L-Spiel $\succeq$ G-Spiel nur bzgl. p_I	$p_I^L \leq p_I^G \wedge p_{II}^L > p_{II}^G$	6,87 %
Anzahl der berechneten Fälle	78.732.000 (79 Mio.)	

Aus Tabelle 4.5 ist ersichtlich, daß die Simulationsergebnisse in Setting 1 eindeutiger ausfallen als in Setting 0. Die relative Häufigkeit, daß das Legalausnahmespiel zu mindestens genauso niedrigen Fehlerwahrscheinlichkeiten bezüglich beider Fehlerarten führt wie das Genehmigungsspiel liegt bei 89,82 % statt bei nur 51,72 %. Dennoch zeigt sich wieder, daß das Legalausnahmespiel vor allem dann Vorteile gegenüber dem Genehmigungsspiel zeigt, wenn die Wahrscheinlichkeit für einen Fehler erster Ordnung betroffen ist: Hier weist das Legalausnahmespiel eine (schwache) Überlegenheit in 96,69 % der Fälle auf; der analoge Wert bezüglich der Wahrscheinlichkeit eines Fehlers zweiter Ordnung beträgt dagegen nur 90,44 %. Die 10,18 % der Falle, in denen das Legalausnahmespiel dem Genehmigungsspiel bezüglich der einen oder der anderen Fehlerart unterlegen ist, lassen sich noch in drei Gruppen aufteilen: In nur 0,62 % der Fälle ist das Legalausnahmespiel nur in bezug auf die Fehlerwahrscheinlichkeit erster Ordnung unterlegen, in 6,87 % dagegen nur in bezug auf die Fehlerwahrscheinlichkeit zweiter Ordnung, und in 2,69 % der Fälle schneidet das Legalausnahmespiel bezüglich beider Fehlerarten schlechter ab.

Ergebnis S6: Bleiben die Rahmenbedingungen des Systemwechsels unverändert, ist das Legalausnahmesystem dem Genehmigungssystem in bezug auf die Wahrscheinlichkeit, zu Fehlern erster Ordnung zu führen, in den meisten Fällen (96,69 %) mindestens ebenbürtig.

Ergebnis S7: Unter einer solchen Ceteris-Paribus-Annahme schneidet das Legalausnahmesystem auch in Hinblick auf die Wahrscheinlichkeit eines Fehlers zweiter Ordnung in einem Großteil der Fälle (90,44 %) mindestens so gut ab wie das Genehmigungssystem.

Was das Kriterium Complianceniveau angeht, unterscheiden sich die Ergebnisse des Settings 1 nicht wesentlich von denen in Setting 0. Auch in Tabelle 4.6 fällt sofort ins Auge, daß das durchschnittliche Complianceniveau im Anmelde-Teilspiel mit 90,90 % sehr hoch, im gesamten Genehmigungsspiel hingegen nur bei 20,79 % liegt. Der Grund liegt erneut darin, daß nur ein geringer Teil der Vereinbarungen, ganze 22,87 %, zur Anmeldung gelangt. Im Legalausnahmespiel beträgt die relative Häufigkeit des Schließens einer Vereinbarung 99,20 %, und im Kontroll-Teilspiel, das hierauf folgt, beträgt die durchschnittliche Compliance 14,51 %. Durch die 0,80 % nicht geschlossenen Vereinbarungen erhöht sich dieser Wert im gesamten Legalausnahmespiel auf 15,19 %. Dieser liegt – wie schon im Setting 0 – deutlich unter dem Durchschnittscompliancewert im Genehmigungsspiel, der Abstand mit ist 5,6 Prozentpunkten jedoch etwas kleiner. Wie in Setting 0 sagen diese Durchschnittswerte jedoch noch nichts darüber aus, in wie vielen Fällen das Legalausnahmesystem zu einem mindestens genauso hohen Complianceniveau führt wie das Genehmigungssystem. Dies ist in 90,87 % der Fälle der Fall.

Ergebnis S8: Auch bei einer Ceteris-Paribus-Annahme bezüglich der Rahmenbedingungen des Systemwechsels liegt das durchschnittliche Complianceniveau im Legalausnahmespiel (15,19 %) unter dem des Genehmigungsspiels (20,79 %).

Tabelle 4.6: Die Simulationsergebnisse (Complianceniveau) in Setting 1

Setting 1: identische Parameter $\kappa = \lambda$		
Wirksamkeit: Kriterium Rechtsgehorsam		**rel. Häufigkeit**
Anmeldungen im G-Spiel	$EP_{an}^F \geq EP_{ill}^F$	22,87 %
illegalen Vereinbarungen im G-Spiel	$EP_{an}^F < EP_{ill}^F$	77,13 %
durchschn. Compliance im Anmelde-Teilspiel	$\frac{\Sigma \gamma_{an}^*}{\#\,\text{Anmeldungen}}$	90,90 %
durchschn. Compliance im G-Spiel	$\frac{\Sigma \gamma_{an}^* + \Sigma \delta_{ill}^*}{\#\,\text{Fälle}}$	20,79 %
eingegangenen Vereinbarungen im L-Spiel	$EP_{in}^F \geq 0$	99,20 %
nicht-eingeg. Vereinbarungen im L-Spiel	$EP_{in}^F < 0$	0,80 %
durchschn. Compliance im Kontroll-Teilspiel	$\frac{\Sigma \gamma_{in}^*}{\#\,\text{Vereinbarungen}}$	14,51 %
durchschn. Compliance im L-Spiel	$\frac{\Sigma \gamma_{in}^* + \Sigma \varepsilon_{out}^*}{\#\,\text{Fälle}}$	15,19 %
L-Spiel $\succeq$ G-Spiel bzgl. Compliance	$\hat{\gamma}^L \geq \hat{\gamma}^G$	90,87 %
Anzahl der berechneten Fälle		78.732.000 (79 Mio.)

Ergebnis S9: Dennoch ist das konkrete Complianceniveau in einem Großteil der Fälle (90,87 %) im Legalausnahmespiel mindestens so hoch
wie im Genehmigungsspiel.

Anders als in Setting 0 kann mit den Simulationsergebnissen des Settings 1 durchaus argumentiert werden, daß das Legalausnahmesystem in
den *meisten* Fällen dem Genehmigungssystem an wirksamer Rechtsdurchsetzung nicht unterlegen ist oder es sogar noch übertrifft.

Ergebnis S10: Falls sich an den Rahmenbedingungen der Kartellrechtsdurchsetzung nichts ändert, ist das Legalausnahmesystem dem Genehmigungssystem in den meisten Fällen bezüglich beider Wirksamkeitskriterien mindestens ebenbürtig.

4.3.2.3 Settings 2 bis 4: Bessere Assessment-Skills, höhere Geldbuße oder höhere Interventionswahrscheinlichkeit

In diesem Abschnitt werden die Simulationsergebnisse der Settings 2, 3
und 4 präsentiert. Jedes der drei Settings isoliert den Effekt einer in Abschnitt 4.3.1.3 als zentral herausgearbeiteten Annahme, indem die nicht
betroffenen Parameter in jedem einzelnen Fall in beiden Spielen identisch gesetzt werden. Setting 2 liegt die Annahme zugrunde, daß die EU-
Kommission im Legalausnahmesystem aufgrund der durch den Wegfall
der Anmeldungen niedrigeren Arbeitsbelastung in der Lage ist, zusätzliche Ressourcen auf ihre Beurteilungsfähigkeit zu verwenden ($\rho^L - \varphi^L >$
$\rho^G - \varphi^G$). Damit sind etwa 1,2 Mrd. Fälle zu berechnen.[63] Die Ergebnisse
dieses Simulationslaufs sind in der jeweils ersten Ergebnisspalte der Tabellen 4.7 und 4.8 eingetragen. Setting 3 repräsentiert die Annahme, daß
die EU-Kommission im Legalausnahmesystem höhere Geldbußen setzt als
im Genehmigungssystem ($B^L > B^G$). Damit sind etwa 1,1 Mrd. Fälle zu
berechnen.[64] Die Ergebnisse dieses Simulationslaufs sind in der jeweils

---

[63] Exakt: $546 \cdot 9^2 \cdot 30^3 = 1.194.102.000$. Die Erhöhung gegenüber Setting 1 liegt daran, daß es für die Werte der Parameter ρ^G, ρ^L, φ^G und φ^L nun 546 Anordnungsmöglichkeiten statt nur 36 gibt.

[64] Exakt: $36 \cdot 9^2 \cdot 435 \cdot 30^2 = 1.141.614.000$. Die Erhöhung gegenüber Setting 1 liegt
daran, daß es für die Werte der Parameter B^G und B^L nun 435 Anordnungsmöglichkeiten ($29 + 27 + ... + 1$) statt nur 30 gibt.

mittleren Ergebnisspalte der Tabellen 4.7 und 4.8 abzulesen. Setting 4 spiegelt die Annahme wieder, daß die Interventionswahrscheinlichkeit der EU-Kommission durch den Systemwechsel zunimmt ($\xi > \tau$). Damit sind etwa 315 Mio. Fälle zu berechnen.[65] Die Ergebnisse dieses Simulationslaufs sind in der jeweils letzten Ergebnisspalte der Tabellen 4.7 und 4.8 eingetragen.

Die die Fehlerwahrscheinlichkeiten betreffenden Simulationsergebnisse (Tabelle 4.7) des Settings 2 ähneln strukturell den Ergebnissen des Benchmark-Settings 1: Das Legalausnahmesystem erzielt die besseren Ergebnisse bei der Wahrscheinlichkeit, einen Fehler erster Ordnung zu begehen. In 95,86 % der Fälle führt das Legalausnahmesystem zu mindestens so niedrigen p_I-Werten wie das Genehmigungssystem, während die p_{II}-Werte nur in 91,45 % der Fälle im Legalausnahmesystem niedriger oder genauso hoch sind. Die relative Häufigkeit, daß das Legalausnahmesystem bezüglich beider Fehlerarten zu mindestens so guten Ergebnissen führt wie das Genehmigungssystem, ist mit 90,82 % um einen Prozentpunkt höher als im Benchmark-Setting 1. Daraus kann gefolgert werden, daß eine Investition in die Assessment-Skills der EU-Kommission als reformbegleitende Maßnahme der Wirksamkeit der Rechtsdurchsetzung dienlich ist. In den Settings 3 und 4 kippt das Verhältnis zwischen den Fehlerwahrscheinlichkeiten: Hier erzielt das Legalausnahmesystem die besseren Ergebnisse bei der Wahrscheinlichkeit, einen Fehler zweiter Ordnung zu begehen. In 96,17 % (Setting 3) bzw. 96,87 % (Setting 4) der Fälle führt das Legalausnahmesystem zu mindestens so niedrigen p_{II}-Werten wie das Genehmigungssystem, während die p_I-Werte nur in 95,18 % (Setting 3) bzw. 95,13 % (Setting 4) der Fälle im Legalausnahmesystem niedriger oder genauso hoch sind. Die relative Häufigkeit, daß das Legalausnahmesystem bezüglich beider Fehlerarten zu mindestens so guten Ergebnissen führt wie das Genehmigungssystem, ist in beiden Settings mit 93,15 % (Setting 3) bzw. 93,47 % (Setting 4) um 3,33 bzw. 3,65 Prozentpunkte höher als im Benchmark-Setting 1.

---

[65] Exakt: $36 \cdot 36 \cdot 9 \cdot 30^3 = 314.928.000$. Die Erhöhung gegenüber Setting 1 liegt daran, daß es für die Werte der Parameter τ und ξ nun 36 Anordnungsmöglichkeiten $(8 + 7 + ... + 1)$ statt nur 9 gibt.

Tabelle 4.7: Die Simulationsergebnisse (Fehlerwahrscheinlichkeiten) in den Settings 2, 3 und 4

Settings 2 bis 4: bessere Assessment-Skills ($\rho^L - \varphi^L > \rho^G - \varphi^G$), höhere Geldbuße ($B^L > B^G$) oder höhere Interventionswahrscheinlichkeit ($\xi > \tau$)				
Wirksamkeit: Kriterium Fehleranfälligkeit		**relative Häufigkeiten**		
		Setting 2	**Setting 3**	**Setting 4**
L-Spiel $\succeq$ G-Spiel bzgl. p_I	$p_I^L \leq p_I^G$	95,86 %	95,18 %	95,13 %
L-Spiel $\curlyvee$ G-Spiel bzgl. p_I	$p_I^L > p_I^G$	4,14 %	4,82 %	4,87 %
L-Spiel $\succeq$ G-Spiel bzgl. p_{II}	$p_{II}^L \leq p_{II}^G$	91,45 %	96,17 %	96,87 %
L-Spiel $\curlyvee$ G-Spiel bzgl. p_{II}	$p_{II}^L > p_{II}^G$	8,55 %	3,83 %	3,13 %
L-Spiel $\succeq$ G-Spiel bzgl. p_I und p_{II}	$p_I^L \leq p_I^G \wedge p_{II}^L \leq p_{II}^G$	90,82 %	93,15 %	93,47 %
L-Spiel $\curlyvee$ G-Spiel bzgl. p_I oder p_{II}	$p_I^L > p_I^G \vee p_{II}^L > p_{II}^G$	9,18 %	6,85 %	6,53 %
L-Spiel $\curlyvee$ G-Spiel bzgl. p_I und p_{II}	$p_I^L > p_I^G \wedge p_{II}^L > p_{II}^G$	3,51 %	1,81 %	1,46 %
L-Spiel $\succeq$ G-Spiel nur bzgl. p_{II}	$p_{II}^L \leq p_{II}^G \wedge p_I^L > p_I^G$	0,63 %	3,01 %	3,40 %
L-Spiel $\succeq$ G-Spiel nur bzgl. p_I	$p_I^L \leq p_I^G \wedge p_{II}^L > p_{II}^G$	5,04 %	2,02 %	1,66 %
Anzahl der berechneten Fälle		1.194.102.000	1.141.614.000	314.928.000

Aus diesen Zahlen läßt sich zweierlei schließen: Zum einen, daß sowohl das Ansetzen höherer Strafen im Legalausnahmesystem als auch die Investition in eine höhere Kontrollwahrscheinlichkeit als reformbegleitende Maßnahme die Wirksamkeit der Rechtsdurchsetzung erhöhen. Zum anderen, daß diese beiden Maßnahmen geeignet sind, dem Legalausnahmesystem auch bezüglich der Fehlerwahrscheinlichkeit zweiter Ordnung, die in Setting 0 noch als Schwachstelle identifiziert wurde, in den meisten Fällen zu (schwacher) Überlegenheit gegenüber dem Genehmigungssystem zu verhelfen.

Ergebnis S11: Alle drei Maßnahmen für sich betrachtet führen zu einer Verbesserung der Wirksamkeit des Legalausnahmesystems, was beide Fehlerwahrscheinlichkeiten gemeinsam angeht. Dies ist auf bessere Wirksamkeits-Werte bei der Fehlerwahrscheinlichkeit zweiter Ordnung zurückzuführen, die allerdings zu Lasten der Wirksamkeits-Werte bei der Fehlerwahrscheinlichkeit erster Ordnung erfolgen.

Ergebnis S12: Das Ansetzen höherer Geldbußen oder eine Investition in die Kontrollwahrscheinlichkeit im Legalausnahmesystem führt sogar dazu, daß das Legalausnahmesystem bessere Werte bei der Type-II-Fehlerwahrscheinlichkeit als bei der Type-I-Fehlerwahrscheinlichkeit aufweist.

Die Simulationsergebnisse bezüglich des zweiten Wirksamkeitskriteriums, des Complianceniveaus (vgl. Tabelle 4.8), sind ähnlich gelagert wie die bezüglich der Fehlerwahrscheinlichkeiten. Auch hier ähneln die Ergebnisse des Settings 2 noch sehr den Ergebnissen des Benchmark-Settings 1, während die Settings 3 und 4 zu etwas abweichenden Ergebnissen führen. Mit 22,45 % ist die Anmeldequote in Setting 2 fast so hoch wie in Setting 1, und auch das durchschnittliche Complianceniveau im Anmelde-Teilspiel weicht nur um 1,14 Prozentpunkte nach unten ab, so daß das durchschnittliche Complianceniveau im gesamten Genehmigungsspiel in Setting 2 bei 20,15 % liegt. Das sind 0,36 Prozentpunkte weniger als in Setting 1. Das durchschnittliche Complianceniveau im gesamten Legalausnahmespiel liegt dagegen mit 16,53 % 1,34 Prozentpunkte höher als in Setting 1. Die Abschlußquote im Legalausnahmespiel ist mit 99,47 % noch gegenüber Setting 1 gestiegen, und auch das durchschnittliche Complianceniveau liegt mit 16,53 % höher als in Setting 1. Dennoch zeigt sich das bereits aus den Settings 0 und 1 bekannte Mißverhältnis zwischen den durchschnittlichen Complianceniveaus der beiden Teilspiele innerhalb eines Settings: Dieses liegt im Kontroll-Teilspiel noch 3,62 Prozentpunkte unterhalb demjenigen des Anmelde-Teilspiels. Trotzdem ist die Zahl der Fälle, in denen das Legalausnahmespiel ein Complianceniveau aufweist, das nicht niedriger ist als das des Genehmigungsspiels, auf 91,68 % (gegenüber 90,87 % in Setting 1) gestiegen. Aus diesen Zahlen läßt sich schließen, daß eine Investition in die Assessment-Skills der EU-Kommission als reformbegleitende Maßnahme auch unter Berücksichtigung des Kriteriums Rechtsgehorsam der Wirksamkeit der Rechtsdurchsetzung dienlich ist.

In den Settings 3 und 4 ist die Anmeldequote im Genehmigungsspiel mit 14,87 % (Setting 3) bzw. 14,91 % (Setting 4) deutlich niedriger als im Benchmark-Setting 1 mit 22,87 %. Dies hat zur Folge, daß das durchschnittliche Complianceniveau im gesamten Genehmigungsspiel verglichen mit 20,79 % in Setting 1 auf 13,82 % (Setting 3) bzw. 13,89 % (Setting 4) sinkt, obwohl das durchschnittliche Complianceniveau im Anmelde-Teilspiel in beiden Settings mit 92,89 % (Setting 3) bzw. 93,14 % (Setting 4) um bis zu 3 Prozentpunkte höher liegt. Dagegen ist das durchschnittliche Complianceniveau im gesamten Legalausnahmespiel mit 20,91 % (Setting 3) bzw. 20,94 % (Setting 4) um 5,72 bzw. 5,75 höher als in Setting 1. Dies ist zum einen zu erklären durch einen Rückgang der Abschlußquote von 99,20 % in Setting 1 auf 98,77 % (Setting 3) bzw. 98,75 (Setting 4), und zum anderen durch den Anstieg der durchschnittlichen Compliance im Kontroll- Teilspiel von 14,51 % in Setting 1 auf 19,93 % (Setting 3) bzw. 19,94 % (Setting 4). Damit kehrt sich in diesen beiden Settings zum ersten Mal das Verhältnis der durchschnittlichen Complianceniveaus der beiden Spiele zueinander um: Es liegt in beiden Settings im Legalausnahmespiel höher als im Genehmigungsspiel. Damit konsistent ist das Ergebnis, daß die Zahl der Fälle, in denen das Legalausnahmespiel ein mindestens so hohes Complianceniveau aufweist wie das Genehmigungsspiel, von 90,87 % im Benchmark-Setting 1 auf 97,10 % (Setting 3) bzw. 97,40 % (Setting 4) gestiegen ist.

Das Setzen höherer Geldbußen und die Investition in eine höhere Ex-post-Kontrollwahrscheinlichkeit sind demnach beides Maßnahmen, die im Verbund mit dem Übergang zu einem System der Legalausnahme zu einer höheren durchschnittlichen Compliance seitens der Unternehmen führt und in über 97 % der Fälle das Complianceniveau konstant hält oder sogar hebt.

Tabelle 4.8: Die Simulationsergebnisse (Complianceniveau) in den Settings 2, 3 und 4

Settings 2 bis 4: bessere Assessment-Skills ($\rho^L - \phi^L > \rho^G - \phi^G$), höhere Geldbuße ($B^L > B^G$) oder höhere Interventionswahrscheinlichkeit ($\xi > \tau$)		relative Häufigkeiten		
Wirksamkeit: Kriterium Rechtsgehorsam		Setting 2	Setting 3	Setting 4
Anmeldungen im G-Spiel	$EP_{an}^F \geq EP_{ill}^F$	22,45 %	14,87 %	14,91 %
illegalen Vereinbarungen im G-Spiel	$EP_{an}^F < EP_{ill}^F$	77,55 %	85,13 %	85,09 %
durchschn. Compliance im Anmelde-Teilspiel	$\frac{\sum \gamma_{an}^*}{\#\,\text{Anmeldungen}}$	89,76 %	92,89 %	93,14 %
durchschn. Compliance im G-Spiel	$\frac{\sum \gamma_{an}^* + \sum \delta_{ill}^*}{\#\,\text{Fälle}}$	20,15 %	13,82 %	13,89 %
eingegangenen Vereinbarungen im L-Spiel	$EP_{in}^F \geq 0$	99,47 %	98,77 %	98,75 %
nicht-eingeg. Vereinbarungen im L-Spiel	$EP_{in}^F < 0$	0,53 %	1,23 %	1,25 %
durchschn. Compliance im Kontroll-Teilspiel	$\frac{\sum \gamma_{in}^*}{\#\,\text{Vereinbarungen}}$	16,09 %	19,93 %	19,94 %
durchschn. Compliance im L-Spiel	$\frac{\sum \gamma_{in}^* + \sum \varepsilon_{out}^*}{\#\,\text{Fälle}}$	16,53 %	20,91 %	20,94 %
L-Spiel $\succeq$ G-Spiel bzgl. Compliance	$\hat{\gamma}^L \geq \hat{\gamma}^G$	91,68 %	97,10 %	97,40 %
Anzahl der berechneten Fälle		1.194.102.000	1.141.614.000	314.928.000

Ergebnis S13: Durch eine Investition seitens der EU-Kommission in die Assessment-Skills kann der Abstand zwischen den durchschnittlichen Complianceniveaus der beiden Spiele verringert werden. Das Genehmigungsspiel weist aber immer noch ein höheres durchschnittliches Complianceniveau (20,15 %) auf als das Legalausnahmespiel (16,53 %).

Ergebnis S14: Durch das Setzen höherer Geldbußen oder die Investition in eine höhere Kontrollwahrscheinlichkeit im Legalausnahmespiel dreht sich das Verhältnis der durchschnittlichen Complianceniveaus der beiden Spiele um, und das Legalausnahmespiel weist ein höheres durchschnittliches Complianceniveau (20,91 % bzw. 20,94 %) auf als das Genehmigungsspiel (13,82 % bzw. 13,89 %).

Ergebnis S15: Allen drei Maßnahmen gemeinsam ist, daß sie die relative Wirksamkeit des Legalausnahmespiels erhöht, gemessen in der Anzahl der Fälle, in denen das Legalausnahmespiel zu einer mindestens so hohen Compliance wie das Genehmigungsspiel führt (91,68 %, 97,10 % bzw. 97,40 %).

Verbindet man die Simulationsergebnisse sowohl bezüglich der Fehlerwahrscheinlichkeiten als auch bezüglich des Rechtsgehorsams zu einem Gesamtergebnis, so wird deutlich, daß alle drei untersuchten Maßnahmen – die Investition in die Assessment-Skills, das Setzen höherer Geldbußen und die Investition in eine höhere Kontrollwahrscheinlichkeit – dazu führen, daß das Legalausnahmesystem in bezug auf beide Wirksamkeitskriterien häufiger als im Referenz-Setting 1 mindestens so gut wie das Genehmigungssystem abschneidet. Besonders deutlich wird diese Verbesserung jedoch durch die Maßnahmen höhere Geldbuße und höhere Interventionswahrscheinlichkeit herbeigeführt, wohingegen eine Investition in die Assessment-Skills weniger ausgeprägte Verbesserungen zeitigt.

Ergebnis S16: Alle drei Maßnahmen bewirken eine Verbesserung der Wirksamkeit des Legalausnahmespiels bezüglich beider Wirksamkeitskriterien.

4.3.2.4 Settings 5 bis 8: Kombinationen aus besseren Assessment-Skills, höherer Geldbuße und höherer Interventionswahrscheinlichkeit

In diesem Abschnitt werden die Simulationsergebnisse der Settings 5, 6, 7 und 8 präsentiert. Jedes dieser vier Settings kombiniert mindestens zwei der in Abschnitt 4.3.1.3 als zentral herausgearbeiteten Annahmen. Die von diesen Annahmen nicht betroffenen Parameter werden dagegen in jedem einzelnen Fall in beiden Spielen identisch gesetzt, was einer Ceteris-Paribus-Annahme entspricht. Setting 5 kombiniert die Annahmen der Settings 2 und 3: Die EU-Kommission verhängt höhere Geldbußen und verfügt über bessere Assessment-Skills ($\rho^L - \varphi^L > \rho^G - \varphi^G$ und $B^L > B^G$). Damit sind ungefähr 17,3 Mrd. Fälle zu berechnen.[66] Die Ergebnisse dieses Simulationslaufs sind jeweils in der ersten Ergebnisspalte der Tabellen 4.9 und 4.10 eingetragen. Setting 6 verknüpft die Annahmen der Settings 2 und 4: Die EU-Kommission verfügt im Legalausnahmespiel nicht nur über bessere Assessment-Skills als im Genehmigungsspiel, sondern interveniert auch häufiger im Rahmen einer Mißbrauchsaufsicht ($\rho^L - \varphi^L > \rho^G - \varphi^G$ und $\xi > \tau$). Damit sind etwa 4,8 Mrd. Fälle zu berechnen.[67] Die Ergebnisse dieses Simulationslaufs sind jeweils in der zweiten Ergebnisspalte der Tabellen 4.9 und 4.10 abzulesen. Setting 7 bildet die letzte mögliche 2er-Kombination der drei zentralen Annahmen und verbindet die Annahmen des Settings 3 mit denen des Settings 4: Nach dem Systemwechsel sind sowohl die Geldbußen als auch die Interventionswahrscheinlichkeit höher als im Genehmigungsspiel ($B^L > B^G$ und $\xi > \tau$). Damit sind ca. 4,6 Mrd. Fälle zu berechnen.[68] Die Ergebnisse dieses Simulationslaufs sind jeweils in der dritten Spalte der Tabellen 4.9 und 4.10 eingetragen. Setting 8 schließlich fügt alle drei Annahmen zusammen: Die EU-Kommission verfügt im Legalausnahmespiel über bessere Assessment-Skills, sie belegt die Firmengruppe mit einer höheren Geldbuße und sie interveniert häufiger als im Genehmigungsspiel ($\rho^L - \varphi^L > \rho^G - \varphi^G$, $B^L > B^G$ und $\xi > \tau$). Damit sind ca. 69,3 Mrd. Fälle zu berechnen.[69] Die Ergebnisse dieses letzten Simulationslaufs können jeweils der letzten Ergebnisspalte der Tabellen 4.9 und 4.10 entnommen werden.

---

[66] Exakt: $546 \cdot 9^2 \cdot 435 \cdot 30^2 = 17.314.479.000$.
[67] Exakt: $546 \cdot 36 \cdot 9 \cdot 30^3 = 4.776.408.000$.
[68] Exakt: $36 \cdot 36 \cdot 9 \cdot 435 \cdot 30^2 = 4.566.456.000$.
[69] Exakt: $546 \cdot 36 \cdot 9 \cdot 435 \cdot 30^2 = 69.257.916.000$.

Wie Abschnitt 4.3.2.3 gezeigt hat, hat jede dieser drei zusätzlichen Annahmen für sich allein eine Veränderung der Simulationsergebnisse zugunsten des Legalausnahmesystems ergeben. Für jede der drei Maßnahmen konnte beobachtet werden, wenn auch in unterschiedlichem Ausmaß, daß die relative Anzahl der Fälle zunimmt, in denen das Legalausnahmesystem dem Genehmigungssystem an Wirksamkeit der Rechtsdurchsetzung mindestens ebenbürtig ist, und zwar bezüglich beider Wirksamkeitskriterien, Fehlerwahrscheinlichkeiten und Complianceniveau. Es ist demnach zu erwarten, daß eine Kombination je zwei oder gar aller drei Annahmen erneut zu einer Verschiebung der Ergebnisse zugunsten des Legalausnahmespiels führt.

Tabelle 4.9 zeigt die Simulationsergebnisse der Settings 5 bis 8 für das Kriterium Fehlerwahrscheinlichkeiten. Bereits bei Betrachtung der Simulationsergebnisse der Settings 2 bis 4 konnte festgestellt werden, daß eine Erhöhung der Geldbuße oder der Kontrollwahrscheinlichkeit im Legalausnahmespiel dazu führt, daß das Legalausnahmespiel vor allem bessere Werte bei der Fehlerwahrscheinlichkeit zweiter Ordnung aufweist, während es bei der Fehlerwahrscheinlichkeit erster Ordnung nicht mehr ganz so gut abschneidet.[70] Die höhere Wirksamkeit bezüglich der Fehlervermeidung zweiter Ordnung muß quasi mit einer geringeren Wirksamkeit bezüglich der Fehlervermeidung erster Ordnung erkauft werden. Diese Tendenz ist auch in den Settings 5 bis 8 auszumachen. Die relative Häufigkeit, daß das Legalausnahmespiel mindestens so niedrige p_I-Werte aufweist wie das Genehmigungsspiel, ist mit 93,20 % (Setting 5), 93,13 % (Setting 6), 93,06 % (Setting 7) bzw. 89,93 % (Setting 8) in allen vier Settings nicht nur niedriger als im Referenz-Setting 1 (96,69 %), sondern auch niedriger als in den Settings 2 bis 4 (jeweils etwa 95 %). Die niedrigste relative Häufigkeit weist Setting 8 auf. Die relative Häufigkeit dagegen, daß das Legalausnahmespiel mindestens so niedrige p_{II}-Werte aufweist wie das Genehmigungsspiel, ist mit 96,67 % (Setting 5), 97,31 % (Setting 6), 98,83 % (Setting 7) bzw. 99,06 % (Setting 8) in allen vier Settings mit bis zu 8,62 Prozentpunkten deutlich höher als im Benchmark-Setting 1 mit seinen 90,44 %. Auch ein Vergleich mit den relativen Häufigkeiten der Settings 2 bis 4 (91,45 %, 96,17 % bzw. 96,87 %) bestätigt die Vermutung, daß eine Kombination von je zwei oder aller drei Annahmen eine Verschiebung der Simulationsergebnisse in dieselbe Richtung bewirkt:

[70] Vgl. Abschnitt 4.3.2.3.

Tabelle 4.9: Die Simulationsergebnisse (Fehlerwahrscheinlichkeiten) in den Settings 5, 6, 7 und 8

Settings 5 bis 8: Kombinationen aus besseren Assessment-Skills ($\rho^L - \varphi^L > \rho^G - \varphi^G$), höherer Geldbuße ($B^L > B^G$) und höherer Interventionswahrscheinlichkeit ($\xi > \tau$)					
Wirksamkeit: Kriterium Fehleranfälligkeit		**relative Häufigkeiten**			
		Setting 5	**Setting 6**	**Setting 7**	**Setting 8**
L-Spiel $\succeq$ G-Spiel bzgl. p_I	$p_I^L \le p_I^G$	93,20 %	93,13 %	93,06 %	89,93 %
L-Spiel $\prec$ G-Spiel bzgl. p_I	$p_I^L > p_I^G$	6,80 %	6,87 %	6,94 %	10,07 %
L-Spiel $\succeq$ G-Spiel bzgl. p_{II}	$p_{II}^L \le p_{II}^G$	96,67 %	97,31 %	98,83 %	99,06 %
L-Spiel $\prec$ G-Spiel bzgl. p_{II}	$p_{II}^L > p_{II}^G$	3,33 %	2,69 %	1,17 %	0,94 %
L-Spiel $\succeq$ G-Spiel bzgl. p_I und p_{II}	$p_I^L \le p_I^G \wedge p_{II}^L \le p_{II}^G$	92,00 %	92,20 %	92,49 %	89,65 %
L-Spiel $\prec$ G-Spiel bzgl. p_I oder p_{II}	$p_I^L > p_I^G \vee p_{II}^L > p_{II}^G$	8,00 %	7,80 %	7,51 %	10,35 %
L-Spiel $\prec$ G-Spiel bzgl. p_I und p_{II}	$p_I^L > p_I^G \wedge p_{II}^L > p_{II}^G$	2,13 %	1,75 %	0,61 %	0,66 %
L-Spiel $\succeq$ G-Spiel nur bzgl. p_{II}	$p_{II}^L \le p_{II}^G \wedge p_I^L > p_I^G$	4,67 %	5,11 %	6,34 %	9,42 %
L-Spiel $\succeq$ G-Spiel nur bzgl. p_I	$p_I^L \le p_I^G \wedge p_{II}^L > p_{II}^G$	1,20 %	0,93 %	0,56 %	0,28 %
Anzahl der berechneten Fälle (in Tsd.)		17.314.479	4.776.408	4.566.456	69.257.916

Ein Setting, das die Annahmen anderer Settings in sich vereint, weist eine relative Häufigkeit für ein mindestens so gutes Abschneiden des Legalausnahmespiels bezüglich der Fehlerwahrscheinlichkeit zweiten Grades auf, die zwischen den entsprechenden Zahlen der ursprünglichen Settings liegt. Werden beide Fehlerwahrscheinlichkeiten in Betracht gezogen, so können ähnliche Beobachtungen gemacht werden: Die relative Häufigkeit, daß das Legalausnahmespiel zu höheren Fehlerwahrscheinlichkeiten für beide Fehlerarten führt als das Genehmigungsspiel, bildet in den Settings 5 bis 8 verglichen mit den Ausgangssettings 2 bis 4 jeweils eine Art gewichteten Mittelwert. In Setting 5 beträgt sie 2,13 % im Vergleich zu 3,51 % in Setting 2 und 1,81 % in Setting 3 und in Setting 6 beträgt sie 1,75 % im Vergleich zu 3,51 % in Setting 2 und 1,46 % in Setting 4. Nur die Settings 7 und 8 weichen etwas von diesem Muster ab: In beiden Settings sinkt die relative Häufigkeit dafür, daß das Legalausnahmesystem dem Genehmigungssystem bezüglich beider Fehlerarten unterlegen ist, deutlich unter die entsprechenden Werte der Settings 2 bis 4. In Setting 7 beträgt sie 0,61 %, in Setting 8 nur unwesentlich höher 0,66 %. Allen vier Settings (5 bis 8) ist jedoch gemeinsam, daß in ihnen das Legalausnahmespiel bezüglich beider Fehlerwahrscheinlichkeiten besser abschneidet als im Referenz-Setting 1 (2,69 %).

Ergebnis S17: Durch eine Kombination der Einzelmaßnahmen werden die Simulationsergebnisse bezüglich der Fehlerwahrscheinlichkeiten verstärkt.

Ergebnis S18: Vor allem die Kombinationen, die die Maßnahmen höhere Geldbuße und höhere Kontrollwahrscheinlichkeit beinhalten, reduzieren die Fälle, in denen das Genehmigungsspiel dem Legalausnahmespiel bezüglich beider Fehlerwahrscheinlichkeiten überlegen ist, auf ein vernachlässigbares Minimum (0,61 % bzw. 0,66 %).

Wird das Wirksamkeitskriterium Complianceniveau betrachtet, so fällt das Ergebnis noch eindeutiger aus (vgl. Tabelle 4.10). Alle vier durch Annahmenkombination konstruierten Settings weisen mit 22,02 % (Settings 5 und 6), 27,30 % (Setting 7) bzw. 30,02 % (Setting 8) ein höheres durchschnittliches Complianceniveau im Kontroll-Teilspiel und mit 22,65 % (Setting 5), 22,67 % (Setting 6), 28,70 % (Setting 7) bzw. 30,93 % (Setting 8) auch ein höheres durchschnittliches Complianceniveau im gesamten Legalausnahmespiel auf als die Ausgangssettings 2 bis 4 (zwischen 16,09 % und 19,94 % im Kontroll-Teilspiel und zwischen 16,53 % und 20,94 % im

Gesamtspiel) oder das Benchmark-Setting 1 (14,51 % im Kontroll-Teilspiel und 15,19 % im Gesamtspiel). Im Genehmigungsspiel dagegen steigt zwar mit 92,04 % (Setting 5), 92,33 % (Setting 6), 94,68 % (Setting 7) bzw. 94,08 % (Setting 8) das durchschnittliche Complianceniveau im Anmelde-Teilspiel verglichen mit demjenigen im Referenz-Setting 1 (90,90 %), aber die niedrigere Anmeldequote (nur noch zwischen 9,44 % und 14,67 %) führt zu einem niedrigeren durchschnittlichen Complianceniveau im gesamten Genehmigungsspiel. Diese Werte – 13,47 % (Setting 5), 13,55 % (Setting 6), 9,06 % (Setting 7) und 8,88 % (Setting 8) – liegen nicht nur unterhalb des entsprechenden Wertes in Setting 1 (20,79 %), sondern sie liegen auch alle unterhalb der Legalausnahmespiel-Compliance-Werte im jeweiligen Setting. Somit verwundert es nicht, daß die relative Häufigkeit, mit der das Legalausnahmespiel dem Genehmigungsspiel bezüglich des Complianceniveaus mindestens ebenbürtig ist, in Setting 8 mit 99,24 % nahe an Eins liegt und auch in den drei restlichen Kombinationssettings mit 97,34 %, 97,60 % und 99,20 % äußerst gute Werte aufweist.

Ergebnis S19: Durch eine Kombination der Einzelmaßnahmen werden auch die Simulationsergebnisse bezüglich des Complianceniveaus verstärkt.

Ergebnis S20: Das durchschnittliche Complianceniveau im Legalausnahmespiel (mindestens 22,65 %) liegt über demjenigen im Genehmigungssystem (höchstens 13,55 %), egal welche der drei Einzelmaßnahmen miteinander kombiniert werden. Das höchste durchschnittliche Complianceniveau wird erreicht, wenn alle drei Maßnahmen gleichzeitig angewendet werden.

Ergebnis S21: Durch eine Kombination der drei Maßnahmen weist das Legalausnahmespiel in fast allen Fällen ein mindestens so hohes Complianceniveau auf wie das Genehmigungsspiel. Werden alle drei Maßnahmen gleichzeitig durchgeführt, nähert sich dieser Wert sogar 100 % (exakt: 99,24 %).

Es kann daher festgehalten werden, daß die besten Simulationsergebnisse zugunsten des Legalausnahmesystems bezüglich beider Wirksamkeitskriterien in den Settings 7 und 8 erreicht werden. Setting 7 repräsentiert den Fall, daß im Legalausnahmesystem höhere Geldbußen gesetzt werden und die Wahrscheinlichkeit, eine Vereinbarung zu kontrollieren, höher ist als die Entdeckungswahrscheinlichkeit im Genehmigungssystem.

Tabelle 4.10: Die Simulationsergebnisse (Complianceniveau) in den Settings 5, 6, 7 und 8

Settings 5 bis 8: Kombinationen aus besseren Assessment-Skills ($\rho^L - \varphi^L > \rho^G - \varphi^G$), höherer Geldbuße ($B^L > B^G$) und höherer Interventionswahrscheinlichkeit ($\xi > \tau$)		relative Häufigkeiten			
Wirksamkeit: Kriterium Rechtsgehorsam		Setting 5	Setting 6	Setting 7	Setting 8
Anmeldungen im G-Spiel	$EP_{an}^F \geq EP_{ill}^F$	14,63 %	14,67 %	9,57 %	9,44 %
illegalen Vereinbarungen im G-Spiel	$EP_{an}^F < EP_{ill}^F$	85,37 %	85,33 %	90,43 %	90,56 %
durchschn. Compliance im Anmelde-Teilspiel	$\dfrac{\sum \gamma_{an}^*}{\#\,\text{Anmeldungen}}$	92,04 %	92,33 %	94,68 %	94,08 %
durchschn. Compliance im G-Spiel	$\dfrac{\sum \gamma_{an}^* + \sum \delta_{ill}^*}{\#\,\text{Fälle}}$	13,47 %	13,55 %	9,06 %	8,88 %
eingegangenen Vereinbarungen im L-Spiel	$EP_{in}^F \geq 0$	99,18 %	99,17 %	98,07 %	98,71 %
nicht-eingeg. Vereinbarungen im L-Spiel	$EP_{in}^F < 0$	0,82 %	0,83 %	1,93 %	1,29 %
durchschn. Compliance im Kontroll-Teilspiel	$\dfrac{\sum \gamma_{in}^*}{\#\,\text{Vereinbarungen}}$	22,02 %	22,02 %	27,30 %	30,02 %
durchschn. Compliance im L-Spiel	$\dfrac{\sum \gamma_{in}^* + \sum \varepsilon_{out}^*}{\#\,\text{Fälle}}$	22,65 %	22,67 %	28,70 %	30,93 %
L-Spiel $\succeq$ G-Spiel bzgl. Compliance	$\hat{\gamma}^L \geq \hat{\gamma}^G$	97,34 %	97,60 %	99,20 %	99,24 %
Anzahl der berechneten Fälle (in Tsd.)		17.314.479	4.776.408	4.566.456	69.257.916

Setting 8 beinhaltet zusätzlich die Annahme, daß die EU-Kommission im Legalausnahmespiel über bessere Assessment-Skills verfügt. Setting 8 überzeugt vor allem auf dem Gebiet der Vermeidung von Fehlern zweiter Ordnung. In 99,06 % der Fälle liegt die Wahrscheinlichkeit, einen solchen Fehler zu begehen, im Legalausnahmesystem nicht höher als im Genehmigungsspiel. Für Fehler erster Ordnung ist dies nur in 89,93 % der Fälle der Fall. Werden jedoch beide Fehlerwahrscheinlichkeiten betrachtet, so weist Setting 8 den zweitbesten Wert der neun Simulationsläufe auf: Nur in 0,66 % der Fälle kann das Genehmigungssystem mit niedrigeren Werten für beide Fehlerwahrscheinlichkeiten aufwarten. Übertroffen wird Setting 8 hier nur durch Setting 7; dort liegt der entsprechende Wert bei 0,61 %. Sollen vor allem Fehler erster Ordnung vermieden werden, sind die Settings 5 bis 8 nicht besonders hilfreich, da in ihnen die relative Häufigkeit, daß das Legalausnahmespiel zu mindestens so niedrigen p_I-Werten führt wie das Genehmigungssystem, durchweg niedriger ist als im Benchmark-Setting 1 und auch niedriger als in den Settings 2 bis 4, die jeweils die Effekte einer einzelnen Annahme isolieren. Setting 8 weist auch von allen Settings die besten Simulationsergebnisse auf, was das durchschnittlich erreichte Complianceniveau im Legalausnahmespiel angeht. Zwar ist dieses mit 30,93 % nicht überragend hoch, aber in 99,24 % der Fälle höher als im Genehmigungssystem.

Aus diesen Daten läßt sich die Schlußfolgerung ziehen, daß eine Kombination der drei untersuchten Maßnahmen – die Investition in die Assessment-Skills, das Setzen höherer Geldbußen und die Investition in eine höhere Kontrollwahrscheinlichkeit – dazu geeignet ist, den Systemwechsel dahingehend zu unterstützen, daß die relative Wirksamkeit der Rechtsdurchsetzung des Legalausnahmesystems gegenüber dem Genehmigungssystem verstärkt wird. Grundsätzlich kann damit an dieser Stelle der Vorwurf der Reformkritiker, das Legalausnahmesystem sei nicht dazu in der Lage, eine wirksame Durchsetzung des europäischen Kartellrechts zu garantieren, verneint werden.

Ergebnis S22: Das Legalausnahmesystem erweist sich bezüglich beider Kriterien vor allem dann als besonders wirksam im Vergleich zum Genehmigungssystem, wenn im Legalausnahmesystem höhere Geldbußen gesetzt werden und die EU-Kommission in die Erhöhung der Kontrollwahrscheinlichkeit investiert. Die Verbesserung der Assessment-

Skills ist der Wirksamkeit der Rechtsdurchsetzungsinstitution Legalausnahme auch dienlich, allerdings nur in schwächerem Maße.

4.4 Zusammenfassung der Ergebnisse

In den vorangegangen Abschnitten 4.1, 4.2 und 4.3 wurde ein Institutionenvergleich zwischen dem in VO 17/62 konstituierten Genehmigungssystem und dem in VO 1/2003 festgeschriebenen Legalausnahmesystem zur Durchsetzung des europäischen Kartellrechts durchgeführt. Diese Vergleichsergebnisse werden nun in diesem Kapitel dazu benutzt, die in Abschnitt 3.1.1 konzeptualisierten Kernfragen zusammenfassend und konkret zu beantworten. Gemäß der in dieser Arbeit vorgenommenen Definition setzt sich die Wirksamkeit einer Rechtsdurchsetzungsinstitution aus dem erzielten Complianceniveau der Unternehmen und den bewirkten Fehlerwahrscheinlichkeiten erster und zweiter Ordnung zusammen. Außerdem wird aufgezeigt, mit welchen Maßnahmen der Systemwechsel unterstützt werden sollte, um das Legalausnahmesystem so wirksam wie möglich zu gestalten.

In Abschnitt 4.1 wurde der Institutionenvergleich in allgemeiner Form durchgeführt, indem die in den Abschnitten 3.3 und 3.4 direkt aus der Gleichgewichtsanalyse abgeleiteten Zwischenergebnisse zu neun Vergleichsergebnissen (V1 bis V9) zusammengeführt wurden. Aus diesen neun Ergebnissen kann bereits das allgemeine Fazit gezogen werden, daß die Kritik an der Einführung des Legalausnahmesystems in ihrer Grundsätzlichkeit nicht berechtigt ist. Das Legalausnahmesystem ist dem Genehmigungssystem nicht systematisch unterlegen, was die Wirksamkeit der Rechtsdurchsetzung anlangt. Vielmehr konnte in allgemeiner Weise gezeigt werden, daß in beiden Spielen prinzipiell ähnliche Ergebnisse erzielt werden können, daß es aber stark von der exakten Parameterbelegung abhängig ist, welches Ergebnis realisiert wird. Außerdem konnte gezeigt werden, daß die First-best-Lösung, die einem gleichgewichtigen Complianceniveau von Eins entspricht verbunden mit Fehlerwahrscheinlichkeiten von Null, im Legalausnahmespiel leichter verwirklicht werden kann, weil sich die entsprechenden Gleichgewichtsbedingungen wirtschaftspolitischen Maßnahmen leichter zugänglich erweisen. Außerdem konnte festgestellt werden, daß eine Beckersche Abschreckung in dem Sinne, daß

Vereinbarungen nicht geschlossen werden, nur im Legalausnahmespiel möglich ist.

In Abschnitt 4.2 wurde anhand eines konkreten Zahlenbeispiels verdeutlicht, aufgrund welcher Wirkzusammenhänge sich das Legalausnahmespiel als dem Genehmigungsspiel ebenbürtig erweisen kann. Dabei konnten auf das Fallbeispiel bezogen noch eindeutigere Schlußfolgerungen (Ergebnisse F1 bis F4) gezogen werden: Mit der gewählten Parameterbelegung muß dem Vorwurf der Reformkritiker, das Legalausnahmesystem schwäche die Durchsetzung des europäischen Kartellverbotes und begünstige Hardcore-Kartelle, energisch widersprochen werden. Im Fallbeispiel mit der Parameterbelegung $\kappa = \lambda = (0,6;0,4;0,6;0,3;10;1;A)$ erzielt das Legalausnahmespiel bezüglich des Complianceniveaus der Unternehmen und bezüglich der Fehlerwahrscheinlichkeit erster Ordnung grundsätzlich für alle möglichen Werte, die der Kartellaufschlag A annehmen kann, mindestens so gute Ergebnisse wie das Genehmigungsspiel, d.h. es werden für jeden A-Wert mindestens so hohe Complianceniveaus und mindestens so niedrige Type-I-Fehlerwahrscheinlichkeiten erreicht. Einzig die Fehlerwahrscheinlichkeit zweiter Ordnung weist gelegentlich im Legalausnahmespiel höhere Werte auf als im Genehmigungsspiel – dies jedoch nur in einer geringen und klar begrenzten Anzahl von Fällen.

Schließlich wurde in Abschnitt 4.3 eine Simulation des Systemwechsels auf Basis einer vorab definierten Anzahl von Settings durchgeführt. Diese neun Settings repräsentieren unterschiedliche Annahmen bezüglich der Rahmenbedingungen des Systemwechsels und betreffen die folgenden Parameter in den beiden Spielen: die Assessment-Skills ($\rho^G, \varphi^G, \rho^L, \varphi^L$), die Geldbuße ($B^G, B^L$) und die Interventionswahrscheinlichkeit (Entdeckungswahrscheinlichkeit τ, Kontrollwahrscheinlichkeit ξ). Es wurden insgesamt 22 Ergebnisse (S1 bis S22) hergeleitet, die allesamt bewiesen, daß die Vorwürfe der Reformkritiker einer theoretisch fundierten Grundlage entbehren. Selbst bei pessimistischer Einschätzung der Rahmenbedingungen des Systemwechsels (Ergebnisse S1 bis S5), d.h. selbst wenn nicht klar ist, in welche Richtung sich die Rahmenbedingungen bei einem Systemwechsel verändern, zeigt sich, daß das Legalausnahmesystem dem Genehmigungssystem zumindest was das Complianceniveau der Firmen und die Fehlerwahrscheinlichkeit erster Ordnung angeht, durchaus gewachsen ist. Einzig in bezug auf die Fehlerwahrscheinlichkeit zweiter Ordnung erweist sich das Legalausnahmesystem unter diesen Voraussetzung als weniger überzeugend: Die Fälle, in denen das Legalausnahmesystem zu mindestens so guten Werten wie das Genehmigungssystem führt, halten sich mit den Fällen, in denen das Genehmigungssystem dem Legalausnahmesystem in diesem Aspekt klar überlegen ist, fast die Waage. Mit den weniger pessimistischen Settings 2 bis 8, die entweder keine Veränderung der Rahmenbedingungen oder eine Verbesserung derselben annehmen, konnte jedoch gezeigt werden, daß dieser Defekt des Legalausnahmesystems, was die Anfälligkeit für Fehler zweiter Ordnung angeht, überwunden werden kann. Bereits die Ergebnisse des Simulationslaufes, der die Ceteris-Paribus-Annahme repräsentiert (Setting 1, Ergebnisse S6 bis S10), zeigten, daß das Legalausnahmesystem dem Genehmigungssystem in den meisten Fällen in Hinblick auf beide Wirksamkeitskriterien ebenbürtig ist oder es sogar übertrifft.

In den Settings 2 bis 8 wurde simuliert, was passiert, wenn der Systemwechsel durch einzelne oder mehrere miteinander kombinierte wirtschaftspolitische Maßnahmen begleitet wird. Zur Auswahl standen folgende Maßnahmen: (1) Die EU-Kommission investiert im Legalausnahmespiel in ihre Assessment-Skills; (2) die EU-Kommission setzt im Legalausnahmesystem höhere Geldbußen als im Genehmigungsspiel; (3) die EU-Kommission investiert im Legalausnahmespiel in die Wahrscheinlichkeit einer Ex-post-Kontrolle; (4) eine Kombination dieser Maßnahmen. Mit den Ergebnissen dieser sieben Simulationsläufe konnten zwölf Schlußfolgerungen (Ergebnisse S11 bis S22) gezogen werden, die auf die Bedeutsamkeit der einzelnen oder kombinierten Maßnahmen bei der Erhöhung der Wirksamkeit des Legalausnahmesystems gegenüber dem Genehmigungssystem hinweisen. Die Tabellen 4.11 und 4.12 geben nochmals einen Überblick über die Simulationsergebnisse in den Settings 0 bis 8.

In Tabelle 4.11 (Fehlerwahrscheinlichkeiten) wurde in jeder Zeile diejenige relative Häufigkeit markiert, die den Umstand repräsentiert, daß das Legalausnahmesystem im betrachteten Aspekt im Vergleich mit dem Genehmigungssystem am besten abschneidet. In Tabelle 4.12 (Complianceniveau) wurde dies in der letzten Zeile, die die relative Häufigkeit angibt, mit der das Legalausnahmesystem dem Genehmigungssystem bezüglich des erreichten Complianceniveaus mindestens ebenbürtig ist, ebenso gehandhabt. In den übrigen Zeilen wurde jeweils markiert, in welchem Setting die höchste Anmeldequote, die höchste Abschreckungsquote und das höchste durchschnittliche Complianceniveau in einem Teilspiel oder im Gesamtspiel erreicht wird. Mit Hilfe dieser Hervorhebungen kann nun die Frage beantwortet werden, welche wirtschaftspolitischen Maßnahmen ergriffen werden sollten, um den Systemwechsel sinnvoll zu begleiten und die Wirksamkeit der Rechtsdurchsetzungsinstitution Legalausnahme zu verstärken.

Lautet das Ziel, möglichst wenige Fehler erster Ordnung zu begehen, weil die gesellschaftliche Wohlfahrt durch das irrtümliche Verhindern effizienzsteigernder wettbewerbsbeschränkender Vereinbarungen besonders gemindert wird, sollte keine der drei oben angesprochenen Maßnahmen ergriffen werden.[71] Das Legalausnahmesystem ist auch ohne begleitende wirtschaftspolitische Maßnahmen (Setting 1) in der Lage, in 96,69 % der Fälle niedrigere oder maximal gleichhohe Fehlerwahrscheinlichkeiten zu produzieren wie das Genehmigungssystem. Dieser Wert verschlechtert sich durch Vornahme jeder der drei oben angesprochenen Maßnahmen.

Ist jedoch als Ziel definiert, möglichst wenige Fehler zweiter Ordnung zu begehen, weil irrtümlich genehmigte/nicht beanstandete oder nicht entdeckte wettbewerbsschädigende Vereinbarungen, die keine Effizienzeinrede rechtfertigen, die gesellschaftliche Wohlfahrt besonders negativ beeinflussen, so sollte eine Kombination aller drei Maßnahmen gewählt werden (Setting 8): Die EU-Kommission sollte zusätzliche Ressourcen aufwenden, um ihre Assessment-Skills zu verbessern und die Kontrollwahrscheinlichkeit zu erhöhen, und sie sollte höhere Geldbußen als bisher setzen. Auf diese Art und Weise führt das Legalausnahmesystem in 99,06 % der Fälle zu einer Type-II-Fehlerwahrscheinlichkeit, die nicht oberhalb derjenigen des Genehmigungssystems liegt.

Sollen dagegen beide Fehlerwahrscheinlichkeiten gleichermaßen berücksichtigt werden, lautet die Empfehlung an die EU-Kommission, die Ex-post-Kontrollwahrscheinlichkeit im Legalausnahmesystem zu erhöhen (Setting 4). Mit dieser Maßnahme wird erreicht, daß das Legalausnahmesystem dem Genehmigungssystem bezüglich beider Fehlerwahrscheinlichkeiten in 93,47 % der Fälle mindestens ebenbürtig ist. Oder anders ausgedrückt: In nur 6,53 % der Fälle wird das Legalausnahmesystem vom

---

[71] Für eine solche Zielsetzung spricht sich bspw. Easterbrook (1984) aus. Er argumentiert, daß das fälschliche Verbieten pro-kompetitiver Vereinbarungen bedeutende gesellschaftliche Kosten hervorrufen kann, da ein solches Verbot nicht durch Marktkräfte aufgewogen werden kann. Anders sei dies bei Fehlern zweiter Ordnung: Übersehene oder fälschlich erlaubte anti-kompetitive Vereinbarungen würden letztlich durch den herrschenden Wettbewerb aus den Märkten vertrieben. Fehler erster Ordnung seien daher relativ schlimmer als Fehler zweiter Ordnung, vgl. Easterbrook (1984, S. 2f.).

Genehmigungssystem bezüglich einer oder beider Fehlerwahrscheinlich-keiten übertroffen ($p_I^L > p_I^G \lor p_{II}^L > p_{II}^G$). Soll der Anteil der Fälle mini-miert werden, in denen das Legalausnahmesystem dem Genehmigungs-system bezüglich beider Fehlerwahrscheinlichkeiten unterlegen ist ($p_I^L > p_I^G \land p_{II}^L > p_{II}^G$), sollte zusätzlich dafür Sorge getragen werden, daß die Geldbußen im Legalausnahmesystem höher gesetzt werden: Mit einer sol-chen kombinierten Maßnahme (Setting 7) sinkt dieser Anteil auf 0,61 %. Ein Blick auf die letzten beiden Ergebniszeilen der Tabelle 4.11 erklärt, warum im Hinblick auf eine Minimierung der Fehlerwahrscheinlichkeiten erster Ordnung Setting 1 und im Hinblick auf eine Minimierung der Feh-lerwahrscheinlichkeit zweiter Ordnung Setting 8 gewählt werden sollte: In Setting 2 (bessere Assessment-Skills) ist die relative Häufigkeit, daß das Legalausnahmespiel dem Genehmigungsspiel nur in bezug auf die Type-I-Fehlerwahrscheinlichkeit unterlegen ist, mit 0,62 % am geringsten; in Set-ting 8 (Kombination aller drei Maßnahmen) weist die relative Häufigkeit, daß das Legalausnahmespiel dem Genehmigungsspiel nur in bezug auf die Type-II-Fehlerwahrscheinlichkeit unterlegen ist, mit 0,28 % den niedrig-sten Wert auf.

Die höchste Anmeldequote im Genehmigungssystem wird mit 22,87 % erreicht, wenn den Systemwechsel keinerlei wirtschaftspolitische Maß-nahmen begleiten (Setting 1). In diesem Fall ist auch das durchschnittli-che Complianceniveau im gesamten Genehmigungsspiel mit 20,79 % am höchsten, obwohl das höchste durchschnittliche Complianceniveau im An-melde-Teilspiel in Setting 7 erreicht wird, wenn im Genehmigungssystem niedrigere Geldbußen und eine niedrigere Entdeckungswahrscheinlichkeit als im Genehmigungsspiel vorliegen. Die höchste Abschreckungsquote im Legalausnahmesystem wird erreicht, wenn eine Kombination der wirt-schaftspolitischer Maßnahmen höhere Geldbuße und höhere Interventions-wahrscheinlichkeit vorliegt (Setting 7). Diese Kombination führt auch zum zweithöchsten durchschnittlichen Complianceniveau im Kontroll-Teilspiel sowie im gesamten Legalausnahmespiel. Noch höhere Werte werden je-doch erreicht, wenn alle drei Maßnahmen gemeinsam durchgeführt wer-den (Setting 8). Dann liegt das durchschnittliche Complianceniveau im Kontroll-Teilspiel bei 30,02 % und im gesamten Legalausnahmespiel bei 30,93 %. Ein Blick in die letzte Zeile der Tabelle 4.12 zeigt, daß diese 3er-Kombination auch dazu führt, daß das Legalausnahmesystem in 99,24 % der Fälle ein mindestens so hohes Complianceniveau aufweist wie das Genehmigungsspiel.

Tabelle 4.11: *Übersicht über die Simulationsergebnisse (Fehlerwahrscheinlichkeiten)*

Übersicht Simulationsergebnisse: Kriterium Fehleranfälligkeit									
	Set. 0	**Set. 1**	**Set. 2**	**Set. 3**	**Set. 4**	**Set. 5**	**Set. 6**	**Set. 7**	**Set. 8**
$p_I^L \leq p_I^G$	96,17 %	**96,69 %**	95,86 %	95,18 %	95,13 %	93,20 %	93,13 %	93,06 %	89,93 %
$p_I^L > p_I^G$	3,83 %	**3,31 %**	4,14 %	4,82 %	4,87 %	6,80 %	6,87 %	6,94 %	10,07 %
$p_{II}^L \leq p_{II}^G$	53,79 %	90,44 %	91,45 %	96,17 %	96,87 %	96,67 %	97,31 %	98,83 %	**99,06 %**
$p_{II}^L > p_{II}^G$	46,21 %	9,56 %	8,55 %	3,83 %	3,13 %	3,33 %	2,69 %	1,17 %	**0,94 %**
$p_I^L \leq p_I^G \wedge p_{II}^L \leq p_{II}^G$	51,72 %	89,82 %	90,82 %	93,15 %	**93,47 %**	92,00 %	92,20 %	92,49 %	89,65 %
$p_I^L > p_I^G \vee p_{II}^L > p_{II}^G$	48,28 %	10,18 %	9,18 %	6,85 %	**6,53 %**	8,00 %	7,80 %	7,51 %	10,35 %
$p_I^L > p_I^G \wedge p_{II}^L > p_{II}^G$	1,76 %	2,69 %	3,51 %	1,81 %	1,46 %	2,13 %	1,75 %	**0,61 %**	0,66 %
$p_{II}^L \leq p_{II}^G \wedge p_I^L > p_I^G$	2,07 %	**0,62 %**	0,63 %	3,01 %	3,40 %	4,67 %	5,11 %	6,34 %	9,42 %
$p_I^L \leq p_I^G \wedge p_{II}^L > p_{II}^G$	44,45 %	6,87 %	5,04 %	2,02 %	1,66 %	1,20 %	0,93 %	0,56 %	**0,28 %**
Fälle	85 Mrd.	79 Mio.	1,2 Mrd.	1,1 Mrd.	315 Mio.	17,3 Mrd.	4,8 Mrd.	4,6 Mrd.	69,3 Mrd.

Tabelle 4.12: *Übersicht über die Simulationsergebnisse (Complianceniveau)*

	Set. 0	Set. 1	Set. 2	Set. 3	Set. 4	Set. 5	Set. 6	Set. 7	Set. 8
Übersicht Simulationsergebnisse: Kriterium Rechtsgehorsam									
$EP_{an}^F \geq EP_{ill}^F$	21,39 %	*22,87 %*	22,45 %	14,87 %	14,91 %	14,63 %	14,67 %	9,57 %	9,44 %
$EP_{an}^F < EP_{ill}^F$	78,61 %	*77,13 %*	77,55 %	85,13 %	85,09 %	85,37 %	85,33 %	90,43 %	90,56 %
$\dfrac{\sum \gamma_{an}^*}{\#\,\text{Anmeldungen}}$	91,34 %	90,90 %	89,76 %	92,89 %	93,14 %	92,04 %	92,33 %	*94,68 %*	94,08 %
$\dfrac{\sum \gamma_{an}^* + \sum \delta_{ill}^*}{\#\,\text{Fälle}}$	19,54 %	*20,79 %*	20,15 %	13,82 %	13,89 %	13,47 %	13,55 %	9,06 %	8,88 %
$EP_{in}^F \geq 0$	99,44 %	99,20 %	99,47 %	98,77 %	98,75 %	99,18 %	99,17 %	*98,07 %*	98,71 %
$EP_{in}^F < 0$	0,56 %	0,80 %	0,53 %	1,23 %	1,25 %	0,82 %	0,83 %	*1,93 %*	1,29 %
$\dfrac{\sum \gamma_{in}^*}{\#\,\text{Vereinbarungen}}$	12,50 %	14,51 %	16,09 %	19,93 %	19,94 %	22,02 %	22,02 %	27,30 %	*30,02 %*
$\dfrac{\sum \gamma_{in}^* + \sum \varepsilon_{out}^*}{\#\,\text{Fälle}}$	12,99 %	15,19 %	16,53 %	20,91 %	20,94 %	22,65 %	22,67 %	28,70 %	*30,93 %*
$\hat\gamma^L \geq \hat\gamma^G$	84,25 %	90,87 %	91,68 %	97,10 %	97,40 %	97,34 %	97,60 %	99,20 %	*99,24 %*
Fälle	85 Mrd.	79 Mio.	1,2 Mrd.	1,1 Mrd.	315 Mio.	17,3 Mrd.	4,8 Mrd.	4,6 Mrd.	69,3 Mrd.

Abschließend läßt sich damit folgendes festhalten: Das Legalausnahmesystem ist dem Genehmigungssystem an Wirksamkeit der Rechtsdurchsetzung nicht systematisch unterlegen. Im Gegenteil: Wird der Systemwechsel dadurch flankiert, daß die EU-Kommission Anstrengungen unternimmt, ihre Assessment-Skills zu verbessern und die Kontrollwahrscheinlichkeit zu erhöhen, und werden darüber hinaus höhere Geldbußen gesetzt als im Genehmigungssystem, erweist sich das Legalausnahmesystem in bezug auf das erreichte Complianceniveau und die Wahrscheinlichkeit, einen Fehler zweiter Ordnung zu begehen, in fast allen denkmöglichen Fällen als mindestens so wirksam wie das Genehmigungssystem. Allerdings werden dann in etwa 10 % der Fälle im Legalausnahmesystem mit höherer Wahrscheinlichkeit Fehler erster Ordnung begangen als im Genehmigungssystem. Werden dagegen keine begleitenden Maßnahmen ergriffen und bleiben die Rahmenbedingungen des Systemwechsels unverändert, ist das Legalausnahmespiel dem Genehmigungsspiel statt dessen in den meisten Fällen mindestens ebenbürtig, was die Wahrscheinlichkeit angeht, einen Fehler erster Ordnung zu begehen. Diese gute Performance im Bereich der Type-I-Fehlerwahrscheinlichkeit geht allerdings zu Lasten der Performance in den Bereichen Type-II-Fehlerwahrscheinlichkeit und Compliance der Unternehmen. Aber auch unter diesen Aspekten ist das Legalausnahmesystem dem Genehmigungssystem nur in etwa 10 % aller denkmöglichen Fälle unterlegen. Von einer Schwächung der Kartellrechtsdurchsetzung durch die Einführung des Legalausnahmesystems kann also keine Rede sein.

Kapitel 5

Fazit

In dieser Arbeit wurden unter Verwendung eines spieltheoretischen Modells zwei konkurrierende Institutionen zur Durchsetzung des europäischen Kartellrechts miteinander verglichen: die Genehmigung als System der Ex-ante-Kontrolle, wie sie in der veralteten Durchführungsverordnung VO 17/62 vorgesehen ist, und die Legalausnahme als System der Ex-post-Kontrolle, wie sie in der seit 1. Mai 2004 gültigen Durchführungsverordnung VO 1/2003 festgelegt ist. Beide Verordnungen regeln die Anwendung des in Artikel 81(1) EG-Vertrag konstituierten Kartellverbotes und der in Artikel 81(3) EG-Vertrag aufgelisteten Freistellungsvoraussetzungen.

Anlaß dieser Arbeit war die insbesondere von deutschen Juristen geäußerte Kritik an den Reformbestrebungen der EU-Kommission und deren Implementierung durch die VO 1/2003. Aus der Fülle an Argumenten gegen die Einführung der Legalausnahme konnte als Hauptvorwurf herausgearbeitet werden, daß die Aufgabe der Genehmigung eine Schwächung der europäischen Kartellpolitik nach sich ziehe, die im speziellen die Durchführung von Hardcore-Kartellen erleichtere und die Wirksamkeit der Kartellrechtsdurchsetzung im allgemeinen beeinträchtige. Diese Behauptung wurde jedoch bar jeglicher theoretischen Fundierung und ohne modellmäßige Unterstützung vorgebracht. Zudem zeigt die Argumentation vieler Autoren, daß lediglich die Mängel der Legalausnahme aufgelistet wurden. Das Legalausnahmesystem wurde durch dieses Vorgehen nicht direkt mit seiner Alternative, dem Genehmigungssystem, verglichen, sondern statt dessen an einem nicht real existierenden besten Weltzustand gemessen. Dies ist aus Sicht der Neuen Institutionenökonomik verfehlt.

Aus diesem Grund wurde in der vorliegenden Arbeit als Methode der Bewertung des Legalausnahmesystems ein komparativer Institutionenansatz gewählt. Das bedeutet, daß das Legalausnahmesystem direkt mit dem Genehmigungssystem verglichen wurde und nicht mit einer idealisierten

und fiktiven, weil nicht zu realisierenden, besten Alternative. Auf diese
Weise konnte eine differenziertere und vor allem theoriegestützte Antwort
auf die Frage gefunden werden, welche der beiden Rechtsdurchsetzungsinstitutionen die wirksamere ist. Das Bewertungskriterium Wirksamkeit
wurde in die Aspekte Rechtsgehorsam der Unternehmen und Fehleranfälligkeit der EU-Kommission bei Kartellrechtsentscheidungen aufgespalten
und in einem Modell über die Variablen Complianceniveau und Fehlerwahrscheinlichkeiten erster und zweiter Ordnung operationalisiert.

Um die Frage nach der Wirksamkeit der beiden Institutionen beantworten zu können, wurde der Fokus des spieltheoretischen Modells auf die Interaktion der Hauptakteure bei der Durchsetzung des europäischen Kartellrechts gelegt. Diese sind die EU-Kommission als oberste europäische Kartellbehörde und die Unternehmen, die möglicherweise eine wettbewerbsbeschränkende Vereinbarung schließen möchten.

Die EU-Kommission wurde als aufhebungsaverse Behörde und imperfekte Entscheiderin modelliert. Diese Modellierung trägt zweierlei Aspekten Rechnung: dem Wollen und dem Können der EU-Kommission. Mit der
Aufhebungsaversion wurde ein auf Hafner (2000) zurückgehendes Konzept angewendet, das eine realitätsnahe Modellierung der Anreizstruktur,
der sich eine Behörde gegenübersieht, erlaubt: Die EU-Kommission ist
hauptsächlich daran interessiert, Entscheidungen von Bestand zu treffen.
Dies gelingt ihr am leichtesten, wenn sie Fehlentscheidungen vermeidet,
da diese sonst vom Gericht erster Instanz des Europäischen Gerichtshofes
aufgehoben werden. Eine solche Aufhebung führt zu Nutzeneinbußen der
Kommission, da sie, zumindest bei häufigem Auftreten, mit Reputationsverlust der Behörde als ganzer und schlechteren Karrierechancen der einzelnen Behördenmitarbeiter verbunden ist. Das Können der EU-Kommission wurde mit der auf Heiner (1983, 1986, 1990) und Kirstein (1999, 2005)
zurückgehenden ökonomischen Diagnosetheorie modelliert. Damit konnte
der in der Realität beobachtbare Umstand abgebildet werden, daß die EU-
Kommission nicht unfehlbar ist, sondern daß ihr bei der Einschätzung der
Freistellungsfähigkeit einer Vereinbarung Fehler unterlaufen. Diese Fehler
können zwei Ausprägungen haben: Es kann eine freistellungsfähige Vereinbarung irrtümlich untersagt werden; dies entspricht dem Fehler erster
Ordnung (*false positive*). Oder es kann eine nicht-freistellungsfähige Vereinbarung irrtümlich nicht untersagt werden; man spricht dann von einem
Fehler zweiter Ordnung (*false negative*). Die Modellierung der EU-Kommission als Entscheiderin mit positiven, aber imperfekten Assessment-

Skills (Beurteilungsfähigkeit) unterstellt, daß sie freistellungsfähige und nicht-freistellungsfähige Vereinbarungen nicht fehlerlos, aber besser als rein zufällig voneinander unterscheiden kann.

Die Unternehmen, die an einer wettbewerbsbeschränkenden Vereinbarung interessiert sind, wurden zu einer Firmengruppe als *unitary actor* zusammengefaßt, und dieser als risikoneutraler Gewinnmaximierer modelliert. Anhand eines Einkaufskartells wurde in Anlehnung an den Williamson-Trade-Off gezeigt, welche Art von Vereinbarung im Sinne der EU-Kommission als freistellungsfähig anzuerkennen ist, und welche Gewinne sich daraus für die an der Vereinbarung beteiligte Gruppe von Firmen ergeben. So konnte gezeigt werden, daß die Firmengruppe eine nicht-freistellungsfähige Vereinbarung einer freistellungsfähigen Vereinbarung prinzipiell vorzieht, solange der zusätzliche Gewinn nicht durch eine drohende Geldbuße zunichtegemacht wird. Das Ziel der europäischen Wettbewerbspolitik muß es daher sein, entweder das Schließen wettbewerbsbeschränkender nicht-freistellungsfähiger Vereinbarungen von vornherein zu verhindern (Abschreckung oder Ex-ante-Kontrolle) oder solche Vereinbarungen zu entdecken und zu untersagen (Ex-post-Kontrolle).

Um die beiden konkurrierenden Rechtsdurchsetzungsinstitutionen abzubilden, wurden zwei Varianten eines spieltheoretischen Modells aufgestellt: das Genehmigungsspiel und das Legalausnahmespiel. Die Gleichgewichtsanalyse ergab, daß keine der beiden Rechtsdurchsetzungsinstitutionen unfehlbar ist. Je nach Beschaffenheit der Rahmenbedingungen – als diese wurden die Assessment-Skills der EU-Kommission, die Wahrscheinlichkeit, mit der eine Vereinbarung im Genehmigungsspiel entdeckt oder im Legalausnahmespiel ex post kontrolliert wird, die Klagewahrscheinlichkeit, die Geldbuße sowie die mit einer Vereinbarung im Markt erzielbaren Gewinne identifiziert – können in beiden Institutionen Situationen entstehen, in denen ein niedriges Complianceniveau und/oder hohe Fehlerwahrscheinlichkeiten erreicht werden. Andererseits ist es ebenfalls in beiden Institutionen möglich, hohe Compliance und niedrige Fehlerwahrscheinlichkeiten zu erzielen. Eine pauschale Aussage darüber, welche Rechtsdurchsetzungsinstitution der anderen grundsätzlich vorzuziehen ist, ist wegen eines solchen Ergebnisses nicht möglich. Gleichzeitig widerlegt ein solches Ergebnis aber auch die Behauptung, das Legalausnahmesystem sei dem Genehmigungssystem systematisch unterlegen. Durch die Präsentation eines Fallbeispiels, das alle Parameter des Modells mit konkreten Zahlenwerten belegte, konnte gezeigt werden, daß es Fälle gibt, in denen das

Legalausnahmesystem niedrigere Fehlerwahrscheinlichkeiten und ein höheres Complianceniveau induziert als das Genehmigungsspiel. Damit ist der von den Reformkritikern geäußerte Vorwurf der verminderten Wirksamkeit der Legalausnahme nicht haltbar.

Man könnte nun einwenden, das Modell habe nicht *alle* Umstände der Realität abgebildet, so daß die abgeleiteten Ergebnisse keine Aussagekraft hätten. Diesem Einwand ist zweierlei entgegenzuhalten: (1) Eine vollständige Aufnahme sämtlicher Vorschriften der Verordnungen VO 17/62 und VO 1/2003 sowie aller Akteure in ein einziges Modell käme einer Landkarte im Maßstab 1 : 1 gleich. Doch es ist offensichtlich, daß eine solche Karte dem Wanderer nicht besonders nützlich, sondern eher hinderlich wäre. (2) Bereits das vorliegende spieltheoretische Modell mit all seinen Beschränkungen hat gezeigt, daß die Ergebnisse derart komplex sind, daß eine eindeutige Aussage zugunsten der Vorzugswürdigkeit der einen Institution über die andere nicht möglich ist. Es ist jedoch unmittelbar einsichtig, daß die Aufnahme zusätzlicher Annahmen, die eine noch realitätsnähere Modellierung der beiden Institutionen erlauben würde, den Komplexitätsgrad der Zusammenhänge nicht vermindern würde. Es liegt die Vermutung nahe, daß in einem solchen Modell die Ergebnisse nicht weniger uneindeutig sein dürften. Eine derart erweiterte Analyse wäre demnach wohl kaum in der Lage, die systematische Überlegenheit des alten Genehmigungssystems zu beweisen, sondern dürfte im Gegenteil eher einen weiteren Beleg für die Irrigkeit dieser Behauptung liefern.

Um ein noch differenzierteres Ergebnis des Institutionenvergleichs zu erlangen, wurde auf Basis der Gleichgewichtsberechnungen ein Algorithmus entwickelt, der in der Lage ist, für jede beliebige Ausgestaltung der Rahmenbedingungen vorherzusagen, ob im konkreten Fall das Legalausnahmesystem dem Genehmigungssystem an Wirksamkeit über- oder unterlegen ist. Durch die Implementation des Algorithmus als computergestütztes Simulationsprogramm wurde die Voraussetzung geschaffen, diese Vorhersage für eine große Anzahl von unterschiedlichen Parameterbelegungen zu treffen. Gleichzeitig wurde es dadurch möglich, in der Simulation systematische Veränderungen der Rahmenbedingungen zu berücksichtigen, wie sie beispielsweise durch wirtschaftspolitische Maßnahmen der EU-Kommission hervorgerufen werden. Als solche möglichen Maßnahmen wurden die folgenden drei identifiziert: (1) eine Verbesserung der Assessment-Skills der EU-Kommission, (2) eine Entscheidung, unter VO 1/2003 höhere Geldbußen zu setzen, als dies unter VO 17/62 der Fall war,

(3) eine Erhöhung der Wahrscheinlichkeit einer Ex-post-Kontrolle verglichen mit der Wahrscheinlichkeit, im Genehmigungssystem eine illegale Vereinbarung zu entdecken. Alle drei Maßnahmen können prinzipiell einzeln oder in beliebiger Kombination ergriffen werden.

Mit Hilfe mehrerer Simulationsläufe, die die unterschiedliche Entwicklung der Rahmenbedingungen des Systemwechsels abbildeten, konnte erneut gezeigt werden, daß das Legalausnahmesystem dem Genehmigungssystem an Wirksamkeit der Rechtsdurchsetzung nicht systematisch unterlegen ist. Außerdem konnte aus den Simulationsergebnissen hergeleitet werden, welche der oben genannten wirtschaftspolitischen Maßnahmen von der EU-Kommission ergriffen werden sollten, um den Systemwechsel zu begleiten und die neue Rechtsdurchsetzungsinstitution Legalausnahme im Vergleich mit dem alten System so wirksam wie möglich zu gestalten. Zur Erreichung dieses Zieles gibt es zwei Alternativen:

1. Wird der Systemwechsel dadurch flankiert, daß die EU-Kommission Anstrengungen unternimmt, ihre Assessment-Skills zu verbessern und die Kontrollwahrscheinlichkeit zu erhöhen, und werden darüber hinaus höhere Geldbußen gesetzt als im Genehmigungssystem, werden also alle drei Maßnahmen umgesetzt, erweist sich das Legalausnahmesystem in bezug auf das erreichte Complianceniveau und die Wahrscheinlichkeit, einen Fehler zweiter Ordnung zu begehen, in fast allen denkmöglichen Fällen als mindestens so wirksam wie das Genehmigungssystem. Allerdings werden dann in etwa 10 % der Fälle im Legalausnahmesystem mit höherer Wahrscheinlichkeit Fehler erster Ordnung begangen als im Genehmigungssystem.

2. Werden dagegen keine begleitenden Maßnahmen ergriffen und bleiben die Rahmenbedingungen des Systemwechsels unverändert, ist das Legalausnahmespiel dem Genehmigungsspiel statt dessen in den meisten Fällen mindestens ebenbürtig, was die Wahrscheinlichkeit angeht, einen Fehler erster Ordnung zu begehen. Diese gute Performance im Bereich der Fehlerwahrscheinlichkeit erster Ordnung geht allerdings zu Lasten der Performance in den Bereichen Fehlerwahrscheinlichkeit zweiter Ordnung und Compliance der Unternehmen. Aber auch unter diesen Aspekten ist das Legalausnahmesystem dem Genehmigungssystem nur in etwa 10 % aller denkmöglichen Fälle unterlegen.

Den beiden Alternativen liegen folglich unterschiedliche Auffassungen zugrunde, welcher Fehlertyp vorrangig vermieden werden sollte: Im ersten

Fall ist es der Fehler zweiter Ordnung, im zweiten Fall derjenige erster Ordnung. Es spricht einiges dafür, sich für die zweite Alternative zu entscheiden. Dabei ist weniger an die mit den Fehlern verbundenen absoluten Fehlerkosten zu denken, sondern vielmehr an die potentielle Persistenz der Fehler. Easterbrook (1984) stellt ganz richtig fest, daß *false positives* aus gesellschaftlicher Sicht ein bedeutend schlimmeres Übel darstellen als *false negatives*. Übersehene oder fälschlich erlaubte anti-kompetitive Vereinbarungen nämlich können letztlich durch den herrschenden Wettbewerb aus den Märkten vertrieben werden, wohingegen fälschlich untersagte pro-kompetitive Vereinbarungen unwiederbringlich verlorengegeben werden müssen. Ihrem Verschwinden wirken keine Marktkräfte entgegen.

Nach der in dieser Arbeit umfassend durchgeführten Analyse kann von einer grundsätzlichen Schwächung der Kartellrechtsdurchsetzung durch die Einführung des Legalausnahmesystems keine Rede sein. Die so lautenden Vorwürfe der Reformkritiker sind aufgrund der spieltheoretisch fundierten und durch eine Computersimulation gestützten Ergebnisse dieser Arbeit eindeutig zurückzuweisen. Weder leidet der Rechtsgehorsam der Unternehmen durch die Abschaffung des Genehmigungssystems, so daß nicht mit einem vermehrten Auftreten von Hardcore-Kartellen zu rechnen ist, noch erweist sich das Legalausnahmesystem als systematisch fehleranfälliger als das Genehmigungssystem. Es wird jedoch empirischen Studien vorbehalten bleiben müssen, die Frage abschließend zu beantworten, ob die Einführung der Legalausnahme unter den gegebenen realen Umständen zu einer Erhöhung der Wirksamkeit der Durchsetzung des europäischen Kartellrechts geführt hat.

Doch noch ein weiterer, gewissermaßen grundsätzlicher Punkt läßt sich zugunsten des Legalausnahmesystems anführen. In einer marktwirtschaftlich organisierten, freiheitlichen Ordnung sollte das Mittel der Wahl zur Bekämpfung wettbewerbsbeschränkender Vereinbarungen nicht ein zentraler Verwaltungsakt sein. Vielmehr steht es einer solchen Wirtschaftsordnung wohlan, auch bei der Durchsetzung ihrer Verbote auf Mittel zurückzugreifen, die die Selbstheilungskräfte des Marktes zum Tragen kommen lassen. Die Legalausnahme ist ein solches Mittel, da sie als faktische Mißbrauchskontrolle bei der Verfolgung von Kartellverbotsverstößen die dezentralen Informationen der Betroffenen nutzt, sei es, indem die EU-Kommission und die nationalen Kartellbehörden Hinweisen von Verbrauchern oder Wettbewerbern nachgehen, sei es, daß Privatklagen vor den mitgliedstaatlichen Gerichtshöfen angestrebt werden.

Um diesen Punkt noch detaillierter auszuarbeiten, ist weitere Forschung sinnvoll. So könnten beispielsweise die beiden in dieser Arbeit nicht abschließend behandelten Pfeiler der Reform, die Dezentralisierung der Anwendung von Artikel 81 EG-Vertrag sowie die Verstärkung der nachherigen Kontrolle durch die Förderung von Privatklagen (*private enforcement*), in den Mittelpunkt einer ähnlich konzipierten Analyse gerückt werden. Auch hier müßte, einem komparativen Institutionenansatz folgend, gezeigt werden, welchen Effekt die Dezentralisierung und/oder die Einführung von Privatklagen auf die Wirksamkeit der Kartellrechtsdurchsetzung haben. Gerade im Bereich des *private enforcement* erscheint hier der Forschungsbedarf noch hoch zu sein. Noch immer stößt man vielerorts auf Vorbehalte gegenüber sogenannten *punitive* oder *treble damages*, also Schadenersatzzahlungen, die aus Sanktionszwecken ein Mehrfaches der tatsächlichen Schadenshöhe betragen. Die Argumente reichen von der Unmöglichkeit der Verankerung solcher Schadenersatzzahlungen in den Rechtssystemen einzelner Mitgliedstaaten bis hin zu Befürchtungen, solche Schadenersatzzahlungen würden zahllose Unternehmen in den Ruin treiben und damit die deutsche Wirtschaft empfindlich schwächen.[1] Dabei wird die unter Ökonomen wohlbekannte Tatsache übersehen, daß hohe erwartete Strafen – und dazu sind auch hohe Schadenersatzzahlungen zu rechnen – ein bedeutendes Abschreckungsmoment entwickeln, so daß statt der befürchteten Unternehmensinsolvenzen wohl eher ein Rückgang wettbewerbsbeschränkender Vereinbarungen eintreten dürfte.[2] Von seiten der Ökonomen ist hier sowohl bei Fragen *de lege ferenda* als auch bei solchen *de lege lata* noch nicht alles abschließend gesagt.

---

[1] Vgl. etwa Monopolkommission (1999, Tz. 37f.), Monopolkommission (2002, Tz. 70, 73) oder Möschel (2000, S. 66).

[2] Vgl. etwa Polinsky/Shavell (2000b).

Anhang A

Relevante Rechtstexte

A.1 *Primäres Gemeinschaftsrecht: Verträge*

EG-Vertrag: Konsolidierte Fassungen des Vertrags zur Gründung der Europäischen Gemeinschaft, *Amtsblatt der Europäischen Gemeinschaften*, Nr. C 325 vom 24. Dezember 2002, S. 33-184.

Vertrag von Amsterdam: Vertrag von Amsterdam zur Änderung des Vertrags über die Europäische Union, der Verträge zur Gründung der Europäischen Gemeinschaften sowie einiger damit zusammenhängender Rechtsakte, *Amtsblatt der Europäischen Gemeinschaften*, Nr. C 340 vom 10. November 1997.

A.2 *Sekundäres Gemeinschaftsrecht: Verordnungen des Rates*

VO 17/62: Verordnung (EWG) Nr. 17 des Rates: Erste Durchführungsverordnung zu den Artikeln 85 und 86 des Vertrages, *Amtsblatt der Europäischen Gemeinschaften*, Nr. P 13 vom 21. Februar 1962, S. 204-211.

VO 1/2003: Verordnung (EG) Nr. 1/2003 des Rates vom 16. Dezember 2002 zur Durchführung der in den Artikeln 81 und 82 des Vertrags niedergelegten Wettbewerbsregeln, *Amtsblatt der Europäischen Gemeinschaften*, Nr. L 1 vom 4. Januar 2003, S. 1-25.

VO-Vorschlag: Vorschlag für eine Verordnung des Rates zur Durchführung der in den Artikeln 81 und 82 EG-Vertrag niedergelegten Wettbewerbsregeln und zur Änderung der Verordnungen (EWG) Nr. 1017/68, (EWG) Nr. 2988/74, (EWG) Nr. 4056/86 und (EWG) Nr. 3975/87 („Durchführungsverordnung zu den Artikeln 81 und 82 EG-Vertrag"), 27. September 2000, KOM(2000) 582 endgültig – 2000/0243 (CNS), *Amtsblatt der Europäischen Gemeinschaften*, Nr. C 365 E vom 19. Dezember 2000, S. 284-296.

A.3 Sekundäres Gemeinschaftsrecht: Verordnungen der Kommission

VO 2842/98: Verordnung (EG) Nr. 2842/98 der Kommission vom 22. Dezember 1998 über die Anhörung in bestimmten Verfahren nach Artikel 85 und 86 EG-Vertrag, *Amtsblatt der Europäischen Gemeinschaften*, Nr. L 354 vom 30. Dezember 1998, S. 18-21.

VO 2790/1999: Verordnung (EG) Nr. 2790/1999 der Kommission vom 22. Dezember 1999 über die Anwendung von Artikel 81 Absatz 3 des Vertrages auf Gruppen von vertikalen Vereinbarungen und aufeinander abgestimmten Verhaltensweisen, *Amtsblatt der Europäischen Gemeinschaften*, Nr. L 336 vom 29. Dezember 1999, S. 21-25.

VO 2658/2000: Verordnung (EG) Nr. 2658/2000 der Kommission vom 29. November 2000 über die Anwendung von Artikel 81 Absatz 3 des Vertrags auf Gruppen von Spezialisierungsvereinbarungen, *Amtsblatt der Europäischen Gemeinschaften*, Nr. L 304 vom 5.12.2000, S. 3-6.

VO 2659/2000: Verordnung (EG) Nr. 2659/2000 der Kommission vom 29. November 2000 über die Anwendung von Artikel 81 Absatz 3 des Vertrages auf Gruppen von Vereinbarungen über Forschung und Entwicklung, *Amtsblatt der Europäischen Gemeinschaften*, Nr. L 304 vom 5. Dezember 2000, S. 7-12.

VO 1400/2002: Verordnung (EG) Nr. 1400/2002 der Kommission vom 31. Juli 2002 über die Anwendung von Artikel 81 Absatz 3 des Vertrags auf Gruppen von vertikalen Vereinbarungen und aufeinander abgestimmten Verhaltensweisen im Kraftfahrzeugsektor, *Amtsblatt der Europäischen Gemeinschaften*, Nr. L 203 vom 1. August 2002, S. 30-41.

VO 773/2004: Verordnung (EG) Nr. 773/2004 der Kommission vom 7. April 2004 über die Durchführung von Verfahren auf der Grundlage der Artikel 81 und 82 EG-Vertrag durch die Kommission, *Amtsblatt der Europäischen Gemeinschaften*, Nr. L 123 vom 27. April 2004, S. 18-24.

A.4 Bekanntmachungen der Kommission

Anwendungsleitlinien: Bekanntmachung der Kommission – Leitlinien zur Anwendung von Artikel 81 Absatz 3 EG-Vertrag, *Amtsblatt der Europäischen Gemeinschaften*, Nr. C 101 vom 27. April 2004, S. 97-118.

Beeinträchtigungsleitlinien: Bekanntmachung der Kommission – Leitlinien über den Begriff der Beeinträchtigung des zwischenstaatlichen Handels in den Artikeln 81 und 82 des Vertrags, *Amtsblatt der Europäischen Gemeinschaften*, Nr. C 101 vom 27. April 2004, S. 81-96.

Beratungsbekanntmachung: Bekanntmachung der Kommission über informelle Beratung bei neuartigen Fragen zu den Artikeln 81 und 82 des Vertrages, die in Einzelfällen auftreten (Beratungsschreiben), *Amtsblatt der Europäischen Gemeinschaften*, Nr. C 101 vom 27. April 2004, S. 78-80.

Beschwerdebekanntmachung: Bekanntmachung der Kommission über die Behandlung von Beschwerden durch die Kommission gemäß Artikel 81 und 82 EG-Vertrag, *Amtsblatt der Europäischen Gemeinschaften*, Nr. C 101 vom 27. April 2004, S. 65-77.

EWN-Bekanntmachung: Bekanntmachung der Kommission über die Zusammenarbeit innerhalb des Netzes der Wettbewerbsbehörden, *Amtsblatt der Europäischen Gemeinschaften*, Nr. C 101 vom 27. April 2004, S. 43-53.

Gerichtsbekanntmachung: Bekanntmachung der Kommission über die Zusammenarbeit zwischen der Kommission und den Gerichten der EU-Mitgliedstaaten bei der Anwendung der Artikel 81 und 82 des Vertrages, *Amtsblatt der Europäischen Gemeinschaften*, Nr. C 101 vom 27. April 2004, S. 54-64.

Horizontale-Leitlinien: Bekanntmachung der Kommission – Leitlinien zur Anwendbarkeit von Artikel 81 EG-Vertrag auf Vereinbarungen über horizontale Zusammenarbeit, *Amtsblatt der Europäischen Gemeinschaften*, Nr. C 3 vom 6. Januar 2001, S. 2-30.

Vertikale-Leitlinien: Mitteilung der Kommission – Leitlinien für vertikale Beschränkungen, *Amtsblatt der Europäischen Gemeinschaften*, Nr. C 291 vom 13. Oktober 2000, S. 1-44.

A.5 Europäische Rechtsprechung

Camera Care gegen Kommission: Beschluß des Gerichtshofs vom 17. Januar 1980 in der Rechtssache 792/79R, Camera Care Ltd gegen Kommission, *Sammlung der Rechtsprechung 1980*, S. 119.

A.6 Nationale Gesetze

GWB: Gesetz gegen Wettbewerbsbeschränkungen, *Bundesgesetzblatt*, Teil I Nr. 44 vom 15. Juli 2005, S. 2114, zuletzt geändert durch Art. 7 Abs. 11 des Gesetzes vom 26. März 2007 (BGBl. Nr. I, S. 358).

Anhang B

Herleitungen und Beweise

B.1 Herleitungen und Beweise zum Genehmigungsspiel

B.1.1 Herleitung von $EP_{I_1}^K$

$$
\begin{aligned}
EP_{I_1}^K &= -\mu(1-\alpha)\chi - (1-\mu)\alpha\chi \\
&= (-\mu + \mu\alpha - \alpha + \mu\alpha)\chi \\
&= (2\mu\alpha - \alpha - \mu)\chi \\
&= [(2\mu-1)\alpha - \mu]\chi
\end{aligned}
$$

B.1.2 Herleitung von $EP_{I_2}^K$

$$
\begin{aligned}
E_{I_2}^K &= -\nu(1-\beta)\chi - (1-\nu)\beta\chi \\
&= (-\nu + \nu\beta - \beta + \nu\beta)\chi \\
&= (2\nu\beta - \beta - \nu)\chi \\
&= [(2\nu-1)\beta - \nu]\chi
\end{aligned}
$$

B.1.3 Herleitung von γ_1

$$
\frac{dEP_{I_1}^K}{d\alpha} = (2\frac{\gamma\rho}{\gamma\rho + (1-\gamma)\varphi} - 1)\chi
$$

$$\frac{dEP_{I_1}^K}{d\alpha} > 0 \quad \Leftrightarrow \quad 2\frac{\gamma\rho}{\gamma\rho + (1-\gamma)\varphi} > 1 \text{ (wegen } \chi > 0)$$

$$\Leftrightarrow \quad 2\gamma\rho > \gamma\rho - \gamma\varphi + \varphi$$

$$\Leftrightarrow \quad \gamma(\rho + \varphi) > \varphi$$

$$\Leftrightarrow \quad \gamma > \frac{\varphi}{\rho + \varphi} =: \gamma_1$$

B.1.4 Herleitung von γ_2

$$\frac{dEP_{I_2}^K}{d\beta} = (2\frac{\gamma(1-\rho)}{\gamma(1-\rho) + (1-\gamma)(1-\varphi)} - 1)\chi$$

$$\frac{dEP_{I_2}^K}{d\beta} > 0 \quad \Leftrightarrow \quad 2\frac{\gamma(1-\rho)}{\gamma(1-\rho) + (1-\gamma)(1-\varphi)} > 1 \text{ (wegen } \chi > 0)$$

$$\Leftrightarrow \quad 2\gamma(1-\rho) > \gamma(1-\rho) - \gamma(1-\varphi) + (1-\varphi)$$

$$\Leftrightarrow \quad \gamma(1-\rho + 1 - \varphi) > 1 - \varphi$$

$$\Leftrightarrow \quad \gamma > \frac{1-\varphi}{1-\rho+1-\varphi} =: \gamma_2$$

B.1.5 Beweis: $\gamma_1 < \gamma_2$

$$\gamma_1 < \gamma_2 \quad \Leftrightarrow \quad \frac{\varphi}{\rho + \varphi} < \frac{1-\varphi}{2 - (\rho + \varphi)}$$

$$\Leftrightarrow \quad 2\varphi - \varphi(\rho + \varphi) < (\rho + \varphi) - \varphi(\rho + \varphi)$$

$$\Leftrightarrow \quad 2\varphi < \rho + \varphi$$

$$\Leftrightarrow \quad \varphi < \rho, \text{ q.e.d.}$$

$$\textit{B.1.6 Umformung von } \frac{dEP_a^F}{d\gamma}$$

$$
\begin{aligned}
\frac{dEP_a^F}{d\gamma} \;=\;& [\rho\alpha + (1-\rho)\beta]\, G \;+\; [\rho(1-\alpha) + (1-\rho)(1-\beta)]\, \chi G \\
& - [\varphi\alpha + (1-\varphi)\beta]\,(1-\chi)(G+A) \\[1em]
\;=\;& G\,[\rho\alpha + (1-\rho)\beta + \chi(\rho(1-\alpha) + (1-\rho)(1-\beta)) \\
& - (\varphi\alpha + (1-\varphi)\beta) + \chi(\varphi\alpha + (1-\varphi)\beta)] \\
& - A\,(1-\chi)(\varphi\alpha + (1-\varphi)\beta) \\[1em]
\;=\;& G\,[(\alpha-\beta)(\rho-\varphi) + \chi(1-(\rho-\varphi)(\alpha-\beta))] \\
& - A\,(1-\chi)(\beta + \varphi(\alpha-\beta)) \\[1em]
\;=\;& (1-\chi)(\alpha-\beta)(\rho-\varphi)\, G \;+\; \chi G \\
& - (1-\chi)(\alpha-\beta)\varphi\, A \;-\; (1-\chi)\beta\, A \\[1em]
\;=\;& -(1-\chi)[(\rho-\varphi)G - (1-\varphi)A]\,\beta \;+\; \chi G \\
& + (1-\chi)[(\rho-\varphi)G - \varphi A]\,\alpha
\end{aligned}
$$

$$\textit{B.1.7 Herleitung von Z und } \Theta$$

$$
\begin{aligned}
\frac{dEP_a^F}{d\gamma} \;&>\; 0 \\[1em]
\Leftrightarrow\;& (1-\chi)[(\rho-\varphi)G + (1-\varphi)A]\,\beta \\
& < \chi G \;+\; (1-\chi)[(\rho-\varphi)G - \varphi A]\,\alpha \\[1em]
\Leftrightarrow\;& \beta < \frac{\chi G}{(1-\chi)[(\rho-\varphi)G + (1-\varphi)A]} \\
& + \frac{(\rho-\varphi)G - \varphi A}{(\rho-\varphi)G + (1-\varphi)A}\,\alpha
\end{aligned}
$$

$$\Leftrightarrow \quad \beta < Z + \Theta\,\alpha$$

B.1.8 Herleitung von A_1^G

$$\Theta \;=\; 1 - Z$$

$$\Leftrightarrow \quad \frac{(\rho - \varphi)G - \varphi A}{(\rho - \varphi)G + (1 - \varphi)A} = 1 - \frac{\chi G}{(1 - \chi)[(\rho - \varphi)G + (1 - \varphi)A]}$$

$$\Leftrightarrow \quad \frac{(1 - \chi)[(\rho - \varphi)G - \varphi A] + \chi G}{(1 - \chi)[(\rho - \varphi)G + (1 - \varphi)A]} = 1$$

$$\Leftrightarrow \quad (1 - \chi)[(\rho - \varphi)G - \varphi A] + \chi G = (1 - \chi)[(\rho - \varphi)G$$

$$\qquad + (1 - \varphi)A]$$

$$\Leftrightarrow \quad \chi G = (1 - \chi)A$$

$$\Leftrightarrow \quad A = \frac{\chi}{1 - \chi}\,G =: A_1^G$$

B.1.9 Herleitung von A_2^G

$$\Theta \;=\; -Z$$

$$\Leftrightarrow \quad \frac{(\rho - \varphi)G - \varphi A}{(\rho - \varphi)G + (1 - \varphi)A} = -\frac{\chi G}{(1 - \chi)[(\rho - \varphi)G + (1 - \varphi)A]}$$

$$\Leftrightarrow \quad (1 - \chi)[(\rho - \varphi)G - \varphi A] = -\chi G$$

$$\Leftrightarrow \quad -(1 - \chi)\varphi A = -\chi G - (1 - \chi)(\rho - \varphi)G$$

$$\Leftrightarrow \quad A = \frac{\chi + (1 - \chi)(\rho - \varphi)}{(1 - \chi)\varphi}\,G =: A_2^G$$

$$B.1.10 \ Beweis: A_1^G < A_2^G$$

$$A_1^G < A_2^G \quad \Leftrightarrow \quad \frac{\chi}{1-\chi} \, G < \frac{\chi + (1-\chi)(\rho-\varphi)}{(1-\chi)\varphi} \, G$$

$$\Leftrightarrow \quad \chi(1-\chi)\varphi < \chi(1-\chi) + (1-\chi)^2(\rho-\varphi)$$

$$\Leftrightarrow \quad \chi(\varphi-1) < (1-\chi)(\rho-\varphi) \ \text{erfüllt},$$

weil l.S. < 0 wegen $\varphi < 1, \chi > 0$

und r.S. > 0 wegen $\chi < 1, \varphi < \rho$, q.e.d.

$$B.1.11 \ Herleitung \ von \ A_3^G$$

$$Z \ = \ 1$$

$$\Leftrightarrow \quad \frac{\chi G}{(1-\chi)[(\rho-\varphi)G + (1-\varphi)A]} = 1$$

$$\Leftrightarrow \quad \chi G = (1-\chi)[(\rho-\varphi)G + (1-\varphi)A]$$

$$\Leftrightarrow \quad (1-\chi)(1-\varphi)A = \chi G - (1-\chi)(\rho-\varphi)G$$

$$\Leftrightarrow \quad A = \frac{\chi - (1-\chi)(\rho-\varphi)}{(1-\varphi)(1-\chi)} \, G =: A_3^G$$

$$B.1.12 \ Herleitung \ von \ \beta_1 \ im \ Anmelde\text{-}Teilspiel$$

$$\beta(\alpha) \ = \ Z + \Theta\alpha$$

$$\beta_1 \ := \ \beta(1) = Z + \Theta$$

$$= \ \frac{\chi G}{(1-\chi)[(\rho-\varphi)G + (1-\varphi)A]} + \frac{(\rho-\varphi)G - \varphi A}{(\rho-\varphi)G + (1-\varphi)A}$$

$$= \frac{\chi G + (1-\chi)[(\rho-\varphi)G - \varphi A]}{(1-\chi)[(\rho-\varphi)G + (1-\varphi)A]}$$

$$= \frac{[\chi + (1-\chi)(\rho-\varphi)]G - \varphi(1-\chi)A}{(1-\chi)[(\rho-\varphi)G + (1-\varphi)A]}$$

B.1.13 Herleitung von α_1 im Anmelde-Teilspiel

$$\beta(\alpha) = Z + \Theta\alpha$$

$$\alpha_1 : \beta(\alpha) = 0 \quad \Leftrightarrow \quad Z + \Theta\alpha_1 = 0$$

$$\Leftrightarrow \quad \alpha_1 = \frac{-Z}{\Theta} = \frac{\frac{-\chi G}{(1-\chi)[(\rho-\varphi)G+(1-\varphi)A]}}{\frac{(\rho-\varphi)G-\varphi A}{(\rho-\varphi)G+(1-\varphi)A}}$$

$$= \frac{-\chi G[(\rho-\varphi)G + (1-\varphi)A]}{(1-\chi)[(\rho-\varphi)G + (1-\varphi)A] \cdot [(\rho-\varphi)G - \varphi A]}$$

$$= \frac{-\chi G}{(1-\chi)[(\rho-\varphi)G - \varphi A]}$$

B.1.14 Herleitung von α_2 im Anmelde-Teilspiel

$$\beta(\alpha) = Z + \Theta\alpha$$

$$\alpha_2 : \beta(\alpha) = 1 \quad \Leftrightarrow \quad Z + \Theta\alpha_1 = 1$$

$$\Leftrightarrow \quad \alpha_2 = \frac{1-Z}{\Theta}$$

$$= \frac{1 - \frac{\chi G}{(1-\chi)[(\rho-\varphi)G+(1-\varphi)A]}}{\frac{(\rho-\varphi)G-\varphi A}{(\rho-\varphi)G+(1-\varphi)A}}$$

$$= \frac{\frac{(1-\chi)[(\rho-\varphi)G+(1-\varphi)A]-\chi G}{(1-\chi)[(\rho-\varphi)G+(1-\varphi)A]}}{\frac{(\rho-\varphi)G-\varphi A}{(\rho-\varphi)G+(1-\varphi)A}}$$

$$= \frac{(1-\chi)[(\rho-\varphi)G-\varphi A]+(1-\chi)A-\chi G}{(1-\chi)[(\rho-\varphi)G+(1-\varphi)A]}$$

$$\cdot \frac{(\rho-\varphi)G+(1-\varphi)A}{(\rho-\varphi)G-\varphi A}$$

$$= \frac{(1-\chi)[(\rho-\varphi)G-\varphi A]+(1-\chi)A-\chi G}{(1-\chi)[(\rho-\varphi)G-\varphi A]}$$

$$= 1+\frac{(1-\chi)A-\chi G}{(1-\chi)[(\rho-\varphi)G-\varphi A]}$$

B.1.15 Herleitung von μ^* und ν^* in GG2

GG2: $\{(1,1;\mu^*,\nu^*;x)|x\in[\gamma_2;1]\}$

$$\mu^*(\gamma^*) = \frac{\gamma^*\rho}{\gamma^*\rho+(1-\gamma^*)\varphi}$$

$$\mu^*(x) = \frac{x\rho}{x\rho+(1-x)\varphi}$$

$$\nu^*(\gamma^*) = \frac{\gamma^*(1-\rho)}{\gamma^*(1-\rho)+(1-\gamma^*)(1-\varphi)}$$

$$\nu^*(x) = \frac{x(1-\rho)}{x(1-\rho)+(1-x)(1-\varphi)}$$

mit $x \in [\gamma_2;1]$ ergibt sich:

$$\mu^*(x) \in \left[\frac{\gamma_2\rho}{\gamma_2\rho+(1-\gamma_2)\varphi};1\right]$$

$$\nu^*(x) \in \left[\frac{\gamma_2(1-\rho)}{\gamma_2(1-\rho)+(1-\gamma_2)(1-\varphi)};1\right]$$

mit $\gamma_2 \ := \ \dfrac{1-\varphi}{1-\rho+1-\varphi}$ lassen sich die unteren Schranken

vereinfachen zu:

$$\mu^*(\gamma_2) \ = \ \frac{\gamma_2\rho}{\gamma_2\rho + (1-\gamma_2)\varphi} \ = \ \frac{\frac{1-\varphi}{1-\rho+1-\varphi}\rho}{\frac{1-\varphi}{1-\rho+1-\varphi}\rho + (1 - \frac{1-\varphi}{1-\rho+1-\varphi})\varphi}$$

$$= \ \frac{\frac{(1-\varphi)\rho}{1-\rho+1-\varphi}}{\frac{(1-\varphi)\rho}{1-\rho+1-\varphi} + \frac{(1-\rho)\varphi}{1-\rho+1-\varphi}} \ = \ \frac{(1-\varphi)\rho}{(1-\varphi)\rho + (1-\rho)\varphi}$$

$$=: \ \ \mu_1$$

$$\nu^*(\gamma_2) \ = \ \frac{\gamma_2(1-\rho)}{\gamma_2(1-\rho) + (1-\gamma_2)(1-\varphi)}$$

$$= \ \frac{\frac{1-\varphi}{1-\rho+1-\varphi}(1-\rho)}{\frac{1-\varphi}{1-\rho+1-\varphi}(1-\rho) + (1 - \frac{1-\varphi}{1-\rho+1-\varphi})(1-\varphi)}$$

$$= \ \frac{\frac{(1-\varphi)(1-\rho)}{1-\rho+1-\varphi}}{\frac{(1-\varphi)(1-\rho)}{1-\rho+1-\varphi} + \frac{(1-\rho)(1-\varphi)}{1-\rho+1-\varphi}}$$

$$= \ \frac{(1-\varphi)(1-\rho)}{(1-\varphi)(1-\rho) + (1-\rho)(1-\varphi)}$$

$$= \ \frac{(1-\varphi)(1-\rho)}{2(1-\varphi)(1-\rho)} \ = \ \frac{1}{2}$$

so daß sich ergibt:

$$m \ := \ \mu^*(x) \ \in \ [\mu_1; 1]$$

$$n \ := \ \nu^*(x) \ \in \ \left[\frac{1}{2}; 1\right]$$

$$\textit{B.1.16 Beweis: } \mu_1 > \tfrac{1}{2}$$

$$\mu_1 > \frac{1}{2} \quad \Leftrightarrow \quad \frac{\rho(1-\varphi)}{\rho(1-\varphi)+(1-\rho)\varphi} > \frac{1}{2}$$

$$\Leftrightarrow \quad 2\rho(1-\varphi) > \rho(1-\varphi)+(1-\rho)\varphi$$

$$\Leftrightarrow \quad \rho(1-\varphi) > (1-\rho)\varphi$$

$$\Leftrightarrow \quad \frac{1-\varphi}{\varphi} > \frac{1-\rho}{\rho} \quad \Leftrightarrow \quad \frac{1}{\varphi}-1 > \frac{1}{\rho}-1$$

$$\Leftrightarrow \quad \rho > \varphi, \text{ q.e.d.}$$

$$\textit{B.1.17 Herleitung von } \mu^* \textit{ und } \nu^* \textit{ in GG3}$$

GG3: $(1,\beta_1;\mu^*,\nu^*;\gamma_2)$

$$\mu^*(\gamma^*) \;=\; \frac{\gamma^*\rho}{\gamma^*\rho+(1-\gamma^*)\varphi}$$

$$\mu^*(\gamma_2) \;=\; \frac{\gamma_2\rho}{\gamma_2\rho+(1-\gamma_2)\varphi} \;=\; \mu_1, \text{ vgl. Anhang B.1.15}$$

$$\nu^*(\gamma^*) \;=\; \frac{\gamma^*(1-\rho)}{\gamma^*(1-\rho)+(1-\gamma^*)(1-\varphi)}$$

$$\nu^*(\gamma_2) \;=\; \frac{\gamma_2(1-\rho)}{\gamma_2(1-\rho)+(1-\gamma_2)(1-\varphi)} \;=\; \frac{1}{2},$$

vgl. Anhang B.1.15

B.1.18 Herleitung von μ^* und ν^* in GG4

GG4: $\{(1,0;\mu^*,\nu^*;x)|x \in [\gamma_1;\gamma_2]\}$

$$\mu^*(\gamma^*) = \frac{\gamma^*\rho}{\gamma^*\rho + (1-\gamma^*)\varphi}$$

$$\mu^*(x) = \frac{x\rho}{x\rho + (1-x)\varphi}$$

$$\nu^*(\gamma^*) = \frac{\gamma^*(1-\rho)}{\gamma^*(1-\rho) + (1-\gamma^*)(1-\varphi)}$$

$$\nu^*(x) = \frac{x(1-\rho)}{x(1-\rho) + (1-x)(1-\varphi)}$$

mit $x \in [\gamma_1;\gamma_2]$ ergibt sich:

$$\mu^*(x) \in \left[\frac{\gamma_1\rho}{\gamma_1\rho + (1-\gamma_1)\varphi}; \frac{\gamma_2\rho}{\gamma_2\rho + (1-\gamma_2)\varphi}\right]$$

$$\nu^*(x) \in \left[\frac{\gamma_1(1-\rho)}{\gamma_1(1-\rho) + (1-\gamma_1)(1-\varphi)};\right.$$

$$\left.\frac{\gamma_2(1-\rho)}{\gamma_2(1-\rho) + (1-\gamma_2)(1-\varphi)}\right]$$

mit $\gamma_1 := \dfrac{\varphi}{\rho+\varphi}$ lassen sich die unteren Schranken vereinfachen

zu:

$$\mu^*(\gamma_1) = \frac{\gamma_1\rho}{\gamma_1\rho + (1-\gamma_1)\varphi} = \frac{\frac{\varphi}{\rho+\varphi}\rho}{\frac{\varphi}{\rho+\varphi}\rho + (1-\frac{\varphi}{\rho+\varphi})\varphi}$$

$$= \quad \frac{\frac{\varphi\rho}{\rho+\varphi}}{\frac{\varphi\rho}{\rho+\varphi} + \frac{\rho\varphi}{\rho+\varphi}} \quad = \quad \frac{\varphi\rho}{\varphi\rho + \rho\varphi} \quad = \quad \frac{\varphi\rho}{2\varphi\rho} \quad = \quad \frac{1}{2}$$

$$\nu^*(\gamma_1) \quad = \quad \frac{\gamma_1(1-\rho)}{\gamma_1(1-\rho) + (1-\gamma_1)(1-\varphi)}$$

$$= \quad \frac{\frac{\varphi}{\rho+\varphi}(1-\rho)}{\frac{\varphi}{\rho+\varphi}(1-\rho) + (1-\frac{\varphi}{\rho+\varphi})(1-\varphi)}$$

$$= \quad \frac{\frac{\varphi(1-\rho)}{\rho+\varphi}}{\frac{\varphi(1-\rho)}{\rho+\varphi} + \frac{\rho(1-\varphi)}{\rho+\varphi}} \quad = \quad \frac{(1-\rho)\varphi}{(1-\rho)\varphi + \rho(1-\varphi)}$$

$$=: \quad \nu_1$$

mit $\gamma_2 \quad := \quad \dfrac{1-\varphi}{1-\rho+1-\varphi}$ lassen sich, vgl. Anhang B.1.15, die

oberen Schranken vereinfachen zu:

$$\mu^*(\gamma_2) \quad = \quad \mu_1$$

$$\nu^*(\gamma_2) \quad = \quad \frac{1}{2}$$

so daß sich insgesamt ergibt:

$$m \quad := \quad \mu^*(x) \quad \in \quad \left[\frac{1}{2}; \mu_1\right]$$

$$n \quad := \quad \nu^*(x) \quad \in \quad \left[\nu_1; \frac{1}{2}\right]$$

$$B.1.19 \text{ Beweis: } \nu_1 < \tfrac{1}{2}$$

$$\nu_1 < \frac{1}{2} \quad \Leftrightarrow \quad \frac{(1-\rho)\varphi}{(1-\rho)\varphi + \rho(1-\varphi)} < \frac{1}{2}$$

$$\Leftrightarrow \quad 2(1-\rho)\varphi < (1-\rho)\varphi + \rho(1-\varphi)$$

$$\Leftrightarrow \quad (1-\rho)\varphi < \rho(1-\varphi)$$

$$\Leftrightarrow \quad \frac{1-\rho}{\rho} < \frac{1-\varphi}{\varphi} \quad \Leftrightarrow \quad \frac{1}{\rho} - 1 < \frac{1}{\varphi} - 1$$

$$\Leftrightarrow \quad \varphi < \rho, \text{ q.e.d.}$$

$$B.1.20 \text{ Herleitung von } \mu^* \text{ und } \nu^* \text{ in GG5}$$

GG5: $(\alpha_1, 0; \mu^*, \nu^*; \gamma_1)$

$$\mu^*(\gamma^*) \;=\; \frac{\gamma^*\rho}{\gamma^*\rho + (1-\gamma^*)\varphi}$$

$$\mu^*(\gamma_1) \;=\; \frac{\gamma_1\rho}{\gamma_1\rho + (1-\gamma_1)\varphi} \;=\; \frac{1}{2}, \text{ vgl. Anhang B.1.17}$$

$$\nu^*(\gamma^*) \;=\; \frac{\gamma^*(1-\rho)}{\gamma^*(1-\rho) + (1-\gamma^*)(1-\varphi)}$$

$$\nu^*(\gamma_1) \;=\; \frac{\gamma_1(1-\rho)}{\gamma_1(1-\rho) + (1-\gamma_1)(1-\varphi)} \;=\; \nu_1,$$

vgl. Anhang B.1.17

B.1.21 Herleitung der Grenzwerte für α_1

$$\alpha_1 \quad := \quad -\frac{Z}{\Theta} = \frac{-\chi G}{(1-\chi)[(\rho-\varphi)G - \varphi A]}$$

$$A_2^G \quad = \quad \frac{\chi + (1-\chi)(\rho-\varphi)}{(1-\chi)\varphi}G$$

Betrachtung Nenner :

$$\lim_{A \to A_2^G} [(1-\chi)[(\rho-\varphi)G - \varphi A]]$$

$$= (1-\chi)(\rho-\varphi)G - (1-\chi)\varphi\frac{\chi + (1-\chi)(\rho-\varphi)}{(1-\chi)\varphi}G$$

$$= (1-\chi)(\rho-\varphi)G - [\chi + (1-\chi)(\rho-\varphi)]G = -\chi G$$

$$\Rightarrow \quad \lim_{A \to A_2^G} \alpha_1 = \frac{-\chi G}{-\chi G} \quad = 1$$

$$\lim_{A \to \infty} \alpha_1 = 0$$

B.1.22 Monotonie und Krümmungsverhalten von $\alpha_1(A)$

$$\alpha_1 \quad := \quad \frac{-\chi G}{(1-\chi)[(\rho-\varphi)G - \varphi A]}$$

$$\frac{d\alpha_1}{dA} \quad = \quad \frac{-\varphi(1-\chi)\chi G}{(1-\chi)^2[(\rho-\varphi)G - \varphi A]^2}$$

$$< \quad 0, \text{ weil Nenner} \geq 0 \text{ wegen der Quadrate}$$

und Zähler < 0 wegen $\varphi > 0, G > 0, 0 < \chi < 1$

$\rightarrow$ monoton fallend

$$\frac{d^2\alpha_1}{dA^2} \;=\; \frac{-2\varphi^2(1-\chi)^3[(\rho-\varphi)G-\varphi A]\chi G}{(1-\chi)^4[(\rho-\varphi)G-\varphi A]^4}$$

> $> \quad 0$, weil Nenner ≥ 0 wegen der geraden Potenzen und

Zähler > 0 wegen $\varphi^2 > 0, G > 0, 0 < \chi < 1$ und weil

der Klammerausdruck $[(\rho-\varphi)G-\varphi A] > 0$, wenn

$A > \dfrac{\rho-\varphi}{\varphi}G$; dies ist immer erfüllt, weil α_1 nur in

PK5 relevant ist und dort

$A > A_2^G := \dfrac{\chi+(1-\chi)(\rho-\varphi)}{(1-\chi)\varphi}G$ gilt, und weil

$$\frac{\rho-\varphi}{\varphi}G < \frac{\chi+(1-\chi)(\rho-\varphi)}{(1-\chi)\varphi}G$$

$$\Leftrightarrow \rho-\varphi < \frac{\chi}{1-\chi}+\rho-\varphi$$

$$\Leftrightarrow 0 < \frac{\chi}{1-\chi} \Leftrightarrow \chi > 0, \text{ q.e.d.}$$

$\rightarrow \quad$ konvex

B.1.23 Herleitung der Grenzwerte für β_1

$$\beta_1 \;:=\; Z+\Theta = \frac{[\chi+(1-\chi)(\rho-\varphi)]G-(1-\chi)\varphi A}{(1-\chi)(\rho-\varphi)G+(1-\chi)(1-\varphi)A}$$

$$A_1^G \;=\; \frac{\chi}{1-\chi}G$$

Betrachtung Zähler:

$$\lim_{A\to A_1^G}[[\chi+(1-\chi)(\rho-\varphi)]G-(1-\chi)\varphi A]$$

$$= [\chi + (1 - \chi)(\rho - \varphi)]G - \varphi\chi G$$

$$= [\chi + (1 - \chi)(\rho - \varphi) - \chi\varphi]G$$

Betrachtung Nenner:

$$\lim_{A \to A_1^G} [(1 - \chi)(\rho - \varphi)G + (1 - \chi)(1 - \varphi)A]$$

$$= (1 - \chi)(\rho - \varphi)G + (1 - \varphi)\chi G$$

$$= [(1 - \chi)(\rho - \varphi) + \chi - \chi\varphi]G$$

$$\Rightarrow \quad \lim_{A \to A_1^G} \beta_1 = \frac{[\chi + (1 - \chi)(\rho - \varphi) - \chi\varphi]G}{[(1 - \chi)(\rho - \varphi) + \chi - \chi\varphi]G} = 1$$

$$A_2^G \quad = \quad \frac{\chi + (1 - \chi)(\rho - \varphi)}{(1 - \chi)\varphi}G$$

Betrachtung Zähler:

$$\lim_{A \to A_2^G} [[\chi + (1 - \chi)(\rho - \varphi)]G - (1 - \chi)\varphi A]$$

$$= [\chi + (1 - \chi)(\rho - \varphi)]G - [\chi + (1 - \chi)(\rho - \varphi)]G = 0$$

$$\Rightarrow \quad \lim_{A \to A_2^G} \beta_1 = \frac{0}{(1 - \chi)(\rho - \varphi)G + (1 - \chi)(1 - \varphi)A_2^G} = 0$$

B.1.24 Monotonie und Krümmungsverhalten von $\beta_1(A)$

$$\beta_1 \quad := \quad \frac{[\chi + (1 - \chi)(\rho - \varphi)]G - (1 - \chi)\varphi A}{(1 - \chi)[(\rho - \varphi)G + (1 - \varphi)A]}$$

$$\frac{d\beta_1}{dA} = \frac{-\varphi(1-\chi)[(\rho-\varphi)G+(1-\varphi)A]}{(1-\chi)[(\rho-\varphi)G+(1-\varphi)A]^2}$$

$$-\frac{(1-\varphi)[(\chi+(1-\chi)(\rho-\varphi))G-(1-\chi)\varphi A]}{(1-\chi)[(\rho-\varphi)G+(1-\varphi)A]^2}$$

$$= \frac{-(1-\varphi)\chi G-(1-\chi)(\rho-\varphi)G}{(1-\chi)[(\rho-\varphi)G+(1-\varphi)A]^2}$$

$$= \frac{-[(1-\varphi)\chi+(1-\chi)(\rho-\varphi)]G}{(1-\chi)[(\rho-\varphi)G+(1-\varphi)A]^2}$$

$$= \frac{-[\rho-\varphi+\chi(1-\rho)]G}{(1-\chi)[(\rho-\varphi)G+(1-\varphi)A]^2} \quad < \quad 0,$$

weil Nenner > 0 wegen des Quadrats und $\chi < 1$

und Zähler < 0 wegen $0 < \chi, 0 < \varphi < \rho < 1$

$\rightarrow$ monoton fallend

$$\frac{d^2\beta_1}{dA^2} = \frac{-[\rho-\varphi+\chi(1-\rho)]G}{(1-\chi)^2[(\rho-\varphi)G+(1-\varphi)A]^4}$$

$$\cdot \frac{(1-\chi)\cdot 2[(\rho-\varphi)G+(1-\varphi)A](1-\varphi)}{(1-\chi)^2[(\rho-\varphi)G+(1-\varphi)A]^4}$$

$$= \frac{-2(1-\varphi)[\rho-\varphi+\chi(1-\rho)]G}{(1-\chi)[(\rho-\varphi)G+(1-\varphi)A]^3} \quad < \quad 0,$$

weil Nenner > 0 und Zähler < 0 wegen $0 < \varphi < \rho < 1$,

$0 < \chi < 1, G > 0, A > 0$

$\rightarrow$ konkav

$$B.1.25 \ \textit{Herleitung von } EP_{a2}^F$$

$$
\begin{aligned}
EP_{a2}^F &= xG + (1-x)(1-\chi)(G+A) \\[4pt]
&= xG + (1-x)(G+A) - (1-x)\chi(G+A) \\[4pt]
&= G + (1-x)[A - \chi(G+A)] \\[4pt]
&= G + (1-x)[(1-\chi)A - \chi G]
\end{aligned}
$$

Substituiere $A \ := \ A_1^G = \dfrac{\chi}{1-\chi}G$:

$$\Rightarrow EP_{a2}^F \ = \ G + (1-x)[\chi G - \chi G] = G$$

$$B.1.26 \ \textit{Herleitung von } EP_{a3}^F$$

$$
\begin{aligned}
EP_{a3}^F &= \gamma_2[\rho G + (1-\rho)[\beta_1 G + (1-\beta_1)\chi G]] \\[4pt]
&\quad + (1-\gamma_2)[\varphi(1-\chi)(G+A) + (1-\varphi)\beta_1(1-\chi)(G+A)] \\[4pt]
&= \gamma_2(\rho G + (1-\rho)\chi G) + \beta_1\gamma_2(1-\rho)(1-\chi)G \\[4pt]
&\quad + (1-\gamma_2)\varphi(1-\chi)(G+A) + \beta_1(1-\gamma_2)(1-\varphi)(1-\chi)(G+A) \\[4pt]
&= \varphi(1-\chi)(G+A) + \gamma_2[\rho G + (1-\rho)\chi G - \varphi(1-\chi)(G+A)] \\[4pt]
&\quad + \beta_1(1-\varphi)(1-\chi)(G+A) \\[4pt]
&\quad + \beta_1\gamma_2[(1-\rho)(1-\chi)G - (1-\varphi)(1-\chi)(G+A)]
\end{aligned}
$$

Substituiere $\beta_1 \ := \ \dfrac{[\chi + (1-\chi)(\rho-\varphi)]G - (1-\chi)\varphi A}{(1-\chi)[(\rho-\varphi)G + (1-\varphi)A]}$:

$$
\begin{aligned}
\Rightarrow EP_{a3}^F &= \varphi(1-\chi)(G+A) + \gamma_2[\chi G + (1-\chi)(\rho-\varphi)G - \varphi(1-\chi)A] \\[4pt]
&\quad + \frac{[\chi + (1-\chi)(\rho-\varphi)]G - (1-\chi)\varphi A}{(\rho-\varphi)G + (1-\varphi)A}(1-\varphi)(G+A)
\end{aligned}
$$

$$- \frac{[\chi + (1-\chi)(\rho - \varphi)]G - (1-\chi)\varphi A}{(\rho - \varphi)G + (1-\varphi)A}$$

$$\cdot \gamma_2 [(\rho - \varphi)G + (1-\varphi)A]$$

$$= \varphi(1-\chi)(G+A) + \gamma_2[[\chi + (1-\chi)(\rho - \varphi)]G - \varphi(1-\chi)A]$$

$$+ \frac{[\chi + (1-\chi)(\rho - \varphi)]G - (1-\chi)\varphi A}{(\rho - \varphi)G + (1-\varphi)A}(1-\varphi)(G+A)$$

$$- \gamma_2[[\chi + (1-\chi)(\rho - \varphi)]G - \varphi(1-\chi)A]$$

$$= \varphi(1-\chi)(G+A)$$

$$+ \frac{[\chi + (1-\chi)(\rho - \varphi)]G - (1-\chi)\varphi A}{(\rho - \varphi)G + (1-\varphi)A}(1-\varphi)(G+A)$$

$$= \frac{\varphi(1-\chi)(G+A)[(\rho - \varphi)G + (1-\varphi)A]}{(\rho - \varphi)G + (1-\varphi)A}$$

$$+ \frac{(1-\varphi)(G+A)[[\chi + (1-\chi)(\rho - \varphi)]G - (1-\chi)\varphi A]}{(\rho - \varphi)G + (1-\varphi)A}$$

$$= (G+A)\frac{(1-\varphi)\chi G + (1-\chi)(\rho - \varphi)G}{(\rho - \varphi)G + (1-\varphi)A}$$

$$= \frac{[\rho - \varphi + \chi(1-\rho)]G}{(\rho - \varphi)G + (1-\varphi)A}(G+A)$$

B.1.27 Grenzwerte von EP_{a3}^F

$$A_1^G := \frac{\chi}{1-\chi}G$$

$$\lim_{A \to A_1^G} EP_{a3}^F = \lim_{A \to A_1^G}\left[\frac{[\rho - \varphi + \chi(1-\rho)]G}{(\rho - \varphi)G + (1-\varphi)A}(G+A)\right]$$

$$= \frac{[\rho - \varphi + \chi(1-\rho)]G}{(\rho - \varphi)G + (1-\varphi)\frac{\chi}{1-\chi}G}(G + \frac{\chi}{1-\chi}G)$$

$$= \frac{(\rho-\phi)G+\chi(1-\rho)G}{(\rho-\phi)G+\frac{(1-\phi)\chi}{1-\chi}G} \cdot \frac{1}{1-\chi}G$$

$$= \frac{(\rho-\phi)G+\chi(1-\rho)G}{(1-\chi)(\rho-\phi)G+(1-\phi)\chi G}G$$

$$= \frac{(\rho-\phi)G+\chi G-\rho\chi G}{(\rho-\phi)G-\rho\chi G+\phi\chi G+\chi G-\phi\chi G}G$$

$$= G = EP_{a2}^F$$

$$A_2^G \; := \; \frac{\chi+(1-\chi)(\rho-\phi)}{\phi(1-\chi)}G$$

$$\lim_{A\to A_2^G} EP_{a3}^F = \lim_{A\to A_2^G} \left[\frac{[\rho-\phi+\chi(1-\rho)]G}{(\rho-\phi)G+(1-\phi)A}(G+A) \right]$$

$$= \left[\frac{(\rho-\phi)G+\chi(1-\rho)G}{(\rho-\phi)G+\frac{\chi(1-\phi)+(1-\chi)(1-\phi)(\rho-\phi)}{\phi(1-\chi)}G} \right] \cdot \left[G+\frac{\chi+(1-\chi)(\rho-\phi)}{\phi(1-\chi)}G \right]$$

$$= \left[\frac{(\rho-\phi)G+\chi(1-\rho)G}{\frac{\chi(1-\phi)G+(1-\chi)(\rho-\phi)G}{\phi(1-\chi)}} \right] \cdot \left[\frac{\chi+\rho(1-\chi)}{\phi(1-\chi)}G \right]$$

$$= \frac{(\rho-\phi)+\chi(1-\rho)}{\chi(1-\phi)+(1-\chi)(\rho-\phi)} \cdot [\chi+\rho(1-\chi)]G$$

$$= \frac{(\rho-\phi)+\chi-\rho\chi}{\chi-\chi\phi+(\rho-\phi)-\chi(\rho-\phi)} \cdot [\chi+\rho(1-\chi)]G$$

$$= [\chi+\rho(1-\chi)]G = EP_{a4}^F$$

B.1.28 Herleitung von EP_{a4}^F

$$EP_{a4}^F = x[\rho G+(1-\rho)\chi G]+(1-x)\phi(1-\chi)(G+A)$$

$$= x[(\rho + (1-\rho)\chi)G - \varphi(1-\chi)G - \varphi(1-\chi)A]$$

$$+ \varphi(1-\chi)(G+A)$$

Substituiere $A := A_2^G = \dfrac{\chi + (1-\chi)(\rho - \varphi)}{(1-\chi)\varphi}G$:

$$\Rightarrow EP_{a4}^F = \varphi(1-\chi)G + \chi G + (1-\chi)(\rho - \varphi)G$$

$$+ x[\rho G + (1-\rho)\chi G - \varphi(1-\chi)G - \chi G - (1-\chi)(\rho - \varphi)G]$$

$$= \chi G + (1-\chi)\rho G + x[0]$$

$$= [\chi + (1-\chi)\rho]G = [\rho + (1-\rho)\chi]G$$

B.1.29 Herleitung von EP_{a5}^F

$$EP_{a5}^F = \gamma_1[\rho[\alpha_1 G + (1-\alpha_1)\chi G] + (1-\rho)\chi G]$$

$$+ (1-\gamma_1)\varphi\alpha_1(1-\chi)(G+A)$$

$$= \gamma_1[\alpha_1\rho(1-\chi) + \chi]G - \gamma_1\varphi\alpha_1(1-\chi)(G+A)$$

$$+ \varphi\alpha_1(1-\chi)(G+A)$$

$$= \gamma_1\chi G + \alpha_1(1-\chi)[\gamma_1(\rho - \varphi)G + \varphi G + (1-\gamma_1)\varphi A]$$

$$= \gamma_1\chi G + \alpha_1(1-\chi)[\gamma_1[(\rho - \varphi)G - \varphi A] + \varphi G + \varphi A]$$

Substituiere $\alpha_1 := \dfrac{-\chi G}{(1-\chi)[(\rho - \varphi)G - \varphi A]}$:

$$\Rightarrow EP_{a5}^F = \gamma_1\chi G + \dfrac{-\chi G}{(\rho - \varphi)G - \varphi A}[\gamma_1[(\rho - \varphi)G - \varphi A] + \varphi G + \varphi A]$$

$$= \gamma_1\chi G - \gamma_1\chi G - \dfrac{\chi G}{(\rho - \varphi)G - \varphi A}\varphi(G+A)$$

$$= -\frac{\chi G}{(\rho-\varphi)G-\varphi A}\varphi(G+A)$$

$$= \frac{\varphi\chi G}{\varphi A-(\rho-\varphi)G}(G+A)$$

B.1.30 Grenzwerte von EP_{a5}^{F}

$$A_2^G := \frac{\chi+(1-\chi)(\rho-\varphi)}{\varphi(1-\chi)}G$$

$$\lim_{A\to A_2^G}EP_{a5}^F = \lim_{A\to A_2^G}\left[-\frac{\chi G}{(\rho-\varphi)G-\varphi A}\varphi(G+A)\right]$$

$$= -\varphi\left[G+\frac{\chi+(1-\chi)(\rho-\varphi)}{(1-\chi)\varphi}G\right]$$

$$\cdot\frac{\chi G}{(\rho-\varphi)G-\varphi\frac{\chi+(1-\chi)(\rho-\varphi)}{(1-\chi)\varphi}G}$$

$$= -\left[\frac{\varphi(1-\chi)+\chi+(1-\chi)(\rho-\varphi)}{(1-\chi)}G\right]$$

$$\cdot\frac{\chi G}{\frac{(\rho-\varphi)G-\chi G-(1-\chi)(\rho-\varphi)G}{1-\chi}}$$

$$= -\left[\frac{\chi+(1-\chi)\rho}{1-\chi}G\right][-(1-\chi)]$$

$$= [\chi+(1-\chi)\rho]G = EP_{a4}^F$$

$$\lim_{A\to\infty}EP_{a5}^F = \lim_{A\to\infty}\left[\frac{\varphi\chi G}{\varphi A-(\rho-\varphi)G}(G+A)\right]$$

$$= \lim_{A\to\infty}\left[\frac{\chi\varphi G^2}{\varphi A-(\rho-\varphi)G}\right]+\lim_{A\to\infty}\left[\frac{\chi\varphi GA}{\varphi A-(\rho-\varphi)G}\right]$$

$$= \quad 0 + \lim_{A \to \infty} \left[\frac{\chi \varphi G A}{\varphi A - (\rho - \varphi) G} \right]$$

$$= \quad \lim_{A \to \infty} \left[\chi G \frac{\varphi A}{\varphi A - (\rho - \varphi) G} \right]$$

$$= \quad \chi G \cdot \lim_{A \to \infty} \left[\frac{\varphi A}{\varphi A - (\rho - \varphi) G} \right]$$

$$= \quad \chi G \cdot 1 = \chi G$$

B.1.31 Beweis: $EP_{a3}^F > 0$

$$EP_{a3}^F \quad = \quad \frac{[\rho - \varphi + \chi(1 - \rho)] G}{(\rho - \varphi) G + (1 - \varphi) A} (G + A)$$

$EP_{a3}^F > 0 \quad \Leftrightarrow \quad$ Zähler $> 0 \wedge$ Nenner $> 0 \ \vee \$ Zähler $< 0 \wedge$ Nenner < 0,

weil $G + A > 0$ wegen $G > 0, A > 0$;

Zähler:

$[\rho - \varphi + \chi(1 - \rho)] G > 0$ wegen $1 > \rho > \varphi > 0, \chi > 0$

und $G > 0$;

Nenner:

$(\rho - \varphi) G + (1 - \varphi) A > 0$ wegen $1 > \rho > \varphi > 0, G > 0$

und $A > 0$, q.e.d.

B.1.32 Beweis: $EP_{a4}^F > 0$

$$EP_{a4}^F \quad = \quad [\chi + \rho(1 - \chi)] G$$

$$EP_{a4}^F > 0 \quad \Leftrightarrow \quad [\chi + \rho(1-\chi)]G > 0$$

erfüllt wegen $0 < \chi < 1, \rho > 0, G > 0$, q.e.d.

B.1.33 Beweis: $EP_{a5}^F > 0$

$$EP_{a5}^F = -\frac{\chi G}{(\rho-\varphi)G - \varphi A}\varphi(G+A) = \frac{\chi G \varphi(G+A)}{\varphi A - (\rho-\varphi)G}$$

Weil Zähler > 0 wegen $\chi > 0, \varphi > 0, G > 0, A > 0$:

$$EP_{a5}^F > 0 \quad \Leftrightarrow \quad \varphi A - (\rho-\varphi)G > 0,$$

$$\Leftrightarrow \quad A > \frac{\rho-\varphi}{\varphi}G;$$

wegen $A > A_2^G := \dfrac{\chi + (1-\chi)(\rho-\varphi)}{(1-\chi)\varphi}G = \dfrac{\chi}{(1-\chi)\varphi}G + \dfrac{\rho-\varphi}{\varphi}G$

und weil $\dfrac{\chi}{(1-\chi)\varphi}G > 0$ wegen $0 < \chi < 1, G > 0$

$$\Rightarrow A > A_2^G > \frac{\rho-\varphi}{\varphi}G, \text{ q.e.d.}$$

B.1.34 Herleitung von B_{a3}^*

$$EP_{a3}^F = \frac{[\rho-\varphi+\chi(1-\rho)]G}{(\rho-\varphi)G + (1-\varphi)A}(G+A)$$

$$= \left[1 + \frac{\chi(1-\rho)G - (1-\varphi)A}{(\rho-\varphi)G + (1-\varphi)A}\right](G+A)$$

$$EP_{ill}^F = G+A-\tau B$$

$$EP_{a3}^F = EP_{ill}^F \quad \Leftrightarrow \quad \frac{\chi(1-\rho)G - (1-\varphi)A}{(\rho-\varphi)G + (1-\varphi)A}(G+A) = -\tau B$$

$$\Leftrightarrow \quad B = -\frac{1}{\tau} \cdot \frac{\chi(1-\rho)G - (1-\varphi)A}{(\rho-\varphi)G + (1-\varphi)A}(G+A) =: B_{a3}^*$$

B.1.35 Herleitung von B_{a4}^*

$$EP_{a4}^F = [\chi + \rho(1-\chi)]G$$
$$EP_{ill}^F = G + A - \tau B$$

$$EP_{a4}^F = EP_{ill}^F \quad \Leftrightarrow \quad [\chi + \rho(1-\chi)]G = G + A - \tau B$$

$$\Leftrightarrow \quad G - [\chi + \rho(1-\chi)]G + A = \tau B$$

$$\Leftrightarrow \quad \frac{1}{\tau}[(1-\chi)(1-\rho)G + A] =: B_{a4}^*$$

B.1.36 Herleitung von B_{a5}^*

$$EP_{a5}^F = \frac{\chi G}{\varphi A - (\rho-\varphi)G}\varphi(G+A)$$
$$EP_{ill}^F = G + A - \tau B$$

$$EP_{a5}^F = EP_{ill}^F \quad \Leftrightarrow \quad \frac{\chi G}{\varphi A - (\rho-\varphi)G}\varphi(G+A) = G + A - \tau B$$

$$\Leftrightarrow \quad \left[1 - \frac{\varphi\chi G}{\varphi A - (\rho-\varphi)G}\right](G+A) = \tau B$$

$$\Leftrightarrow \quad B = \frac{1}{\tau}\left[1 - \frac{\varphi\chi G}{\varphi A - (\rho-\varphi)G}\right](G+A) =: B_{a5}^*$$

B.1.37 Herleitung von $p_I(GG\ an\text{-}3) = p_I(an, 0, \gamma_2; 1, \beta_1; \mu_1, \frac{1}{2})$ **und**
$p_{II}(GG\ an\text{-}3) = p_{II}(an, 0, \gamma_2; 1, \beta_1; \mu_1, \frac{1}{2})$

$$p_I(an, \delta^*, \gamma^*; \alpha^*, \beta^*; \mu^*, \nu^*) = \gamma^*(1-\chi)[1 - \beta^* - \rho(\alpha^* - \beta^*)];$$

$$p_I(an, 0, \gamma_2; 1, \beta_1; \mu_1, \frac{1}{2}) = \gamma_2(1-\chi)[1 - \beta_1 - \rho(1 - \beta_1)]$$

$$= (1-\chi)\gamma_2(1-\rho)(1-\beta_1);$$

$$p_{II}(an, \delta^*, \gamma^*; \alpha^*, \beta^*; \mu^*, \nu^*) = (1-\gamma^*)(1-\chi)[\beta^* + \varphi(\alpha^* - \beta^*)];$$

$$p_{II}(an, 0, \gamma_2; 1, \beta_1; \mu_1, \frac{1}{2}) = (1-\gamma_2)(1-\chi)[\beta_1 + \varphi(1 - \beta_1)]$$

$$= (1-\chi)(1-\gamma_2)[\varphi + \beta_1(1-\varphi)];$$

mit $\gamma_2 := \dfrac{1-\varphi}{1-\rho+1-\varphi}$

und $\beta_1 := \dfrac{(\chi + (1-\chi)(\rho - \varphi))G - \varphi(1-\chi)A}{(1-\chi)[(\rho - \varphi)G + (1-\varphi)A]}$ ergibt sich:

$$p_I(an, 0, \gamma_2; 1, \beta_1; \mu_1, \frac{1}{2}) = \frac{(1-\chi)(1-\varphi)(1-\rho)}{1-\rho+1-\varphi}$$

$$\cdot \left[1 - \frac{(\chi + (1-\chi)(\rho - \varphi))G - \varphi(1-\chi)A}{(1-\chi)[(\rho - \varphi)G + (1-\varphi)A]}\right]$$

$$= \frac{(1-\varphi)(1-\rho)}{1-\rho+1-\varphi}\left[\frac{(1-\chi)[(\rho - \varphi)G + (1-\varphi)A]}{(\rho - \varphi)G + (1-\varphi)A}\right.$$

$$\left. - \frac{(\chi + (1-\chi)(\rho - \varphi))G - \varphi(1-\chi)A}{(\rho - \varphi)G + (1-\varphi)A}\right]$$

$$= \frac{(1-\varphi)(1-\rho)}{1-\rho+1-\varphi} \cdot \frac{(1-\chi)A - \chi G}{(\rho - \varphi)G + (1-\varphi)A}$$

$$= \frac{(1-\varphi)(1-\rho)[A - \chi(G+A)]}{(1-\rho+1-\varphi)[(\rho - \varphi)G + (1-\varphi)A]};$$

$$p_{II}(an,0,\gamma_2;1,\beta_1;\mu_1,\tfrac{1}{2}) = \frac{(1-\chi)(1-\rho)}{1-\rho+1-\varphi} \cdot [\varphi + (1-\varphi)$$

$$\cdot \frac{(\chi+(1-\chi)(\rho-\varphi))G - \varphi(1-\chi)A}{(1-\chi)[(\rho-\varphi)G+(1-\varphi)A]}]$$

$$= \frac{(1-\rho)}{1-\rho+1-\varphi} \left[\frac{\varphi[(1-\chi)[(\rho-\varphi)G+(1-\varphi)A]]}{(\rho-\varphi)G+(1-\varphi)A} \right.$$

$$\left. + \frac{(1-\varphi)[(\chi+(1-\chi)(\rho-\varphi))G - \varphi(1-\chi)A]}{(\rho-\varphi)G+(1-\varphi)A} \right]$$

$$= \frac{(1-\rho)}{1-\rho+1-\varphi} \left[\frac{(1-\varphi)\chi G + (1-\chi)(\rho-\varphi)G}{(\rho-\varphi)G+(1-\varphi)A} \right.$$

$$\left. + \frac{\varphi(1-\varphi)(1-\chi)A - \varphi(1-\chi)A + \varphi^2(1-\chi)A}{(\rho-\varphi)G+(1-\varphi)A} \right]$$

$$= \frac{(1-\rho)}{1-\rho+1-\varphi} \left[\frac{(1-\varphi)\chi G + (1-\chi)(\rho-\varphi)G}{(\rho-\varphi)G+(1-\varphi)A} + 0 \right]$$

$$= \frac{(1-\rho)[\rho-\varphi+\chi(1-\rho)]G}{(1-\rho+1-\varphi)[(\rho-\varphi)G+(1-\varphi)A]}$$

B.1.38 Herleitung von $p_I(GG\ an\text{-}4) = p_I(an,0,x;1,0;m,n)$ und
$p_{II}(GG\ an\text{-}4) = p_{II}(an,0,x;1,0,m,n)$

$$p_I(an,\delta^*,\gamma^*;\alpha^*,\beta^*;\mu^*,\nu^*) = \gamma^*(1-\chi)[1-\beta^* - \rho(\alpha^*-\beta^*)];$$

$$p_I(an,0,x;1,0;m,n) = x(1-\chi)[1-0-\rho(1-0)]$$

$$= (1-\chi)x(1-\rho)$$

$$p_{II}(an,\delta^*,\gamma^*;\alpha^*,\beta^*;\mu^*,\nu^*) = (1-\gamma^*)(1-\chi)[\beta^* + \varphi(\alpha^*-\beta^*)];$$

$$p_{II}(an, 0, x; 1, 0; m, n) \;=\; (1-x)(1-\chi)[0 + \varphi(1-0)]$$

$$=\; (1-\chi)(1-x)\varphi;$$

mit $x \in [\gamma_1; \gamma_2]$ ergibt sich:

$$p_I(an, 0, x; 1, 0; m, n) \;\in\; [(1-\chi)\gamma_1(1-\rho); (1-\chi)\gamma_2(1-\rho)];$$

$$p_{II}(an, 0, x; 1, 0; m, n) \;\in\; [(1-\chi)(1-\gamma_2)\varphi; (1-\chi)(1-\gamma_1)\varphi];$$

mit $\gamma_1 \;:=\; \dfrac{\varphi}{\rho + \varphi}$

und $\gamma_2 \;:=\; \dfrac{1-\varphi}{1-\rho+1-\varphi}$ ergibt sich:

$$p_I(an, 0, x; 1, 0; m, n) \;\in\; \left[\frac{(1-\chi)\varphi(1-\rho)}{\rho + \varphi}; \frac{(1-\chi)(1-\varphi)(1-\rho)}{1-\rho+1-\varphi} \right];$$

$$p_{II}(an, 0, x; 1, 0; m, n) \;\in\; \left[\frac{(1-\chi)(1-\rho)\varphi}{1-\rho+1-\varphi}; \frac{(1-\chi)\rho\varphi}{\rho + \varphi} \right]$$

B.1.39 Herleitung von $p_I(GG\ an\text{-}5) = p_I(an, 0, \gamma_1; \alpha_1, 0; \frac{1}{2}, \nu_1)$ und $p_{II}(GG\ an\text{-}5) = p_{II}(an, 0, \gamma_1; \alpha_1, 0; \frac{1}{2}, \nu_1)$

$$p_I(an, \delta^*, \gamma^*; \alpha^*, \beta^*; \mu^*, \nu^*) \;=\; \gamma^*(1-\chi)[1 - \beta^* - \rho(\alpha^* - \beta^*)];$$

$$p_I(an, 0, \gamma_1; \alpha_1, 0; \tfrac{1}{2}, \nu_1) \;=\; \gamma_1(1-\chi)[1 - 0 - \rho(\alpha_1 - 0)]$$

$$=\; (1-\chi)\gamma_1(1 - \rho\alpha_1);$$

$$p_{II}(an, \delta^*, \gamma^*; \alpha^*, \beta^*; \mu^*, \nu^*) \;=\; (1-\gamma^*)(1-\chi)[\beta^* + \varphi(\alpha^* - \beta^*)];$$

$$p_{II}(an,0,\gamma_1;\alpha_1,0;\tfrac{1}{2},v_1) \;=\; (1-\gamma_1)(1-\chi)[0+\varphi(\alpha_1-0)]$$

$$=\; (1-\chi)(1-\gamma_1)\varphi\alpha_1;$$

mit $\gamma_1 \;:=\; \dfrac{\varphi}{\rho+\varphi}$

und $\alpha_1 \;:=\; -\dfrac{\chi G}{(1-\chi)[(\rho-\varphi)G-\varphi A]}$ ergibt sich:

$$p_I(an,0,\gamma_1;\alpha_1,0;\tfrac{1}{2},v_1) \;=\; \frac{(1-\chi)\varphi}{\rho+\varphi}\left[1+\rho\frac{\chi G}{(1-\chi)[(\rho-\varphi)G-\varphi A]}\right]$$

$$=\; \frac{\varphi}{\rho+\varphi}\left[(1-\chi)+\rho\frac{\chi G}{(\rho-\varphi)G-\varphi A}\right]$$

$$=\; \frac{\varphi}{\rho+\varphi}\cdot\frac{(1-\chi)(\rho-\varphi)G-(1-\chi)\varphi A+\rho\chi G}{(\rho-\varphi)G-\varphi A}$$

$$=\; \frac{\varphi}{\rho+\varphi}\cdot\frac{(\rho-\varphi)G+\varphi\chi G-\varphi(1-\chi)A}{(\rho-\varphi)G-\varphi A}$$

$$=\; \frac{\varphi}{\rho+\varphi}\cdot\frac{(\rho-\varphi)G-\varphi A+\varphi\chi(G+A)}{(\rho-\varphi)G-\varphi A}$$

$$=\; \frac{\varphi}{\rho+\varphi}\left[1+\frac{\varphi\chi(G+A)}{(\rho-\varphi)G-\varphi A}\right];$$

$$p_{II}(an,0,\gamma_1;\alpha_1,0;\tfrac{1}{2},v_1) \;=\; -(1-\chi)\frac{\rho}{\rho+\varphi}\cdot\frac{\varphi\chi G}{(1-\chi)[(\rho-\varphi)G-\varphi A]}$$

$$=\; \frac{\varphi}{\rho+\varphi}\cdot\frac{\chi\rho G}{\varphi A-(\rho-\varphi)G}$$

B.1.40 Monotonie und Krümmungsverhalten von $p_I(an)$

$p_I(\text{GG an-1})$ = 0

    $\rightarrow$ Horizontale auf Querachse in PK1

$p_I(\text{GG an-2})$ = 0

    $\rightarrow$ Punkt auf Querachse in PK2

$$p_I(\text{GG an-3}) = (1-\chi)\gamma_2(1-\rho)(1-\beta_1)$$

$$= \gamma_2(1-\rho)\frac{A-\chi(G+A)}{(\rho-\varphi)G+(1-\varphi)A} \text{ (vgl. Anhang B.1.37)}$$

$$\frac{dp_I(\text{GG an-3})}{dA} = \gamma_2(1-\rho)\left[\frac{(1-\chi)[(\rho-\varphi)G+(1-\varphi)A]}{[(\rho-\varphi)G+(1-\varphi)A]^2}\right.$$

$$\left. -\frac{(1-\varphi)[A-\chi(G+A)]}{[(\rho-\varphi)G+(1-\varphi)A]^2}\right]$$

$$= \gamma_2(1-\rho)\frac{(1-\chi)(\rho-\varphi)G+\chi(1-\varphi)G}{[(\rho-\varphi)G+(1-\varphi)A]^2}$$

$$= \frac{\gamma_2(1-\rho)[\rho-\varphi+\chi(1-\rho)]G}{[(\rho-\varphi)G+(1-\varphi)A]^2}$$

    $>$ 0, weil Nenner wegen des Quadrats > 0 und

        Zähler > 0 wegen $\gamma_2 > 0$, $0 < \varphi < \rho < 1$, $\chi > 0$,

        $G > 0$

    $\rightarrow$ steigt in PK3

$$\frac{d^2p_I(\text{GG an-3})}{dA^2} = -\gamma_2(1-\rho)[\rho-\varphi+(1-\rho)\chi]G\cdot$$

$$\cdot \frac{2[(\rho-\varphi)G+(1-\varphi)A](1-\varphi)}{[(\rho-\varphi)G+(1-\varphi)A]^4}$$

$$= \quad -\frac{2(1-\gamma_2)(1-\varphi)^2[\rho-\varphi+\chi(1-\rho)]G[(\rho-\varphi)G+(1-\varphi)A]}{[(\rho-\varphi)G+(1-\varphi)A]^4}$$

$<$ 0, weil Nenner > 0 wegen der geraden Potenz und

Zähler > 0 wegen $\gamma_2 > 0$, $0 < \varphi < \rho < 1$, $\chi > 0$, $G > 0$,

$A > 0$

$\rightarrow$ konkav in PK3

$$p_I(\text{GG an-4}) \quad \in \quad [\gamma_1(1-\chi)(1-\rho); \gamma_2(1-\chi)(1-\rho)]$$

$$\rightarrow \quad \text{Senkrechte in PK4}$$

$$p_I(\text{GG an-5}) \quad = \quad \gamma_1(1-\chi)(1-\rho\alpha_1)$$

$$= \quad \gamma_1\left[1+\frac{\varphi\chi(G+A)}{(\rho-\varphi)G-\varphi A}\right] \text{ (vgl. Anhang B.1.39)}$$

$$\frac{dp_I(\text{GG an-5})}{dA} \quad = \quad \gamma_1\frac{\varphi\chi[(\rho-\varphi)G-\varphi A]-(-\varphi)\varphi\chi(G+A)}{[(\rho-\varphi)G-\varphi A]^2}$$

$$= \quad \gamma_1\varphi\chi\frac{(\rho-\varphi)G-\varphi A+\varphi(G+A)}{[(\rho-\varphi)G-\varphi A]^2}$$

$$= \quad \frac{\gamma_1\rho\varphi\chi G}{[(\rho-\varphi)G-\varphi A]^2}$$

$>$ 0, weil Nenner > 0 wegen des Quadrats und

Zähler > 0 wegen $\gamma_1 > 0$, $\rho > 0$, $\varphi > 0$, $\chi > 0$, $G > 0$

$\rightarrow$ steigt in PK5

$$\frac{d^2 p_I(\text{GG an-5})}{dA^2} = -\frac{2[(\rho - \varphi)G - \varphi A](-\varphi)\gamma_1 \rho \varphi \chi G}{[(\rho - \varphi)G - \varphi A]^4}$$

$$= \frac{2\gamma_1 \rho \varphi^2 \chi G}{[(\rho - \varphi)G - \varphi A]^4}[(\rho - \varphi)G - \varphi A]$$

$<$ 0, weil Nenner > 0 wegen der geraden Potenz und

Zähler > 0 wegen $\gamma_1 > 0$, $\rho > 0$, $\varphi > 0$, $\chi > 0$,

$G > 0$ und weil der Klammerausdruck < 0 wenn

$A > \dfrac{\rho - \varphi}{\varphi}G$;

dies ist immer erfüllt, weil in PK5

$A > A_2^G := \dfrac{\chi + (1 - \chi)(\rho - \varphi)}{(1 - \chi)\varphi}G$ gilt, und weil

$\dfrac{\rho - \varphi}{\varphi}G < \dfrac{\chi + (1 - \chi)(\rho - \varphi)}{(1 - \chi)\varphi}G$

$\Leftrightarrow \rho - \varphi < \dfrac{\chi}{1 - \chi} + \rho - \varphi$

$\Leftrightarrow 0 < \dfrac{\chi}{1 - \chi} \Leftrightarrow \chi > 0$, q.e.d.

$\rightarrow$ konkav in PK5

B.1.41 Monotonie und Krümmungsverhalten von $p_{II}(an)$

$$p_{II}(\text{GG an-1}) = 0$$

$\rightarrow$ Horizontale auf Querachse in PK1

$p_{II}(\text{GG an-2}) \quad \in \quad [0; (1-\chi)(1-\gamma_2)]$

$\rightarrow$ Senkrechte in PK2

$$p_{II}(\text{GG an-3}) \quad = \quad (1-\chi)(1-\gamma_2)[\varphi + \beta_1(1-\varphi)]$$

$$= \quad (1-\gamma_2)\frac{[(\rho-\varphi)+\chi(1-\rho)]G}{(\rho-\varphi)G+(1-\varphi)A} \quad \text{(vgl. Anhang B.1.37)}$$

$$\frac{dp_{II}(\text{GG an-3})}{dA} \quad = \quad (1-\gamma_2)\frac{-(1-\varphi)[(\rho-\varphi)+\chi(1-\rho)]G}{[(\rho-\varphi)G+(1-\varphi)A]^2}$$

$$= \quad -\frac{(1-\gamma_2)(1-\varphi)[(\rho-\varphi)+\chi(1-\rho)]G}{[(\rho-\varphi)G+(1-\varphi)A]^2}$$

$<$ 0, weil Nenner > 0 wegen des Quadrats und

Zähler > 0 wegen $\gamma_2 < 1$, $0 < \varphi < \rho < 1$, $\chi > 0$,

$G > 0$

$\rightarrow$ sinkt in PK3

$$\frac{d^2 p_{II}(\text{GG an-3})}{dA^2} \quad = \quad -(1-\gamma_2)(1-\varphi)[\rho-\varphi+\chi(1-\rho)]G$$

$$\cdot\frac{-(1-\varphi)2[(\rho-\varphi)G+(1-\varphi)A]}{[(\rho-\varphi)G+(1-\varphi)A]^4}$$

$$= \quad \frac{2(1-\gamma_2)(1-\varphi)^2[(\rho-\varphi)G+(1-\varphi)A][\rho-\varphi+\chi(1-\rho)]G}{[(\rho-\varphi)G+(1-\varphi)A]^4}$$

$>$ 0, weil Nenner > 0 wegen der geraden Potenz und

und Zähler > 0 wegen $\gamma_2 < 1$, $0 < \varphi < \rho < 1$, $\chi > 0$,

$G > 0, A > 0$

$\rightarrow$ konvex in PK3

$$p_{II}(\text{GG an-4}) \;\in\; [(1-\chi)(1-\gamma_2)\varphi; (1-\chi)(1-\gamma_1)\varphi]$$

$\rightarrow$ Senkrechte in PK4

$$p_{II}(\text{GG an-5}) \;=\; (1-\chi)(1-\gamma_1)\varphi\alpha_1$$

$$=\; \gamma_1 \frac{\rho\chi G}{\varphi A - (\rho - \varphi)G} \;(\text{vgl. Anhang B.1.39})$$

$$\frac{d\,p_{II}(\text{GG an-5})}{dA} \;=\; \gamma_1 \frac{-\rho\varphi\chi G}{[\varphi A - (\rho - \varphi)G]^2}$$

$$=\; -\frac{\gamma_1\rho\varphi\chi G}{[\varphi A - (\rho - \varphi)G]^2}$$

$<$ 0, weil Nenner > 0 wegen des Quadrats und

Zähler > 0 wegen $\gamma_1 > 0$, $\rho > 0$, $\varphi > 0$, $\chi > 0$,

$G > 0$

$\rightarrow$ sinkt in PK5

$$\frac{d^2 p_{II}(\text{GG an-5})}{dA^2} \;=\; \frac{2\gamma_1\rho\varphi^2\chi G[\varphi A - (\rho - \varphi)G]}{[\varphi A - (\rho - \varphi)G]^4}$$

$$=\; \frac{2\gamma_1\rho\varphi^2\chi G}{[\varphi A - (\rho - \varphi)G]^4}[\varphi A - (\rho - \varphi)G]$$

$>$ 0, weil Nenner > 0 wegen der geraden Potenz und

Zähler > 0 wegen $\gamma_1 > 0$, $\rho > 0$, $\varphi > 0$, $\chi > 0$,

$G > 0$ und weil der Klammerausdruck > 0 wenn

$$A > \frac{\rho - \varphi}{\varphi}G;$$

dies ist immer erfüllt, weil in PK5

$$A > A_2^G := \frac{\chi + (1-\chi)(\rho - \varphi)}{(1-\chi)\varphi} G \text{ gilt, und weil}$$

$$\frac{\rho - \varphi}{\varphi} G < \frac{\chi + (1-\chi)(\rho - \varphi)}{(1-\chi)\varphi} G$$

$$\Leftrightarrow \rho - \varphi < \frac{\chi}{1-\chi} + \rho - \varphi$$

$$\Leftrightarrow 0 < \frac{\chi}{1-\chi} \Leftrightarrow \chi > 0, \text{ q.e.d.}$$

B.2 Herleitungen und Beweise zum Legalausnahmespiel

B.2.1 Umformung von $\frac{dEP_k^F}{d\gamma}$

$$
\begin{aligned}
\frac{dEP_k^F}{d\gamma} &= -A - [\rho(1-\alpha) + (1-\rho)(1-\beta)]\xi(1-\chi)B \\
&\quad + [\varphi\alpha + (1-\varphi)\beta]\xi\chi B + [\varphi(1-\alpha) + (1-\varphi)(1-\beta)]\xi B \\
&= -A - \xi(1-\chi)B(1 - \rho\alpha - \beta + \rho\beta) \\
&\quad + \xi\chi B(\varphi\alpha + \beta - \varphi\beta) + \xi B(1 - \varphi\alpha - \beta + \varphi\beta) \\
&= -A - \xi B[(1-\chi)(1 - \beta - \rho(\alpha-\beta)) - \chi(\varphi(\alpha-\beta) + \beta)] \\
&\quad - \xi B(1 - \beta - \varphi(\alpha-\beta)) \\
&= -A - \xi B[-(\alpha-\beta)(\rho-\varphi) - \chi(1 - (\alpha-\beta)(\rho-\varphi))] \\
&= [(\alpha-\beta)(\rho-\varphi)(1-\chi) + \chi]\xi B - A \\
&= (\rho-\varphi)(1-\chi)\xi B(\alpha-\beta) + \chi\xi B - A
\end{aligned}
$$

B.2.2 Herleitung von Y und Δ

$$
\begin{aligned}
\frac{dEP_k^F}{d\gamma} &= 0 \\
\Leftrightarrow (\alpha-\beta)(\rho-\varphi)(1-\chi)\xi B &= A - \chi\xi B \\
\Leftrightarrow (\rho-\varphi)(1-\chi)\xi B\alpha - (\rho-\varphi)(1-\chi)\xi B\beta &= A - \chi\xi B \\
\Leftrightarrow (\rho-\varphi)(1-\chi)\xi B\beta &= (\rho-\varphi)(1-\chi)\xi B\alpha - A + \chi\xi B \\
\Leftrightarrow \beta &= \frac{\xi\chi B \quad \Lambda}{(1-\chi)(\rho-\varphi)\xi B} + \alpha
\end{aligned}
$$

B.2.3 Herleitung von A_0^L

$$Y = 1$$

$$\Leftrightarrow \quad \frac{\xi\chi B - A}{(1-\chi)(\rho - \varphi)\xi B} = 1$$

$$\Leftrightarrow \quad \xi\chi B - A = (1-\chi)(\rho - \varphi)\xi B$$

$$\Leftrightarrow \quad A = \xi\chi B - (1-\chi)(\rho - \varphi)\xi B$$

$$\Leftrightarrow \quad A = [\chi - (1-\chi)(\rho - \varphi)]\xi B =: A_0^L$$

B.2.4 Herleitung von A_1^L

$$Y = 0$$

$$\Leftrightarrow \quad \frac{\xi\chi B - A}{(1-\chi)(\rho - \varphi)\xi B} = 0$$

$$\Leftrightarrow \quad \xi\chi B - A = 0$$

$$\Leftrightarrow \quad A = \xi\chi B =: A_1^L$$

B.2.5 Herleitung von A_2^L

$$Y = -1$$

$$\Leftrightarrow \quad \frac{\xi\chi B - A}{(1-\chi)(\rho - \varphi)\xi B} = -1$$

$$\Leftrightarrow \quad \xi\chi B - A = -(1-\chi)(\rho - \varphi)\xi B$$

$$\Leftrightarrow \quad A = \xi\chi B + (1-\chi)(\rho - \varphi)\xi B$$

$$\Leftrightarrow \quad A = [\chi + (1-\chi)(\rho - \varphi)]\xi B =: A_2^L$$

B.2.6 Herleitung von β_1 im Kontroll-Teilspiel

$$\beta(\alpha) \;=\; Y + \alpha$$

$$\beta_1 \;:=\; \beta(1) = Y + 1$$

$$=\; 1 + \frac{\xi\chi B - A}{(1-\chi)(\rho - \varphi)\xi B}$$

$$=\; \frac{(1-\chi)(\rho - \varphi)\xi B + \xi\chi B - A}{(1-\chi)(\rho - \varphi)\xi B}$$

$$=\; \frac{[\chi + (1-\chi)(\rho - \varphi)]\xi B - A}{(1-\chi)(\rho - \varphi)\xi B}$$

B.2.7 Herleitung von α_1 im Kontroll-Teilspiel

$$\beta(\alpha) \;=\; Y + \alpha$$

$$\alpha_1 : \beta(\alpha) = 0 \;\Leftrightarrow\; Y + \alpha_1 = 0$$

$$\Leftrightarrow\; \alpha_1 = -Y = \frac{A - \xi\chi B}{(1-\chi)(\rho - \varphi)\xi B}$$

B.2.8 Herleitung von α_2 im Kontroll-Teilspiel

$$\beta(\alpha) \;=\; Y + \alpha$$

$$\alpha_2 : \beta(\alpha) = 1 \;\Leftrightarrow\; Y + \alpha_2 = 1$$

$$\Leftrightarrow\; \alpha_2 = 1 - Y = 1 - \frac{\xi\chi B - A}{(1-\chi)(\rho - \varphi)\xi B}$$

$$= \frac{(1-\chi)(\rho-\varphi)\xi B - \xi\chi B + A}{(1-\chi)(\rho-\varphi)\xi B}$$

$$= \frac{A - [\chi - (1-\chi)(\rho-\varphi)]\xi B}{(1-\chi)(\rho-\varphi)\xi B}$$

B.2.9 Herleitung der Grenzwerte für α_1

$$\alpha_1 \quad := \quad \frac{A - \xi\chi B}{(1-\chi)(\rho-\varphi)\xi B}$$

$$A_1^L \quad := \quad \xi\chi B$$

$$\lim_{A \to A_1^L} \alpha_1 \quad = \quad \frac{\xi\chi B - \xi\chi B}{(1-\chi)(\rho-\varphi)\xi B} = 0$$

$$A_2^L \quad := \quad [\chi + (1-\chi)(\rho-\varphi)]\xi B$$

$$\lim_{A \to A_2^L} \alpha_1 \quad = \quad \frac{[\chi + (1-\chi)(\rho-\varphi)]\xi B - \xi\chi B}{(1-\chi)(\rho-\varphi)\xi B} = 1$$

B.2.10 Monotonie und Krümmungsverhalten von $\alpha_1(A)$

$$\alpha_1 \quad := \quad \frac{A - \xi\chi B}{(1-\chi)(\rho-\varphi)\xi B}$$

$$\frac{d\alpha_1}{dA} \quad = \quad \frac{1}{(1-\chi)(\rho-\varphi)\xi B}$$

$$> \quad 0, \text{ wegen } \chi < 1, 0 < \varphi < \rho < 1, \xi > 0, B > 0$$

$$\to \quad \text{monoton steigend}$$

$$\frac{d^2\alpha_1}{dA^2} \quad = \quad 0$$

$$\to \quad \text{linear affin}$$

B.2.11 Herleitung der Grenzwerte für β_1

$$\beta_1 \ := \ \frac{[\chi + (1-\chi)(\rho-\varphi)]\xi B - A}{(1-\chi)(\rho-\varphi)\xi B}$$

$$A_1^L \ := \ \xi\chi B$$

$$\lim_{A \to A_1^L} \beta_1 \ = \ \frac{[\chi + (1-\chi)(\rho-\varphi)]\xi B - \xi\chi B}{(1-\chi)(\rho-\varphi)\xi B} = 1$$

$$A_2^L \ := \ [\chi + (1-\chi)(\rho-\varphi)]\xi B$$

$$\lim_{A \to A_2^L} \beta_1 \ = \ \frac{[\chi + (1-\chi)(\rho-\varphi)]\xi B - [\chi + (1-\chi)(\rho-\varphi)]\xi B}{(1-\chi)(\rho-\varphi)\xi B} = 0$$

B.2.12 Monotonie und Krümmungsverhalten von $\beta_1(A)$

$$\beta_1 \ := \ \frac{[\chi + (1-\chi)(\rho-\varphi)]\xi B - A}{(1-\chi)(\rho-\varphi)\xi B}$$

$$\frac{d\beta_1}{dA} \ = \ -\frac{1}{(1-\chi)(\rho-\varphi)\xi B}$$

$$< \ 0, \text{ wegen } \chi < 1, 0 < \varphi < \rho < 1, \xi > 0, B > 0$$

$$\to \quad \text{monoton fallend}$$

$$\frac{d^2\beta_1}{dA^2} \ = \ 0$$

$$\to \quad \text{linear affin}$$

B.2.13 Herleitung von $EP_{k2.2}^F$

$$EP_{k2.2}^F \ = \ x[\rho G + (1-\rho)G]$$

$$+ (1-x)[\varphi(G+A-\xi\chi B) + (1-\varphi)(G+A-\xi\chi B)]$$

$$= xG + (1-x)(G+A-\xi\chi B)$$

$$= G + (1-x)(A-\xi\chi B)$$

Substituiere $A = A_1^L := \xi\chi B$

$$\Rightarrow EP_{k2.2}^F = G$$

B.2.14 Herleitung von $EP_{k2.6}^F$

$$EP_{k2.6}^F = x(G-\xi(1-\chi)B) + (1-x)(G+A-\xi B)$$

$$= G+A-\xi B - x[\xi(1-\chi)B + A - \xi B]$$

$$= G+A-\xi B - x[A-\xi\chi B]$$

Substituiere $A = A_1^L := \xi\chi B$

$$\Rightarrow EP_{k2.6}^F = G + \xi\chi B - \xi B$$

$$= G - (1-\chi)\xi B$$

$$< EP_{k2.2}^F \text{ wegen } \chi < 1, \xi > 0, B > 0$$

B.2.15 Herleitung von $EP_{k3.3}^F$

$$EP_{k3.3}^F = \gamma_2[\rho G + (1-\rho)[\beta_1 G + (1-\beta_1)(G-\xi(1-\chi)B)]]$$

$$+ (1-\gamma_2)[\varphi(G+A-\xi\chi B)$$

$$+ (1-\varphi)[\beta_1(G+A-\xi\chi B) + (1-\beta_1)(G+A-\xi B)]]$$

$$= \ G - \gamma_2(1-\rho)(1-\beta_1)\xi(1-\chi)B$$
$$+ (1-\gamma_2)[\varphi(A-\xi\chi B)$$
$$+ (1-\varphi)[\beta_1(A-\xi\chi B) + (1-\beta_1)(A-\xi B)]]$$

$$= \ G - \gamma_2(1-\rho)(1-\beta_1)\xi(1-\chi)B$$
$$+ (1-\gamma_2)A - (1-\gamma_2)[\varphi\xi\chi B + (1-\varphi)[\beta_1\xi\chi B + (1-\beta_1)\xi B]]$$

$$= \ G + (1-\gamma_2)A - \gamma_2(1-\rho)(1-\chi)\xi B + \gamma_2(1-\rho)(1-\chi)\xi B\beta_1$$
$$- (1-\gamma_2)\varphi\xi\chi B - (1-\gamma_2)(1-\varphi)\xi\chi B\beta_1$$
$$- (1-\gamma_2)(1-\varphi)\xi B + (1-\gamma_2)(1-\varphi)\xi B\beta_1$$

$$= \ G + (1-\gamma_2)A$$
$$- \xi B[\gamma_2(1-\rho)(1-\chi) + (1-\gamma_2)\varphi\chi + (1-\gamma_2)(1-\varphi)]$$
$$+ \beta_1\xi B[\gamma_2(1-\rho)(1-\chi) - (1-\gamma_2)(1-\varphi)\chi + (1-\gamma_2)(1-\varphi)]$$

Substituiere $\beta_1 \ := \ 1 + \dfrac{\xi\chi B - A}{(1-\chi)(\rho-\varphi)\xi B}$

$$\Rightarrow EP_{k3.3}^{F} \ = \ G + (1-\gamma_2)A$$
$$- \xi B[\gamma_2(1-\rho)(1-\chi) + (1-\gamma_2)\varphi\chi + (1-\gamma_2)(1-\varphi)]$$
$$+ \xi B[\gamma_2(1-\rho)(1-\chi) - (1-\gamma_2)(1-\varphi)\chi + (1-\gamma_2)(1-\varphi)]$$
$$+ \frac{\xi\chi B - A}{(1-\chi)(\rho-\varphi)}[\gamma_2(1-\rho)(1-\chi) + (1-\gamma_2)(1-\varphi)(1-\chi)]$$

$$= \ G + (1-\gamma_2)(A-\xi\chi B) + \frac{\xi\chi B - A}{\rho-\varphi}[\gamma_2(1-\rho) + (1-\gamma_2)(1-\varphi)]$$

$$= \ G + (1-\gamma_2)(A-\xi\chi B) + [1-\varphi-\gamma_2(\rho-\varphi)]\frac{\xi\chi B - A}{\rho-\varphi}$$

$$= \quad G + (A - \xi\chi B)\left(1 - \gamma_2 - \frac{1 - \varphi - \gamma_2(\rho - \varphi)}{\rho - \varphi}\right)$$

$$= \quad G + \frac{\rho - 1}{\rho - \varphi}(A - \xi\chi B)$$

$$= \quad G - \frac{1 - \rho}{\rho - \varphi}(A - \xi\chi B)$$

B.2.16 Grenzwerte von $EP^F_{k3.3}$

$$A^L_1 \quad := \quad \xi\chi B$$

$$\lim_{A \to A^L_1} EP^F_{k3.3} \quad = \quad G - \frac{1 - \rho}{\rho - \varphi}(\xi\chi B - \xi\chi B)$$

$$= \quad G = EP^F_{k2.2}$$

$$A^L_2 \quad := \quad [\chi + (1 - \chi)(\rho - \varphi)]\xi B$$

$$\lim_{A \to A^L_2} EP^F_{k3.3} \quad = \quad G - \frac{1 - \rho}{\rho - \varphi}([\chi + (1 - \chi)(\rho - \varphi)]\xi B - \xi\chi B)$$

$$= \quad G - \frac{1 - \rho}{\rho - \varphi}(1 - \chi)(\rho - \varphi)\xi B$$

$$= \quad G - (1 - \rho)(1 - \chi)\xi B = EP^F_{k4.4}$$

B.2.17 Herleitung von $EP^F_{k3.5}$

$$EP^F_{k3.5} \quad = \quad \gamma_1[\rho[\alpha_1 G + (1 - \alpha_1)(G - \xi(1 - \chi)B)]$$

$$+ (1 - \rho)(G - \xi(1 - \chi)B)]$$

$$+ (1-\gamma_1)[\phi[\alpha_1(G+A-\xi\chi B) + (1-\alpha_1)(G+A-\xi B)]$$

$$+ (1-\phi)(G+A-\xi B)]$$

$$= G - \gamma_1[\rho(1-\alpha_1)(\xi(1-\chi)B) + (1-\rho)\xi(1-\chi)B]$$

$$+ (1-\gamma_1)[\phi[\alpha_1(A-\xi\chi B) + (1-\alpha_1)(A-\xi B)] + (1-\phi)(A-\xi B)]$$

$$= G - \gamma_1[\rho(1-\alpha_1)(\xi(1-\chi)B) + (1-\rho)\xi(1-\chi)B]$$

$$+ (1-\gamma_1)A - (1-\gamma_1)[\phi[\alpha_1\xi\chi B + (1-\alpha_1)\xi B] + (1-\phi)\xi B]$$

$$= G - \gamma_1[(\rho(1-\chi)\xi B + (1-\rho)(1-\chi)\xi B) - \alpha_1\rho(1-\chi)\xi B]$$

$$+ (1-\gamma_1)A - (1-\gamma_1)[(\phi\xi B + (1-\phi)\xi B) + (\alpha_1\phi\xi\chi B - \alpha_1\phi\xi B)]$$

$$= G + \gamma_1[\alpha_1\rho(1-\chi)\xi B - (1-\chi)\xi B]$$

$$+ (1-\gamma_1)A + (1-\gamma_1)[\alpha_1\phi(1-\chi)\xi B - \xi B]$$

$$= G + (1-\gamma_1)A - \gamma_1(1-\chi)\xi B - (1-\gamma_1)\xi B$$

$$+ \gamma_1\rho(1-\chi)\xi B\alpha_1 + (1-\gamma_1)\phi(1-\chi)\xi B\alpha_1$$

$$= G + (1-\gamma_1)A - [\gamma_1(1-\chi) + 1 - \gamma_1]\xi B$$

$$+ \alpha_1[\gamma_1\rho + (1-\gamma_1)\phi](1-\chi)\xi B$$

$$= G + (1-\gamma_1)A - (1-\gamma_1\chi)\xi B + \alpha_1[\phi + \gamma_1(\rho - \phi)](1-\chi)\xi B$$

Substituiere $\alpha_1 := \dfrac{A - \xi\chi B}{(1-\chi)(\rho-\phi)\xi B}$

$$\Rightarrow EP_{k3.5}^{F} = G + (1-\gamma_1)A - (1-\gamma_1\chi)\xi B + \frac{A-\xi\chi B}{\rho-\phi}[\phi + \gamma_1(\rho-\phi)]$$

$$= G + (1-\gamma_1)A - (1-\gamma_1\chi)\xi B + \frac{\phi}{\rho-\phi}(A-\xi\chi B) + \gamma_1(A-\xi\chi B)$$

$$= G + A - \xi B + \frac{\phi}{\rho-\phi}(A-\xi\chi B)$$

$$= \quad G + A - \xi B - \frac{\varphi}{\rho - \varphi}(\xi \chi B - A)$$

B.2.18 Grenzwerte von $EP^F_{k3.5}$

$$A^L_1 \quad := \quad \xi \chi B$$

$$\lim_{A \to A^L_1} EP^F_{k3.5} \quad = \quad G + \xi \chi B - \xi B - \frac{\varphi}{(\rho - \varphi)}(\xi \chi B - \xi \chi B)$$

$$= \quad G - (1 - \chi)\xi B = EP^F_{k2.6}$$

$$A^L_2 \quad := \quad [\chi + (1 - \chi)(\rho - \varphi)]\xi B$$

$$\lim_{A \to A^L_2} EP^F_{k3.5} \quad = \quad G + \xi \chi B + (1 - \chi)(\rho - \varphi)\xi B - \xi B$$

$$+ \frac{\varphi}{\rho - \varphi}[\xi \chi B + (1 - \chi)(\rho - \varphi)\xi B - \xi \chi B]$$

$$= \quad G - (1 - \chi)\xi B + (1 - \chi)(\rho - \varphi)\xi B + \varphi(1 - \chi)\xi B$$

$$= \quad G - (1 - \rho)(1 - \chi)\xi B = EP^F_{k4.4}$$

B.2.19 Grenzwerte von $EP^F_{k3.7}$

$$EP^F_{k3.7} \quad = \quad G + A - \xi B$$

$$A^L_1 \quad := \quad \xi \chi B$$

$$\lim_{A \to A_1^L} EP_{k3.7}^F = G + \xi\chi B - \xi B$$

$$= G - (1-\chi)\xi B = EP_{k2.6}^F$$

$$A_2^L := [\chi + (1-\chi)(\rho - \varphi)]\xi B$$

$$\lim_{A \to A_2^L} EP_{k3.7}^F = G + [\chi + (1-\chi)(\rho - \varphi)]\xi B - \xi B$$

$$= G - (1-\chi)\xi B + (1-\chi)(\rho - \varphi)\xi B$$

$$= G - (1 - \rho + \varphi)(1-\chi)\xi B = EP_{k4.7}^F$$

$$B.2.20 \ Beweis: EP_{k3.3}^F > EP_{k3.5}^F$$

$$EP_{k3.3}^F > EP_{k3.5}^F$$

$$\Leftrightarrow \quad G - \frac{1-\rho}{\rho - \varphi}(A - \xi\chi B) > G + A - \xi B + \frac{\varphi}{\rho - \varphi}(A - \xi\chi B)$$

$$\Leftrightarrow \quad \xi B - A > \frac{1 - \rho + \varphi}{\rho - \varphi}(A - \xi\chi B)$$

$$\Leftrightarrow \quad (\rho - \varphi)(\xi B - A) > (1 - \rho + \varphi)(A - \xi\chi B)$$

$$\Leftrightarrow \quad (\rho - \varphi)\xi B > A - \xi\chi B + (\rho - \varphi)\xi\chi B$$

$$\Leftrightarrow \quad A < (1-\chi)(\rho - \varphi)\xi B + \xi\chi B$$

$$\Leftrightarrow \quad A < [\chi + (1-\chi)(\rho - \varphi)]\xi B =: A_2^L;$$

erfüllt, weil $EP_{3.3}^F$ und $EP_{k3.5}^F$ nur in PK3 ($A_1^L < A < A_2^L$)

definiert sind, q.e.d.

B.2.21 Herleitung von $EP^F_{k4.4}$

$$EP^F_{k4.4} = x[\rho G + (1-\rho)(G - (1-\chi)\xi B)]$$

$$+ (1-x)[\varphi(G + A - \xi\chi B) + (1-\varphi)(G + A - \xi B)]$$

$$= G - x(1-\rho)(1-\chi)\xi B + (1-x)[A - (1-\varphi(1-\chi))\xi B]$$

$$= G + A - \xi B + \varphi(1-\chi)\xi B$$

$$- x[A - (1 - (1-\rho)(1-\chi) - \varphi(1-\chi))\xi B]$$

$$= G + A - \xi B + \varphi(1-\chi)\xi B$$

$$- x[A - [1 - (1-\chi)(1 - (\rho-\varphi))]\xi B]$$

Substituiere $A^L_2 := [\chi + (1-\chi)(\rho-\varphi)]\xi B$

$$\Rightarrow EP^F_{k4.4} = G + [\chi + (1-\chi)(\rho-\varphi)]\xi B - \xi B + \varphi(1-\chi)\xi B - x$$

$$\cdot [[\chi + (1-\chi)(\rho-\varphi)]\xi B - [1 - (1-\chi)(1 - (\rho-\varphi))]\xi B]$$

$$= G - (1-\chi)\xi B + \rho(1-\chi)\xi B - x[\xi\chi B - \xi B + (1-\chi)\xi B]$$

$$= G - (1-\rho)(1-\chi)\xi B$$

B.2.22 Herleitung von $EP^F_{k4.7}$

$$EP^F_{k4.7} = G + A - \xi B$$

Substituiere $A^L_2 := [\chi + (1-\chi)(\rho-\varphi)]\xi B$

$$\Rightarrow EP^F_{k4.7} = G + [\chi + (1-\chi)(\rho-\varphi)]\xi B - \xi B$$

$$= G + (1-\chi)(\rho-\varphi)\xi B - (1-\chi)\xi B$$

$$= G - (1-\chi)[1 - (\rho-\varphi)]\xi B$$

$$B.2.23 \text{ Grenzwerte von } EP^F_{k5.7}$$

$$EP^F_{k5.7} = G + A - \xi B$$

$$A^L_2 = [\chi + (1-\chi)(\rho - \varphi)]\xi B$$

$$\lim_{A \to A^L_2} EP^F_{k5.7} = G - (1-\chi)[1-(\rho-\varphi)]\xi B = EP^F_{k4.7},$$

vgl. ausführlicher auch Anhang B.2.19;

$$\lim_{A \to \infty} EP^F_{k5.7} = \lim_{A \to \infty}[G + A - \xi B] = \infty$$

$$B.2.24 \text{ Herleitung von } B^*_{k2.6}$$

$$EP^F_{k2.6} = G - (1-\chi)\xi B$$

$$EP^F_{out} = 0$$

$$EP^F_{k2.6} = 0 \iff G = (1-\chi)\xi B$$

$$\iff B = \frac{1}{\xi(1-\chi)}G =: B^*_{k2.6}$$

$$B.2.25 \text{ Herleitung von } B^*_{k3.3}$$

$$EP^F_{k3.3} = G - \frac{1-\rho}{\rho-\varphi}(A - \xi\chi B)$$

$$EP^F_{out} = 0$$

$$EP^F_{k3.3} = 0 \iff \frac{1-\rho}{\rho-\varphi}\xi\chi B = \frac{1-\rho}{\rho-\varphi}A - G$$

$$\iff B = \frac{1}{\xi\chi}A - \frac{\rho \quad \varphi}{\xi\chi(1-\rho)}G =: B^*_{k3.3}$$

B.2.26 Herleitung von $B^*_{k3.5}$

$$EP^F_{k3.5} = G + A - \xi B + \frac{\varphi}{\rho - \varphi}(A - \xi \chi B)$$

$$= G + \frac{\rho}{\rho - \varphi}A - \frac{\rho - (1 - \chi)\varphi}{\rho - \varphi}\xi B$$

$$EP^F_{out} = 0$$

$$EP^F_{k3.5} = 0 \iff \frac{\rho - (1 - \chi)\varphi}{\rho - \varphi}\xi B = G + \frac{\rho}{\rho - \varphi}A$$

$$\iff B = \frac{\rho - \varphi}{\xi(\rho - (1 - \chi)\varphi)}G + \frac{\rho}{\xi(\rho - (1 - \chi)\varphi)}A =: B^*_{k3.5}$$

B.2.27 Herleitung von $B^*_{k3.7}$

$$EP^F_{k3.7} = G + A - \xi B$$

$$EP^F_{out} = 0$$

$$EP^F_{k3.7} = 0 \iff G + A = \xi B$$

$$\iff B = \frac{1}{\xi}(G + A) =: B^*_{k3.7}$$

B.2.28 Herleitung von $B^*_{k4.4}$

$$EP^F_{k4.4} = G - (1 - \rho)(1 - \chi)\xi B$$

$$EP^F_{out} = 0$$

$$EP^F_{k4.4} = 0 \iff G = (1 - \rho)(1 - \chi)\xi B$$

$$\iff B = \frac{1}{\xi(1 - \rho)(1 - \chi)}G =: B^*_{k4.4}$$

$$B.2.29 \ Herleitung \ von \ B^*_{k4.7}$$

$$EP^F_{k4.7} \ = \ G - (1-\chi)[1-(\rho-\varphi)]\xi B$$

$$EP^F_{out} \ = \ 0$$

$$EP^F_{k4.7} = 0 \ \Leftrightarrow \ G = (1-\chi)[1-(\rho-\varphi)]\xi B$$

$$\Leftrightarrow \ B = \frac{1}{\xi(1-\chi)[1-(\rho-\varphi)]} =: B^*_{k4.7}$$

$$B.2.30 \ Grenzwerte \ von \ B^*_{k3.3}$$

$$B^*_{k3.3} \ = \ \frac{1}{\xi\chi}A - \frac{\rho-\varphi}{\xi\chi(1-\rho)}G$$

$$A^L_1 \ = \ \xi\chi B$$

$$\lim_{A \to A^L_1} B^*_{k3.3} \ = \ \frac{\xi\chi B}{\xi\chi} - \frac{\rho-\varphi}{\xi\chi(1-\rho)}G$$

$$= \ B - \frac{\rho-\varphi}{\xi\chi(1-\rho)}G$$

$$A^L_2 \ = \ [\chi + (1-\chi)(\rho-\varphi)]\xi B$$

$$\lim_{A \to A^L_2} B^*_{k3.3} \ = \ \frac{1}{\xi\chi}[\chi + (1-\chi)(\rho-\varphi)]\xi B - \frac{\rho-\varphi}{\xi\chi(1-\rho)}G$$

$$= \ B + \frac{(1-\chi)(\rho-\varphi)}{\chi}B - \frac{\rho-\varphi}{\xi\chi(1-\rho)}G$$

$$B.2.31 \ Beweis: \ \textit{„Normalität“ der Gleichgewichtsbedingung für}$$
$$\textit{Gleichgewicht GG in-3 } (B \geq B^*_{k3.3})$$

GG-Bed. 1: $A^L_1 < A < A^L_2$

$$\text{mit } A_1^L := \xi\chi B$$

$$\text{und } A_2^L := [\chi + (1-\chi)(\rho - \varphi)]\xi\chi B$$

GG-Bed. 2: $B \geq B_{k3.3}^*$

$$\text{mit } B_{k3.3}^* := \frac{1}{\xi\chi}A - \frac{\rho - \varphi}{\xi\chi(1-\rho)}G$$

$$\lim_{A \to A_1^L} B_{k3.3}^* = B - \frac{\rho - \varphi}{\xi\chi(1-\rho)}G$$

$\Rightarrow$ für GG-Bed. 2:$B \geq B_{k3.3}^*$

$$\Leftrightarrow B \geq B - \frac{\rho - \varphi}{\xi\chi(1-\rho)}G$$

$$\Leftrightarrow 0 \leq \frac{\rho - \varphi}{\xi\chi(1-\rho)}G$$

immer erfüllt, weil die rechte Seite der Ungleichung

> 0 wegen $0 < \varphi < \rho < 1, \xi > 0, \chi > 0, G > 0,$

$\Rightarrow B \in (0; \infty)$, q.e.d.

Diese Gleichgewichtsbedingung hat eine wohlbekannte Form; sie entspricht derjenigen für die Gleichgewichte GG in-1 und GG in-2.

$$\lim_{A \to A_2^L} B_{k3.3}^* = B + \frac{(1-\chi)(\rho - \varphi)}{\chi}B - \frac{\rho - \varphi}{\xi\chi(1-\rho)}G$$

$\Rightarrow$ für GG-Bed. 2:$B \geq B_{k3.3}^*$

$$\Leftrightarrow B \geq B + \frac{(1-\chi)(\rho - \varphi)}{\chi}B - \frac{\rho - \varphi}{\xi\chi(1-\rho)}G$$

$$\Leftrightarrow 0 \geq \frac{(1-\chi)(\rho - \varphi)}{\chi}B - \frac{\rho - \varphi}{\xi\chi(1-\rho)}G$$

$$\Leftrightarrow \frac{(1-\chi)(\rho-\varphi)}{\chi}B \le \frac{\rho-\varphi}{\xi\chi(1-\rho)}G$$

$$\Leftrightarrow B \le \frac{1}{\xi(1-\chi)(1-\rho)}\,G, \text{ q.e.d.}$$

Diese Gleichgewichtsbedingung entspricht wieder völlig der Intuition. Eine hinreichend hohe Geldbuße wirkt so abschreckend, daß eine Vereinbarung nicht geschlossen wird.

B.2.32 Grenzwerte von $B^*_{k5.7}$

$$B^*_{k5.7} = \frac{1}{\xi}(G+A)$$

$$A^L_2 = [\chi+(1-\chi)(\rho-\varphi)]\xi B$$

$$\lim_{A\to A^L_2} B^*_{k5.7} = \frac{1}{\xi}G+[\chi+(1-\chi)(\rho-\varphi)]B$$

$$\lim_{A\to\infty} B^*_{k5.7} = \infty$$

B.2.33 Herleitung von $p_{II}(GG\ in\text{-}2) = p_{II}(in,x;1,1;m,n)$

$$p_{II}(in,\gamma^*;\alpha^*,\beta^*;\mu^*,\nu^*) = (1-\gamma^*)[1-\xi[1-(1-\chi)(\beta^*$$
$$+\varphi(\alpha^*-\beta^*))]];$$

$$p_{II}(in,x;1,1;m,n) = (1-x)[1-\xi[1-(1-\chi)(1+\varphi(1-1))]]$$

$$= (1-x)(1-\xi\chi);$$

mit $x \in [\gamma_2;1]$ ergibt sich:

$$p_{II}(in,x;1,1;m,n) \in [0;(1-\gamma_2)(1-\xi\chi)]$$

B.2.34 Herleitung von $p_I(GG\ in\text{-}6) = p_I(in, x; 0, 0; m, n)$ und $p_{II}(GG\ in\text{-}6) = p_{II}(in, x; 0, 0; m, n)$

$$p_I(in, \gamma^*; \alpha^*, \beta^*; \mu^*, \nu^*) = \xi \gamma^* (1 - \chi)[1 - \beta^* - \rho(\alpha^* - \beta^*)];$$

$$p_I(in, x; 0, 0; m, n) = \xi x (1 - \chi)[1 - 0 - \rho(0 - 0)]$$

$$= x\xi(1 - \chi);$$

$$p_{II}(in, \gamma^*; \alpha^*, \beta^*; \mu^*, \nu^*) = (1 - \gamma^*)[1 - \xi[1 - (1 - \chi)(\beta^*$$
$$+ \varphi(\alpha^* - \beta^*))]];$$

$$p_{II}(in, x; 0, 0; m, n) = (1 - x)[1 - \xi[1 - (1 - \chi)(0 + \varphi(0 - 0))]]$$

$$= (1 - x)(1 - \xi);$$

mit $x \in [0; \gamma_1]$ ergibt sich:

$$p_I(in, x; 0, 0; m, n) \in [0; \gamma_1 \xi(1 - \chi)];$$

$$p_{II}(in, x; 0, 0; m, n) = [(1 - \gamma_1)(1 - \xi); 1 - \xi]$$

B.2.35 Herleitung von $p_I(GG\ in\text{-}3) = p_I(in, \gamma_2; 1, \beta_1; \mu_1, \frac{1}{2})$ und $p_{II}(GG\ in\text{-}3) = p_{II}(in, \gamma_2; 1, \beta_1; \mu_1, \frac{1}{2})$

$$p_I(in, \gamma^*; \alpha^*, \beta^*; \mu^*, \nu^*) = \xi \gamma^* (1 - \chi)[1 - \beta^* - \rho(\alpha^* - \beta^*)];$$

$$p_I(in, \gamma_2; 1, \beta_1; \mu_1, \frac{1}{2}) = \xi \gamma_2 (1 - \chi)[1 - \beta_1 - \rho(1 - \beta_1)]$$

$$= \gamma_2 \xi (1 - \chi)(1 - \rho)(1 - \beta_1);$$

$$p_{II}(in, \gamma^*; \alpha^*, \beta^*; \mu^*, \nu^*) = (1-\gamma^*)[1-\xi[1-(1-\chi)(\beta^* + \varphi(\alpha^* - \beta^*))]];$$

$$p_{II}(in, \gamma_2; 1, \beta_1; \mu_1, \tfrac{1}{2}) = (1-\gamma_2)[1-\xi[1-(1-\chi)(\beta_1 + \varphi(1-\beta_1))]]$$

$$= (1-\gamma_2)[1-\xi[1-(1-\chi)(\varphi + (1-\varphi)\beta_1)]];$$

mit $\gamma_2 := \dfrac{1-\varphi}{1-\rho+1-\varphi}$

und $\beta_1 := \dfrac{[\chi+(1-\chi)(\rho-\varphi)]\xi B - A}{(1-\chi)(\rho-\varphi)\xi B}$

$$= 1 + \frac{\xi\chi B - A}{(1-\chi)(\rho-\varphi)\xi B} \text{ ergibt sich:}$$

$$p_I(in, \gamma_2; 1, \beta_1; \mu_1, \tfrac{1}{2}) = \xi(1-\chi)\frac{1-\varphi}{1-\rho+1-\varphi}(1-\rho)$$

$$\cdot \frac{A-\xi\chi B}{(1-\chi)(\rho-\varphi)\xi B}$$

$$= \frac{(1-\rho)(1-\varphi)[A-\xi\chi B]}{(1-\rho+1-\varphi)(\rho-\varphi)B};$$

$$p_{II}(in, \gamma_2; 1, \beta_1; \mu_1, \tfrac{1}{2}) = (1-\gamma_2)[1-\xi[1-(1-\chi)$$

$$\cdot \left[\left(1+\frac{\xi\chi B - A}{(1-\chi)(\rho-\varphi)\xi B}\right) - \varphi\frac{\xi\chi B - A}{(1-\chi)(\rho-\varphi)\xi B}\right]]]$$

$$= (1-\gamma_2)\left[1-\xi\left[1-\frac{(1-\varphi)(\xi\chi B - A)+(1-\chi)(\rho-\varphi)\xi B}{(\rho-\varphi)\xi B}\right]\right]$$

$$= (1-\gamma_2)\left[1+\frac{(1-\rho)\xi\chi B-(1-\varphi)A}{(\rho-\varphi)B}\right]$$

$$= \frac{1-\rho}{1-\rho+1-\varphi}\left[1+\frac{1-\rho}{\rho-\varphi}\xi\chi - \frac{(1-\varphi)A}{(\rho-\varphi)B}\right]$$

B.2.36 Herleitung von $p_I(GG\ in\text{-}5) = p_I(in,\gamma_1;\alpha_1,0;\frac{1}{2},\nu_1)$ und
$p_{II}(GG\ in\text{-}5) = p_{II}(in,\gamma_1;\alpha_1,0)$

$$p_I(in,\gamma^*;\alpha^*,\beta^*;\mu^*,\nu^*) \;=\; \xi\gamma^*(1-\chi)[1-\beta^*-\rho(\alpha^*-\beta^*)];$$

$$p_I(in,\gamma_1;\alpha_1,0;\frac{1}{2},\nu_1) \;=\; \xi\gamma_1(1-\chi)[1-0-\rho(\alpha_1-0)]$$

$$\;=\; \gamma_1\xi(1-\chi)(1-\rho\alpha_1);$$

$$p_{II}(in,\gamma^*;\alpha^*,\beta^*;\mu^*,\nu^*) \;=\; (1-\gamma^*)[1-\xi[1-(1-\chi)(\beta^*$$
$$+\,\varphi(\alpha^*-\beta^*))]];$$

$$p_{II}(in,\gamma_1;\alpha_1,0;\frac{1}{2},\nu_1) \;=\; (1-\gamma_1)[1-\xi[1-(1-\chi)(0+\varphi(\alpha_1-0))]]$$

$$\;=\; (1-\gamma_1)[1-\xi[1-(1-\chi)\varphi\alpha_1]];$$

mit $\gamma_1 \;:=\; \dfrac{\varphi}{\rho+\varphi}$

und $\alpha_1 \;:=\; \dfrac{A-\xi\chi B}{(1-\chi)(\rho-\varphi)\xi B}$ ergibt sich:

$$p_I(in,\gamma_1;\alpha_1,0;\frac{1}{2},\nu_1) \;=\; \frac{\varphi}{\rho+\varphi}\xi(1-\chi)\left[1-\rho\frac{A-\xi\chi B}{(1-\chi)(\rho-\varphi)\xi B}\right]$$

$$\;=\; \frac{\varphi}{\rho+\varphi}\cdot\frac{(1-\chi)(\rho-\varphi)\xi B-\rho A+\rho\xi\chi B}{(\rho-\varphi)B}$$

$$\;=\; \frac{\varphi}{\rho+\varphi}\cdot\frac{(\rho-\varphi)\xi B+\varphi\xi\chi B-\rho A}{(\rho-\varphi)B}$$

$$\;=\; \frac{\varphi}{\rho+\varphi}\left[\xi+\frac{\varphi}{\rho-\varphi}\xi\chi-\frac{\rho A}{(\rho-\varphi)B}\right];$$

$$p_{II}(in, \gamma_1; \alpha_1, 0; \tfrac{1}{2}, \nu_1) = \frac{\rho}{\rho + \varphi} \left[1 - \xi[1 - (1-\chi)\varphi \right.$$
$$\left. \cdot \frac{A - \xi\chi B}{(1-\chi)(\rho - \varphi)\xi B} \right]]$$

$$= \frac{\rho}{\rho + \varphi} \left[1 - \xi \left[1 - \varphi \frac{A - \xi\chi B}{(\rho - \varphi)\xi B} \right] \right]$$

$$= \frac{\rho}{\rho + \varphi} \left[1 - \frac{\rho\xi B - \varphi A - \varphi(1-\chi)\xi B}{(\rho - \varphi)B} \right]$$

$$= \frac{\rho}{\rho + \varphi} \left[1 - \frac{\rho - (1-\chi)\varphi}{\rho - \varphi}\xi + \frac{\varphi A}{(\rho - \varphi)B} \right]$$

B.2.37 Herleitung von $p_I(GG\ in\text{-}4) = p_I(in, x; 1, 0; m, n)$ und $p_{II}(GG\ in\text{-}4) = p_{II}(in, x; 1, 0)$

$$p_I(in, \gamma^*; \alpha^*, \beta^*; \mu^*, \nu^*) = \xi\gamma^*(1-\chi)[1 - \beta^* - \rho(\alpha^* - \beta^*)];$$

$$p_I(in, x; 1, 0; m, n) = \xi x(1-\chi)[1 - 0 - \rho(1 - 0)]$$

$$= x\xi(1-\chi)(1-\rho);$$

$$p_{II}(in, \gamma^*; \alpha^*, \beta^*; \mu^*, \nu^*) = (1-\gamma^*)[1 - \xi[1 - (1-\chi)(\beta^*$$
$$+ \varphi(\alpha^* - \beta^*))]];$$

$$p_{II}(in, x; 1, 0; m, n) = (1-x)[1 - \xi[1 - (1-\chi)(0 + \varphi(1 - 0))]]$$

$$= (1-x)[1 - \xi[1 - (1-\chi)\varphi]];$$

mit $x \in [\gamma_1; \gamma_2]$ ergibt sich:

$$p_I(in, x; 1, 0; m, n) \in [\gamma_1\xi(1-\chi)(1-\rho); \gamma_2\xi(1-\chi)(1-\rho)];$$

$$p_{II}(in,x;1,0;m,n) \in [(1-\gamma_2)[1-\xi[1-(1-\chi)\varphi]];$$
$$(1-\gamma_1)[1-\xi[1-(1-\chi)\varphi]]]$$

B.2.38 Monotonie und Krümmungsverhalten von $p_I(in)$

$$p_I(\text{GG in-1}) = 0$$

$\rightarrow$ Horizontale auf Querachse in PK1

$$p_I(\text{GG in-2}) = 0$$

$\rightarrow$ Punkt auf Querachse in PK2

$$p_I(\text{GG in-6}) \in [0; \gamma_1 \xi (1-\chi)]$$

$\rightarrow$ Senkrechte in PK2

$$p_I(\text{GG in-3}) = \gamma_2 \xi (1-\chi)(1-\rho)(1-\beta_1)$$

$$= \gamma_2 \frac{(1-\rho)(A - \xi\chi B)}{(\rho - \varphi)B} \quad \text{(vgl. Anhang B.2.35)}$$

$$= \gamma_2 \left[\frac{(1-\rho)A}{(\rho - \varphi)B} - \frac{1-\rho}{\rho - \varphi}\xi\chi \right]$$

$$\frac{dp_I(\text{GG in-3})}{dA} = \gamma_2 \frac{1-\rho}{(\rho - \varphi)B}$$

$$> 0, \text{ wegen } \gamma_2 > 0, 0 < \varphi < \rho < 1, B > 0$$

$\rightarrow$ steigt in PK3

$$\frac{d^2 p_I(\text{GG in-3})}{dA^2} \;=\; 0$$

$$\rightarrow \quad \text{linear affin in PK3}$$

$$p_I(\text{GG in-5}) \;=\; \gamma_1 \xi (1-\chi)(1-\rho\alpha_1)$$

$$=\; \gamma_1 \left[\xi + \frac{\varphi}{\rho-\varphi} \xi \chi - \frac{\rho A}{(\rho-\varphi)B} \right] \quad \text{(vgl. Anhang B.2.36)}$$

$$\frac{d p_I(\text{GG in-5})}{dA} \;=\; -\gamma_1 \frac{\rho}{(\rho-\varphi)B}$$

$$<\quad 0, \text{ wegen } \gamma_1 > 0, 0 < \varphi < \rho, B > 0$$

$$\rightarrow \quad \text{sinkt in PK3}$$

$$\frac{d^2 p_I(\text{GG in-5})}{dA^2} \;=\; 0$$

$$\rightarrow \quad \text{linear affin in PK3}$$

$$p_I(\text{GG in-4}) \;\in\; [\gamma_1 \xi (1-\chi)(1-\rho); \gamma_2 \xi (1-\chi)(1-\rho)]$$

$$\rightarrow \quad \text{Senkrechte in PK4}$$

$$p_I(\text{GG in-7}) \;=\; 0$$

$$\rightarrow \quad \text{Horizontale auf Querachse in PK5}$$

B.2.39 Monotonie und Krümmungsverhalten von $p_{II}(in)$

$$p_{II}(\text{GG in-1}) \;=\; 0$$

$\rightarrow$ Horizontale auf Querachse in PK1

$p_{II}(\text{GG in-2})$ $\in$ $[0; (1-\gamma_2)(1-\xi\chi)]$

$\rightarrow$ Senkrechte in PK2

$p_{II}(\text{GG in-6})$ $\in$ $[(1-\gamma_1)(1-\xi); 1-\xi]$

$\rightarrow$ Senkrechte in PK2

$$p_{II}(\text{GG in-3}) = (1-\gamma_2)[1-\xi[1-(1-\chi)(\beta_1+\varphi(1-\beta_1))]]$$

$$= (1-\gamma_2)\left[1+\frac{1-\rho}{\rho-\varphi}\xi\chi-\frac{(1-\varphi)A}{(\rho-\varphi)B}\right]$$

(vgl. Anhang B.2.35)

$$\frac{dp_{II}(\text{GG in-3})}{dA} = -(1-\gamma_2)\frac{(1-\varphi)}{(\rho-\varphi)B}$$

$$< \quad 0, \text{ wegen } \gamma_2 < 1, 0 < \varphi < \rho < 1, B > 0$$

$\rightarrow$ sinkt in PK3

$$\frac{d^2 p_{II}(\text{GG in-3})}{dA^2} = 0$$

$\rightarrow$ linear affin in PK3

$$p_{II}(\text{GG in-5}) = (1-\gamma_1)[1-\xi[1-(1-\chi)\varphi\alpha_1]]$$

$$= (1-\gamma_1)\left[1-\frac{\rho-(1-\chi)\varphi}{\rho-\varphi}\xi+\frac{\varphi A}{(\rho-\varphi)B}\right]$$

(vgl. Anhang B.2.36)

$$\frac{dp_{II}(\text{GG in-5})}{dA} \;=\; (1 - \gamma_1)\frac{\varphi}{(\rho - \varphi)B}$$

$$\phantom{\frac{dp_{II}(\text{GG in-5})}{dA}} \;>\; 0, \text{ wegen } \gamma_1 > 1, 0 < \varphi < \rho, B > 0$$

$$\rightarrow \quad \text{steigt in PK3}$$

$$\frac{d^2 p_{II}(\text{GG in-5})}{dA^2} \;=\; 0$$

$$\rightarrow \quad \text{linear affin in PK3}$$

$$p_{II}(\text{GG in-4}) \;\in\; [(1 - \gamma_2)[1 - \xi[1 - (1 - \chi)\varphi]];$$

$$(1 - \gamma_1)[1 - \xi[1 - (1 - \chi)\varphi]]]$$

$$\rightarrow \quad \text{Senkrechte in PK4}$$

$$p_{II}(\text{GG in-7}) \;=\; 1 - \xi$$

$$\rightarrow \quad \text{Horizontale in Höhe von } 1 - \xi \text{ in PK5}$$

Anhang C

Simulation

C.1 Sensitivitäts-Testreihe

Um zu überprüfen, ob die Simulationsergebnisse sensitiv auf die Veränderung des Definitionsbereichs der Parameter B^G, B^L, G und A reagieren, wurde eine Testreihe mit insgesamt elf unterschiedlichen diskreten Definitionsbereichen für diese vier Parameter durchgeführt. Diese lauten:

$$\mathbb{D}_0 = \{\tfrac{1}{2}; 1\tfrac{1}{2}; 15; 50; 500; 5000\}; \quad |\mathbb{D}_0| = 6$$

$$\mathbb{D}_1 = \{5; 10; 15; ...; 95; 100\}; \quad |\mathbb{D}_1| = 20$$

$$\mathbb{D}_2 = \{1.005; 1.010; 1.015; ...; 1.095; 1.100\}; \quad |\mathbb{D}_2| = 20$$

$$\mathbb{D}_3 = \{10.005; 10.010; 10.015; ...; 10.095; 10.100\}; \quad |\mathbb{D}_3| = 20$$

$$\mathbb{D}_4 = \{10; 20; 30; ...; 190; 200\}; \quad |\mathbb{D}_4| = 20$$

$$\mathbb{D}_5 = \{5; 10; 15; ...; 145; 150\}; \quad |\mathbb{D}_5| = 30$$

$$\mathbb{D}_6 = \{50; 100; 150; ...; 950; 1.000\}; \quad |\mathbb{D}_6| = 20$$

$$\mathbb{D}_7 = \{100; 200; 300; ...; 1.900; 2.000\}; \quad |\mathbb{D}_7| = 20$$

$$\mathbb{D}_8 = \{1.000; 2.000; 3.000; ...; 19.000; 20.000\}; \quad |\mathbb{D}_8| = 20$$

$$\mathbb{D}_9 = \{5; 10; 15; ...; 245; 250\}; \quad |\mathbb{D}_9| = 50$$

$$\mathbb{D}_{sim} = \{50; 100; 150; ...; 1.450; 1.500\}; \quad |\mathbb{D}_{sim}| = 30$$

$\mathbb{D}_{sim}$ bezeichnet dabei den letztendlich in der Simulation verwendeten Definitionsbereich. Es sei nochmals darauf hingewiesen, daß in der Simulation ein einheitlicher Definitionsbereich für alle vier Parameter B^G, B^L, G und A festgelegt wurde. Dies stellt sicher, daß die Geldbuße, der Basisgewinn und der Kartellaufschlag denselben Wert annehmen *können*, aber nicht müssen.

Die elf Definitionsbereiche, auf denen die Testreihe mit elf Testläufen basiert, unterscheiden sich bezüglich dreier Merkmale: untere Grenze, Abstände zwischen den Instanzen (Schrittlänge) und Anzahl der Instanzen.[1] Der Definitionsbereich $\mathbb{D}_0$ ist willkürlich gewählt; er beginnt bei $\frac{1}{2}$, hat keine einheitliche Schrittlänge und verfügt nur über sechs Instanzen. Er wurde gewählt, um zu überprüfen, ob völlige Willkür die Ergebnisse „zum Kippen bringt". Die Definitionsbereiche $\mathbb{D}_1$, $\mathbb{D}_2$ und $\mathbb{D}_3$ weisen dieselbe Schrittlänge (5) und die gleiche Anzahl von Instanzen (20) auf, unterscheiden sich jedoch bezüglich der unteren Grenze: $\mathbb{D}_1$ beginnt bei 5, $\mathbb{D}_2$ bei 1.005 und $\mathbb{D}_3$ bei 10.005. Die übrigen Definitionsbereiche stellen Varianten des Definitionsbereichs $\mathbb{D}_1$ dar: $\mathbb{D}_4$ weist ebenfalls 20 Instanzen auf, verdoppelt aber die Schrittlänge auf 10 und beginnt bei 10 statt bei 5; $\mathbb{D}_5$ hält untere Grenze und Schrittlänge konstant, erhöht aber auf 30 Instanzen. Die Definitionsbereiche $\mathbb{D}_6$, $\mathbb{D}_7$ und $\mathbb{D}_8$ verfügen ebenfalls alle über 20 Instanzen, die Schrittlänge und die untere Grenze werden jedoch auf 50, 100 bzw. 1.000 erhöht; $\mathbb{D}_9$ stellt eine Erweiterung der Definitionsbereiche $\mathbb{D}_1$ oder $\mathbb{D}_5$ auf 50 Instanzen dar; $\mathbb{D}_{sim}$ schließlich erweitert $\mathbb{D}_6$ auf 30 Instanzen.

Um die Programmlaufzeit gering zu halten, wurden folgende weitere Einschränkungen vorgenommen: $\rho^G = \rho^L$, $\varphi^G = \varphi^L$, $\tau = \xi$, $\chi^G = \chi^L$ und $B^L > B^G$.[2] Durch diese Beschränkungen muß das Programm bedeutend weniger Berechnungen durchführen. Ohne Beschränkung und mit einem Definitionsbereich mit 30 Instanzen, z.B. $\mathbb{D}_5$ oder $\mathbb{D}_{sim}$, ergeben sich etwa 6,9 Billionen Fälle (6.887.475.360.000); mit den genannten Beschränkungen reduziert sich diese Zahl auf 1,1 Millarden (1.141.614.000).[3] Die

---

[1] Die obere Grenze ergibt sich eindeutig aus der Kombination dieser drei Merkmale.

[2] Diese Beschränkungen unterstellen, daß – ceteris paribus – nach einem Systemwechsel höhere Geldbußen verhängt werden. Dies entspricht Setting 4 der Simulation, vgl. Abschnitt 4.3.1.3.

[3] Um sicherzustellen, daß die Testreihenergebnisse nicht nur für diese Beschränkungen gelten, wurden zusätzliche Testreihen für andere Beschränkungen durchgeführt:

Tabellen C.1 und C.2 zeigen die Ergebnisse der elf Testläufe. Ebenfalls zur Einsparung von Rechenzeit wurden nur die Ergebnisse bezüglich der Fehlerwahrscheinlichkeiten berechnet und ausgegeben.[4]

Die beiden Tabellen sind identisch aufgebaut. Zeile 1 benennt die Namen der Testläufe entsprechend den zugrundeliegenden Definitionsbereichen $\mathbb{D}_0$ bis $\mathbb{D}_{sim}$. Die Zeilen 2 bis 4 geben in Prozent und auf zwei Nachkommastellen gerundet an, wie häufig das Legalausnahmesystem dem Genehmigungssystem bezüglich einer oder beider Fehlerwahrscheinlichkeiten überlegen ist; die Zeilen 5 bis 7, wie häufig es unterlegen ist.[5] In Zeile 8 ist die Anzahl der berechneten Fälle aufgeführt. Diese ist für diejenigen Testläufe identisch, die über Definitionsbereiche mit gleich vielen Instanzen verfügen: Die Testläufe 1 bis 4 und 6 bis 8 führen zu jeweils ungefähr 221,6 Mio. Fällen; die Testläufe 5 und *sim* zu ungefähr 1,1 Mrd. Fällen, Testlauf 0 zu 1,5 Mio. Fällen und Testlauf 9 zu 8,9 Mrd. Fällen. Die Zeilen 9 und 10 geben die Anzahl der Instanzen des Definitionsbereichs und die Schrittlänge innerhalb des Definitionsbereichs für alle Testläufe an.

Vergleicht man die Spalteneinträge der beiden Tabellen miteinander, fällt auf, daß sich alle Werte mit Ausnahme der Testläufe 0, 2 und 3 stark ähneln und nur um wenige Nachkommastellen voneinander unterscheiden.[6] Die Ergebnisse der Testläufe 2 und 3 sind besonders markant: Hier ist das Legalausnahmespiel dem Genehmigungsspiel in *allen* berechneten Fällen ebenbürtig oder überlegen, wie die Einträge „100" in den Zeilen 2 bis 4 und „0" in den Zeilen 5 bis 7 zeigen. Der Grund ist darin zu sehen,

Setting 2 $= \rho^L - \varphi^L > \rho^G - \varphi^G$, $\tau = \xi$, $\chi^G = \chi^L$ und $B^L = B^G$ (bessere Assessment-Skills nach dem Systemwechsel);
Setting 3 $= \rho^G = \rho^L$, $\varphi^G = \varphi^L$, $\xi > \tau$, $\chi^G = \chi^L$ und $B^L = B^G$ (höhere Interventionswahrscheinlichkeit nach dem Systemwechsel).
Die Ergebnisse konnten bestätigt werden.

[4] Die Fehlerwahrscheinlichkeiten sind eine Funktion der Complianceniveaus ($p_I = p_I(\hat{\gamma})$, $p_{II} = p_{II}(\hat{\gamma})$), so daß die Ergebnisse bezüglich der Fehlerwahrscheinlichkeiten mit denen bezüglich der Complianceniveaus korreliert sind.

[5] Die Zeilen 4 bis 7 aufaddiert ergeben deswegen Eins.

[6] Dabei ist jedoch zu beachten, daß sich nur jeweils die Ergebnisse der Testläufe 1 und 4 sowie die der Testläufe 6 und 7 exakt entsprechen. Die zusätzliche Übereinstimmung der beiden Paare miteinander und mit den Ergebnissen des Testlaufs 8 ist allein der Rundung auf zwei Nachkommastellen geschuldet. Die Ergebnisse unterscheiden sich spätestens ab der 5. Nachkommastelle voneinander.

daß die Definitionsbereiche $\mathbb{D}_2$ und $\mathbb{D}_3$ so gewählt sind, daß sich die Werte der Geldbuße des Kartellaufschlags und des Basisgewinns bezogen auf ihre absolute Größe (mindestens 1.005) nur minimal unterscheiden können (höchstens um 95). Ein so knapper Abstand zwischen A und G im Genehmigungsspiel bzw. A und B im Legalausnahmespiel reicht nicht aus, um die Firmengruppe zur Anmeldung zu bewegen oder abzuschrecken. Die Fehlerwahrscheinlichkeiten liegen daher bei $p_I^G = p_I^L = 0$, sowie $p_{II}^G = 1 - \tau$ und $p_{II}^L = 1 - \xi$. Wegen der Annahme $\tau = \xi$ sind sie daher in beiden Spielen identisch.

Der Testlauf 0 weicht in dieselbe Richtung von den übrigen Testläufen ab. Seine Ergebnisse weisen dem Legalausnahmespiel ebenfalls eine höhere prozentuale Wirksamkeit zu als die anderen Testläufe, allerdings werden keine Extremwerte („100 %") mehr erreicht. Im Testlauf 0 wurde der Definitionsbereich willkürlich festgelegt: Die Parameter B^G, B^L, G und A können die Werte $\frac{1}{2}$, $1\frac{1}{2}$, 15, 50, 500 und 5.000 annehmen. Die Abstände zwischen den Werten sind sehr unterschiedlich. Für enge Abstände gilt die obige Argumentation: Die Firmengruppe wählt *ill* oder *out*, was zu identischen Fehlerwahrscheinlichkeiten führt. Bei weiten Abständen zwischen A und G bzw. B greift ein anderer Mechanismus; für einige Parameterkonstellationen weist das Legalausnahmespiel nun schlechtere Fehlerwahrscheinlichkeitswerte auf.

Die restlichen sieben Testläufe zeigen sehr ähnliche Ergebnisse. Die relative Häufigkeit, daß das Legalausnahmespiel in einer oder beiden Fehlerwahrscheinlichkeiten schlechter als das Genehmigungsspiel abschneidet, liegt bei allen Testläufen unter 7 %.[7]

Je zwei der Testläufe haben sogar identische Ergebnisse. Dies sind zum einen die Testläufe 1 und 4, und zum anderen die Testläufe 6 und 7. Alle vier Testläufe haben gemeinsam, daß sie über Definitionsbereiche mit 20 Instanzen verfügen und sich nur bezüglich der unteren Grenzen und der Schrittlängen voneinander unterscheiden. Dabei ist jedoch die untere Grenze und die Schrittlänge des Definitionsbereichs $\mathbb{D}_2$ gerade das Doppelte der entsprechenden Größen in Definitionsbereich $\mathbb{D}_1$, und $\mathbb{D}_7$ verdoppelt die entsprechenden Werte des Definitionsbereichs $\mathbb{D}_6$. Diese Verdoppelung hat keinerlei Einfluß auf die Ergebnisse der Testläufe. Die untere Grenze und die Schrittlänge in Testlauf 6 sind zudem noch eine Verzehnfachung der unteren Grenze und der Schrittlänge in Testlauf 1. Diese Veränderung des

---

[7] Dieser Wert ergibt sich durch Aufaddieren der Einträge der Zeilen 5 bis 7.

Definitionsbereichs führt nur zu minimalen Abweichungen beim Ergebnis. Testlauf 8 führt ebenfalls zu Ergebnissen, die sich auf 2 Nachkommastellen gerundet nicht vom Ergebnis des Testlaufs 1 unterscheiden. Auch der Definitionsbereich $\mathbb{D}_8$ verfügt über 20 Instanzen, und auch seine untere Grenze und seine Schrittlänge sind Vielfache (200-fach) der entsprechenden Größen des Definitionsbereichs $\mathbb{D}_1$. *Es kann daher festgehalten werden, daß eine Vervielfachung der Schrittlänge und der unteren Grenze zu keinen nennenswerten Veränderungen der Simulationsergebnisse führt.*

Die Testlauf-Definitionsbereiche $\mathbb{D}_5$ und $\mathbb{D}_9$ wurden gewählt, um zu überprüfen, ob die Erhöhung der Anzahl der Instanzen einen bedeutenden Einfluß auf die Ergebnisse hat. Dies kann verneint werden. Beide Erhöhungen führen dazu, daß das Legalausnahmesystem zwar etwas besser abschneidet, aber weder die Erhöhung auf 30 noch die auf 50 Instanzen ändert etwas an der qualitativen Aussage, daß das Legalausnahmespiel in diesem Setting in über 90 % der Fälle niedrigere oder zumindest gleichhohe Fehlerwahrscheinlichkeiten aufweist wie das Genehmigungsspiel. *Auch eine Erhöhung der Anzahl der Instanzen hat demnach nur unwesentlichen Einfluß auf die Simulationsergebnisse.*

Die letzte Spalte schließlich gibt die Ergebnisse für den echten Simulationslauf mit dem Definitionsbereich $\mathbb{D}_{sim} = \{50; 100; 150; ...; 1.450; 1.500\}$ an. Auch diese Ergebnisse unterscheiden sich nur unwesentlich von den übrigen. Er wurde gewählt, weil grundsätzlich der Auffassung gefolgt werden kann, daß die Güte der Überführung eines kontinuierlichen Definitionsbereichs in einen diskreten Definitionsbereich mit der Anzahl der Instanzen steigt. Die Rechenzeit hat jedoch bereits bei 50 Instanzen ein solches Ausmaß erreicht, daß eine Verminderung auf 30 Instanzen angebracht erschien.

Tabelle C.1: Simulation – Testreihe (für Setting 4) – Läufe 0 bis 5

	Testreihe für Setting 4: $\rho^G = \rho^L$, $\varphi^G = \varphi^L$, $\tau = \xi$, $\chi^G = \chi^L$ und $B^L > B^G$					
1	Testlauf:	0	1	2 und 3	4	5
2	$p_I^G \geq p_I^L$	98,25 %	95,09 %	100 %	95,09 %	95,81 %
3	$p_{II}^G \geq p_{II}^L$	99,67 %	96,10 %	100 %	96,10 %	96,17 %
4	$p_I^G \geq p_I^L \wedge p_{II}^G \geq p_{II}^L$	98,22 %	93,02 %	100 %	93,02 %	93,15 %
5	$p_I^G < p_I^L \wedge p_{II}^G < p_{II}^L$	0,29 %	1,84 %	0 %	1,84 %	1,81 %
6	$p_I^G < p_I^L \wedge p_{II}^G \geq p_{II}^L$	1,45 %	3,07 %	0 %	3,07 %	3,07 %
7	$p_I^G \geq p_I^L \wedge p_{II}^G < p_{II}^L$	0,04 %	2,06 %	0 %	2,06 %	2,02 %
8	Anzahl Fälle	1.574.640	221.616.000			1.141.614.000
10	Anzahl Instanzen	6	20	20	20	30
9	Schrittgröße	var.	5	5	10	5

Tabelle C.2: Simulation – Testreihe (für Setting 4) – Läufe 6 bis 9 und sim

	Testreihe für Setting 4: $\rho^G = \rho^L$, $\varphi^G = \varphi^L$, $\tau = \xi$, $\chi^G = \chi^L$ und $B^L > B^G$				
1	Testlauf:	6	7	8	9	*sim*
2	$p_I^G \geq p_I^L$	95,09 %	95,09 %	95,09 %	95,22 %	95,18 %
3	$p_{II}^G \geq p_{II}^L$	96,10 %	96,10 %	96,10 %	96,20 %	96,17 %
4	$p_I^G \geq p_I^L \wedge p_{II}^G \geq p_{II}^L$	93,02 %	93,02 %	93,02 %	93,22 %	93,15 %
5	$p_I^G < p_I^L \wedge p_{II}^G < p_{II}^L$	1,84 %	1,84 %	1,84 %	1,80 %	1,81 %
6	$p_I^G < p_I^L \wedge p_{II}^G \geq p_{II}^L$	3,07 %	3,07 %	3,07 %	2,98 %	3,01 %
7	$p_I^G \geq p_I^L \wedge p_{II}^G < p_{II}^L$	2,06 %	2,06 %	2,06 %	2,00 %	2,02 %
8	Anzahl Fälle	wie 1			8.930.250.000	wie 5
10	Anzahl Instanzen	20	20	20	50	30
9	Schrittgröße	50	100	1.000	5	50

C.2 Einteilung der Fälle nach der Höhe der Fehlerwahrscheinlichkeiten

Die fett-umrandete Fläche in Abbildung C.1 stellt die Menge aller Fälle dar, die innerhalb eines Simulationslaufes berücksichtigt werden. Die senkrechte Linie unterteilt diese Menge in die Menge aller Fälle, in denen $p_{II}^L \leq p_{II}^G$ gilt (links), und die Menge, in der $p_{II}^L > p_{II}^G$ gilt (rechts). Die waagerechte Linie nimmt dieselbe Unterteilung jedoch bezüglich p_I vor.

Abbildung C.1: Einteilung der Fälle nach Fehlerwahrscheinlichkeiten

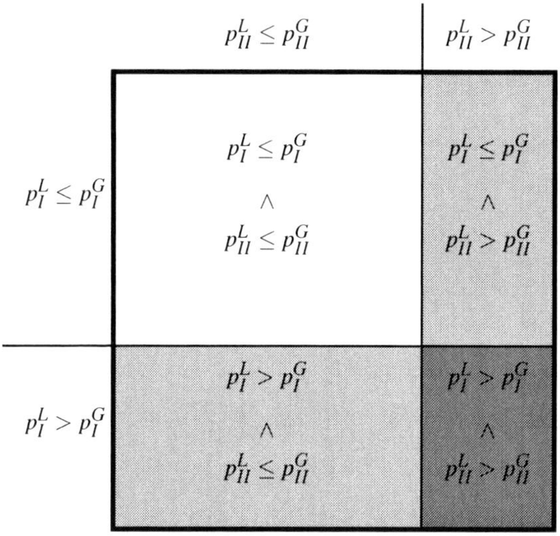

Auf diese Art und Weise entstehen vier Teilmengen: Die weiße Fläche links oben stellt die Teilmenge der Fälle dar, in denen sowohl die p_I- als auch die p_{II}-Werte im Legalausnahmespiel niedriger oder gleich hoch sind wie im Genehmigungsspiel ($p_I^L \leq p_I^G \wedge p_{II}^L \leq p_{II}^G$). Die drei grauen Flächen zusammen ergeben die Menge aller Fälle, in denen das Legalausnahmespiel dem Genehmigungsspiel bezüglich mindestens einer Fehlerwahrscheinlichkeit unterlegen ist ($p_I^L < p_I^G \vee p_{II}^L < p_{II}^G$). Diese Menge spaltet sich wiederum in drei Teilmengen auf: Die dunkelgraue Fläche zeigt all die Fälle, in denen das Legalausnahmespiel in beiden Fehlerwahrscheinlichkeiten schlechter abschneidet als das Genehmigungsspiel ($p_I^L < p_I^G \wedge p_{II}^L < p_{II}^G$), während die beiden hellgrauen Flächen diejenigen

Fälle darstellen, in denen das Legalausnahmespiel nur bezüglich einer der beiden Fehlerwahrscheinlichkeiten unterliegt ($p_I^L \leq p_I^G \wedge p_{II}^L < p_{II}^G$ oder $p_I^L < p_I^G \wedge p_{II}^L \leq p_{II}^G$).

Literatur

Abele, Susanne/Ehrhart, Karl-Martin (2005): The Timing Effect in Public Good Games, *Journal of Experimental Social Psychology* 41(5), S. 470-481.

Amershi, Amin H./Sadanand, Asha/Sadanand, Venkatraman (1989): Manipulated Nash Equilibria I: Forward Induction and Thought Process Dynamics in Extensive Form, *Discussion Paper Series* Nr. 1989-4, Guelph: Department of Economics, University of Guelph.

Barros, Pedro P. (2003): Looking behind the Curtain – Effects from Modernization of European Union Competition Policy, *European Economic Review* 47(4), S. 613-624.

Bartosch, Andreas (2000): Von der Freistellung zur Legalausnahme – was geschieht mit der Rechtssicherheit?, *Wirtschaft und Wettbewerb* 50(5), S. 462-473.

Bartosch, Andreas (2001): Von der Freistellung zur Legalausnahme: Der Vorschlag der EG-Kommission für eine „neue Verordnung Nr. 17", *Europäische Zeitschrift für Wirtschaftsrecht* 12(4), S. 101-107.

Bechtold, Rainer (2000): Modernisierung des EG-Wettbewerbsrechts: Der Verordnungs-Entwurf der Kommission zur Umsetzung des Weißbuchs, *Betriebs-Berater* 55(48), S. 2425-2431.

Becker, Gary S. (1968): Crime and Punishment: An Economic Approach, *Journal of Political Economy* 76, S. 169-217.

Besanko, David/Spulber, Daniel F. (1989a): Antitrust Enforcement under Asymmetric Information, *The Economic Journal* 99(369), S. 408-425.

Besanko, David/Spulber, Daniel F. (1989b): Delegated Law Enforcement and Noncooperative Behavior, *Journal of Law, Economics, and Organization* 5(1), S. 25-52.

Besanko, David/Spulber, Daniel F. (1993): Contested Mergers and Equilibrium Antitrust Policy, *Journal of Law, Economics, and Organization* 9(1), S. 1-29.

Bester, Helmut (2004): *Theorie der Industrieökonomik*, 3. Aufl., Berlin/Heidelberg/New York: Springer.

Bieber, Roland/Epiney, Astrid/Haag, Marcel (2006): *Die Europäische Union: Europarecht und Politik*, Reihe „NomosLehrbuch", 7. Aufl., Baden-Baden: Nomos.

Bien, Florian (2000): Systemwechsel im Europäischen Kartellrecht – Zum Entwurf der EU-Kommission für eine Verordnung zur Durchführung der Art. 81 und 82 EG-Vertrag, *Der Betrieb* 53(46), S. 2309-2312.

Bier, Christoph (2002): *Regulierter oder Verhandelter Zugang zum Stromnetz? Eine ökonomische Analyse unter Berücksichtigung imperfekter Aufsichtsbehörden*, Schriftenreihe „Volkswirtschaftliche Forschungsergebnisse" 77, Hamburg: Dr. Kovač (zugl. Diss. rer. pol. Univ. Saarbrücken 2002).

Bundeskartellamt (o.J.): Bonusregelung – SKK – Kartellbekämpfung, URL: http://www.bundeskartellamt.de/wDeutsch/publikationen/bonusregelung.php, Stand 21. September 2007.

Calabresi, G./Melamed, A. D. (1972): Property Rules, Liability Rules and Inalienability: One View of the Cathedral, *Harvard Law Review* 85, S. 1089-1128.

Commichau, Gerhard/Schwartz, Harald (2002): *Grundzüge des Kartellrechts: eine Einführung*, Schriftenreihe der Neuen Juristischen Wochenschrift, Bd. 36, 2. Aufl., München: Beck.

De Alessi, Louis (1995): The Public-Choice Model of Antitrust Enforcement, in: McChesney, Fred S./Shughart II, William F. (Hrsg.):*The Causes and Consequences of Antitrust: The Public-Choice Perspective*, Chicago/London: The University of Chicago Press.

Demsetz, Harold (1969): Information and Efficiency: Another Viewpoint. *Journal of Law and Economics* 10, S. 1-21.

Deringer, Arved (2000): Stellungnahme zum Weißbuch der Europäischen Kommission über die Modernisierung der Vorschriften zur Anwendung der Art. 85 und 86 EG-Vertrag (Art. 81 und 82 EG), *Europäische Zeitschrift für Wirtschaftsrecht* 11(1), S. 5-11.

Di Federico, Giacomo/Manzini, Pietro (2004): A Law and Economics Approach to the New European Antitrust Enforcing Rules, *Erasmus Law and Economics Review* 1(2), S. 143-164.

Easterbrook, Frank H. (1984): The Limits of Antitrust, *Texas Law Review* 63(1), S. 1-40.

Ehlermann, Claus-Dieter (2000): The Modernization of EC Antitrust Policy: A Legal and Cultural Revolution, *Common Market Law Review* 37(3), S. 537-590.

Eichberger, Jürgen (1993): *Game Theory for Economists*, San Diego et al.: Academic Press.

Emmerich, Volker (2000): Anmerkungen zu der „neuen" Wettbewerbspolitik der Europäischen Kommission, *Wettbewerb in Recht und Praxis* 46(9), S. 858-862.

EU-Kommission (1999): Weißbuch über die Modernisierung der Vorschriften zur Anwendung der Artikel 85 und 86 EG-Vertrag, *Amtsblatt der Europäischen Gemeinschaften*, Nr. C 132 vom 12. Mai 1999, S. 1-33.

EU-Kommission (2000a): White Paper on Reform of Regulation 17 – Summary of the Observations, 29. Februar 2000, DG COMP Document, URL: http://ec.europa.eu/comm/competition/antitrust/others/wp_on_modernisation/summary_observations.pdf, Stand: 21. September 2007.

EU-Kommission (2000b): *XXIX. Bericht über die Wettbewerbspolitik 1999*, Luxemburg: Amt für amtliche Veröffentlichungen der Europäischen Gemeinschaften.

EU-Kommission (2001): *XXXth Report on Competition Policy 2000*, Luxemburg: Amt für amtliche Veröffentlichungen der Europäischen Gemeinschaften.

Garoupa, Nuno (1997): The Theory of Optimal Law Enforcement, *Journal of Economic Surveys* 11(3), S. 267-295.

Geiger, Andreas (2000): Das Weißbuch der EG-Kommission zu Art. 81, 82 EG: eine Reform, besser als ihr Ruf, *Europäische Zeitschrift für Wirtschaftsrecht* 11(6), S. 165-169.

Gibbons, Robert (1992): *A Primer in Game Theory*, New York et al.: Harvester Wheatsheaf.

Hafner, Mathias (2000): *Behördliche Diagnosefehler im Genehmigungsverfahren: eine ökonomische Analyse immissionsschutzrechtlicher Eröffnungskontrollen und ihrer Reform*, Gabler Edition Wissenschaft im Deutschen Universitäts-Verlag, Reihe „Ökonomische Analyse des Rechts" hrsg. von Schäfer, Hans-Bernd/Behrens, Peter/Holler, Manfred/Ott, Claus/Walz, Rainer, Wiesbaden: Gabler (zugl. Diss. rer. pol. Univ. Saarbrücken 2000).

Hahn, Verena (2000): Antitrust Enforcement: Abuse Control or Notification?, *European Journal of Law and Economics* 10(1), S. 69-91.

Harrington, Joseph E. Jr. (2007): Detecting Cartels, in: Buccirossi, Paolo (Hrsg.): *Handbook in Antitrust Economics*, Cambridge: MIT Press.

Heinemann, Andreas (2003): Europäisches Kartellrecht – Einführung und aktuelle Entwicklungen, *Jura: Juristische Ausbildung* 25(10), S. 649-655.

Heiner, Ronald A. (1983): The Origin of Predictable Behavior, *American economic Review* 73(4), S. 560-595.

Heiner, Ronald A. (1986): Uncertainty, Signal-Detection-Experiments, and Modeling Behavior, in: Langlois, Richard N. (Hrsg.): *Economics as a Process,*

Essays in the New Institutional Economics, Cambridge et al.: Cambridge University Press, S. 59-115.

Heiner, Ronald A. (1990): Rule-Governed Behavior in Evolution and Human Society, *Constitutional Political Economy* 1(1), S. 19-46.

Herdegen, Matthias (2007): *Europarecht*, Reihe: Grundrisse des Rechts, 7. Aufl., München: Beck.

Hossenfelder, Silke/Lutz, Martin (2003): Die neue Durchführungsverordnung zu den Artikeln 81 und 82 EG-Vertrag, *Wirtschaft und Wettbewerb* 53(2), S. 118-129.

Immenga, Ulrich (1999): Eine Wende in der gemeinschaftsrechtlichen Kartellpolitik?, *Europäische Zeitschrift für Wirtschaftsrecht* 10(20), S. 609.

Kallenbrunnen, Thomas (2007): *Betreibermodelle oder Konventionelles Verfahren zur Realisierung Kommunaler Immobilienprojekte: Eine Spieltheoretische Untersuchung*, Schriftenreihe „Volkswirtschaftliche Forschungsergebnisse" 118, Hamburg: Dr. Kovač (Zugl. Diss. rer. pol. Univ. Saarbrücken 2006).

Kirstein, Roland (1999): *Imperfekte Gerichte und Vertragstreue: eine ökonomische Theorie richterlicher Entscheidungen*, Gabler Edition Wissenschaft im Deutschen Universitäts-Verlag, Reihe „Ökonomische Analyse des Rechts" hrsg. von Schäfer, Hans-Bernd/Behrens, Peter/Holler, Manfred/Ott, Claus/Walz, Rainer, Wiesbaden: Gabler (zugl. Diss. rer. pol. Univ. Saarbrücken 1998).

Kirstein, Roland (2005): Bayesian Monitoring, *CSLE Discussion Paper Series* Nr. 2005-06, Saarbrücken: Center for the Study of Law and Economics (CSLE), Universität des Saarlandes.

Koenigs, Folkmar (2003): Die VO Nr. 1/2003: Wende im EG-Kartellrecht, *Der Betrieb* 56(14), S. 755-759.

Krumstroh, Tobias (2004): *Das Weißbuch und der Verordnungsvorschlag der Europäischen Kommission zur Modernisierung der Anwendung der Vorschriften der Art. 81 und 82 EG und deren Einfluss auf nationale Wettbewerbsregeln, Kartellbehörden und Gerichte*, Europäische Hochschulschriften, Reihe 2, Rechtswissenschaft 3899, Frankfurt/Main et al.: Peter Lang (zugl. Diss. jur. Univ. Kiel 2003).

Loss, Frédéric et al. (2008): European Competition Policy Modernization: From Notifications to Legal Exception, *European Economic Review* 52(1), S. 77-98.

Mavroidis, Petros C./Neven, Damien J. (2000): The Modernisation of EU Competition Policy: Making the Network Operate, *Cahiers de Recherches*

Economiques Nr. 00.17, Lausanne: Département d'Econométrie et d'Economie politique (DEEP), Université de Lausanne.

Mavroidis, Petros C./Neven, Damien J. (2001): From the White Paper to the Proposal for a Council Regulation: How to Treat the New Kids on the Block?, *Legal Issues of Economic Integration* 28(2), S. 151-171.

McAfee, R. Preston/Mialon, Hugo M./Mialon Sue H. (2006): Private v. Public Antitrust Enforcement: A Strategic Analysis, *Emory Law and Economics Research Paper* Nr. 05-20, Atlanta: Department of Economics, Emory University.

McChesney, Fred S./Shughart II, William F. (1995): *The Causes and Consequences of Antitrust: The Public-Choice Perspective*, Chicago/London: The University of Chicago Press.

Mestmäcker, Ernst-Joachim (1974): Das Prinzip der Rule of Reason und ähnliche Ausnahmemechanismen im Recht der Wettbewerbsbeschränkungen, in: Hoppmann, Erich/Mestmäcker, Ernst-Joachim: *Normenzwecke und Systemfunktionen im Recht der Wettbewerbsbeschränkungen*, Tübingen: Mohr Siebeck, S. 21-58.

Mestmäcker, Ernst-Joachim (1999): Versuch einer kartellpolitischen Wende in der EU – Zum Weißbuch der Kommission über die Modernisierung der Vorschriften zur Anwendung der Art. 85 und 86 EGV a. F. (Art. 81 und 82 EGV n. F.), *Europäische Zeitschrift für Wirtschaftsrecht* 10(17), S. 523-529.

Miller, H. Laurence Jr. (1962): On the "Chicago School of Economics", *The Journal of Political Economy* 70(1), S. 64-69.

Moe, Terry M. (1997): The Positive Theory of Public Bureaucracy, in: Mueller, Dennis C. (Hrsg.): *Perspectives on Public Choice*, Cambridge et al.: Cambridge University Press, S. 455-480.

Möschel, Wernhard (1999): Europäische Wettbewerbspolitik auf Abwegen, *Wirtschaftsdienst* 79(8), S. 504-512.

Möschel, Wernhard (2000): Systemwechsel im Europäischen Wettbewerbsrecht? Zum Weißbuch der EG-Kommission zu den Art. 81 ff. EG-Vertrag, *Juristen Zeitung* 55(2), S. 61-67.

Möschel, Wernhard (2007): Should Private Enforcement of Competition Law Be Strengthened?, in: Schmidtchen, Dieter/Albert, Max/Voigt, Stefan (Hrsg.): *The More Economic Approach to European Competition Law*, Reihe „Conferences on New Political Economy", Bd. 24, Tübingen: Mohr Siebeck, S. 101-114.

Monopolkommission (1999): *Sondergutachten 28. Kartellpolitische Wende in der Europäischen Union? Zum Weißbuch der Kommission vom 28. April*

1999, Sondergutachten der Monopolkommission gemäß § 44 Abs. 1 Satz 4 GWB, Baden-Baden: Nomos.

Monopolkommission (2002): *Sondergutachten 32. Folgeprobleme der europäischen Kartellverfahrensreform*, Sondergutachten der Monopolkommission gemäß § 44 Abs. 1 Satz 4 GWB, Baden-Baden: Nomos.

Motta, Massimo (2004): *Competition Policy: Theory and Practice*, Cambridge: Cambridge University Press.

Motta, Massimo/Polo, Michele (2003): Leniency Programs and Cartel Prosecution, *International Journal of Industrial Organization* 21(3), S. 347-379.

Mueller, Dennis C. (2003): *Public Choice III*, Cambridge et al.: Cambridge University Press.

Neven, Damien J. (2002): Removing the Notification of Agreements: Some Consequences for Ex Post Monitoring, in: von Bogdandy, Armin/Mavroidis, Petros M./Mény, Yves (Hrsg.): *European Integration and International Coordination, Studies in Transnational Economic Law in Honour of Claus-Dieter Ehlermann*, The Hague et al.: Kluwer Law International, S. 351-362.

Niskanen, William A. (1971): *Bureaucracy and Representative Government*, Chicago et al.: Aldine Atherton.

Olson, Mancur (1987): Bureaucracy, in: Eatwell, John/Milgate, Murray/Newman, Peter (Hrsg.): *The New Palgrave: A Dictionary of Economics*, Bd. 1, London: Macmillan Press, S. 296-299.

Orzechowski, William (1977): Economic Models of Bureaucracy: Survey, Extensions, and Evidence, in: Borcherding, Thomas E. (Hrsg.): *Budgets and Bureaucrats: The Sources of Giverbment Growth*, Durham: Duke University Press, S. 229-259.

Paulweber, Michael/Kögel, Rainer (1999): Das Europäische Wettbewerbsrecht am Scheideweg: Die Reformvorhaben der Kommission zur Modernisierung des europäischen Kartellverfahrensrechts in der Kritik, *Die Aktiengesellschaft* 1999(11), S. 500-515.

Pirrung, Marc (2004): EU Enlargement towards Cartel Paradise? An Economic Analysis of the Reform of European Competition Law, *Erasmus Law and Economics Review* 1(1), S. 77-109.

Polinsky, Mitchell A./Shavell, Steven (2000a): The Economic Theory of Public Enforcement of Law, *Journal of Economic Literature* 38(1), S. 45-76.

Polinsky, Mitchell A./Shavell, Steven (2000b): Punitive Damages, in: Bouckaert, Boudewijn/De Geest, Gerrit (Hrsg.): *Encyclopedia of Law and Economics, Volume II. Civil Law and Economics*, Cheltenham: Edward Elgar, Eintrag 3700, S. 764-781.

Posner, Richard A. (1993): What Do Judges and Justices Maximize? (The Same Thing Everybody Else Does), *Supreme Court Economic Review* 3(1), S. 1-41.

Rapoport, Amnon (1997): Order of Play in Strategically Equivalent Games in Extensive Form, *International Journal of Game Theory* 26(1), S. 113-136.

Rasmusen, Eric (1989): *Games and Information: An Introduction to Game Theory*, Oxford: Basil Blackwell.

Regierung der Bundesrepublik Deutschland (o.J.): Stellungnahme zum Weißbuch der Europäischen Kommission über die Modernisierung der Vorschriften zur Anwendung der Artikel 81 und 82 EGV, URL: http://www.bmwi.de/Redaktion/Inhalte/Downloads/zugeordnet/ stellungnahme-regierung-der-brd-zum-weissbuch,property=pdf.pdf, Stand: 15. Juni 2004.

Rey, Patrick (2003): Towards a Theory of Competition Policy, in: Dewatripont, Mathias/Hansen, Lars P./Turnovsky, Stephen J. (Hrsg.): *Advances in Economics and Econometrics: Theory and Applications (Eighth World Congress)*, Cambridge: Cambridge University Press, S. 82-132.

Rosen, Harvey S./Windisch, Rupert (1992): *Finanzwissenschaft I*, Reihe „Wolls Lehr- und Handbücher der Wirtschafts- und Sozialwissenschaften", hrsg. von Woll, Artur, München/Wien: Oldenbourg Verlag.

Schaub, Alexander/Dohms, Rüdiger (1999): Das Weißbuch der Europäischen Kommission über die Modernisierung der Vorschriften zur Anwendung des Artikel 81 und 82 EG-Vertrag: Die Reform der Verordnung Nr. 17, *Wirtschaft und Wettbewerb* 49(11), S. 1055-1070.

Schinkel, Maarten P./Tuinstra, Jan (2006): Imperfect Competition Law Enforcement, *International Journal of Industrial Organization* 24(6), S. 1267-1297.

Schmidt, André (2007): Europäische Wettbewerbspolitik: Per se Rule vs. Rule of Reason, *WISU Das Wirtschaftsstudium* 36(3), S. 369-374.

Schmidt, Ingo (2001): *Wettbewerbspolitik und Kartellrecht: eine interdisziplinäre Einführung*, 7. Aufl., Stuttgart: Lucius & Lucius.

Schmidtchen, Dieter (2005): Effizienz als Leitbild der Wettbewerbspolitik: Für einen more economic approach, in: Oberender, Peter (Hrsg.): *Effizienz und Wettbewerb*, Reihe „Schriften des Vereins für Socialpolitik, neue Folge", Bd. 306, Berlin: Duncker & Humblot, S. 9-41.

Schmidtchen, Dieter (2006): Wettbewerbsschutz durch regelgeleitete Wettbewerbspolitik, in: Lenel et al. (Hrsg.): *ORDO, Jahrbuch für die Ordnung von Wirtschaft und Gesellschaft* 57, Stuttgart: Lucius & Lucius, S. 165-189.

Schmidtchen, Dieter (2007): Zur Aufgabenverteilung zwischen dem Recht gei-
    stigen Eigentums und dem Wettbewerbsrecht: eine ökonomische Analy-
    se, in: Oberender, Peter (Hrsg.): *Wettbewerb und geistiges Eigentum*, Rei-
    he „Schriften des Vereins für Socialpolitik, Neue Folge", Bd. 316, Berlin:
    Duncker & Humblot, S. 93-100.

Schmidtchen, Dieter/Albert, Max/Voigt, Stefan (Hrsg.)(2007): *The More Eco-
    nomic Approach to European Competition Law*, Reihe „Conferences on
    New Political Economy", Bd. 24, Tübingen: Mohr Siebeck.

Schweizer, Urs (1993): Politische Regeln als unvollständige Verträge: Ur-
    sachen von Staatsversagen, in: Herder-Dorneich, Philipp/Schenk, Karl-
    Ernst/Schmidtchen, Dieter (Hrsg.): *Neue Politische Ökonomie von Normen
    und Institutionen*, Jahrbuch für Neue Politische Ökonomie 12, Tübingen:
    Mohr Siebeck, S. 210-223.

Schwenn, Dirk M. (2000): Die Dezentralisierung der Wettbewerbskontrolle nach
    dem „Weißbuch", *Recht der Internationalen Wirtschaft* 46(3), S. 179-182.

Shavell, Steven (1993): The Optimal Structure of Law Enforcement, *Journal of
    Law and Economics* 36(1), S. 255-287.

Shavell, Steven (1995): The Appeals Process as a Means of Error Correction,
    Journal of Legal Studies 24(2), S. 379-426.

Shavell, Steven (2006): The Appeals Process and Adjudicator Incentives, *Journal
    of Legal Studies* 35(1), S. 1-29.

Shepsle, Kenneth A./Bonchek, Mark S. (1997): *Analyzing Politics: Rationality,
    Behavior, and Institutions*, New York/London: W.W. Norton & Company.

Shughart II, William F. (1997): *The Organization of Industry*, 2. Aufl., Houston
    (Tx.): Dame Publications.

Souam, Saïd (2001): Optimal Antitrust Policy under Different Regimes of Fines,
    International Journal of Industrial Organization 19(1), S. 1-26.

Van Cayseele, Patrick/Van den Bergh, Roger (2000): Antitrust Law, in: Bouck-
    aert, Boudewijn/De Geest, Gerrit (Hrsg.): *Encyclopedia of Law and Eco-
    nomics, Volume III. The Regulation of Contracts*, Cheltenham: Edward El-
    gar, Eintrag 5300, S. 472-479.

von Wangenheim, Georg (1995): *Die Evolution von Recht. Ursachen und Wirkun-
    gen häufigkeitsabhängigen Verhaltens in der Rechtsfortbildung*, Tübingen:
    J.C.B. Mohr (Paul Siebeck).

Wagner, Gerhard (2007): Should Private Enforcement of Competition Law Be
    Strengthened? Comment on W. Möschel, in: Schmidtchen, Dieter/Albert,
    Max/Voigt, Stefan (Hrsg.): *The More Economic Approach to European
    Competition Law*, Reihe „Conferences on New Political Economy", Bd.
    24, Tübingen: Mohr Siebeck, S. 115-130.

Weber, Max (1922): *Grundriß der Sozialökonomik*, III. Abteilung, Wirtschaft und Gesellschaft, Dritter Teil: Typen der Herrschaft, Kapitel IV: Bürokratie, Tübingen: J.C.B. Mohr (Paul Siebeck), S. 650-678.

Weber, Roberto A./Camerer, Colin F./Knez, Marc (2004): Timing and Virtual Observability in Ultimatum Bargaining and "Weak Link" Coordination Games, *Experimental Economics* 7(1), S. 25-48.

Weitbrecht, Andreas (2003): Das neue EG-Kartellverfahrensrecht, *Europäische Zeitschrift für Wirtschaftsrecht* 14(3), S. 69-73.

Williamson, Oliver E. (1987): *Antitrust Economics: Mergers, Contracting and Strategic Behavior*, Oxford/New York: Basil Blackwell.

Wils, Wouter P.J. (2002a): Notification, Clearance and Exemption in EC Competition Law, in: Wils, Wouter P.J. (Hrsg.): *The Optimal Enforcement of EC Antitrust Law: Essays in Law & Economics*, European Monographs, Bd. 33, The Hague et al.: Kluwer Law International, S. 82-104.

Wils, Wouter P.J. (2002b): The Commission's Proposal for a New Council Regulation Replacing Regulation No 17, in: Wils, Wouter P.J. (Hrsg.): *The Optimal Enforcement of EC Antitrust Law: Essays in Law & Economics*, European Monographs, Bd. 33, The Hague et al.: Kluwer Law International, S. 105-162.

Wils, Wouter P.J. (2003)]Should Private Antitrust Enforcement Be Encouraged in Europe?, *World Competition* 26(3), S. 473-488.

Wils, Wouter P.J. (2007): Leniency in Antitrust Enforcement: Theory and Practice, in: Schmidtchen, Dieter/Albert, Max/Voigt, Stefan (Hrsg.): *The More Economic Approach to European Competition Law*, Reihe „Conferences on New Political Economy", Bd. 24, Tübingen: Mohr Siebeck, S. 203-248.

Wintrobe Ronald (1997): Modern Bureaucratic Theory, in: Mueller, Dennis C. (Hrsg.): *Perspectives on Public Choice*, Cambridge et al.: Cambridge University Press, S. 429-454.

Wirtschafts- und Sozialausschuß (2000): Stellungnahme zum „Weißbuch über die Modernisierung der Vorschriften zur Anwendung der Artikel 81 und 82 EG-Vertrag – Arbeitsprogramm der Kommission Nr. 99/027", *Amtsblatt der Europäischen Gemeinschaften* Nr. C 51 vom 23. Februar 2000, S. 55-66.

Wissenschaftlicher Beirat (2000): Reform der europäischen Kartellpolitik, Gutachten vom 1. Juli 2000 (BMWA-Dokumentation 480), *Wirtschaft und Wettbewerb* 50(11), S. 1096-1101.